公共治理研究

第1辑

《公共治理研究》编委会　编

商务印书馆
The Commercial Press
创于1897

2018年·北京

图书在版编目（CIP）数据

公共治理研究. 第1辑/《公共治理研究》编委会编 . —北京：商务印书馆，2018
ISBN 978－7－100－15752－0

Ⅰ. ①公… Ⅱ. ①公… Ⅲ. ①公共管理－文集
Ⅳ. ① D035-53

中国版本图书馆 CIP 数据核字（2018）第 017528 号

公共治理研究

第1辑

《公共治理研究》编委会　编

商 务 印 书 馆 出 版
（北京王府井大街36号　邮政编码 100710）
商 务 印 书 馆 发 行
三河市尚艺印装有限公司印刷
ISBN 978－7－100－15752－0

2018 年 5 月第 1 版　　　开本 710×1000　1/16
2018 年 5 月第 1 次印刷　　印张 25 1/4

定价：86.00 元

发刊词

国家的学问，远弘富于国家本身，然其核心，却是何以烹理的慧智和方法。

《诗》云："周虽旧邦，其命维新。"维新古老之国家，必要与人类文明同步伐，更须与世界发展共进退。

子曰："大道之行，天下为公。"国所行之大道，只能是使人所缔造的国家真正成为完善人人的国家。

子亦曰："为政以德，譬如北辰，居其所，而众星共之。"国所树之政德，必要以人人为起点并以人人站立存在配享人之尊严和光荣为目的，方可得人人而"共之"。

亚里士多德首开政治门，定位国家乃善业，它"实际的存在却是为了'优良的生活'"。国家治理之目的，就是实现其善业，创造人人生存、自由和幸福的优良生活。

中山创"五权宪法"，任公弘论"新民"，其所努力者，乃立人强国之治的大体系：立定自由的力量，着眼自治之政体，建构人权制度，以权利博弈权力的机制再造新民，并以"一切断于一法"之当世大鼎浇铸永绝暴力和谎言的新政。

亚当·斯密论国富之宝典，不是放任主义自由市场，不是增长率，更不是财富掠夺或对外殖民，而是保卫国家安全、实施社会公正、发展公共事业之三要，此乃"治大国如烹小鲜"之奠基能力。

静安先生曰：学术乃"一国之荣誉与光辉"，实是文明出于学术，学术创造文明。因为"学问之所以为古今、中西所崇敬者，实由于此。凡生民之先觉，政治教育之指导，利用厚生之渊源，胥由此出"。国家公共治理研究，若如是而探本彰源、寻律法弘真理，方可通古今之变法，铸生境重建之方舟。

目　录

导言 乡土中国与中国知识分子的使命

陆 丹*

一

有关国家治理现代化的民主问题，是一个足够能吸引相关学者的话题，关心公共领域议题的知识分子们，也容易从中找到更多的论域切入点。其中，协商式民主所主张的民主进路，尤为容易为多方悦纳。

协商民主有现成的体制平台，风险小、成本不高，虽然不尽如人意，但可操作性特征突出。协商民主的体制平台，既体现在有现成的各级政治协商会议委员以及协商议事的合法空间，更表现为有各级人民代表大会代表协商立法、监督、决策表决的权威平台，有执政党内部的民主决策的协商机制，还有政府与百姓（传统的官民之间）的沟通协商（各类信访和投诉）平台。在如此构架的协商民主体制平台的大框架下，有更为广泛的协调民主渠道通向社会各领域，尤其通向乡村社会，谋求通过协商民主土壤

---

* 陆丹系三亚学院校长、三亚学院国家治理研究院院长。

的培育而重建乡村社会自治。在这样的多元化的和十分广阔的底层社会领域，在现行制度框架和体制运作中，需要协商的公共议题和程序很多，而且会越来越多，为此而需要容纳的协商民主体制平台也就自行充满功能扩张的无限张力。从这个角度看，协商民主似可以无所不包，由此形成对协商民主的理解的多元性。正是在这样的社会背景和语境下，有关于什么才是合适的协商民主的问题，才变得相对地复杂起来。要真正理解什么才是合适的协商民主，其必要前提是必须寻求一种能够达成基本共识的价值观，因为，正是具体的价值观决定了选取什么路径、方式、进度、强度的协商民主。

在形成价值观共识的基础上，立足于中国环境来讨论协商式民主，需要首先关注的是五个方面的重大议题。其一，中国作为文明古国，在民族国家走向世界性发展的进程中如何充分抓牢人类国家现代化的大机遇，有效地解决国家发展与更好地安排当下国民生活之间的平衡。其二，在民族国家走向世界性发展的战略机遇期，如何有效地解决国家集中投入、国家力量强大与加大现代社会公共供给、社会壮大之间的平衡。其三，如何更为正面地解决社会现代化的效率价值与现代公共领域关注的公平价值之间的平衡。其四，强有力的政府组织市场、组织国际竞争与市场看不见的手自发调节的作用以及不同资源配置方式之间，如何建构起相互制衡的动力机制和动态平衡的运作体系。其五，国家与社会关系的平衡。作为政治学和社会学的古老议题，国家与社会的关系依然是一个有生命力的独立观察角度，它可以不附着在政府与市场关系热门议题之下。但是，需要正视的是，国家与社会之间的对话，早已不是直接对话，而是隔着市场与文化的"篱笆"在喊话。并且，随着现代化的深入，市场与文化的中介作用强大到可以构成发展的另一极。

当然，协商民主的讨论议题远不止这些内容。但可以肯定的是，这五个重大议题的相互交织，却构成了协商民主议题的基本面。或可以说，如上五个方面的重大议题的相互交织，构成协商民主的核心议题。对这些议题的优先协商，必然要在显性和隐形两个方面假设参与讨论的各方将立场统一到公共事务优先而不是团体、阶层、个体位置与利益优先。如果公共事务优先的假设得到普遍认同并可避免广泛的道德质疑，那么，要对如上重大议题展开深入的讨论，必须先解决主体性的问题。这就必然要求开启对中国知识分子本身的重新认识，尤其是中国知识分子的传统关切，中国知识分子的所在生态场，中国知识分子的所在如何决定其所思，以及中国知识分子的所思怎样在事实上决定其可为等，构成了重新观察中国知识分子的有效视域和角度。只有基于此一有效视域和角度的确立，以及对中国知识分子的如上基本问题的严肃拷问和深度明晰，才可真正找到协商民主有效推进国家治理体系和治理能力现代化的真正动力和有效进路。

二

观察中国知识分子，必须将现时进程中的中国知识分子置于历史化的空间关系和时间进程所构筑起来的动态平台予以长焦距和近镜头的双重透视。

很久以来（先于科举，但因为科举而普遍形成）中国读书人就因为就业渠道（服务谁）不同而分成两类人，一类幸运进入治理体系，基本持有官方立场；一类在体系之外的民间，其主体对体制和社会持批评态度。

五四以后，中国进入人类的现代语境。在这一语境中，以关注公共事务作为其社会职责和文化使命的这部分读书人，被称之为知识分子，他们一直在批判中国社会、当下体制、传统文化乃至中国人的劣根性，并在这种批判中呼号，在呼号中纠结。以一种客观性姿态观察这批读书人，表面看，他们在与其生存环境抗争，在为老百姓说话，在为中国未来谋生，但他们所说的话，以及他们作为以不断地说（即批判）为职业的生存个体，却总是常常陷入知识阶层的内斗旋涡中。当从他们所卷入其中的内斗旋涡来观察他们，就会发现他们的"批判"性言说，肤浅得只剩下口号的那部分内容，虽能激动大众，但不解决社会的或者说大众生存的问题；而具有思想性内涵和张力的那部分话语内容，大众却没兴趣，因为大众听不懂，由于这种"发声"的失效，所以官方在多数时候并不介意。这样的效果状态或者言说结局，看起来与知识分子的初衷相去甚远。

客观地看，中国知识分子具有崇高使命感却时常劳而无功的这种尴尬，是中国社会赋予他们的宿命。这是因为，直至今日，无论中国现代化进程的经济成就多么巨大，无论全球化的趋势与裹挟力量多么强大，决定中国社会特质的三个要素却基本未变。

首先，中国作为人类古老文明之国，既是唯一未经换血和混血的文明国家，也是唯一没有中断其文化思想统绪的文明国家。几千年的传承，几千年层累性集聚，传统文化、传统思想、传统体制的存量巨大，而且传统文化、传统思想、传统体制的惯性冲动和作用力更是巨大。如果不作是非、善恶、美丑的价值站队，传统文化最为直接地构成了中国社会运行的深厚土壤，传统思想最为直接地构成了中国社会运行的观念、智识和经验支撑，尤其是传统体制，则最为直接地构成了中国社会运行与接续的规则库存。概括地讲，存量巨大、惯性巨大和作用力巨大的传统文化、传统思想和传统体制，构成了中国社会接受任何文明、制度、文化的底线和判断尺度。当然，仅有如此时间条件显然不够解释中国社会的特质，还需要空间条件来补充说明中国传统文化、传统思想、传统体制何以能如此地保存完整，并具有如此不衰的持久力。

其次，考察中国传统文化、思想和体制"弦歌不辍"的空间条件，必须重视中国自远古就形成的地理疆域和地理环境。对中国来讲，其远古所形成的自成一体的广袤地理疆域和大陆地理环境，生成性建构起中国早期国家（夏商周及其以降的文明轴心时代）的治理方式和治理经验。这种独特的国家治理方式和治理经验成果，深刻影响了中国传统文化的存量资产的保值和持续增值。西部高原、南部崇山峻岭和东部大海，成为农耕文明时期国家的天然屏障，北方构筑的长城成为成功抵御游牧民族洗劫的人工屏障，天然屏障加人工屏障，保障了大河流域丰沛的农业资源可持续开发，稳定的农耕生产方式促进了文明早熟、文化内生、社会内聚和耕读传家的最基层社会组织即血缘家庭的价值普及。稳定的生产方式、内生性的社会环境和血缘宗法主义的社会价值向度，此三者天然整合所发挥出来的巨大聚合力量，非常有利于血缘宗法主义的集权治理方式将中华民族形成过程中的各种地方性差异（地域形成的地方生产、生活、方言、习俗）整合成大一统社会，形成牢不可破的"大一统"思维—认知模式、观念—价值模式和行为—操作模式。反过来，大一统的社会和观念又反哺和强化了中国的空间稳定、空间安全和在空间上自成一体的社会特质。在古代中国，虽然区域性的地方性特征会增加大一统治理的难度，但从秦就开启的文字、交通、交易规则（即度量衡）的同一性建设，却极有利于中央派驻地方实施各层各级行政管理的机构的统一性。汉武帝采取董仲舒"天人三策"而实施"罢黜百家，表彰六经"，实际上是继文字、交通、交易规则的统一之后的意识形态的统一，而意识形态的统一，其实质是思考和言说范围、方式、方法的统一规范。在大一统行政治理和国学（儒学）同一性基础上，中央经过长期与地方博弈，并没有消弭地方性。相反，地方在支持大一统行政治理的合法性中也获得了自己地方性的巨大生存空间。所以，在考察中国大一统的构建方式和运作机制及其功能时，也需要充分认知到这种无所不包的"有限大一统"，在许多的方面以及许多的情境中，仍然体现出相当的有限性。这并不是大一统本身的缺陷，而是因为从本质上讲，有限性是国家行政治理不可压缩的成本和不可一劳永逸地消解的威胁。在更多的时候，有限性是体量巨大和差异巨大的地方能够保持自治的社会团结的有利条件，尤其是当长期处于农耕文化时有利于社会的有机团结（在迪尔凯姆的意义上）。虽然如此，但中国社会的空间结构是独特的，中国国家地理和社会稳定持续的空间特质成为中国传统文化时间河流的必要河床。

其三，中国社会稳定空间有效地承载了中国传统文化、思想和体制的时间大河，养育了中国巨量人口、农耕文化、差异化的地方、官民两分但可接通（因为科举成为社会底层可持续向上涌动的通道，因为熟人社会的整套工具）的网络社会，它既成就了中国特质的社会主体——乡土社会，又在乡村庞大、自足和乡土差异巨大的意义上制约着乡村社会，使之在永不歇息的巨变中始终保持自身的不变性。

三

中国乡土社会，构成血缘宗法主义大一统社会制度、社会结构、社会文化及其文明机制的基石。因而，对乡土社会的认知，成为观照中国社会和传统的最佳窗口。中国乡土社会体现着国家治理角度的延展意义。中国乡土社会的基本特征是：基于稳定的生产方式和空间环境，基于传统文化延续的时间条件，基于生产和生活的自足，基于地方性的巨大差异而同时兼有的融合地方和容纳地方区隔格局的制度和文化环境。进一步讲，早期文明发祥开启的稳定和可持续的空间环境、时间条件和文化传统，深刻影响了此后整个以乡土社会为基本样态的中国社会的生产方式、社会运行方式、社会价值向度的生成、构建及其功能发挥，而不是此后在相似空间环境、时间和文化条件下的知识认知、制度构建、文化再造决定了中国社会的乡土特征。而早期文明融合差异和容纳区隔的价值与体制的形成，则深刻影响了中国社会的整合方式、地方性自组织能力、中国人和中国社会价值观念的自治性和变通性，不是什么后来的知识认知、观念形成和制度构建决定了融合和区隔特征。而正是如上两个方面的有机运作，才在最深刻的维度上铸造了中国社会的知识生产模式和中国的知识分子的生态格局，并生生不息地影响着中国社会知识生产方式和中国知识分子时势性的再生产方式。

在千年未有之变局之前，中国的知识和知识分子的生产和再生产方式，基本是大陆社会、农耕文明的内循环方式，在社会治理观念上，强调社会有序高过一切，其中所有的思想和理论变数都没有摆脱这一基本价值向度，并且也从根本上不愿意摆脱这一基本价值向度。前者因为以无所不在的专制君权为护卫方式"攻乎异端"；后者却在于儒生们前赴后继地捍卫和弘扬作为统治意识形态的儒家道统，包括政统和学统。基于这一双重规训，人在个人生存意义的观念和知识上，强调集合概念的人（民、彝）与国家、社会、家庭和他者之间的社会调节关系，形成天下、国家、家庭、人的价值排序，个人丰富多彩的生存情感及感受和需要，只能通过有限的文学、艺术来弥补。在抽掉了思想和自由的生存境遇中，文学、艺术的有限性，最终导致了个人生活情感和需要的单调和乏味。

进入现代，中国的知识和知识分子的生产和再生产方式，则外切、镶嵌进了一部分欧化世界的西方知识和知识分子气质。新文化运动早期关于中西体用之争的价值认知及其相对自由的社会行动格局，历经百年的革命、运动、斗争、批判以及唾弃，历经国家经济水平巨变和社会的沧桑变迁，至今也许并未发生根本的变化。知识分子和知识向度（自然科学亦不例外地在畸形生态中存在，因为中国自然科学在中国社会价值向度的知识竞争中，基本处于边缘化）的争论，如果除却极端的西化主张或守成不变的短暂努力及其所结下的微量干瘪果实，能够沉淀的基本上都是离不开"多大程度"和"什么时候"改进中国基于农耕和稳定传统文化的议题这条线路。无论中国治理理念和治理格局如何变化，无论经济水平如何提升，无论科学技术如何更新，无论外来观念和价值取向如何不断引进和强烈导入，无论政府如何组织社会乃至组织进基层社会，中国社会的经济巨变、中国众多城市社会的崛起、中国社会现代知识、观念和价值取向普遍趋向现代是一回事，而中国知识生产方式和知识分子的再造方式以及与之相应成趣的中国巨大乡土社会的基本格局依然故我则是另一回事。

这是一个看似无解的问题。一方面，中国乡土社会过于庞大，中国乡土社会的自组织能力也非常强大，重要的是，无论如何变化，长期以来，当然包括新文化运动及其所开启的新中国数十年现代化建设以来，在中国，乡土社会自组织的必要性依然巨大。今天，虽然中国乡村社会关于科学、教育、法制观念等现代价值取向与政府及现代教育的主张逐渐趋同，但是，基于广袤乡村的乡土社会的生产、生活组织以及社会支持等依然依靠并期待乡土的自组织系统（这是对基层治理的提醒还是反讽？），同时，乡土社会对生活改变的方向期待多在政府的贫困扶助和生产生活的乡土自助（这是对知识分子有关治理方式争议的提醒还是反讽？）。更进一步观察，乡土社会的自组织性已经不仅局限于乡村，其观念和价值取向随着城镇化加快而进入城镇，随着乡村子女读书进城而影响城市的新家庭和新社区，这个过程也许还需要几代人才能消化。另一方面，不面对乡土社会的知识分子现代性理念基本是痴人说梦，要改变乡土社会的知识分子们，当其个体们立足在民间的时候，总是显得较为矫情急迫和"方案冒进"，当其个体们一旦通过官民可接通的社会网络（形形色色的"科举制度"）进入治理"体制内"，其有关治理的思想和行为方式则很快平顺地进入"理智"和"稳妥"状态。

如果可以撇开体制利益诱惑、科层制思维局限等价值判断，则可能看到处于民间的和处于官方的中国知识分子面对的并不是同一个中国社会。在可以假设暂不考虑体制和个人私利因素（比如通过知识话语获利，又比如通过维系治理结构以维权等）的情况下，处于民间，并以为民间和民众代言相标榜的这部分知识分子，一直面对的是居庙堂之高的君王（国家）治理的中国官僚小社会。处于庙堂之上、励志千万种才思货与帝王家的这部分知识分子，一直面对的却是处于江湖之远的巨量型中国乡土社会。这似乎令人匪夷所思，其实，在此所讨论的并不是他们的立场和价值观，而是分析其治理方案在操作方面考虑的种种变量关系。当然，这两方面知识分子观念、价值、体制、文化选择之争，基本上是围绕合法性等内外安全的治理体制和方式、治理成本和效率等治理如何可能的问题，即便偶尔围绕治理结构中的人性问题、人本问题而展开时，也总是自然地漩入其本能性生成的内斗生态场中，乐此不疲地相向发动由文化基因所赋予知识分子们的"攻乎异端"天性，展开内斗。所以，他们所主张的人、人文、人性、人本、人的意义向度，则只属于知识分子中的极少数专业知识人士所专享，虽然这些美好的"东西"与乡土社会从事自组织生产和生活的大众，以及与进入城镇的乡民和变身为城市人的乡民后代的价值意向有关，包括与深陷乡土自组织生活和思维中的多数知识分子的价值意向有关，但却与其行动无涉。在中国，知识与个人合作，主要是人的生存状态与生活价值的叙事，知识分子们可以一团和气地相互欣赏，或者至多在利害取舍面前文人相轻，以及各自凭才气高下意气用事，等等，均无所不可，无所不能。但是，一旦涉及知识或与公共议题接触，则争论不休。当然，由于其争论主要是知识分子内部的价值向度游戏，多数时候与解决乡土社会问题的联系十分有限，所以其社会影响力也十分有限。从先秦开始，到新文化转折，再到改革开放激烈，其主要是知识分子对乡土社会启蒙的愿望，其主流是知识阶层内部竞赛的接续，一旦完成阶段性竞赛，则又转入治理方式盘旋，由此把一时兴起或借题发挥的乡土社会叙事搁置。所以，历史地看，包括中国当代知识分子在内的一轮轮的知识竞争，基本不变的主题是中国社会治理何去何从问题，而不是中国乡土社会如何有效更新以及中国知识分子的现代性可能转向问题。就此，我们也就能部分地解释中国知识和文化的大小两个传统为什么可以并行不悖、为什么可以互通（旋转门）和为什么知识和价值向度总是盘旋却难以螺旋上升。不必简单以道德审判的方式将此归结为体制戕害知识分子的公共德性，而需要真正清醒地认识到，这是中国乡土社会的国情决定了知识分子何去何从。那些曾经意气风发的公共知识斗士一旦进入体系内部就必得面对乡土社会，就不得不面对中国许多深层次问题，而这些多层次问题的核心，却是乡土社会的现代化转换何以可能这一难题。中国乡土社会要实现其现代化转换，就不得不要求知识分子与体制进行对接与合作（至少阶段性和分类方面），然而，正是这种对接与合作，必然将其中许多难得的清醒和坚韧坚守同化干净，渴望革新的知识分子们最终自主自觉地成为体制旧轨道上竞跑的新赛手。如果需要进一步细致地做完整分析，知识分子们进入体制内，个人的道德操守是一回事，其群体的明智认知智慧和工作方式顺应及其所能，则是另一回事。

这样，我们大致可以理解为什么曾经的和当下的种种有益知识论争，很难解释和解决中国社会治理的核心问题。中国社会治理的核心问题是如何面对稳定空间、接续时间、融合差异和自洽、容纳自组织的乡土社会及其宽广河流养育的中国文化引导其现代转型，或者，面对中国传统文化、思想和体制支持的中国乡土社会能否实现以及在多大程度上实现其现代进步。在中国语境及其生态场域中，谈论治理议题，深陷其中的，或高居其上的，或置身其外的一切知识分子，以及由此而生成的一切知识议题、一切知识向度和一切知识效度，都不能离开中国乡土社会说话。欧化世界的现代化进程至目前为止，只是在把中国这个乡土社会在空间上截小和黏度上稀释（比如，在国土总量部分的沿海地区的全球化程度较高，在人口总量部分的内陆地区其全球化认知较多），或者只是把这个乡土社会在现代化进程的时间表上做了有限的加力，比如治理观念、技术的更新等，会有利于乡土社会的现代发展。欧化世界的现代化进程，并没有能力把中国纳入现代体系，政府主导的改革开放也没有能力马上把中国社会完整纳入现代进程。中国社会进入现代化进程，无论就空间关系，还是时间维度或者文化层面，都只是大海中的冰山一角。冰山一角是已经比较现代化的一部分。这种"冰山一角"的现代进程，既膨胀着现代性的渴望不衰减，又能够引导社会在其现代世界治理体系中防止盲目碰撞；然而，保持冰山自组织运行的却仍然是深潜在大海水面之下的广袤空间，即孕育和负载传统文化、传统思想和传统体制的中国乡土社会。

　　这个结论会让许多人莫名诧异，并进而失望。但是，事实就是，在人们看到的现代化物理事实和看不到的乡土社会事实之间，存在巨大分歧。无论如何，我们大多数中国人甚至每个中国人，抛开其现象学意义上的身份、地位、角色以及道德形象，从其根本的思想观念、认知方式、价值向度以及生存方式、人格取向和内在想望等方面观察，依然是乡土社会人，并依然身处乡土社会。我们有没有接受现代教育、具不具备现代技术、是不是知识分子的身份和我们人在不在乡下等，都不重要，重要的是我们事实上存在于乡土文化土壤中，并且以乡土意识为生存取向、认知取向、价值取向和利益取向。正是仅此而论，多数中国人甚至所有中国人依然还是乡下人。

四

　　中国乡土社会的现代性进步，取决于两个要件。

　　首先，取决于中国的工业化、城市化、现代化进程，尤其是取决于面广量大的小城镇建设的现代化进程。从根本论，在总量上处于多数的农村人口转移到城市城镇，多数一产人口转移到二产三产是基本要素，并且需要空间进入现代化的人们在时间上却需要花几代人的代价才能进入现代进程。其中，知识的普及尤其是高等教育的普及，是中国乡土社会现代性进步的长期战略选择。在这里之所以强调"长期"，是因为尽管中国现在具有世界上最大的接受高等教育的人群，但是，在一个严重缺失商业资本长期积累的农耕社会，一个未经充分理性熏陶的城市社会，以及一个缺乏海洋意识的现代社会，这个不断壮大的接受高等教育的人群，所可能（即在理论上是必须解决，但在实际上大多数受过高等教育的人都没有真正解决）解决的是个人的技术能力、知识进阶问题；就社会而论，中国高等教育所可能解决的仅仅是社会劳动市场高技术人力资源问题，却并没有而且也不可能解决现代理性社会必要的高素质劳动力同时兼备现代高素质公民的难题。

不仅如此，中国乡土社会的现代性进步还受到许多条件的长期制约，比如现实地受到诸如中国国家治理的法治进程及其实际的法治水平的制约，也要承受中国社会治理的民主进程及民主水平的牵制，更要接受其技术是否具有巨大进步以及其进步的技术的社会普及程度的制约，比如快捷、方便、低成本公共交通和公共信息分享的普及水平等，构成了中国乡土社会接受现代性转换的多元维度和广阔空间。在这些方面，知识分子大有可为。知识的生产和传播、知识的创新和普及，是知识分子在社会分工下的分内之事。然而，上述知识趣味或知识理想要现实地转换为实际的社会责任和知识更新能力，其前提是需要保持与乡土社会对话。因为，考量中国乡土社会进步与否以及衡量乡土社会的进步速率的决定性因素，不是上述哪个方面或哪些方面，也不是以什么方式加快提高了上述各个方面的进步水平，而是如何不止在观念更新和制度设计上推进乡土社会的现代性进步，更要在制度运行的无风险、低成本和高可靠性，以及能够推进多大开放度和进步程度上加快乡土社会的"收缩程度"和乡土意识的"更新程度"，最大努力地和更大程度地压缩乡土社会的物理空间和心理空间，更多地拉近与欧化世界的物理空间距离和现代文化心理距离。当然，这种拉近，不是趋同，更不是等同，能够成功地在现代化路径选择上自我主导的文明国家才能够赢得现代民族国家的现代化机会。拉近，是真实地看清别人是什么，知道其中的道理，懂得如何与其相处，学会别人的好处，低成本地与其交易，处于某些公分母之下亦不低下。

其次，取决于中国社会结构中中产阶级的比重。更少的农业和农村人口，更少更淡的乡土观念，是乡土社会走向现代社会的必要条件，但还不是充要条件，中国急迫需要进入城镇化和工业体系物理空间的人口能够在经济生产方式和经济收入水平上达到中产阶级的状态。其中，中产阶级的经济收入易于测量，而中产阶级的经济生产方式则需要定义：个体能够通过市场化的手段相对自由地获得独立谋生的手段，并成为对收入和工作方式具有自决能力和议价能力的人。重要的是，这些由能够自决和议价的个体形成的群体，必须要在已然层面构成社会组织和社会结构的主体部分。果真有此前提，今天知识分子有关中国国家治理的许多争论就将过时，治理争论也将从此跳出总是由穷和富、官和民两大阵营构成的老旧轨道。随之而来的是，社会最大的自组织结构不再来自乡土，而是来自城市，来自主导城市社会的中产阶级；社会自组织的力量也不会仅仅再停留在传统小生产和日常生活的层面，而是跃升取向至现代社会生活的自组织方式。

过往近百年的时段，除了欧美的公共知识在启迪或魅惑中国知识分子，俄罗斯的知识分子对中国知识分子的传统家国观念也具有特殊影响力。俄罗斯知识分子自喻的国家救赎使命和深刻的大众救赎者的情结（见拙作《俄罗斯的精英社会基础》）成为中国传统读书人进入现代价值体系的另一个风向标，只是俄中两者虽都有英雄情结，却并不一样。俄罗斯的精神贵族同时兼具社会生活贵族的身份，中国精神贵族（知识分子）的多数人依然为社会平民，甚至是社会贫民。只在改革开放以后中国原本贫困的知识分子在不断被政策优厚待遇中成为美式的精英阶层，从而也易于以精英自居、热衷做起精英导向和精英决策的角色来。这条现代以来中国知识分子价值向度的变迁脉络一定程度上决定了中国现代知识分子的基本成分构成和基本立场构成。

　　欧化的世界曾经让世界很多地方、很多时候因为丧失和被伤害而痛苦，在经历本土传统文明被肢解、生活被破碎、民族意识被强奸、生活制度被强制、集体和个体被降低至"人下人"的一连串伤痛过程，欧美先进技术和发达以后的欧美现代文明也更快地传播到世界各地。比起老欧洲，美国的老式殖民血腥在对印第安人的原罪之后虽然不算很多，但其新式的金融和文化殖民野心更大。巨大财富支撑了美国不可冒犯而可横行世界的强大军事力量。财富、军力创造了文化乃至意识形态优越的神话（美国，索萨），而且鼎盛数十年之久。但是，这一切，可能都会随美国经济实力下降而自动失魅。反过来，在当下国际话语权和国内治理认同存在疑惑的中国，如果其经济增长依然势头强劲，那么，随之人人可见的结果就是，中国的乡土社会会随之收缩，中产阶级会壮大，中产阶级（而不再是乡土阶层）的现代社会自组织能力将强大。届时，中国的军力会让任何觊觎者胆怯，中国文化开始外部获认、获魅而内部自信、自娱，中国知识分子百多年来对欧美和欧化的世界的仰视和自愧弗如将不再存在，中国知识分子的治理方案也将不再仅有欧美参照而会有自己内生和社会默认的蓝图，再没有罗马的标杆、示范、标准，只有自己走出来的道路和自己需要继续破局的天花板。

　　基于如上最基本的理性认知和判断，现在所谓国际社会担心和炒作的中国另类，并不会发生，相信即便中国现代化完全实现，中国收缩了的自组织乡土社会依然会发挥乡土思维某些温良恭俭让的惯性作用，中国人不会征服世界，哪怕文化征服世界。现在世人看到的中国某些族群暴发以后财大气粗的"嚣张"，其实只是一时的自我鼓舞（如同夜行吹口哨）和太久的自卑释放而已。中国社会将从数千年自组织的乡土生产、生活以及自足自娱方式出发，沿着世界需要什么就生产和供应什么的现代工业化致富路径，最终，能够达成在别人的世界入乡问俗、入乡随俗，在自己家里各美其美，在国际公共领域美美与共的境地。

　　当下，中国中央政府提出的国家治理现代化，是一个观念非常宽泛而其基础十分确定的议题。中国共产党在其诞生、壮大和曲折前进的经验中，深谙中国国情、民情、乡情之根与乡土社会息息相关。相信越来越多的中国知识分子面向未来美好的社会治理设计，会更多地脚踩乡土、认识乡土、推进乡土中国的现代化。

于时间上绵延悠长的历史，于格局上自成一体的文化，于空间上与欧化世界的遥远距离，决定了改革开放是中国的出路。而且时至今日，顺序应该是开放改革。如今，开放才能促进改革。同时，在治理体系的建设上，自己主动地对外开放和对内开放，而不能被迫开放造成外部国门洞开或内部结构失序，因为任何一种状态出现，都是治理现代化的大忌，也是治理现代化的大敌。经过数十年的现代化进程，中国社会有相当程度的默契，开放、改革和安全可持续，才能保持悠久历史在时间进程中的延续，优秀传统文化的必要传承和乡土社会中中国大众生活的可持续和可进步。因为此三者既是必要的国家核心利益（包括对内的组织凝聚力、社会动员力和对外竞争的软实力），也是必要的乡土社会有序地和有机地进入现代化进程的条件，更是乡土之中的民心所向。做不到有序，则分裂社会、破坏生产和社会资源、损失国际市场议价能力和国际竞争能力；做不到有机，则分离人心、损伤家庭和公民权益以及整个社会资本，当然，损失最大的依然是尚深陷乡土社会的巨量人口。

因而，坚韧不懈地、温和理性地和渐进不弃地推进中国的现代化进程，可能做不到是中国所有知识分子的使命，但却应该是有乡土社会知识同时有乡土责任的知识分子的使命，是中国协商式民主的可靠通道。当然，也理应是参与中国国家治理、社会治理的所有中国人应然的使命和应然的进路。

作者简介

陆丹，男，汉族，1960 年 6 月出生，1983 年 6 月加入中国共产党，江苏扬州人。1983 年在扬州大学获文学学士学位；2009 年在上海大学获法学博士学位（社会学专业）；教授，博士生导师，现为三亚学院党委书记、校长。2006 年荣获首届海南省十大创新人物称号；2009 年当选为海南省人学学会会长；2010 年被聘为海南省委省政府直接重点联系专家，任三亚市社科联主席。

基础问题

国家治理的前提与条件*

唐代兴 **

内容提要： 国家治理的根本前提是重新审查国家的性质定位与存在取向：首先讨论"国家何以产生"和"谁有权定位国家"，然后考察国家治理的实质，明确"谁有权治理国家"和"国家治理什么"。在此基础上检讨国家治理的基本规则，分别从"谁有权制定国家治理的规则"和"制定国家治理规则的依据何在"入手追问国家治理规则构建的合法性，确立国家治理的政治学公理。以此为指南重新审查国家治理的基本条件：法权政体构成国家治理的政治土壤，共同人性、人权民主和自由主义精神此三者构成国家治理的精神结构基石，以权责对等和公私分明为原则的群己权界构成国家治理的社会方式，以人权制度和法权律法为双重护卫力量的权利博弈权力则构成国家治理的运作机制。

关键词： 国家治理　法权政体　自由主义精神　人权制度　法权律法权利博弈权力

---

* 本文已发表于《江西社会科学》2016 年第 11 期。略有改动。

** 唐代兴系三亚学院国家治理研究院研究员。

当"国家治理"能够成为一个开放性的话题时，似乎首先应该审视如下问题作为其讨论的逻辑起点：

1. 讨论"国家治理"的行为属于自为的还是被给予的？

2. 人们可在什么范围和层次上讨论"国家治理"问题？

对第一个问题，我们很容易达成共识：这是一种被给予的"问题"。问题讨论——无论是自为的还是被给予的——始终体现着对权利的行使。面对这种被给予性，可在多大范围内行使其问题讨论的权利？这需要明确的边界，这个边界就是"依法治国"的"法"。

既然可以"法"为讨论"国家治理"问题的边界，那么国家治理问题就不是一个单纯的技术问题，因为用法治国的技术之于中国来讲是非常成熟的。夏商周以来所形成的"以王道为目的、以民道为手段、以天道为依据"的王道主义法治术，通过管仲、商鞅等人予以施治的成功探索，由韩非子予以理论总结，再经过汉代将其与儒家血缘伦理结合而践行二千多年至今，反复的提炼、完善后，已成为完美的艺术。所以，依法治国的技术本身是不需要讨论的，所需要讨论的是这种已臻于完美的法治技术如何可能适应已经发生巨大变化的时势。因而，"国家治理"问题，实质上涉及两个方面：一是国家治理何以成为问题？二是需要如何集思广益地谋求解决此一问题？本文将对其予以试探性审问，并以此求教于方家。

一、"国家治理"话题的开放性意旨

从时序看，"国家治理"是继"依法治国"口号之后最响亮的时政话语，审视"国家治理"话语，需先了解"依法治国"话语的意义蕴含。

"依法治国"就是运用法律这个手段来治国理政。这一时政话语抛出后虽然被广为热炒，但实际上没有什么新意，因为它本属于国家治理的历史传统，也是国家治理的现实方式。且不论人类社会之政治文明历程，仅就中国历史论，自国家诞生始，法律就作为治理的基本手段而得到运用。国人一直认为中国古代社会是德治而无法治，依据是作为政治统治意识形态的儒家思想反对法治而推崇德治。其实这是后人的误会。孔子讲得很清楚，治国有三：一为正名，二为礼乐，三为刑罚。"名不正，则言不顺；言不顺，则事不成；事不成，则礼乐不兴；礼乐不兴，则刑罚不中；刑罚不中，则民无所措手足。"①正名、礼乐、刑赏，此乃治国之三宝：正名是构建秩序，礼乐是教化引导信任秩序，刑罚是强制遵守秩序，此三者对于治国不可或缺。"信而好古"的孔子在叙述尧、舜、禹、汤、周五代大义之所在时，将其归纳为"谨权量，审法度，修废官，四方之政行焉"②。谨慎地审查度量，周密地制定律法，恢复建立公正的官员考核制度，让法令畅通，这是治理国家的四项基本任务。汉武帝采纳董仲舒"天人三策"和"罢黜百家，独尊儒术"的主张，由此定型中国的国家治理模式，实际上是以儒家血缘宗法伦理思想为主导所形成的双重结构模式，即在意识形态教化治理方面，采用"儒道互补"治理模式；而在由人、权、物所网结起来的实利性事务治理方面，却采用"儒法并举"治理模式。后世认为中国古代几千年国家治理史，只有德治史，这种说法是一种主观的历史虚构，没有任何依据，其危害极大。20世纪初，帝制被推倒后，民国政府推行以宪政为目标的训政，同样是以法治为基本手段，1949年中国共产党执掌国家政权以来，先后于1954年、1975年、1978年、1982年制定了四部宪法；1982年制定的宪法虽沿用至今，但也分别于1988年、1993年、1999年、2004年先后作了四次修订，由此可以看出现代中国社会法治国家的基本进程以及不断修正、完善、加强法治的总体趋向。

　　我之所以作如此陈述，不过是想通过对"依法治国"的这一历史与现实之双重事实的揭示，来表明另一个更为基本的事实，即中国社会的历史和现实，不是有没有法治国家的问题，而是有什么性质的法治国家的问题。更具体地讲，在实际的法治进程中，其治理所用的"法"是什么性质取向

---

① 朱熹：《四书集注》，岳麓书社2006年版，第206页。
② 朱熹：《四书集注》，第283页。

的？其依法所治理的"国"是如何被定位的？这是我们讨论国家治理所必须正视的两个基本问题。对于这两个基本问题，其实国家"依法"治理的实际进程已给出了答案：1949年新中国成立至今，时间不过六十多年，宪法先后制定了四部；并且，现行的第四部宪法也在三十多年时间内修订了四次。这种高频度的废宪和修宪的行为本身表明"依法治国"的"法"体现出巨大的不确定性、易变性、可塑性张力。宪法的不确定性、易变性、可塑性不仅直接导致了立法的随意性，更导致了司法的任意性。仅就现实论，立法的随意性既表现为法律（包括实体法和程序法）的非法典化，也表现为宪法与实体法（民法和刑法）、实体法与单项法令以及实体法、单项法令与各种政策性法规、地方法规之间的非逻辑自洽性、非完备性，致使宪法、实体法、单项法令、政策性法规、地方法规之间，以及宪法、实体法、程序法之间存在诸多互不衔接或彼此抵触甚至相互矛盾的法律空白、法律漏洞。这些法律空白或漏洞也伴随着法律的实施而进入司法领域，导致了司法任意性地对法律权威的消解。更重要的是，司法的任意性更体现为司法主体的多元化和任意性，即国家权力部门皆可成为司法主体；并且，国家权力部门所隶属的权力等级越高，其在事实上将自己变成司法主体的权限就越大。由此形成司法主体之司法权力的大小，最终不是由立法来决定，而是由权力部门的权力大小来决定，更具体地讲是由持掌权力部门的权力者手中所拥有的权力的大小来决定。这样一来，不仅导致政出多门，而且也形成法出多门，最后演变出"我就是法律"的法治局面。

在实际的法治进程中，立法和司法所面临的诸多问题，使"依法治国"遭遇到了巨大的挑战和阻碍，但这只是一方面。另一方面，腐败，不仅泛滥于官场，而且从官场蔓延开去形成腐败社会化和社会腐败；计划经济向市场经济过渡所形成的实质性的权力垄断和所有制垄断，造成层出不穷的市场弊端；劳动力红利、资源红利、环境红利的消失，土地财政的危机，以地圈地运动的扩张及方法更新，追求规模效应的城市野性扩张所带来的立体性社会问题，以及乡村的衰落和荒芜，社会经济不断回归低增长之常态轨道与整个社会对物质财富、收入预期之间的巨大反差在事实上造成的潜在的巨大社会震荡，等等，使原本就充满随意性和任意性的"依法治国"模式不能很好地应对如上社会巨变，甚至显得有些"束手无策"，由此权力赢得了更大的用武空间，导致权力部门和权力者自为法律和自为司法的现象出现。

如上"依法治国"状况的形成，表面看是由法本身的非自洽性和非完备性造成，实质上却缘于"法"的性质和取向定位的持久错位。法的性质和取向定位，并不是由法本身所决定，而是受制于对国家的性质和取向的定位。所以，从"依法治国"口号到"国家治理"话语的开放性形成，实际上意在重新思考"国家"，并企望通过重新思考而重新定位"国家"，重建国家治理的前提和条件。

二、"国家"何在

重新思考国家必然要遭遇"国家何在"这个一直以来隐而未显的难题。

国家何在？意为：国家在哪里？表面看，这根本不是一个问题，但认真想来，会蓦然发现原来个体与国家确实没有什么关联：我们作为个体，虽然要接受来自以国家名义发出的许多指令和规范，但每个人实际上只是一个原子似的存在物，国家不属于自己，自己也不属于国家。这种感觉和判断直接地源于这样的生活经验，即只有政府和执政者以国家的名义不断向人们发号施令，人们却无法或者说无权向国家提出要求、建议或希望。由此形成的个人与国家之间的关系只是一种强制性的外部关系，从根本上缺乏内在关联。这种质朴的生活经验在事实上抹去了人与国家的本原性关联，正是这种本原性关联的丧失，使国家治理缺少了内在依据和最终的动力源，而成为统治者以"国家"的名义实施自由地"单打独斗"之意志喧哗。

国家要按照国家（而不是权力）的方式治理，需要有其内在依据和社会动力；要寻找回国家治理的内在依据和社会动力，需要恢复人与国家的本原性关联；要恢复人与国家的本原性关联，必须拷问"国家何在"这一原本不是问题的问题，以求真正解决如下认知：

A. 国家何以产生？

B. 谁有权定位国家？

要追问"国家何以产生"，须先了解国家产生的前提条件，即社会。对于"社会"，有许多定义，但基本含义却是人向人的会聚而群居的共同体。"社会"的形成，蕴含两个重要的方面：

第一，人何以要相向会聚？

第二，人相向会聚后按怎样的方式缔结成群居共同体？

人与人之所以相向会聚，实源于其本原性存在状况：人是被诞生的个体生命存在者。人的被诞生性即是人的实然存在，这种实然存在状况既表明人的自然性，又形成人对他者的本能性渴望，即人本能地渴望回归于他者，形成共同的存在，这是人能缔结成群居共同体的自然基础。然而，人相向会聚而缔结成群居存在的共同体的真正动力，却源于如下四个因素的整合，即人的个体性，人的个体生命化，人作为个体对滋养生命之资源的无限需要，人作为个体单凭自己的力量根本不可能谋取满足滋养生命存在的资源条件的实际困境，此四者形成一种本能性的合力推动人走向他人：人的这种本能性努力推动人的相向会聚，为群居地存在开辟了可能性。

概括地讲，人走向他人而相向会聚，是基于"生"之冲动。人要将这种"生"之冲动变成"生"之现实，须寻求一种能够群居的接受方式，即既相互限制又相共存的约定方式，这种原初的约定方式后来发展为成熟的"契约—共和"方式。

实然存在的人以自然约定方式相向会聚成社会，社会的扩张使原初的自然约定方式出现了行为约束方面的困境，正是这种行为约束的困境极大地推动自然形成的社会向人文力凝聚社会的方向展开，使自然意义的社会变成了人文要求的社会。社会从自然取向转向人文要求、从本能性意愿转向强制性规范的成熟形态，就是国家。正是在这个意义上，国家既是"最高权威的社会"①，又成为"最高权力的社会"②。这种"最高权力"在列宁那里就"是维护一个阶级对另一个阶级的统治的机器"③，"国家就是从人类社会中分化出来的管理机构。当专门从事管理并因此而需要一个强迫他人意志服从暴力的特殊强制机构（即监狱、特殊队伍及军队等）的特殊集团出现时，国家也就出现了"④。列宁之国家观念的思想源于马克思、恩格斯，在马克思、恩格斯看来，国家就是压迫机器和暴力工具，"是最强大的、在经济上的统治必然要求政治的统治地位的阶级的国家，这个阶级借助于国家而在政治上也成为占统治地位的阶级，因而，获得了镇压和剥夺被压迫阶级的新手段"⑤。

　　将国家定义为"暴力工具"和"压迫机器"，确实切中了集权国家的本质，但集权国家的本质却是对国家的本质的异化，因为它将国家的功能和性质理解为物质的、物理的，而"国家"在本质上却是非物理性、非物质性的，它是道德本体和精神本体的，并且只有以道德本体和精神本体的方式存在而发挥聚合社会的功能时，国家才可能促进人的共在与互生。"国家的本质不是物质性的，而是道德性的。国家是人为的组合，它们产生的直接而充分的原因乃是人类心灵的决断。左右着这种动因去创造的稳定的必然规律究竟是什么，我们迄今还不知晓。"⑥柏克所困惑者，其实亚里士多德早就做出了解答："我们见到每一个城邦（城市）都是某一种类的社会团体，一切社会团体的建立，其目的总是为完成某些善业 —— 所有人类的每一种作为，在他们自己看来，其本意总是在求取某一善果。既然一切社会团体都以善业为目的，那么我们可以说社会团体中最高且包含最广的一种，它所求的善业也一定是最高而最广的：这种至高而广涵的社会团体就是所

———————

①　鲍桑葵：《关于国家的哲学理论》，汪淑钧译，商务印书馆 1995 年版，第 204 页。

②　王海明：《国家学》上册，中国社会科学出版社 2012 年版，第 15 页。

③　《列宁选集》第 4 卷，人民出版社 1972 年版，第 48 页。

④　《列宁选集》第 4 卷，第 46 页。

⑤　《马克思恩格斯选集》第 4 卷，人民出版社 1995 年版，第 163 页。

⑥　柏克：《自由与传统》，蒋庆等译，商务印书馆 2001 年版，第 74 页。

谓'城邦'（πόλις），即政治社团（城市社团）。"① 国家是一种善业，而且是
一切善业的最高形式，因为它具有最大包容性。正是因为如此，才没有人
愿意过没有国家的生活，国家"不对人的天生欲望和感情横加指责，而要
加以研究。因为这些感情形成了国家的必要性及其存在的条件。国家发展
其公民权利，正是通过有效地驾驭和培养这种感情来进行的，历史记录了
这项艰巨任务的进程。由自然权利产生的公民权利也和自然权利一样，是
一种力量，这种力量来自各种欲望的协调一致"②。从最终意义讲，"国家
既是一种最后的调节力量，又是一种持久的意志"③。作为一种"持久的意
志"，它来自于自身的善业本性；作为一种"最后的调节力量"，它来源于
自身的目的驱动："国家的目的无疑是美好的生活或精神的完美"，基于这
一目的的驱动，"对主要用强制手段安排物质生活的当权者来说，对我们大
家所能控制的可以影响别人的物质条件的力量的程度来说，达到这个目的
的惟一途径在于十分细致的调节，这种调节是为了收到它们在理论假设上
所不能收到的效果"。④

　　可见，如上两种国家观念分别解答了"谁有权定位国家"的问题。暴
力工具论国家观念，既将国家定位为是阶级斗争与压迫的产物，也将国家
定格为实施阶级统治和压迫的暴力工具。因而，有权定位"国家"的是有
能力夺得社会之政治和经济统治权的阶级，这个阶级就是"统治阶级"，
它可以按照自己的意志任意地定位国家的性质、确定国家的取向。反之，
将国家定位为最高善业的国家观念，却认为有权定位国家的是缔造社会的
人们。因为在人相向会聚而群居所构筑起来的社会中，人们为确保其本原
性约定方式构成具有普遍约束力的社会结构和精神框架，必然以同样
的约定方式对社会予以更高水平的再缔造，由此就形成了国家。国家是
其社会成员基于"美好的生活或精神的完美"的想望所缔造出来的最高

① 亚里士多德：《政治学》，吴寿彭译，商务印书馆 1983 年版，第 3 页。
② 鲍桑葵：《关于国家的哲学理论》，汪淑钧译，第 7 页。
③ 鲍桑葵：《关于国家的哲学理论》，汪淑钧译，第 26 页。
④ 鲍桑葵：《关于国家的哲学理论》，汪淑钧译，第 22 页。

善业平台。

概言之，如果认为国家产生于阶级，国家就成为暴力工具和压迫机器而构成外在于人人的异己力量，这时对存在个体来讲，国家是无。反之，当认同国家的善业本性，以国家为人人谋"生"之社会平台和创"生"之整体动力，国家就内驻人人心中，人人与国家生死相依。

三、"国家治理"的实质指向

对任何社会共同体来讲，是用暴力来确定国家的本质，还是认同国家的善业本质，事关实施国家治理的实质取向。考察国家治理的实质，必不可回避如下两个问题：

A. 谁有权治理国家？

B. 国家治理什么？

讨论"谁有权治理国家"之问题，实际上是对"谁有权定位国家"的进一步追问。

当定位国家的权力为统治者所据有时，有权治理国家的只能是统治者。

所谓统治者，即通常所讲的统治阶级，它是实际地控制着国家机器、掌握着国家政治权力和经济命脉的利益集团。这个利益集团既不从事社会生产，也不从事社会流通服务，而是以经营公权管理社会为职业。统治阶级作为特殊的利益集团，有广义和狭义的区分：狭义的统治阶级就是掌控国家机器的官僚利益集团，这是"统治阶级"的经典定义。广义的统治阶级，却由掌控国家机器的官僚利益集团与企业财团、知识精英共同组成。

在只有统治阶级才有权治理国家的社会里，国家的缔造者被迫成为被统治阶级。在统治阶级为国家治理者的国家里，有两种统治模式可供选择：由清一色的官僚组成的统治阶级成为国家的实际治理者时，就形成绝对集权的统治模式，推行无限绝对权力的管制性治理；而由官僚利益集团、企业财团和知识精英通过博弈所构成的统治阶级实施治理时，就会形成高度集权的统治模式，并同样推行无限绝对的管制性治理。

如果定位国家治理的权力为人人所共同掌握，那么，有权治理国家的必然是它的缔造者，即国家共同体中人人都拥有治理国家的权力，政府和经营政府的官僚利益集团，只能是国家治理主体的代理者，或者说国家治理主体的职业服务者。

概括地讲，统治者或共同体人人，谁成为国家治理的主体，其对国家治理的对象的定位会完全不同。如果国家治理的主体是统治者利益集团，那么国家治理的对象只能是人民，确立绝对集权的治理制度和构建权力专制的治理模式，构成国家治理的首要前提：一方面，事无大小，一切都要为民当家作主；另一方面，以与民众为敌为基本战略，处处设防地管控人民，成为国家治理的双重方式。事无巨细地为民当家作主，这是国家治理的正面方式，它表现为亲民的伪善；想尽各种方式、运用各种手段将民置于严酷的管控之中不准其"乱说乱动"，这是国家治理的反面方式，它体现非人性的野蛮和冷酷。反之，如果国家的缔造者人人拥有治理国家的权利和责任，那么国家治理的根本对象不是民，而是权、人、事的整合。

权、人、事，此三者既构成国家治理的根本对象，也构成国家治理的整体对象。在其中，国家治理的首要对象是权。这里的权，既指权力，包括国家机器权力和其他社会公共权力，也是指天赋人权，它通过人人参与缔造社会和国家而获得平等享有的资格。权作为国家治理的首要对象是权力，即国家机器权力和其他社会公共权力成为国家治理的根本对象。因为权力作为共同体人人将自己管理国家的权力交出来汇聚在政府手中形成整体的权力并获得国家机器的武装，就成为绝对权力。绝对权力如果没有限度和边界，就会变成无限绝对权力。任何形式的无限绝对权力一旦为充满欲望的人所掌握，就变成暴虐的权力而将侵犯和剥夺人权视为常事。以国家机器所武装起来的绝对权力具有无限度释放的野性，这不仅源于权力的本性，更源于人性的冲动，"一切有权力的人都容易滥用权力，这是万古不易的一条经验。有权力的人们使用权力一直到有界限的地方才休止"①。基

---

① 孟德斯鸠：《论法的精神》上卷，张雁深译，商务印书馆 1982 年版，第 184 页。

于权力和人性的双重冲动，国家要实现其善业目的，必须控制和限度权力，这既是国家治理的前提工作，也是国家治理的根本任务。

国家以治理权力为首务，治理权力的核心是分权。分权从两个方面展开：一是分配人权，使人人享有平等的存在权和生存权，以实现权利博弈权力和权利限度权利；二是分解国家权力，使之实现权力制约权力。

从静态看，权力始终是抽象的；但从动态看，权力始终是具体的、生成的，并体现扩张野性。因为抽象的权力总是要赋予具体的机构（政府或政府机关）并最终由人（即官员）来运作。由此，国家治理权力最终必须落实到治人上来。

在国家治理中，所治之"人"既指执政者、官员、富人，也指平民和穷人。"人"的多阶层性地客观存在本身呈现出两个问题：

第一，是不是所有的人都是治的对象？如果是，是不是所有的人该在平等平台上受治？

第二，对人的治理是否有先后或侧重？如果有，哪些人该成为重点治理的对象？

在只有执政者才享有国家治理权力的社会里，平民和穷人始终是治理的对象，官员、富人往往可以通过各种方式逃逸治理。这种治人模式从根本上体现国家治理的异化。以治理国家权力及其他公权为首务的治人，是将国家共同体内所有人都置于治理平台上予以平等对待，然后在此平台上将执政者和官吏作为治理的重点对象。这是因为公民永远是个体存在者，他们所拥有的权利仅仅是个人的权利，没有公权的武装，没有国家机器的护卫，是最易于治理的。最难治的是国家的执政者和官吏，因为他们手中握有公权，所依仗的是国家机器，所以执政者和官吏能做民所不能做的任何事，比如，腐败、专制、任意剥夺和侵犯，在权力不受限制的社会里，只要愿意，执政者和官吏们可能任意地做到，但民无论怎样想做也做不到，因为他们没有做的条件和舞台。所以，将国家治理定位为治民，这是对国家的异化，也是对民的侮辱和暴政。真正卓有成效的国家治理，必须以国家的执政者和官吏为重点。因而，分解国家权力以使权力制约权力和分配人权以使权利博弈权力的实质所指，就是对执政者和官吏的治理。

以权力制约权力和权利博弈权力的方式治理执政者和官吏的实际努力，就是规范和监约执政者和官吏治事于国和治事于民。

执政者和官吏治事于国和治事于民，最能体现其正与不正和清与不清：治事正，执政者和官吏则正，执政者和官吏正则民正；同样，治事清，执政者和官吏则清，执政者和官吏清则民清。在绝对集权专制的社会里，国家治理的根本对象是民，并且越治民越不正不清，原因何在？因为在绝对集权专制社会里，国家治理一方面严酷治民，另一方面又放纵权力，使其任意驰骋，这样一来，从中央政府到地方各级官吏，难有其自正自清：君不正则官阿谀为业，君不清则官贪腐成性；继而，官不正则民孬，官不清则民浊。如此状况，国家怎么可能得到良好治理？

四、国家治理的政治学公理

国家治理不仅需要明确治理国家的实质指向，更需要选择和制定国家治理的基本规则。考察如何选择和制定国家治理的基本规则，实质上是重新审视和矫正国家治理的合法性问题，它具体表现为两个方面：

A. 谁有权制定国家治理的规则？

B. 制定国家治理规则的依据何在？

面对第一个问题，既要先明确谁是国家的主人，又必须确立国家治理的目的。概括前述，国家的主人只能是国家的缔造者："人是国家的主体，民族共同体成员是国家的主权者，公民是国家的主人，国家的所有者，是民族共同体成员，是国家这个地理版图中的每一个人。除此，没有谁可以代表国家，没有谁可以拥有国家，更没有谁有权支配国家 —— 包括政府，也只是国家的仆役，是服务国家的机器。"[1]—旦确立人人在国家中的主体地位，国家治理就获得彰显其内在本性的双重目的："个人是国家的缔造者，

---

① 唐代兴：《生境伦理的实践方向》，上海三联书店 2015 年版，第 5 页。

国家是个人的福音；国家因为人而成就高贵，人因为国家而变得尊严。"① 因为，从社会角度看，国家治理就是使社会有良序；从个人角度讲，国家治理就是使每个人成为有尊严的人。由此，国家治理必须因前者而指向事与物，那就是创造、分配、消费，再创造、再分配、再消费，以至良性循环发展，其努力所要实现的就是人人生活富有。同时，国家治理必须因后者而指向人、人性、人情、人生，而协调、引导、激励、鼓动、化育共同体成员，包括必要的规训与惩戒，其努力达成的是人人生存自由和幸福。

基于如上两个方面的规定，有权制定国家治理规则的只能是国家的缔造者，即缔造国家共同体的人人。共同体人人作为制定国家治理规则的主体，必须依据什么来制定国家治理规则才可使其体现合法性？这里的合法性，首先是指合自然的律法，即符合宇宙律令、自然法则、生命原理和人性要求。基于如此内涵的合法性规定，制定国家治理规则的依据，只能是蕴含合自然的律法的政治学公理。

所谓合自然的律法的政治学公理，是指人类建设其国家政治文明所必须遵从的普遍准则和基本原理，它是一个由公理、原则和实践规范三个方面内容构成的体系。在这个体系中，其核心内容是自由、平等、公正。

自由，是国家治理的存在论公理，它揭示一个存在事实：**每个人都是自由的。**

平等，是国家治理的生存论公理，它展示一个基本要求：**社会必须是平等的。**

公正，是国家治理的实践论公理，它敞开一个基本愿望：**分配必须是公正的。**

在自由、平等、公正这三大公理导向下，形成国家治理的三个具体政治学原则：

第一个原则：在国家治理领域，每个人都有可能是一个恶棍。

第二个原则：在国家治理生活中，权利创造权力且权利限度权力。

---

① 唐代兴：《生境伦理的实践方向》，第 7 页。

第三个原则：在国家治理实践中，贡献与索取必须人人对等。

以自由、平等、公正为导向，以三大政治学原则为规范，形成国家治理的三大实践任务：

根据第一个政治学原则，制定国家治理规则的首要任务是**建立优良政体**。所谓优良政体，就是将恶棍变成好人的政体，即法权政体。

根据第二个政治学原则，制定国家治理规则的基本任务是**建立优良的权力限度机制**。所谓优良的权力限度机制，就是权利博弈权力的制度机制，具体地讲就是权力约束权力和权利监约权力的制度机制。

根据第三个政治学原则，制定国家治理规则的重要任务是**建立优良的分配原则体系**。所谓优良的分配原则体系，就是先贡献后索取并且按贡献而索取的分配原则体系。

遵循政治学公理，制定国家治理规则的必然诉求，是杜绝利益政治，确立原则政治。所谓利益政治，是指以权力者的利害得失为指向的国家治理模式，这种治理模式虽然可以无限度地释放暴力和谎言来构建形式秩序，但却使国家陷入实质上的无序状态：利益政治的国家治理模式始终是充满波动并往往蕴含颠覆性危险的治理方式，因为这种国家治理模式必然导致权力腐败，并最终毁灭政治、解体社会和国家。所谓原则政治，是指先确定普遍遵从的政治公理、原则、规范，并以此为严格的规训而制定国家治理规则体系，然后以其规则体系为准则展开有序的治理。这种有序治理的方式是一种和平渐进的改革方式，既可杜绝谎言和欺骗，更能够避免暴力和风险，实现国家治理的双重目的，不断提升国家文明。

五、国家治理规则的基石

制定国家治理规则体系，其首要任务是选择政体。政体既是国家治理规则体系建构的逻辑起点，更构成国家治理的精神土壤。在人类国家文明进程中，实践验证了君主政体、贵族政体、寡头政体等政体形态，在本质上均呈现专制取向，哪怕是民主政体也不能幸免"不平等的精神和极端平等的精神。不平等的精神使一个民主国走向贵族政治或一人执政的政体；极端平等的精神使一个民主国走向一人独裁的专制主义，就像一人独裁的专制主义是以征服而告结束一样"①。只有法权政体才可避免专制和独裁。

所谓政体，是国家得以建立的根本治政理念及以此为准则的政治治理实体与方略。所谓"法权政体"，是指以法权为根本指南和规训的治政理念及政治治理实体和方略，具体地讲，就是以自然法为依据、以法权为本位、以法权宪法为准则而建立其特定价值坐标的治政理念，并以其治政理念为原则建立的国家政治治理实体与方略。

理解"法权政体"，须先明晰几个概念。首先是"自然法"，它是对宇宙律令、自然法则、生命原理和人性要求的整合性称谓，并可具体表述为人性的法则：人性是自然的；人性的法则是宇宙律令、自然法则和生命原理灌注在人这一物种生命中的浓缩形态。其次是"法权"，它是指以自然法为根本规范的权，具体地讲，是以人性法则为根本规范的权；整合言之，"法权"是自然权和人权的简称：在自然世界里，法权就是自然权；在人类世界里，法权即是蕴含自然权的人权。第三是"法权宪法"，是指以自然权和人权为指南和规范的宪法，因而，法权宪法也可简称为以自然权为依据的人权宪法。

由此可知，法权政体不是有宪法的政体。在现代世界，几乎每个国家都有宪法，但属法权政体的国家却很少，因为法权政体是权力必须接受法权规范的政体。法权政体之所以构成国家治理的逻辑起点，是因为法权政体是以自然权为依据的人权政体；法权政体之所以构成国家治理的精神土壤，是因为法权政体的内在灵魂是法权精神。

法权精神即契约精神和共和精神。契约精神是构成法权政体的人本精神和神本精神：作为神本精神，是通过人与神的签约来定位人在自然中的位置；作为人本精神，是通过人与国家的签约来定位人在国家中的位置。共和精神是构成法权政体的国家精神，它体现在政体上，落实在宪法里，

---

① 孟德斯鸠：《论法的精神》上卷，张雁深译，第 135 页。

构成国家宪治和法治的精神指南和价值规范。契约精神的扩张形态就是共和精神，共和精神的具体化就是契约精神，共和精神的本质诉求仍然是人本精神和神本精神的有机统一，它的源泉是自然宇宙、地球生命、人、国家之间存在的原始关联性，表述为共在互存和共生互生，其所蕴含的是平等精神、自由精神、民主精神、公正精神。这种以平等、自由、民主、公正为基本内涵的法权精神，是法权政体之国家理念的实践展开形态。

法权精神之构成法权政体的精神土壤，是因为其共和精神使共同体人人获得了内聚力和向心力，其契约精神使共同体产生了秩序。因为在国家共同体中，任何个人，任何组织形态，任何权力机构，都必须以契约为秩序规范，而不能任意胡为。并且，由于共和精神和契约精神，共同体成员——无论是个人还是组织机构，或者是政党及其利益集团——都必须担当责任，都必须以责任为权力或权利的边界，否则，就是违反契约，违背共和，就成为消解法权治理之行为。

以契约和共和为实质规范的法权精神，一旦指向国家治理实践就必定生成建构法权政体的原则，即守法原则和不服从原则。在我们的习惯性思维中，总将守法只理解为是民众必须承担的责任，这种思维定势所体现的是统治者的统治思想。在以法权政体为导向的国家治理规则体系中，守法原则相对国家机器而言，即政府要以带头守法为必须的责任；不服从原则却对民众而言，即民众有不服从政府之独裁意志和无限度作为的权利。守法原则和不服从原则构成了法权国家的根本治理规则：守法原则是国家治理的正面原则，它规范执政者、政府和官员必须守法，只有当执政者、政府和官员带头守法时，人民才效仿之而自觉守法；不服从原则是国家治理的反面原则，这一原则假定，如果执政者、政府和官员违反法权宪法或法律而侵犯公民合法权益，公民有不服从执政者、政府和官员之基本权利，不服从原则从反面规范执政者、政府和官员带头守法，同时也促进并提高了公民守法的自觉性。

法权政体既是国家治理规则建构的逻辑起点，也是国家治理的精神土壤。在法权政体土壤中，契约精神和共和精神必然合生出国家治理所需要的规范框架，它由共同人性、人权民主、自由主义精神三者构成了国家治理的基石。

首先，共同人性构成国家治理的思想源泉和价值依据，因为人性统合了宇宙律令、自然法则、生命原理：宇宙律令就是自然创化之道，它敞开为野性狂暴创造力与理性约束秩序力及其对立统一张力，这一对立统一张力具象化为"变中不变"和"不变中变"的自然法则，将自然法则灌注进它的创造物之中构成万物生命必须遵守的生命原理，这就是"在竞斗中自我限度"并"在自我限度中竞斗"的"竞适原理"，它构成人性生成的基石。人性乃生命个体以自身之力勇往直前、义无反顾的生生朝向，它通过实际的生存行为敞开因生而求利、得利而生爱的生存诉求。概括地讲，以生利爱为内涵规定的人性，其母体是物种本性，但其源泉却是自然本性、宇宙本性。

以共同人性为思想源泉和价值依据，人权民主则构成国家治理的规范导向。民主客观地存在集权民主和人权民主两种形态，前者以权力为本位，所建构的国家治理规则体系以暴力—谎言为导向；后者以权利为本位，所建构的国家治理规则体系以权力制约权力、权利博弈权力和权利限度权利为导向。

以共同人性为基本诉求，以人权民主为规范导向，国家治理的规范框架必须内驻自由主义精神。自由主义精神是国家治理规范的内在灵魂，它的核心内涵是自由、理性、容忍，其行为规范是群己权界，其具体规范是权责对等和公私分明。

国家治理的基本条件可以图示如下：

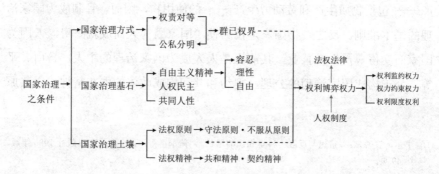

六、国家治理的制度条件

国家治理必须制度的规范，但制度却只为国家治理提供了可能性，因为许多制度不仅不构成国家治理的力量，反而还阻碍或消解国家治理，比如集权专制制度、君主独裁制度等都是阻碍或消解国家治理的制度形式。由此看来，制度本身存在优劣好坏，国家治理的前提性努力，就是创建好制度，而不是把希望寄托在好的统治者或先进的阶级上。"我们需要的与其说是好的人，还不如说是好的制度。我们渴望得到好的统治者，但历史的经验向我们表明，我们不可能找到这样的人。正因为这样，设计甚至使坏的统治者也不会造成太大损失的制度是十分重要的。"①

所谓好制度，就是能够产生良好的国家治理功能的制度，这样的制度一定是讲公理的制度。讲公理的制度，就是以自由、平等、公正为普世原理的制度。构成这种制度的基本条件有二：一是尊重人性而拒绝暴力；二是选择法权政体而拒绝强权。

人性是国家治理的指南，法权政体是国家治理的基石；以人性为指南和以人权政体为基石的制度，构成国家治理的框架。这是因为制度虽然是政体的形式显现，但它在本质上却是对国家和人的定格。无论从政治理想王国构设的历史看，还是从政治实践的血雨腥风观，衡量制度优劣的根本依据却是政体：政体的实质是对国家和人的定位。如前所述，将国家定位为暴力工具和压迫机器，其前提是以统治阶级为国家的主人，以民为生产——包括物质生产和劳动力生产——的使用物，因而，管制成为国家治理的基本准则。反之，将国家定位为使"国家因为人而成就高贵，人因为国家而变得尊严"的善业，其前提是人人成为国家治理的主人，自由、平等、公正构成国家治理的公理，契约和共和构成政体的内在精神，守法原

---

① 卡尔·波普尔：《猜想与反驳：科学知识的增长》，傅季重等译，上海译文出版社 1986 年版，第 49 页。

则和不服从原则构成政体指向制度建构的根本规范。

以共同人性为指南，以法权政体为基石，以契约精神和共和精神为导向所形成的制度，是人权制度。人权制度是以人权维护和人权保障为全部责任的制度，它的功能就是在法权政体规范下"把每个人都设想为无赖之徒"①，并以此为准则来塑造政府和人，即规范政府成为人性主义和人权主义的政府，规范上自国家元首下至每个官吏都成为有道德表率和国家责任能力的人，并通过如上方式来激励和引导人人成为有德有责的公民。

人权制度的根本国家治理功能，是边限和奖惩。从根本论，人权制度本身就是一种限度和边界，它发挥国家治理功能的实质，就是通过定格分权的方式监约权力和保障权利，使权力和权利都有明确的界限。

人权制度对权利的限度，采取补不足而抑太过的方法：无论是个体或者群体，当其没有完全享受到其平等权利或其平等权利遭受损害时，人权制度就维护、保障和强化他们的权利；反之，无论是个体或者群体，一旦所行使的权利超过其平等之限度时，人权制度就自动地抑制它，使其中止其伤害行为。与此不同，人权制度对权力的限度，却采取监约与惩戒的方式，因为权力行使所依据的是国家机器、政府机构或其他社会组织机构，国家机器、政府或其他社会组织机构本身就是一种强权，所以权力的行使始终存在着僭越的可能性，人权制度必须以监约和惩戒的方式限制权力和督导权力。

七、国家治理的法律方式

法权政体是国家治理的基石，它需要人权制度来定格；人权制度是国家治理的框架，它需要通过法权法律来获得具体的社会规范；法权法律是国家治理的刚性规范结构，它以权利博弈权力为根本的实践方式。权利博弈权力必以群己权界为准则，其具体展开途径是权责对等和公私分明。

---

① 休谟：《休谟政治论文选》，张若衡译，商务印书馆 1993 年版，第 27 页。

　　客观地看，权责对等是基于利益自由，公私分明却基于权利维护和保障。二者运作自身的动力机制虽然有所差异，但功能诉求却呈整体同构。具体地讲，权责对等和公私分明都肩负起两个基本功能：首先，无论是权责对等还是公私分明，都要指涉人与人之间的利益、权利、责任的分配与担当；其次，无论是权责对等还是公私分明，都构成了国家治理的宏观途径与方法，即权责对等和公私分明既是人、家庭、群体、社会机构和组织、政府、政党等之间必须构建起的一种以人权制度为框架、以法权法律为规范的权、责、利之治理实践结构和治理实践模式，也是这种权、责、利之治理实践结构和治理实践模式得以建构和运行的规范原则。

　　作为国家治理的实践规范原则，权责对等必须指向公私分明，形成对公私分明的规范引导时，它才可发挥出治理国家的规范功能。作为国家治理的实践规范原则，公私分明既是权责对等之个人作为的规范原则，也是权责对等之社会风尚创建的引导原则。但无论作为前者还是作为后者，公私分明都需要权利博弈权力的制度保障及其激励，这源于权利与权力之间的生成性诉求：首先，权力来源于权利，并且权力以权利为动机和目标归宿，即权力产生于权利的要求性，并更大程度地保障权利和维护权利。其次，权利始终是个体的权利，权力却是个体权利按其共同意愿方式汇聚并以国家机器定格的公权。由其不同的生成来源和存在方式所规定，权利虽然优先于权力，但权力却始终优越于权利，因为权力有国家机器的护卫，有公共技术的武装，更有社会财富为其潜在的激励动力。所以相对权利而言，权力在本性上是绝对的，是一种绝对权力。

　　本性上追求绝对的绝对权力，无论是国家权力还是其他社会公共权力，都存在着两可性，即既可能有限度，也可能无限度，这主要取决于制度的性质及其取向。一般地讲，集权制度框架下的权力是无限绝对权力，人权制度框架下的权力必然是有限绝对权力。在人权制度框架下，权力之所以只能成为有限绝对权力，是因为人权制度的基石是法权政体，法权政体是一种分权政体，这种分权政体通过分权机制和分权方式而构建起权利博弈权力的实践方式。这种实践方式具体展开为权力约束权力、权利监约权力和权利限度权利。

权利始终是个人权利，权利限度权利的经典表述就是"你的拳头止于我的鼻尖"，这是因为权利的本质规定是平等，但其社会前提却是权力约束权力。

权力约束权力，就是利用权力来制约权力，其前提是分权，其依据是权力的无限扩张野性，其实际的目的是限制权力使其有限绝对化："从事物的性质来说，要防止滥用权力，就必须以权力约束权力。我们可以有一政制，不强迫任何人去做法律所不强制他做的事，也不禁止任何人去做法律所许可的事。"[1] 推动并保障权力约束权力的最终力量，是权利对权力的监约。权利要能真正构成监约权力的实际力量，必须具备的前提是法权政体的奠基和人权制度的规范：法权政体奠定权利监约权力的政治基石，并且这一政治基石须得到三个方面的护卫，这就是共同人性的动力、人权民主的社会诉求和自由主义精神的牵引；人权制度构建起权利监约权力的制度运作机制，它必最终落实为国家立法权、行政权、司法权、政党权、舆论权和知识话语权"六权分立与制衡"。[2] 具体地讲，六权分立与制衡的制度机制要得以真正地运作而促进和保障权利监约权力，要求必须同时具备如下基本条件：首先，司法独立，具体地讲，就是独立法院和独立法官；其次，政党社群化，具体地讲，就是所有政党都要以社会化的方式存在和运作，纳税人没有豢养政党的义务；其三，社会舆论权成为公器并为全民所掌握，具体地讲，新闻媒体必须成为公民权利博弈权力的必要武器，因而，它应该成为自由公民的自由权利；其四，知识话语权必为知识分子所掌握，使思想独立发挥矫正和引导社会的功能，使知识分子成为监约国家权力（即行政权力、立法权力、司法权力）遵守法权宪法而运作的社会精英力量；其五，权力约束权力和权利监约权力的实践方式要获得普遍的社会实践功能，须有其"一切断于一法"的律法制度，具体地讲，必须建构

---

① 孟德斯鸠：《论法的精神》上卷，张雁深译，第184页。
② 唐代兴：《宪政建设的伦理基础与道德维度》，天津人民出版社2008年版，第213—217页。

起自治、完备且相互激励的"法治国家，法治社会，法治政党，法治官吏，法治公民"的法治社会机制；其六，法权宪法必须成为国家治理的最高权威和治理国家的最高准则，以此为基准，建立具有严谨逻辑自洽性和完备性的法权法律体系。概括地讲，权利博弈权力的实践方式要得以全面展开，权力约束权力和权利监约权力要获得普遍的社会实践功能，不仅要有法权政体的奠基和人权制度的保障，更需要逻辑自洽的律法护卫。能够真正全面护卫权利博弈权力、全面推动权力约束权力和权利监约权力的律法，必须是具有如下自洽精神和完备品质的律法：第一，法权宪法必须高于法权法律并统帅法权法律；第二，法权法律必须高于各单项法令、地方性法规并统帅各单项法令和地方性法规；第三，所有的政策都必须符合法权法律和法权宪法，并在法权宪法和法权法律的严格规范下实施。

作者简介

唐代兴，男，1956年9月出生于四川广安，四川师范大学二级教授、特聘教授，四川师范大学伦理学研究所所长，四川省学术带头人。研究领域是当代哲学和伦理—政治学；研究的基本主题是"当代人类何以才能理性存在发展"；研究的实际目标是围绕此主题而创建中国当代新哲学，即生态理性哲学（包括形而上学、本体论、伦理学、政治哲学）：（1）提出"自然为人立法，人为自然护法"之新存在论思想，为全球生境社会提供全境视域和新价值坐标；（2）构建生境语义场理论，奠定生态理性哲学本体论基石；（3）批判性整合中西之思辨哲学和悟性哲学智慧，致思人的世界性存在之形上蓝图；（4）创建生态化综合之生态理性哲学方法；（5）以生态理性哲学思想和方法为指导，构建生境主义伦理学体系；（6）开创灾疫伦理学新学科和气候伦理新领域。初步发表生态理性哲学—伦理学论文180余篇，出版个人专著22部，即《语义场：生存的本体论诠释》（中央编译出版社，2015）、《生态化综合：一种新世界观》（中央编译出版社，2015）、《生态理性哲学导论》（北京大学出版社，2005）、《当代语义美学论纲：人类行为意义研究》（四川人民出版社，2001）、《语义场：人类行为动力研究》（四川大学出版社，1998）、《人类书写论》（香港新世纪出版社，1991）、《作家哲学论》（香港新世纪出版社，1991）、《利益伦理》（北京大学出版社，2002）、《公正伦理与制度道德》（人民出版社，2003）、《优良道德体系论——新伦理学研究》（中国大百科全书出版社，2004）、《文化软实力战略研究》（人民出版社，2008）、《宪政建设的伦理基础与道德维度》（天津人民出版社，2008）、《生存与幸福：伦理构建的知识论原理》（中国社会科学出版社，2010）、《灾疫伦理学：通向生态文明的桥梁》（人民出版社，2012）、《生境伦理的人性基础》（上海三联书店，2013）、《生境伦理的哲学基础》（上海三联书店，2013）、《生境伦理的知识论构建》（上海三联书店，2013）、《生境伦理的心理学原理》（上海三联书店，2013）、《生境伦理的规范原理》（上海三联书店，2014）、《生境伦理的实践方向》（上海三联书店，2015）、《生境伦理的制度规训》（上海三联书店，2014）、《生境伦理的教育道路》（上海三联书店，2014）。主持国家社科基金项目（灾疫伦理和气候伦理）两项、省部级课题 3 项。先后获四川省社会科学优秀成果独立二等奖 4 项。

国家治理中的核心价值

甘绍平 *

内容提要： 本文描绘了改革开放以来国家治理从维稳到维权，再从维权到国家治理中核心价值的建构这一思路上的变化过程。文章认为，维护稳定的关键在于维护公民权利，公民权利的集中体现便是自由与民主，而自由和民主的坚实保障则是法治。于是，自由、民主和法治就构成了国家治理中的核心价值。从自由经民主到法治，这样一条清晰的脉络凸显了能够使所有社会成员凝聚在一起的社会价值基准，构成了当代人类社会制度与政治生活建构的规范性基石，呈示了现代文明的精髓，也是改革开放以来，当代中国社会价值观念发生重大历史变迁的鲜明体现。

关键词： 维稳　维权　国家治理　核心价值　自由　民主　法治

一、国家治理思路的转变：从维稳到维权

中国的社会经济发展还没有闯过现代化进程的高风险期。这一阶段

---

* 甘绍平系三亚学院国家治理研究院研究员。

的特点是整个社会的趋利心态高涨，旧有的利益格局分化，贫富差距加大，社会矛盾凸显，不稳定因素活跃。针对这一局面，政府一开始的治理思路非常明确，那就是尽一切努力维稳。为了维护社会经济持续有序的发展，国家在维稳上的确投入了大量的精力、财力和物力。然而，"稳定压倒一切"的国家治理思路遭遇到了社会实践的巨大挑战。人们发现，国家治理不仅是一个战术的问题，而且更是一个长远稳定的战略问题。这里不仅涉及一种头痛医头、脚痛医脚的临时性、微观性权宜之计，而且关涉到社会转型宏大叙事背景下政府的以人为本的执政理念能否真正落实以及政府的服务职能能否真正实现这样一个重大的问题。人们逐渐得出的一个重要结论是，维稳并不是国家治理的终极目的，而只不过是维护公民权利之努力的一个附带结果，国家治理必须实现一种从维稳到维权的思路上的根本转变。

从历史上看，中国就是一个非常重视稳定的国家。中国传统哲学思想是以整体稳定为主基调。儒家的核心诉求是秩序和谐。孝为善首，以对父母的孝达致兄弟间的悌再达致朋友间的信，以孝达致对君主的忠再达致男女间的敬，整个社会就是这样构成一个以人伦关系为骨架的和谐的整体。维护稳定的思想支撑来自于对整体秩序的认同和服从，而要真正做到这一点，又要靠每个人心性的自我修养，自觉破除自利的欲望，忠实履行对整体应承担的个体义务，重义轻利成为中国传统义利观的主轴。

计划经济时代是一个"以国为本"的时代，一个诉诸动员、组织、管理、控制以及全民行动和头脑整齐划一的时代。个人毫无保留地服从组织、个体利益毫无代价地服从整体利益的精神占主导和支配的地位。我们每个人都应当公而忘私，努力成为社会整体机器上的一个部件，且永不生锈、永不失灵。此时的社会呈现出广泛而又封闭的稳定性。但这仅仅是表面现象，经不起外来新鲜信息以及强势观念的冲击。只要人们获知人类的生活还有无数种其他的过法，则过去长期受到压抑的本性需要就会迸发出来，从而恢复人的本真状态。于是，正当利益的诉求和权利的主张便成为社会的常态，这就是改革开放以后的社会新貌。

　　新时期以来，中国进入了一个由计划经济向市场经济的巨大社会转型时期。与此相适应，人们在思想观念上也发生了一个从传统的以义务为本位向以权利为本位的价值观改变。每个人都理直气壮地主张自己的权益诉求，并且把国家的作用理解为对个体合法权益的维护与保障。正所谓"追求幸福，是人民的权利；造福人民，是党和政府的责任"。中国社会出现的大部分所谓与维稳相关的问题，都属于部分公民在征地、拆迁、环保、工资按时发放、劳动条件等方面的合法利益受到忽视、漠视乃至侵害并未能得到合理救济和有效纠正的问题。而因合法权益受损所引发的群体事件，一般也都是属于人民内部矛盾范围的利益冲突与利益矛盾的范畴，诸多矛盾冲突事件，又往往是利益表达机制的缺失所致。其中能够造成大规模社会动荡的因素很少。民众普遍希望在稳定的环境下实现社会的体制机制转型这一点，应当构成我们研判、处理和解决社会冲突、矛盾与问题的基础。因此如果将这样的矛盾与冲突政治化或意识形态化，从而上升为危及基本制度和社会稳定的政治问题，就是一种非常不智之举。这一点完全可以构成政府创新管理思路的一个出发点。我们以前总是从维护社会整体利益、集体利益出发，总是习惯于我令你从，认为个体必须无条件服从整体，甚至为整体做出必要的牺牲。谁要是主张自己的权利，就是自私自利，就是站在国家和社会的对立面。这些既有的尚未被终结的意识形态话语，造成了一些地方问题官员的思想僵化与行为偏激，他们动辄以处理"敌我矛盾"的模式来对待那些因伸张权益而发声的人；一俟发生群体性事件，便惊慌失措、如临大难，先是武力弹压，再就是秋后算账。激化矛盾的粗暴方式，不仅增加了社会成本，扭曲全社会的是非曲直、公平公正等价值理念，而且也严重伤害了民众对政府的认同和信任，损害了政府形象。这种以压制正当的利益表达为特征的维稳思路，在基层政府的工作模式中非常明显。

　　今天，我们常常讲中国共产党的执政理念是立党为公、执政为民、以人为本、为民服务，这体现了我们在执政理念认识上强大的竞争力。其实，国家、政府的合法性取决于人民的满意度，国家、政府存在的目的恰恰在于保障每位普通公民的基本权益。就此而言，国家与个体从根本上讲并不是对立的。哪里出现了呛声，出现了不稳，往往说明那里有民众的权益保障出现了问题，其权益诉求缺乏畅通的表达渠道，而国家的任务就在于依法辨明侵权责任，阻止权益侵害，维护当事人的正当利益，恢复社会的公平正义，这样才能消除使社会失稳的因素。从根本上讲，只有维权，才能维稳；维护社会稳定与维护公民权利是统一的，维护社会稳定就是为了保障公民的权利不受侵害，所以应当说单纯稳定本身并非目的，而是维权之后的附带成果。

我国城乡贫困人口仍然有数千万。所谓贫困，是指这些民众基本上处于入不敷出的状态，且贫困的代际传递极为普遍。对于他们，政府有义务提供一套完善的社会救助措施，且应基本覆盖温饱、医疗、就业、就学、住房等多重领域。中国社会不仅政治、经济、文化领域飞速发展，而且劳动力年龄结构也在发生巨变。新一代从农村来到城市的务工人员，与在城市成长起来的同代人一样，文化程度高、知识面广、信息灵通、视野开阔，其权利意识、环保意识和政治参与意识空前高涨。他们来到城里不仅仅着眼于"钱途"，而且更看重"前途"，不仅要谋生，而且也要寻求归属感。他们懂得在法律的框架下自己有权进行维权的活动，也有权争取外界的声援。这样的局面将长期支配中国社会未来的发展。这自然会对政府的管理和服务能力提出更高的要求。我们的政府官员应充分理解青年人合理的利益诉求，善于把正当的权益主张与维权活动中的某些过激行为严格区分开来，扫除面对群众的"对手思维"，采取积极措施努力解决民生问题，通过沟通建立互信，让信息更加透明通畅，让事实真相来阻断和消解谣言的扩散和蔓延，让民意表达和舆论监督机制更加完善，这才是消除不稳定因素的正道。

我们的社会管理体制长期以来都是建立在高度一元化模式的基础上的。小农经济时代，只有国与家两极；计划经济体制下，国家公权力实行大包大揽的全能型治理，因此我们长期缺乏健康的社会空间。以国家替代社会，以政府行政替代社会管理，忽视民间组织的价值与作用，甚至视社会组织为政府机构的天然对手，构成了许多人的观念和行为定势。创新社会管理体制，就必须强化社会的自我管理功能，充分发挥民间组织在公益服务、社会事务、文化体育、慈善救济、社区维权等方面的作用。政府应还权于社会，逐渐退出社会能够自我管理和服务的领域，逐步让社会组织和民间企业成为提供优质公共服务的主体。政府应将管理、服务、统筹、协调等功能统一起来，鼓励民间组织在公民维权、消除贫困、化解冲突等方面发挥更加积极的作用，让社会在法治的统摄下依照社会自治的逻辑进行自我管理，真正做到民事民议、民事民管、民事民办，努力实现小政府大社会的格局。

从目前的情况来看，我国社会的核心问题之一仍然是民生问题。经济繁荣构成了社会文化发展及政治体制改革的前提，优质的民主离不开优质的民生作为坚实的基础。尽管我们建构了城市和农村低保制度、自然灾害救助、临时救助、教育救助、住房救助、法律救助等比较完善的社会最低生活保障体系，但仍然存在着地区发展不平衡、救助资金投入力度不均匀等复杂问题。从根本上满足困难群众救助需求，有赖于社会救助法制建设的健全和完善。因此我们应尽快出台我国的社会救助法。总之，只有满足人民的需求，搞好民生，才能争取民心。当然，人权不仅是指民生，人权除了生存权利，还应包括对政治、自由、发展等全方位的需求。物质生活需求的满足必然会带来精神生活需求的提高，进而带动民众法律意识、公民意识和权利意识的全面增强。一个法制健全、民众权益得到保障的公民社会必然要取代一个以服从上意、执行指令为行事特征的臣民社会，只有具备这样一种现代意识和心理准备，某些地方政府才不会出现在提供公共服务上的缺位，在私人生活领域因过度干预而越位，在对角色变换和职能改变的理解上的错位。只有公民的各项合法权益真正得到保护，维护群众合法权益的机制得到建立，相对的利益均衡态势得到维持，诉求表达及利益冲突的协调化解渠道得以健全，社会才能够长期实现一种动态和良性的稳定，才能彻底终结民众只有闹一大场才能维权，政府只有抓几个人才能维稳的怪圈。一句话，只有维权，才能维稳，而单纯稳定本身并不是目的，而是维权的副产品，是维权的必然结果。

二、从维权到国家治理中核心价值的建构

如上所述，维稳关键在于维权。维权是对单纯维稳观念的一种超越。然而随着社会实践的推进，人们又发现仅有维权意识也还是远远不够的。国家治理必须有一种在维权意识激发下所形成的宏观长远的战略思路，这一思路的中心，就在于国家治理中核心价值的建构。正是这种核心价值，使得维权活动获得了深刻的理念底蕴，使得维权意识获得坚实的机制保障。

众所周知，改革开放以来中国已经无可逆转地跨入了全球性的现代化的进程。世界经济一体化的发展，必然也会导致全球范围内在核心的价值理念上形成一种基本的共识。一种与公民社会相适应的价值观念或价值理性将凭借自己的生命力与竞争力占据主导的地位。正是在这样一种宏观背景下，中国正在经历着的一场从传统社会向现代化社会的巨大历史变革，不可避免地会对在长期封闭的小农经济环境中形成的价值取向与思维习惯，产生重大的冲击。从过去只讲个人美德，到现在重视制度伦理，从过去只讲阶级道德，到现在重视普遍价值，从过去只讲义务奉献，到现在重视权利正义，这些正是我国社会价值观念逐渐发生巨大变迁的一种直接反映。

2013 年底，中共中央办公厅印发了《关于培育和践行社会主义核心价值观的意见》，共 24 个字的核心价值观分成三个层面：国家层面的价值目标为富强、民主、文明、和谐；社会层面的价值取向为自由、平等、公正、法治；公民个人层面的价值准则为爱国、敬业、诚信、友善。

从国家治理的角度来看，我们可以集中探究一下社会主义核心价值观中的三种价值：自由、民主、法治。之所以特别挑出它们，不仅是因为这几个概念得到了伦理学界比较长期和集中的关注，它们体现了我们这个时代最重要的社会价值基准或政治伦理价值导向，而且更重要的是因为，从维权意识和立场来看，自由与民主均是公民的基本权利的一种体现，而法治则是对这种基本权利的机制性保障。并且，从自由经民主到法治，呈现出一条环环相扣的逻辑脉络，其中，自由是起点，民主是扩展，法治是归

宿。自由构成了人之为人的根本，民主是众多个体自由的集体呈现，而法治则是民主的固化与机制化。三者层层递进、相互依存、缺一不可，共同为现代文明社会的价值主魂、治理模式、机制建构奠立牢固的根基。

自由　我们先说自由。我们前面之所以说自由构成了人之为人的根本，是因为人与其他动物的本质区别在于人有精神性，而人的精神性的第一种体现是人的自由。换言之，人的自由、自主决定的能力构成了人之所以成为人的本质性特征。故自由是人的一种最高的财富。人因自由之能力而享有独特的尊严。自由是无须论证的，只有对自由的限制才需要论证。

所谓自由，意味着当事人能够基于自身的洞见，而非从属于他人的意志来行事。一句话，自由意味着通过自我决定而做自己的主人，个人是他自己的设计者、塑造者与建筑师，而非简单地保持着他原本所是的状态并且像其他动物那样受制于既有环境的关联。自由把人界定为是一种开放的存在。

按照本义而言，自由应是无限的、绝对的，人可以这样选择，也可以那样选择。但在实际的行动中，自由往往又不可能是完全任意的，而是受到主观内在和客观外在条件的制约。

从主观内在的条件来看，自由并非意味着恣意横行、为所欲为，而是受制于理由的牵引。人类之所以能够摆脱自然状态跃进到文明状态，决定性的因素就在于其在自由选择的前提下运用理性的能力。唯有人类才可以检视自身的动机与冲动，认知和权衡自己行为的理由，基于理据并最终在理由的引导下行动，同时为此而承担责任。正是基于自由并受理由的引导，人类才能开启一种全新的生活路径与文明状态。正是受理由的统摄，人们才可能放弃用暴力来解决纷争的做法，力争达到人际间的和谐与共生，才有可能超越自身利益基点，培育一种人性化的相处方式。总之，尽管人生而自由，但这种自由一定要受制于与他人的联系，即自由受制于道德，正是在这个意义上，不仅自由是人的本质，而且道德也是人的本质。自由与道德均为人的精神性的体现。就两者的关系而言，自由是现代道德的奠立基础，道德则为自由的持存和真正实现提供保障。

从客观外在的条件来看，自由不仅受限于道德，而且也受限于法律规范、历史环境、社会文化因素等构成的主客观条件框架。而如何确立源于社会文化因素的对行为自由的限制的合宜的度，这是一个重大的社会伦理问题。我们知道，你需要有自由，我同样也需要这种自由。而我们的自由得以实现的前提条件是，不得对他人同样的自由施加干扰、阻碍和影响，因为这样一种干扰不属于其行为自由，也就是说他人的自由是自己自由的边界。只有他人的自由得到保障，自己的自由才有实现的可能。而社会机制存在的唯一目的，在于维护每一个人在追寻其目标的自由活动的过程中所需要的基本秩序。除了这一点之外，对于个人自由而言，社会文化因素的限制应当是越少越好。

综上所述，自由构成了人的全面发展的基础，道德产生的前提，社会建构的原则。自由是人类文明成熟程度的标志，也是现代社会正向价值的标尺。

民主　民主是众多个体自由的集体呈现，诸多行为主体之自由、自主抉择的集合，就是民主。故民主代表着集体的自由意志。

在当今世界，民主作为一种理念与制度正以前所未有的规模和速度，有力而深刻地形塑着人类政治和社会生活的基本面貌与样态。随着规范民主的成熟与发展，民主不论是作为国家形式还是作为社会生活方式，其相对于其他竞争者的优越性与合法性，在当今已经赢得几乎是一种全球共识的地位。

民主，顾名思义是指"人民"（希腊语：demos）"统治"（kratein）。作为一种国家形式，也是一种社会生活方式，民主在近现代社会的竞争力源于其价值规范性基础；换言之，民主展现出一种价值观、一种道德观，而其核心则是由自由和平等这两大要素构成的。民主的自由意涵，体现在民主对每个人绝不屈从于他人的任意对待这样一种需求的尊重上。自由意味着按照自身的意志而非他人的意志决断和行事并承担相应的责任。这也就决定了任何一种外在统治的合法性，均来源于当事人对这种统治的授权与认同；换言之，统治者与被统治者实际上形成了一种重叠的关系，这也就造成了这种统治必须是以当事人的利益为出发点。民主的平等意涵，体现在民主给予每位公民在法律面前以同等的对待，享受平等的法律保护和接受同样平等的法律制裁。法律平等的实质取决于公民的人权平等，而法律的功能又在于以机制化的形式使公民的权利赢得平等的保障。总之，自由与平等构成了民主的价值规范性基础，一个国家只有在它实现了平等与自由的政治理想之意义上，才配享有民主的称号。

当然，民主拥有自由和平等的价值规范性基础这一点，只是民主的道德表达的最笼统的说法。随着历史时代的变迁，民主已经发展出不同的样态与模式，从而造成了民主在道德表达内容上的差异。影响最大的类型划分可以说是所谓自由主义民主、共和主义民主和审议民主（deliberative democracy）这三种形式。自由主义民主所突显的道德价值是个体的自由权利，其弱点在于难以提振共同体的团结意识。共和主义民主所强调的是共同体的团结，但这种模式不仅缺乏使自己的价值目标得以实现的有效途径，而且还易于倒向对个体权利的否定与压制这样一种极端，从而也就走向民主的反面立场上去了。审议民主则汲取和融合前两种模式各自的优点，在维护个体自由选择权利的前提下，努力以法律的形式来实现团结的价值诉求。这样就自然过渡到第三种价值：法治。

法治 如果说，自由构成了人之为人的根本，民主是众多个体自由的集体呈现，则法治便是民主的固化与机制化。法治是对人的自由的尊重，对民主的维护。一句话，是人的自由、人民的自主意志至上的一种制度性的体现。所谓法治，就是指依凭法律来治国理政。这就要求一个社会必须建构法律的内容、遵守法律的要求、监督法律的实施。

法治的核心在于法律。所谓法律是由国家立法机构历经一定程序确立的、通过制裁机制使其效力得以强制保障的行为规范系统，这个规范系统体现为最低限度的道德。对于现代社会而言，法律占据着一种日益明显的不可取代的地位。那么，我们为什么要重视法律，强调法律优先的原则呢？

第一，从来源来看，法律是民主程序的结果，是人民意志的固化。立法程序是全民广泛参与的一种实践过程，每个人都可以以平等的身份、理性包容的态度及多元的立场投身到公共商议之中，这一以构建法律为目的的程序本身，就体现了对所有公民自由选择权利的尊重。同时，法律内容的具体设定，也取决于公民旨在自身福利得以保障的自主意志。由于法律是一种共同的道德意志的体现，这样，以法规形式表现出来的这种最低限度的道德，便从民意中赢得了自身的合法性。

第二，从功能来看，法律以强制的方式来保障人的自由选择的权利，以强制的方式来阻止对当事人施加的无理的外在伤害。法律是对当事者之任意行为的一种限制，法律尽管限制了个体的自由，但却维护了所有人的自由。法律禁令让所有当事人都意识到，他人的自由就是自己自由的边界。于是，自由不仅构成了法律的源泉，而且也构成了其尺度与目的。而法律的这一对自由的保护功能，由于合乎所有当事人的利益而逻辑上能够赢得社会民众的普遍认同。

第三，从效果来看，法律要求借助精密的监督和制裁结构而具有强制性，它在规约人们的行为之时，不是靠在行为主体的行为动机层面做出意念诱导，而是完全依凭精密设计的规则本身的运行机制。法律使最基本的道德要求获得了强制性、稳定性、可控告性和可援助性。精密的法律规范得到普遍恪守，久而久之就可以催发出宽展扎实的道德习惯。在一个现代的、世俗化的、陌生人的社会里，国家的法律规范越是严密，则社会的道德风尚便越为淳厚。也就是说法制的健全与完善，意味着道德的稳固与持久。作为唯一拥有精神性的动物，只有人才有能力借助于对道德标准的设定和法律规范的固化，而为自己创造出一种文明的生活状态。

三、结语

改革开放的社会实践表明，维护稳定的关键在于维护公民权利，公民权利的集中体现便是自由与民主，而自由和民主的坚实保障则是法治。于是，自由、民主和法治就构成了国家治理中的核心价值。从自由经民主到法治，是一条清晰的价值观呈现的脉络，它不仅是一种理念的逻辑推演，而且也是一种实践的渐次延展。这条脉络凸显了能够使所有社会成员凝聚在一起的社会价值基准，构成了当代人类社会制度与政治生活建构的规范性基石，呈示了现代文明的精髓，也是改革开放以来当代中国社会价值观念发生重大历史变迁的鲜明体现。

应当指出，谈价值理念容易，而关键在于如何落到实处。自由、民主、法治作为道德原则是抽象的，它们在应用到各个国家的具体实践中必然会呈现出与本国国情相关联的特色。我们既要注意不能将普遍原则生硬地移植到具体的实践，更要警惕用实践的特殊性来否定原则的普遍性。自由、民主、法治这些道德价值，不论在具体实践中如何变形，也改变不了各自所必须拥有的本质性的内容界定，离开了价值的这些普遍的规范性的内涵与约束性的效力，则自由就不再是自由，民主就不再是民主，法治也就不再是法治。

国家治理改革的关键不仅在于价值理念的变化，而且也在于政府职能的转变。政府职能转变的核心问题是把权力归还给社会，并进行权力规范，其职责主要在于制度法规建设，其角色主要是规则和程序的制定者、矛盾的调节和仲裁者以及通过法律制度保障民众诉求表达的渠道的监督者。政府应致力于强化和完善解决社会矛盾和冲突的法治机制，使法治成为解决社会矛盾和社会冲突的长效的制度化手段。

作者简介

甘绍平，男，1959 年 8 月出生，汉族，江西南昌人。德国慕尼黑大学哲学博士。中国社会科学院哲学所研究员，伦理学室主任，博士生导师。主要研究方向为理论伦理学、应用伦理学和人权伦理学。著作：《伦理学的当代建构》《人权伦理学》《应用伦理学前沿问题研究》《伦理智慧》《传统理性哲学的终结》《Die Chinesische Philosophie: die wichtigsten Philosophien, Werke, Schulen und Begriffe》《Die Philosophie der objektiven Vernunft, Theorie und Denkart》。书评认为专著《伦理学的当代建构》"呈现伦理学基础理论在当代较为完整的构造图景"。其中，"价值谱系的鲜明性、逻辑理路的通透性、精思睿智的严密性成为该著的特色与亮点"（见《道德与文明》2015年第 5 期）。专著《应用伦理学前沿问题研究》"是一本奠基性的著作，并对科技伦理、生命伦理、政治伦理等领域产生着持续的影响"（见《中国哲学 30 年》）。专著《人权伦理学》"是学界第一次系统性地将人权置放在伦理学的视域中进行深入探讨的作品"。"这种兼顾基础理论与应用可能的作品，并将原本表现在政治与法律上的人权概念提到哲学的向度予以论述，实为廿一世纪一本重要的创作。"（见《哲学与文化》月刊第 422 期）获中国社会科学院"长城学者"称号，享受国务院政府特殊津贴，入选全国文化名家暨四个一批人才工程。

历史智慧

中国封建国家早期干预经济的理论及实践

——以范蠡的平粜思想及其运用为中心

周建波*

内容提要： 范蠡是中国封建社会提出政府宏观调控物价的第一人，他的平粜思想奠定了我国封建社会国家宏观调控经济的理论基础。此后战国初期的李悝变法、西汉中叶桑弘羊的盐铁国营政策，则进一步发展了范蠡的平粜思想，充实了封建国家干预经济的理论，指出了国营经济的合理性、局限性以及支持条件等，这些对当前社会主义市场经济建设过程中如何处理国有经济、民营经济的关系以及国营经济如何定位等问题有启发作用。

关键词： 范蠡　平粜思想　李悝　桑弘羊

一、引言

封建社会是建立在生产力不发达、以自给自足为特征的农业经济基础

---

* 周建波系三亚学院国家治理研究院研究员。

上的。受特定地区自然禀赋的数量、质量的限制，个体小农没有办法生产所需要的全部生产、生活工具，诸如铁犁、铁耙、铁锅、铁剪刀、铁针、食盐等，这就提出了发展制造业、流通业的要求，因此封建社会总是存在一定的工商业的。尽管农业和工商业之间有统一性、互相依赖的一面，但也存在着对立性，相互争夺劳动力、资金的一面。在生产力较为落后的封建社会早期，这一矛盾还相当突出。

第一，农业生产受自然气候的影响非常大，俗称"靠天吃饭"，是典型的弱质产业。工商业生产尽管也受到自然气候的影响，但属于间接影响，这就是当时社会为什么有"农贫而商富"① 说法的原因。如果任由市场自然调节，人们出于趋利避害的动机肯定要弃农就商，而农业又是社会生产力发展的基础，失去了农业的支持，工商业也是发展不起来的。基于此，新兴地主阶级政权总是采用各种政治、经济手段干预社会经济生活，以便驱使更多的人回归农田。春秋早期的管子提出"四民分业"思想，主张"士之子恒为士"，"农之子恒为农"，"工之子恒为工"，"商之子恒为商"②，并通过提高农民收入，做到"四民得均"，即使士农工商各阶层的收入差不多的办法解决弃农就商问题。战国中期的商鞅主张"僇力本业，耕织致粟帛多者复其身。事末利及怠而贫者，举以为收孥"③，要求通过政治上歧视、经济上加重对商人征税和徭役的征发等手段，"令民归心于农"④，解决社会弃农就商的问题。显然，在农业生产技术落后，严重"靠天吃饭"的情况下，管子的"四民得均"主张很难实现，商鞅的办法则更具可操作性。

第二，工商业买贱卖贵的经营模式不利于农业的发展，甚至会破坏农业发展的基础。工商业买贱卖贵的经营模式要求在夏收、秋收时低价收购，春夏之交青黄不接时高价出售，这自然要影响小农家庭的生活，若碰到严重的自然灾害，还会出现大面积的"家破人亡"现象，从而严重影响社会

① 商鞅著，张觉译注：《商君书全译·外内》，贵州人民出版社 1993 年版，第 234 页。
② 薛安勤、王连生注译：《国语译注·齐语》，吉林文史出版社 1996 年版，第 254 页。
③ 司马迁：《史记·商君列传》，岳麓书社 2005 年版，第 413 页。
④ 商鞅著，张觉译注：《商君书全译·农战》，第 43 页。

的稳定和封建政权的巩固，这就是新兴地主阶级政权为什么奉行"重农抑商"政策的又一个重要原因。这里需要特别指出的是，"抑商"不是取消商业，而是要把商业控制在不危害小农经济发展、不影响封建政权巩固的程度内。而要避免商人的囤积居奇所造成的粮价的严重波动，就不能不由国家直接从事工商业，利用大组织规模经济的力量打压商人，这样才能做到"虽遇饥馑、水旱，籴不贵而民不散，取有余以补不足也"[①]，"农末俱利"[②]，这就是国营经济存在的合理性所在。

国家欲直接从事工商业，一是要遵循商业经营的规律，二是要将国家大规模组织经济的力量发挥出来，这就不能不谈到范蠡的平粜思想。提起范蠡，人们往往想到他的陶朱公称号及传奇般的事迹，只知道他经商得法，被尊为经商鼻祖，却不知道他还是我国封建社会提出政府宏观调控物价的第一人。他提出的平粜思想奠定了我国封建社会国家宏观调控经济的理论基础，此后战国的李悝变法、西汉的桑弘羊的盐铁国营、唐代的刘晏改革以及北宋的王安石变法等都不同程度地应用了范蠡的平粜思想。只是国家从事工商业，在依靠其巨大的规模经济力量打破富商大贾垄断的同时，又建立了更大、更坏的官商的垄断，这不仅使其产品价高质次，也使其囤积居奇，严重危害社会民生的副作用远远超过私商，这恐怕是范蠡始料未及的。

在社会主义市场经济体制建设的过程中，如何处理国有经济与民营经济的关系仍然是社会关注的热点问题。2009年，围绕"国进民退"以及房地产商捂盘惜售，人为推动房价提高等问题，社会各界展开了激烈的争论就是明证。其实，关于为什么要有国营工商业，国营工商业如何定位以及如何处理国营工商业与民营工商业的关系等问题，中国早期封建政权的思想家自春秋战国一直争论到西汉后期的盐铁会议。显然，对这一问题的研究，不仅有重要的学术价值，也有重要的现实意义。本文试以封建国家从

---

① 班固：《汉书·食货志》，中华书局2008年版，第159页。
② 司马迁：《史记·货殖列传》，岳麓书社2005年版，第733页。

事工商业的理论基础——范蠡的平粜思想为中心，以封建国家早期从事工商业的实践——战国初期的李悝变法和西汉桑弘羊的盐铁国营为例，研讨国营经济的合理性、局限性以及支持条件等，希望对当前的宏观经济管理以及国有企业改革等有所启迪和帮助。

二、国家干预经济的理论武器：范蠡的平粜思想

范蠡（约公元前 536—前 448），字少伯，春秋末期楚国宛（今河南省南阳市）人。范蠡先是辅佐越王勾践经过"十年生聚、十年教训"灭掉吴国，称霸中原，之后又离开越国，隐姓埋名来到了当时处于交通中心的商业城市陶邑（今山东省定陶），改称陶朱公，在那里候时转物，逐什一之利，十九年中三致千金，成为有名的大富翁。

范蠡生活的春秋后期正是农业生产力发展，城市工商业日趋活跃，传统的"工商食官"的局面被突破，自由私商纷纷出现的时代，范蠡正是这个新兴商人阶层的代表人物。商人阶层依靠买贱卖贵为生，价格问题自然成为范蠡思考的重要内容。范蠡的价格思想主要包含三大内容：

一是价格形成的基础在于商品供给和需求的相互影响。"论其有余不足，则知贵贱。"[1] 这是说，如果某种商品供给大于需求，价格就低；反之，价格就高。

二是商品价格一旦形成，还会不断变化。"贵上极则反贱，贱下极则反贵。"[2] 这是说，价格高到极点就向低转化，价格低到极点就向高转化。原因是当某种商品的价格升高时，生产者出于牟利的动机会增加商品的供应，消费者出于效用的动机会压缩购买，这样自然促使价格向低转化。反之，当商品的价格降低到一定程度时，生产者出于牟利的动机会减少商品的生产，消费者出于效用的动机会增加购买，这样又会促进价格的上升。

---

① 司马迁：《史记·货殖列传》，第 733 页。
② 司马迁：《史记·货殖列传》，第 733 页。

　　三是影响价格波动的因素主要是供给。范蠡生活于科学技术水平低的古代社会，农业的收成受气候和自然条件的影响非常大，范蠡通过对气候的研究总结出了农作物收获周期性循环理论。他说："故岁在金，穰；水，毁；木，饥；火，旱。……六岁穰，六岁旱，十二岁一大饥。"① 这是说，当太阴以每十二年为周期进行周期性循环时，大地上的事物也会相应地发生变化。太阴运行到"金"的三年中，是"穰"，即大丰年；运行到"水"的三年中，是"毁"，即大荒年；运行到"木"的三年中，是"康"，即小丰年；运行到"火"的三年中，是"旱"，即旱灾。这样太阴绕天的一个周期恰是农业收获由丰年经平年到灾年的一个周期，即"十二岁一大饥"。在这个大周期内又包括两个小周期，即"六岁穰，六岁旱"，六年一循环的中周期，和"三岁处金则穰"的三年一循环的小周期。

　　范蠡建立在农作物收获周期性循环基础上的价格理论是对中国古代劳动人民长期农业劳作实践的总结，对于管理社会经济活动有特别的指导意义。将其运用到微观商业实践中去，就出现了指导商家进行经营管理的"积著之理"：一方面，要根据"旱则资舟，水则资车"② 的原则确立产业、产品结构，这是从经营战略的角度去讲的；另一方面，又要根据"贵出如粪土，贱取如珠玉"③ 的原则抓住机遇，树立最大的竞争优势，这是从竞争策略的角度去讲的。

　　将其运用到宏观国民经济管理中，就出现了指导国家进行宏观调控，或者说指导国家从事工商业实践的平粜思想，也称平粜法。范蠡认为，农作物收成的好坏因受天时的影响本来就呈现出有规律的变化趋势，"八谷亦一贱一贵，极而复反"④。如果再加上私商囤积居奇的因素，粮价的波动就会非常厉害，从而严重影响社会再生产的正常进行。他说："夫粜，二十病

① 司马迁：《史记·货殖列传》，第733页。
② 司马迁：《史记·货殖列传》，第733页。
③ 司马迁：《史记·货殖列传》，第733页。
④ 袁康、吴平：《越绝书·枕中》，贵州人民出版社1996年版，第251页。

农，九十病末。末病则财不出，农病则草不辟矣。"① 这里所说的"二十"、
"九十"，是指每石粮的价格。这是说，谷价太低会损害农民的利益，使得
他们不愿继续从事农业生产；谷价太高，会损害工商业者的利益，使得他
们不愿意继续从事财货的增殖。基于此，范蠡主张国家必须投入一定的资
本进入到工商业领域，依靠大组织规模经济的力量影响粮价的波动，从而
把它限制在一个合理的范围内。范蠡指出："上不过八十，下不减三十，则
农末俱利。平粜齐物，关市不乏，治国之道也。"② 这是说，根据当时社会生
产力发展的情况，将谷价的波动限制在每石三十钱至八十钱的幅度内，就
是国家从事工商业、干预经济的目标。办法就是实行平粜，即封建国家在
谷价过低时，以高于市场的价格收购粮食，在谷价过高时，又以低于市场
价的价格出售粮食，这样一来，物价就会趋向平稳，工商业者和农民两利，
社会的生活趋于正常，这就是我国历史上最早出现的国家管理、调节物价
的思想主张。它一方面反对像西周那样以行政力量固定粮食价格，要求顺
应经济规律，由市场的供给、需求来决定产品的价格；另一方面，也反对
价格的任意波动，认为这会影响社会的根本利益，要求国家"平粜齐物"，
以控制粮食价格的波动幅度，使之处于"农商俱利"的状态。

范蠡的平粜思想开了封建国家直接从事工商业的先河。由于所遗资
料有限，我们并不能确切知道范蠡平粜思想的具体实践情况，但根据勾践
"十年生聚，十年教训"，成功伐吴的结果，可以间接说明这一政策对稳定
物价，促进生产的健康发展是起了很大作用的。

总之，农作物收成靠天吃饭的特点决定了社会经济活动自身的不稳
定性，私商贱买贵卖，"贵出如粪土，贱取如珠玉"的经营方式，更加剧
了这种不稳定性，这就提出了国家干预经济，使其恢复到正常状态的问
题。这是封建国家直接从事商品经营活动的合理性所在，也是范蠡平粜
思想产生的原因，同时也说明了封建经济运行的规则是：私人经营是基

① 司马迁：《史记·货殖列传》，第733页。
② 司马迁：《史记·货殖列传》，第733页。

础，国家经营是对私人经营的补充。不过，正如任何事物都有自己的优点、缺点一样，国营经济在有利于稳定社会经济活动的同时，也因实力更强、资产规模更大，在与私商的竞争中容易取得市场垄断地位，从而沾染上管理效率低下、经营作风霸道、产品质次价高等弱点，从而严重侵犯损害民众的利益。此外，国营经济还有充实、增加政府财政收入的功能。试想，国家在丰收年景低价收购余粮，在灾荒年景高价发售粮食，这一低一高的差价，还不转化为国家的财政收入？尽管从目前保存下来的有关范蠡平粜思想的资料来看，还没有发现这方面的论述，说明范蠡平粜思想的主要目的是稳定物价，促进社会生产和流通的正常进行。不过，平粜思想所具有的充实政府财政收入的功能意味着，一旦封建国家遇到财政危机，必定倾向于利用国家规模经济的力量介入经济过程，以官代商，为政府敛财。西汉桑弘羊的盐铁国营、北宋王安石的变法，就是在这种政府财政危机严重的情况下出台的。它非但没有协调各社会生产部门之间矛盾，反而严重影响了社会再生产的正常进行，自然会受到社会舆论"与民争利"的尖锐批评。

对于国营工商业的上述不足，范蠡的平粜思想几乎没有阐述。显然，这是范蠡平粜思想产生于封建经济早期，官商与私商之间的矛盾不突出的反映。随着平粜思想在封建国家管理国民经济中的不断实践，国家直接从事工商业的副作用也在不断暴露，这就提出了国家如何正确干预社会经济发展，将副作用降低到最低的问题。下面将通过封建社会早期两个有名的国家干预经济的实践案例探讨搞好国有经济的条件。

三、封建社会早期国家干预经济的具体实践

李悝的"平籴法"　谈及范蠡之后封建国家大规模干预经济，稳定粮价的例子，必先讲到李悝。李悝（约公元前 450—前 390），一作李克，魏国人，曾先后担任魏文侯和魏武侯的国相，是战国时期法家的始祖。

李悝非常重视对封建国家干预经济所需要的信息的统计。《汉书·食

货志》记载："是时，李悝为魏文侯作尽地力之教，以为地方百里，提封九百顷，除山泽、邑居参分去一，为田六百万亩，治田勤谨则亩益三升，不勤则损亦如之。地方百里之增减，辄为粟百八十万石矣。又曰：籴甚贵伤民，甚贱伤农。民伤则离散，农伤则国贫，故甚贵与甚贱，其伤一也。善为国者，使民毋伤而农益劝。今一夫挟五口，治田百亩，岁收亩一石半，为粟百五十石，除十一之税十五石，余百三十五石。食，人月一石半，五人终岁为粟九十石，余有四十五石。石三十，为钱千三百五十，除社闾尝新、春秋之祠，用钱三百，余千五十。衣，人率用钱三百，五人终岁用千五百，不足四百五十。不幸疾病死丧之费，及上赋敛，又未与此。此农夫所以常困，有不劝耕之心，而令籴至于甚贵者也。是故善平籴者，必谨观岁有上、中、下孰。上孰其收自四，余四百石；中孰自三，余三百石；下孰自倍，余百石。小饥则收百石，中饥七十石，大饥三十石，故大孰则上籴三而舍一，中孰则籴二，下孰则籴一，使民适足，贾平则止。小饥则发小孰之所敛、中饥则发中孰之所敛、大饥则发大孰之所敛而粜之。故虽遇饥馑、水旱，籴不贵而民不散，取有余以补不足也。行之魏国，国以富强。"①

这段文字在数字意识不太强的中国文献史上的地位是非常重要的，是李悝制定国家干预经济计划的信息基础，它说明国家干预经济必须建立在对经济情况准确把握的基础上。

相比于范蠡的平粜思想，李悝的"平籴法"无疑更具体，富于可操作性。它是根据农业丰歉推断粮价的变化，把丰收的情况分为上熟、中熟、下熟三等，把歉收分为小饥、中饥、大饥三等。在大熟时由国家收购余粮的四分之三，中熟时收购三分之二，下熟时收购一半。国家的大规模收购使得私商无法压低粮价，从而保证了市场粮价的平稳，做到了"贾平而止"，避免了"甚贵伤民，甚贱伤农"现象的发生。

国家直接从事工商业，自然需要大量的代理人——官员，如果不能搞

① 班固：《汉书·食货志》，第15页。

好对从事经济工作的官员的考核、监督，那么国营工商业的交易成本——贪污腐败、产品质次价高、服务态度恶劣等弱点就会大量凸显，从而严重侵犯损害民众的利益。为了保证"平籴法"的顺利进行，避免政策执行过程中偏离正轨，李悝非常重视对从事经济工作的官员的素质以及其所从事工作的业绩的考核。他主张废止世袭贵族特权，要求按能力选拔官员，以为"为国之道，食有劳而禄有功，使有能而赏必行，罚必当"[①]。为了打击社会上的违法乱纪，包括官员的贪污腐败现象，李悝还"撰次诸国法"，修订出成为中国封建社会法律基础的《法经》六篇，包括《盗》《贼》《囚》《捕》《杂》《具》。由于李悝选贤任能，赏罚分明，因此他的经济政策能够有效地得到贯彻下去。

考察李悝的"平籴法"，可以发现李悝的贡献有三：一是深化、发展了范蠡的平粜思想，使其更加具体、周密，富于可操作性；二是提出了信息，包括现时经济状况的信息和官员执行政策状况的信息，在国家干预经济工作中的极端重要性；三是提出了官员队伍建设对搞好国营经济的意义。此外，李悝坚持了范蠡的国家干预经济是为了协调各社会生产部门之间的矛盾而非增加财政收入的理念。上述几点，应该是李悝创办的国营工商业能够取得巨大成效的原因。

桑弘羊的"盐铁国营"　桑弘羊（公元前152—前80），洛阳人，商人家庭出身。他13岁入宫为侍中，善"以心计"，"言利事，析秋毫"[②]，深得汉武帝宠幸。元鼎二年（公元前115）出任大农丞，掌管岁计事务。元封元年（公元前110）升任治粟都尉，后任大司农、御史大夫，长期执掌西汉中央财政大权，是我国历史上一个著名的理财家，也是盐铁官营等对后世有重大影响的经济政策的创始人。

桑弘羊执掌西汉王朝的中央财政时，开疆拓土的汉王朝正陷入不断加剧的财政危机和严重的社会矛盾之中：一方面，战争使国库空虚；另一

---

① 刘向撰，向宗鲁校证：《说苑校证·政理》，中华书局1992年版，第165—166页。
② 班固：《汉书·食货志》，第168页。

方面，富商大贾"财或累万金而不佐公家之急"①，并利用广大农民承担繁重的兵役、徭役，生计遇到严重困难之际大量兼并土地。出于为长期战争筹措军费以及缓和社会矛盾的需要，汉武帝决定在重用"兴兵之臣"的同时，起用一批"兴利之臣"。"言利事，析秋毫"的商人子弟桑弘羊就是在这种情况下走上时代舞台，主持全国的财经工作的。桑弘羊通过制定并推行盐铁国营、均输、平准等财政经济政策，使原本藏于富商大贾手中的巨额财富转到国家手中，有力地支持了汉武帝对匈奴的长期战争。《史记·平准书》说汉武帝"北至朔方，东到泰山，巡海上，并北边以归。所过赏赐，用帛百余万匹，钱金以巨万计，皆取足大农"②。《汉书·食货志》说"孝武时国用饶给而民不益赋"。于此可以想见桑弘羊改革对西汉王朝解决财政危机，实现开疆拓土目标做出的巨大贡献。

不过，国家大规模从事工商业也给民众的生活带来了不少的弊端。第一，从事经济工作的官员将国家行政命令的作风带进了经济活动中，造成经营作风霸道，强买强卖，"铁官卖器不售，或颇赋于民"③，"郡国多不便县官作盐铁，铁器苦恶，贾贵，或疆令民卖买之"④。第二，政府依靠规模经济优势建立起市场垄断地位，出现了管理效率低下，产品质差价高且不合民用等现象。"县官鼓铸铁器，大抵多为大器，务应员程，不给民用。民用钝弊，割草不痛。是以农夫作剧，得获者少，百姓苦之矣。"⑤

上述弊政是任何社会国营经济的通病，只不过表现程度有所差异而已。李悝变法时，国家干预经济的目标是协调不同生产部门之间的矛盾而非增加财政收入，私人工商业仍发挥重要作用，国营经济的弊端暴露不明显。桑弘羊则将增加财政收入视为国家干预经济的主要目标，因而对商人的排斥、压制很厉害，"商贾中家以上大率破，民偷甘食好衣，不事储藏

---

① 班固：《汉书·食货志》，第168页。
② 司马迁：《史记·平准书》，岳麓书社2005年版，第184页。
③ 桓宽著，王贞珉注译：《盐铁论译注·水旱》，吉林文史出版社1995年版，第331页。
④ 司马迁：《史记·平准书》，第184页。
⑤ 桓宽著，王贞珉注译：《盐铁论译注·诏圣》，第329页。

之产业"①。对于国营工商业出现的上述问题，桑弘羊是有所认识的，但他认为这主要是吏治不良的原因，解决该问题的最好办法就是严刑峻法。他说："礼让不足禁邪，而刑法可以止暴，明君据法，故能长制群下，而久守其国也。"这可以相当程度上解释汉武帝何以一方面对广大百姓宣扬儒道以示怀柔，另一方面又施以严酷的刑法来约束官员的原因，目的就是以官员的高效、廉洁推动国家干预经济政策的执行，保证开疆拓土战略目标的实现。

桑弘羊的议论事实上是对政府大规模干预经济所需信息掌握不足的承认。在交通、通信不发达的古代社会，空间距离的遥远严重影响了国家搜集、判断信息的效率，大大提高了国家管理经济的成本。例如，从某地某项物资过剩的信息报到中央，到中央下令大量收购，在交通落后的古代往往需要三个月，而这时过剩的现象消失，命令却不曾撤销，于是变成病民之政。此外，空间距离的遥远，交通、通信技术的落后，导致对从事经济工作的官员难以考核，这使得虽有中央政府的严刑峻法，但官员的营私舞弊活动仍屡禁不止，进一步加剧了国有工商业的弊政。鉴于长时期、大规模的国营经济严重破坏了社会不同生产部门之间关系的协调，西汉王朝的经济越来越难以为继，社会矛盾也开始激化，汉武帝只好转变对外对内政策，于公元前89年发布"罢轮台诏"，宣布与民休息。汉昭帝六年的盐铁会议后，国营工商业更是大幅度收缩，民间工商业重新恢复了在国民经济中的主导作用的角色。

四、结语

无论是李悝的平籴法还是桑弘羊的盐铁国营，其理论根源都来自于范蠡的平粜思想，但最后的效果却不尽相同，原因何在？这里试图通过信息经济学的视角简略地回答这一问题。

---

① 司马迁：《史记·平准书》，第183页。

李悝变法时的魏国领土范围非常狭小，这决定了开展国营工商业所需信息（包括经济状况的信息，官员工作状况的信息等）的较易获得性和相对完整性，使得李悝能够对魏国的山川、耕地面积、民众的生产和消费情况了如指掌，从而做出正确的决策。桑弘羊的盐铁国营则是在广阔的大一统国家范围内实施的，空间距离的遥远大大提高了开展国营工商业所需信息（包括经济状况的信息，官员工作状况的信息等）的成本，造成国营经济效率的下降。若再把增加财政收入这一因素加进去，国营经济的弊端无疑将更加明显。

总之，范蠡的平粜思想为封建国家进行宏观调控提供了思想武器，李悝变法、桑弘羊改革则发展了范蠡的平粜思想，进一步充实了封建国家干预经济的理论。

首先，农作物收成靠天吃饭的特点决定了社会经济活动自身的不稳定性，私商贱买贵卖，"贵出如粪土，贱取如珠玉"的经营方式，加剧了这种不稳定性，这是国家干预经济的合理性、必要性所在。

其次，就国家干预经济的目标来看，一是协调不同生产部门之间的矛盾，促进社会生产力的长期发展；二是增加财政收入，为政府开辟新财源。无疑，李悝变法属于第一种情况，它通常发生在农工商的关系严重失衡，社会生产力受到严重破坏，急需恢复经济的情况下。桑弘羊的盐铁国营属于第二种情况，它通常发生在一国面临强大的外敌压力，急需增加军费，富商大贾却"不佐公家之急"的情况下。

第三，就国家干预经济的副作用来说，一是垄断，国有经济依靠其巨大的规模经济力量打破富商大贾垄断的同时，又建立了更大、更坏的官商的垄断，危害社会民生的副作用远远超过私商。二是强制，国家作为一个社会唯一的合法的暴力组织的角色，决定了它在从事经济活动时倾向于发挥手中独特的暴力工具的作用，造成经营作风霸道，强买强卖，不按经济规律办事。

第四，就政府干预经济的条件来说，一是必须高度重视对从事经济工作的官员的选拔和考核，这有利于降低国营工商业的管理成本。二是必须高度重视国家开展经济工作所必需的有关信息的搜集、判断与传送（包括经济状况的信息，官员工作状况的信息等），这有利于降低国营工商业的交易成本。在交通、通信落后的古代，空间距离成为影响国营工商业交易成本、管理成本高低的至关重要的因素，决定了国营工商业的边界。

考虑到国家干预经济所需信息花费代价的巨大，以及虽付出了很大代价却仍然难以完全获得有效信息的情况，任何社会国营经济和民间经济的恰当关系都应该是：民间经济是基础，国营经济是对民间经济的补充。即使处在战争时期，国家受到巨额军费开支的压力，不得不加大国营经济比重的情况下，也要想到国有经济的弱点，不能无限制地扩张。一旦战争的使命完成，就要坚定地进行政策的转变，使发展经济的主角重新转向民间。汉武帝的"罢轮台诏"，可谓政府进行政策转轨的明证。

作者简介

周建波，1965 年 5 月生于山东省莱阳市，北京大学经济学院教授，博士生导师。先后获山东大学史学学士学位、北京大学史学硕士学位、北京大学经济学博士学位。曾到韩国、日本、新加坡、瑞典、加拿大、埃及、阿联酋、美国等国进行教学和研究，现为中国经济思想史学会副会长，北京大学社会经济史研究所执行所长，北京大学市场经济研究中心常务副主任，北京大学中组部厅局级干部培训课程主讲教师，《河北经贸大学学报》副主编。自 1997 年以来，先后到山东海尔集团、海信集团等数百家公司等进行讲学和营销、战略策划，受到企业好评。

自 2003 年 8 月以来，担任山东教育电视台《名家论坛》节目"企业变革"和"营销哲学"、"营销管理"、"儒墨道法与现代管理"四门课程的主讲教师；担任中央电视台大型历史纪录片《票号》主讲嘉宾；担任光华管理学院《从历史看管理》主讲教师，讲授"儒墨道法与企业经营""中国的商业传统与商业实践"等课程；参加"首届世界晋商大会"，以唯一的专家学者身份发表演讲。

在北京大学，长期为 MBA 学员和企业家特训班等讲授"营销管理""企业家学""管理思想史",教学经验丰富,能够理论联系实际,深入浅出,深受同学欢迎。曾在《经济学季刊》《北京大学学报》《中国经济史研究》《经济学动态》等核心刊物发表学术论文 100 多篇,著作有《洋务运动与中国早期现代化思想》《管理智慧:儒墨道法与现代管理》《成败晋商》《先秦诸子与管理》《营销管理:理论与实务》《企业文化》和《营销管理教程》等。

鸦片与晚清财政之维系

张　光* 林天宝

　　内容提要：鸦片原本是危害社会的毒物，但却在晚清因清廷国家能力尤其是财政汲取和配置能力的低下，而成为维系财政的重要支撑。然而，鸦片财政的扩张非但无助于晚清国家能力建设，反而成为其能力持续低下的重要原因，而这又导致晚清政府对鸦片财政的进一步依赖。于是，晚清政府不得不在实现禁烟目标以获致政权合法性，与依赖鸦片税厘以维系财政安稳二者之间不断挣扎、欲罢不能。

　　关键词：鸦片　财政　国家能力　晚清

一、前言

　　1838 年，面对鸦片带来的国民健康和财经安稳等问题，林则徐曾担忧"数十年后，中原几无可御敌之兵，且无可以充饷之银"[①]，并为此不惜与英国一战，由此掀开了晚清及近代中国的序幕。然而，六七十年过后，晚清

＊　张光系三亚学院国家治理研究院研究员。
① 林则徐：《林文忠公政书》乙集第五卷，商务印书馆 1935 年版，第 14 页。

政府却依赖鸦片税厘编练新军，鸦片税厘在晚清财政收入中的比重亦接近甚至超过 10%，"御敌之兵"和"充饷之银"均依赖晚清政府深恶痛绝的鸦片，原本危及政府财政收入的毒瘤却转变为维系晚清财政的重要支撑。鸦片的角色为什么会有如此令人唏嘘的转变？

本文将探讨鸦片的这一角色转变的成因、过程以及后果，并从鸦片财政这一十分有利的视角出发，探讨晚清的国家政权建设。建立一个有充足的国家能力以应对挑战和承担义务的政府，是现代国家政权建设的基本目标。[①] 在西欧国家政权建设史上，战争以及准备战争对西欧民族国家的形成起着非常重要的作用，使其国家能力尤其是财政汲取和调配能力均得到迅速提升，例如，英国财政支出占国民收入的比重就从 1689 年的 11% 上升到 1783 年的 23.7%。[②] 反观晚清时期的国家政权建设，晚清政府尽管始终面对来自外国列强和国内以武力为基础的竞争性集团或政权的威胁，尽管始终处于战争或战争边缘的备战状态，但其财政扩张十分有限，财政支出占国内生产总值（GDP）的比重最高亦不超过 3%。那么，为什么晚清的财政汲取和配置能力始终非常低下，并未像西欧民族国家那样有着显著的提升？

本文对此提出了一个鸦片财政的解释：鸦片财政是导致晚清国家能力尤其是财政汲取和配置能力持续低下的重要原因。尽管学术界已有很多学者就晚清鸦片财政展开了研究，如林满红对弛禁时期的鸦片税制、鸦片税在晚清财政中的地位以及晚清的鸦片征课政策的研究[③]，何汉威对清末国产鸦片税制的演进特别是统捐与统税的推行的研究[④]，刘增合从鸦片禁政与清末新政这一视角对鸦片税厘与晚清财政二者关系的研究[⑤]，但从本文确定的

---

① 国家能力包括渗入社会的能力、调解社会关系、提取资源，以及以特定方式配置或运用资源四大能力，详见乔尔·S. 米格代尔：《强社会与弱国家》，张长东等译，江苏人民出版社 2009 年版，第 5 页。

② 托马斯·埃特曼：《利维坦的诞生》，郭台辉译，上海人民出版社 2010 年版，第 243 页。

③ 林满红：《晚清的鸦片税》，《思与言》1979 年第 5 期。

④ 何汉威：《清季国产鸦片的统捐与统税》，载《薪火集：传统与近代变迁中的中国经济》，台北稻香出版社 2001 年版，第 547 页。

⑤ 刘增合：《鸦片税收与清末新政》，生活·读书·新知三联书店 2005 年版；刘增合：《度支部与清末鸦片禁政》，《中国社会经济史研究》2004 年第 1 期。

这一视角研究鸦片财政的仅有王国斌，他认为，晚清政府通过厘金征收鸦片税厘这一新税收的能力，"标志着它是一个能成功迎接政权建设 —— 保证有财力支付扩大了的政府活动 —— 基本挑战的政府"①。本文的观点与此截然相反：正是晚清国家能力的低下才导致鸦片财政的产生，而且，尽管鸦片税厘维系着晚清政府的财政，但鸦片财政本身却是晚清国家能力尤其是财政汲取和配置能力持续低下的重要原因，由此，鸦片财政形成了一个恶性循环：鸦片财政导致晚清国家能力尤其是财政汲取和配置能力的低下，而较低的财政汲取和配置能力又导致晚清政府对鸦片财政的进一步依赖。这一恶性循环一直持续到清末，使得鸦片财政成为导致了晚清国家能力尤其是财政汲取和配置能力持续低下的重要原因。

二、鸦片财政的产生

1729 年，清廷第一次颁布禁烟法令，在此后一个多世纪里，尽管清廷三番五次颁布禁烟法令，然而鸦片走私并未有所收敛，反而增势渐旺，其带来的白银外流使得银钱比价迅速上升。② 银贵钱贱不仅使农业和手工业、国内商业和信用、对外贸易受到严重的影响，各项税收亦受重创。以田赋为例，1839 年 7 月，各省积欠的田赋税款就已高达 2,940 余万两③，几近于同时期清政府一年的田赋收入，因此，正是为了解决白银外流带来的财政困境才有了林则徐在广州的严禁鸦片，但也因此，才导致了第一次鸦片战争的爆发。

---

① 王国斌从与鸦片有关的社会秩序、对外关系和政治经济这三个视角考察现代中国的国家政权建设，本文取其鸦片政治经济的视角考察晚清时期的国家政权建设，详见王国斌：《鸦片和现代中国的国家政权建设》，载朴正民、若林正编：《鸦片政权》，弘侠译，黄山书社 2009 年版，第224 页。

② 尽管林满红认为是国际市场对中国茶叶和生丝需求的疲软以及世界金银产量的下降而不是印度鸦片的进口，才是中国白银外流的首要原因，但鸦片的走私进口无疑加剧了国内市场白银的紧缺，详见 Man-houng Lin, *China Upside Down,* Cambridge, Mass.: Harvard University Asia Center, 2006, p.114。

③ 《清宣宗实录》第三百二十三卷，道光十九年六月戊辰。

　　战争以中国战败而告终，然而，在中英签订的《南京条约》里，对鸦片贸易合法化并未涉及，原因是道光帝仍坚持严禁鸦片，清政府的谈判代表耆英既不敢违背皇帝的旨意，又不敢将禁止鸦片贸易写入条约之中，便只好对鸦片走私采取放任自流的态度，英方虽几经坚持但最终还是暂时放弃了对鸦片贸易合法化的主张。在随后的年月，鸦片走私依然存在并更加猖獗，白银外流带来的银贵钱贱依然在破坏着国民经济和税收。以盐课、地丁为例，盐课每年实征银数只占到定额的66%左右，地丁不但每年征不足额，而且"旧欠既已延宕，新欠又复踵增"，截至1848年底，除去各省陆续完报并豁免的地丁等银共280万两外，还欠770万两之多①，鸦片战后十年间，仅短少的税额就占到总税收的30%②。

　　然而，鸦片贸易是维持英国—中国—印度三角贸易的关键，英国如果没有用鸦片换取足够的现银，就不能从中国购买足够的茶叶满足本国日益增长的需求，但是通过走私的方式进行的鸦片贸易使中英印三角贸易面临不稳定的风险，因此英国政府战后曾多次要求鸦片贸易合法化，可均被清廷拒绝。急切想要维持其世界贸易地位的英国政府便借口1856年发生的一件很小事件发动了第二次鸦片战争，迫使清廷承认洋药贸易和消费的合法化。③1858年，清廷与英国签订《通商章程善后条约》，规定："洋药准其进口，议定每百斤纳银三十两。惟该商止准在口销卖，一经离口，即属中国货物，只准华商运入内地，外国商人不得护送。……其如何征税，听凭中国办理。"④洋药得以纳税进口，这正式揭开了晚清鸦片财政的序幕。次

---

① 彭泽益：《鸦片战后十年间银贵钱贱波动下的中国经济与阶级关系》，载《十九世纪后半期的中国财政与经济》，人民出版社1983年，第38—39页。

② 林满红：《明清的朝代危机与世界经济萧条》，《新史学》1990年第4期。

③ 英国驻华大使阿礼国爵士在1871年给英国国会的报告说："我们强迫中国政府接受条约，并允许中国人吸食鸦片。"（布思：《鸦片史》，任华梨译，海南出版社1999年版，第166页）仲伟民认为："很显然，清政府同意鸦片贸易合法化的目的就是为了增加税收。"（仲伟民：《茶叶与鸦片》，生活·读书·新知三联书店2010年版，第212页）然而，如果真是如此，那就很难解释清廷在1880年与美国签订《中美续修条约附款》以禁止洋药贸易，因此，清廷对洋药贸易是深恶痛绝的，如马士所言："中国政府非常渴望在可能订立的任何新的条约中加上这么一条。"（马士：《中华帝国对外关系史》第2卷，商务印书馆1963年版，第417页注释3）

④ 王铁崖：《中外旧约章汇编》第1册，生活·读书·新知三联书店1957年版，第117页。

年，清廷颁布《洋药经售之条例及禁官之例》，除禁止官员、兵丁、太监吸食洋药外，"其余民人概准买用"①，洋药消费亦被合法化了。

尽管洋药税的开征确实是清廷在英国的逼迫下所能想到的最无可奈何的举措，但其实晚清鸦片财政的产生有其必然性。既然晚清政府无力阻止鸦片走私，再加上与太平军等军民武装的长年战争带来的财政极度紧张，与其放任不管，倒不如对洋药贸易征税，"寓禁于征"总比"不禁不征"来得强些。至于土药，在"以土抵洋"成为朝野共识之前，地方政府就迫于财政压力对其征税，而中央政府亦先将土药纳为税源而后才承认土药生产的合法性以实行"以土抵洋"的禁烟策略。综而观之，战争时期"量出制入"的财政范式决定了晚清政府必将鸦片纳入其财政收入的来源。

其实早在洋药和土药合法化之前，财权渐增而又需饷浩繁的各省督抚就擅自开征洋土药厘金。鸦片走私带来的银贵钱贱不仅严重影响晚清政府的财政收入，而且还是导致太平天国运动的最重要原因。②政府税收的减少再加上军费开支的骤增，使得"地丁、盐课以及关税、捐输，无不日形支绌"③，需饷浩繁而又不得不就地筹款、自筹饷需的各省督抚，纷纷开征洋土药厘金。其实早在洋药进口合法化之前（1857），军饷告急的江南大营将领、浙江巡抚就先后在上海开征鸦片烟捐，福建、浙江督抚亦以军饷紧迫为由征收洋药厘金。洋药贸易合法化之后，随着清廷于1859年议准崇文门及各省旱路关口征收洋药税厘，各省闻风而动，纷纷开征洋药厘金。④至于土药，尽管清廷曾三令五申禁止罂粟种植，但仅有若干官员在部分地区禁种罂粟，及至1866年，各省征收土药税厘已成为一种常规。⑤

尽管清廷举着"寓禁于征"的旗号对洋药征税，但洋药的进口量却反而大为增加。在禁止洋药进口无望的情况下，越来越多的官绅主张"以土

---

① 于恩德：《中国禁烟法令变迁史》，载沈云龙主编：《近代中国史料丛刊》第88辑，台北文海出版社1973年版，第92—93页。
② 王业健：《中国近代货币与银行的演进》，载《清代经济史论文集》第1卷，台北稻香出版社2003年，第161—274页。
③ 《清文宗实录》第九十七卷，咸丰三年六月己丑。
④ 周育民：《清季鸦片厘金税率沿革述略》，《史林》2010年第2期。
⑤ 何汉威：《清季国产鸦片的统捐与统税》，载《薪火集：传统与近代变迁中的中国经济》，第547页。

抵洋"的禁烟策略,清廷遂于 1886 年正式承认土药生产的合法化。[①] 然而,早在 1884 年,财政极度困厄的户部就议定"开源节流事宜二十四条",建议各省推广洋药捐输,拟不分洋药、土药,发给华商行坐部票,按票捐银[②],正式将土药作为晚清政府明定之税源。在合法化土药生产以实行禁烟策略与征课土药税厘以维系财政安稳之间,清廷与地方政府一样,还是优先选择了后者,晚清财政汲取能力之低下由此可见。

因此,清廷对外不能拒绝英国对洋药贸易和消费合法化的要求,对内不能约束地方政府征收土药税厘的财政行为,自己亦迫于财政压力将土药作为中央政府明定之税源,由此可见,晚清国家能力的低下是导致鸦片财政产生的最主要原因。

三、鸦片财政的税基

鸦片财政的产生实际上也就意味着鸦片生产、贸易和消费的合法化,洋土药贸易,尤其是土药贸易因此日益繁荣起来,这为晚清政府征收鸦片税厘提供了庞大的税基。晚清政府征收的鸦片税分为货物税、营业税和土地税三大类,其中最为重要的是货物税(一种商品流通税,包括关税和厘金)[③],因此,本文在谈到鸦片税的税基时,主要是指鸦片的贸易量,包括洋药的进口量以及土药的贸易量。

1. 洋药贸易

1858 年洋药得以纳税进口以后,报关的洋药进口量有着持续而又显著的增长,1865 年,报关的鸦片进口量才 56,000 担,到了 1879 年则骤增至 83,000 担,增幅达 48.21%。在 1887 年洋药税厘并征之后,鸦片进口量才有显

---

① 《海关年报》,1889 年,宁波,第 420 页。转自林满红:《财经安稳与国民健康之间:晚清的土产鸦片论议(1833—1905)》,载台湾"中央研究院"近代史研究所社会经济史组编:《财政与近代历史论文集》,台湾"中央研究院"近代史研究所 1999 年版,第 514 页。

② 《光绪朝东华录》第二卷,第 1873—1874 页。

③ 林满红:《晚清的鸦片税》,《思与言》1979 年第 5 期。

著下降，但在清廷严禁鸦片的 1906 年，仍保持着 54,000 担的进口量（表 1）。

表 1　全国报关进口鸦片的数量表（1865—1911 年）

单位：关担

年　份	报关进口数	年　份	报关进口数
同治四年（1865）	56,000	十五年（1889）	76,000
五年（1866）	65,000	十六年（1890）	77,000
六年（1867）	61,000	十七年（1891）	77,000
七年（1868）	54,000	十八年（1892）	71,000
八年（1869）	56,000	十九年（1893）	68,000
九年（1870）	58,000	二十年（1894）	63,000
十年（1871）	60,000	二十一年（1895）	62,000
十一年（1872）	61,000	二十二年（1896）	49,000
十二年（1873）	65,000	二十三年（1897）	49,000
十三年（1874）	70,000	二十四年（1898）	50,000
光绪元年（1875）	63,000	二十五年（1899）	59,000
二年（1876）	70,000	二十六年（1900）	49,000
三年（1877）	70,000	二十七年（1901）	49,000
四年（1878）	72,000	二十八年（1902）	51,000
五年（1879）	83,000	二十九年（1903）	58,000
六年（1880）	72,000	三十年（1904）	55,000
七年（1881）	79,000	三十一年（1905）	52,000
八年（1882）	66,000	三十二年（1906）	54,000
九年（1883）	67,000	三十三年（1907）	54,000
十年（1884）	67,000	三十四年（1908）	48,000
十一年（1885）	67,000	宣统元年（1909）	49,000
十二年（1886）	68,000	二年（1910）	35,000
十三年（1887）	74,000	三年（1911）	28,000
十四年（1888）	82,000		

资料来源：1865—1866 年数据来自姚贤镐编：《中国近代对外贸易史资料》第 2 册，中华书局 1962 年，第 859 页；1867—1911 年数据来自 Hsiao Liang-lin, *China's Foreign Trade Statistics 1864—1949,* Cambridge, Mass.: East Asian Research Center, Harvard University, 1974, pp. 52-53。

2. 土药生产与贸易

　　洋药的进口为中国培育出了一个巨大的鸦片市场，在经济利益的刺激下，罂粟种植迅速普及开来。土药生产具有典型的劳动密集性特征，如割烟是时间性很强但技术简单的工作，家里的妇女、儿童、老人均可帮忙，土药生产不仅技术简单而且还节约土地，非常适合中国小农经济和人多地少的国情,其投资收益也较一般的粮食作物高,从烟土与粮食的收支上看,在产 1 担麦的土地面积上,种植罂粟的利润为 11,000 文,比种小麦的 6,000 文高出近一倍。①

在罂粟种植开始在全国蔓延的同时,晚清中央政府不时颁布禁种罂粟的法令,如 1864 年和 1868 年中央谕令各省严禁罂粟种植。然而,对于中央政府的这些禁令,许多地方消极应对,1874 年之后,仅有若干官员在部分地区禁种罂粟,如 1875 年曾国荃在山西禁种、1878 年左宗棠在甘肃禁种、1882 年张之洞在山西禁种等。随着官绅阶层对"以土抵洋"的禁烟策略的认识越来越一致,中央政府遂于 1886 年正式将土药的生产合法化。

土药生产、运销的合法化,使得土药的生产、贸易和消费迅速扩大,最终实现了中国近代史上最为成功的进口替代,中国鸦片的自给率从 1866 年的 45.83% 上升到 1906 年的 91.58%(表 2)。这些土药基本上是作为商品投入市场的,土药从产销有余的地区运往产销不足自给的地区,形成了繁荣的土药贸易。

表 2 1866—1906 年中国鸦片生产与消费

单位:关担

项　目	1866 年	1870 年	1879 年	1894 年	1906 年
国产合计	55,000	77,000	334,300	400,000	587,300
进口量	65,000	58,000	83,000	63,000	54,000
总消费量	120,000	135,000	417,300	463,000	641,300
进口率	54.17%	42.96%	19.89%	13.61%	8.42%
自给率	45.83%	57.04%	80.11%	86.39%	91.58%

资料来源:1866 年、1870 年、1894 年国产鸦片产量数据来自苏智良:《中国毒品史》,上海人民出版社,1997 年,第 166 页;1879 年、1906 年国产鸦片产量数据来自王良行:《清末对外贸易的关联效果(1860—1911)》,载《中国海洋发展史论文集》第 6 辑,张炎宪主编,台湾"中央研究院"中山人文社会科学研究所,1997 年,第 319 页;进口量数据见表 1。为了统一,将斤按 100 : 1 的比例折算成关担。

注:总消费量 = 国产合计 + 进口量;进口率 = 进口量 / 总消费量;自给率 = 国产合计 / 总消费量。

---

① C.I.M.C., *Decenial Reports, 1882—1891*, Vol. 1, Chuangking, p. 84;转自苏智良:《中国毒品史》,上海人民出版社 1997 年版,第 193 页。

　　综上观之，自鸦片财政产生以来，作为晚清政府税基的鸦片贸易经历了一个持续而又飞速的增长。1840 年前，粮食是国内商品流通中最重要的组成部分，其商品值占国产商品流通额的 39.71%，棉布占了 27.04%，盐占了 15.31%[①]，此时洋药进口全赖走私，土药亦只有零星种植。及至 1894 年，土药的商品值高达 8,450 万关两，占全国主要农产品商品总值的 15.09%，如若加上洋药的 3,429 万关两，共计 11,879 万关两，合库平银 13,233 万两，鸦片的商品值就超过棉花、茶叶、蚕茧，仅次于粮食的商品值。[②] 而到了 1900 年，土药的商品值就飙升至 13,000 万两，再加上洋药的 3,654 万两[③]，鸦片商品值就高达 16,654 万两，远超过大米和食盐各 10,000 万两的商品值[④]，成为国内市场上流通的价值最大的农产品，而这为晚清政府征收鸦片税厘提供了庞大税基。

四、鸦片财政下的恶性循环

　　鸦片税厘这一新的税种在 1887 年之后在晚清财政收入中的比重接近甚至超过 10%，然而，这并不意味着晚清政府是一个能够保证有充分的财力用于支付扩大了的政府活动，以成功迎接国家政权建设基本挑战的政府。首先，尽管晚清财政有鸦片税厘作为其自身重要的支撑，但即使是在鸦片税厘绝对数额最高的 1908 年，晚清财政收支占 GDP 的比重均未超过 2.5%。其次，就鸦片财政本身来说，一方面，鸦片消费阻碍着国民纳税能力的提升，另一方面，晚清中央政府聚集并调度鸦片税厘的能力相当低下，这二者均导致晚清国家能力的低下。最后，晚清政府为获致鸦片税厘而将关于

---

① 吴承明：《中国资本主义与国内市场》，中国社会科学出版社 1985 年版，第 253 页。

② 吴承明、许涤新：《中国资本主义发展史》第 2 卷，人民出版社 1990 年版，第 297 页。

③ 1900 年洋药进口量为 49000 担，详见表 1，洋药进口价格为 654.1 海关两 / 担，将海关两按 1∶1.114 的比例折算成库平两，详见林满红：《晚清的鸦片税》，《思与言》1979 年第 5 期。

④ S.A.M.Adshead, *The Modernization of the Chinese Salt Administration, 1900—1920,* Cambridge, Mass.: Harvard University, 1970, p.13.

土药的"寓禁于征"与"以土抵洋"这两项相互冲突的政策付诸实施，使自身不得不在实现禁烟目标以获致政权合法性与依赖鸦片税厘以维系财政安稳这两者之间不断挣扎，其对鸦片财政的依赖亦随之越陷越深。

1. 鸦片税厘维系下的晚清财政

既然鸦片税厘有着庞大的税基，晚清政府又对鸦片税厘如此地趋之若鹜，那么，鸦片税厘在维系晚清财政的过程中扮演着怎样的角色？这可由鸦片税厘占晚清财政收入的比重得知（表3）。从1886年到1887年的鸦片税厘在全国财政收入中的比重从3.57%上升到8.69%，到1888年更是上升到11.64%，这是由于1887年洋药开始实行税厘并征的缘故。即使是到了清末严禁鸦片的第三个年头，即1907年，鸦片税厘总数仍高达1,739万两，占全国财政收入的6.61%，由此可见鸦片税厘对晚清财政之维系的重要性。

表3　晚清鸦片税厘数额及其占全国财政收入的比重

年　份	鸦片税厘（万两）	全国财政收入（万两）	占全国财政收入的比重（%）
光绪十一年（1885）	268	7,709	3.48
十二年（1886）	290	8,127	3.57
十三年（1887）	732	8,422	8.69
十四年（1888）	1,022	8,779	11.64
十五年（1889）	997	8,076	12.34
十六年（1890）	983	8,681	11.32
十七年（1891）	999	8,968	11.14
十八年（1892）	935	8,436	11.08
十九年（1893）	867	8,311	10.43
二十年（1894）	862	8,103	10.64
二十九年（1903）	752	10,492	7.17
三十三年（1907）	1,739	26,322	6.61

资料来源：汤象龙：《中国近代海关税收和分配统计（1861—1910）》，中华书局1992年版，第63—68页；海关税收报告统计的土药税厘是洋商所经营的土药运经各通商口岸时所缴的税收，详见陈勇：《赫德与鸦片"税厘并征"》，《暨南学报》2006年第4期；罗玉东：《中国厘金史》，商务印书馆1936年版，第470—471页；土药统税实施的前两年共得2,000万两，故平均下来1908年的土药统税收入约为1,000万两，详见《政治官报》，第427号，1909年1月1日；全国财政收入详见本文附录表7。

注：罗玉东统计的鸦片厘金一项，仅是各省上报数字，对各省外销款项并未涵括，并非其实际数值，故学者多不据信，然而，分析国家能力应更多地关注中央政府所能掌握和调配的财政资源，故本文所引用的有关晚清财政的数据多以官方的税收报告为准。

　　然而，尽管有鸦片税厘作为支撑的晚清财政有着一定程度的扩张，财政收入从 1849 年的 3,700 万两上升到 1909 年的 28,100 万两，但如果按实际购买力计算，则只增加了 0.9 倍。① 此外，尽管晚清财政收支占 GDP 的比重有着显著的增长，如财政支出占 GDP 的比重从 1840 年的 0.8% 上升到 1911 年的 2.91%，但即使是在鸦片税厘绝对数额最高的 1908 年，晚清财政收支占 GDP 的比重均未超过 2.5%（图 1），从这一指标上看，能开征鸦片税厘这一新税收的晚清政府并不是一个有着充分的财政汲取能力的政府。

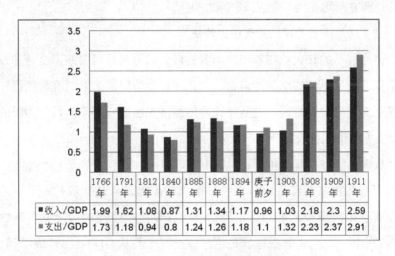

图 1　清代财政收支占 GDP 的比重（%）

资料来源：本文附录表 7。

2. 鸦片财政导致晚清国家能力的低下

　　"任何对国家能力的研究需要选择的基本要素都涉及国家财政收入的来源和数量，以及国家聚集并调度这些财源的可能的弹性程度。"② 就鸦片财政

---

① 据王业健估计，1850 年的物价指数为 150，1910 年为 600，详见 Wang, Y. C., "The secular trend of prices during the Ch'ing period (1644—1911)"，《中国文化研究所学报》1972 年第 2 期。

② 西达·斯考克波：《找回国家》，载埃文斯等编：《找回国家》，方力维等译，生活·读书·新知三联书店 2009 年版，第 21—22 页。

自身而言，一方面，鸦片是一种十分特殊的税基，无论是进口的洋药还是国产的土药，绝大部分是用于国人自身的消费，然而，鸦片消费并非是一种投资性消费，它的持久性增长最终使得国民经济的积累率（积累占 GDP 的比例）得不到提升，经济无法冲破停滞状态，进入起飞阶段，这使得国民的纳税能力始终得不到有效的提升；另一方面，晚清中央政府聚集并调度这些财源的能力是相当低下的，其对鸦片税厘的控制是相当滞后的，作为鸦片税厘重要组成部分的洋药厘金、土药税厘均长时间被地方政府所控制，这两方面均导致了晚清国家能力的低下。

（1）鸦片消费对国民纳税能力的侵蚀

鸦片贸易的壮大意味着鸦片消费的增长，可鸦片消费并不是一种投资性消费，而是单纯的享受性消费，这就使鸦片消费成为限制晚清国民经济积累率提升的重要原因，进而使晚清的经济无法进入起飞阶段，国民的纳税能力亦得不到有效提升。

从国民经济核算的角度看，在不考虑净出口价值的情况下，可将 CDP 分为消费和积累两部分，"（经济）起飞的前提条件包括最初动员国内储蓄投资于生产事业的能力，也包括一种在以后产生高的边际储蓄率的结构"，其中一个主要的指标就是生产性投资率要从 GDP 的 5% 或不到 5% 提高到 10% 以上[①]，也就是说，较高的积累率对晚清中国冲破经济停滞状态，进入经济起飞阶段有着至关重要的作用。经济中的积累等于 GDP 减去总消费，总消费包括居民消费和政府消费，政府消费即政府支出，尽管晚清政府要应对来自国内外政权的威胁，政府财政支出始终处在节节攀升的状态，但晚清财政支出占 GDP 的比重最高的时候亦未超过 3%，而且在晚清政府的财政支出中，甲午之后每年赔款与偿还外债的本利占到财政支出的四分之一，庚子之后甚至占到三分之一，赔款与外债更是大大减少

---

① W. W. 罗斯托：《经济增长的阶段：非共产党宣言》，郭熙保、王松茂译，中国社会科学出版社 2001 年版，第 40 页。

了晚清能够用来投资的资本积累①，因此，对居民消费的有效引导便成为调节总消费的重中之重，然而，就减少鸦片消费而言，晚清政府长期处于职能缺位的状态。

在鸦片消费合法化之前，国内的鸦片消费多以洋药为主。尽管《南京条约》并未承认鸦片贸易的合法化，尽管道光帝、咸丰帝仍对鸦片及鸦片贸易持禁止态度，然而晚清政府实际上却对鸦片走私采取放任自流的态度，禁烟法令实际上成了一纸空文。这种表面上的禁烟使得鸦片的消费激增，从 1843 年到 1856 年，平均每年就有价值 2,108 万两的洋药被消费，而鸦片消费合法化之后，洋药消费消耗掉的财富更多，从 1867 年到 1886 年，平均每年就有价值 4,760 万两的洋药被消费。② 至于土药，1870 年土药产量超过洋药进口量之后，土药消费消耗掉的财富比洋药的消费还要多。那么，鸦片消费到底消耗了晚清中国多少的财富？由表 4 可知，1894 年鸦片消费总值占 GDP 的比重为 1.91%，1900 年为 1.93%，1906 年为 2.28%，鸦片消费对晚清国民财富的消耗一年比一年多，而且在总额上，鸦片消费对晚清资本积累的减少比赔款和外债要高出好几倍。

表 4　鸦片消费总值占 GDP 的比重（1894—1906 年）

项　目	1894 年	1900 年	1906 年
鸦片消费总值（万两）	13,233	16,654	25,000
GDP（万两）	691,046	862,610	1,097,314
鸦片消费总值 /GDP	1.91%	1.93%	2.28%

资料来源：鸦片消费总值：1894 年、1900 年见第三节，1906 年详见唐国安：《中国代表唐国安的演说》，载《清末民初的禁烟运动和万国禁烟会》，上海市档案馆编，上海科学技术文献出版社 1996 年版，第 106 页；GDP：详见本文附录表 7。

---

① 全汉升认为清代中国工业化成果极差，在资本方面的原因是晚清中国经济以农业和手工业为主，生产力低，生产所得每年多半被消费掉，并没有多少储蓄，故资本积累已非常困难，再加上金融机构不发达，不能集中大量存款以从事大规模长时期的投资，不仅如此，赔款、外债更是大大减少了中国用来投资的资本。但他忽略了鸦片消费对资本积累的影响。详见全汉升：《近代中国的工业化》，载《中国经济史研究》第 2 册，台北稻香出版社 1990 年，第 718—721 页。

② Man-houng Lin, *China Upside Down*, pp. 84-105.

鸦片消费使晚清时期的积累率持续低下，这成为晚清经济无法冲破停滞状态的重要原因之一，而且，尽管鸦片消费需求产生了一个繁荣的鸦片经济产业，但该产业是与小农经济非常契合的技术简单的劳动密集型产业，鸦片消费需求所决定的投资方向并不足以产生现代企业规模和技术创新，到 1913 年，现代产业部门（含制造业、矿业、电力、运输及通讯业）占 GDP 的比重由 1890 年的 0.7% 只提升至 1.7%。[①]

鸦片不仅不能使晚清的国民经济进入起飞阶段从而有效地提升国民的纳税能力，其所带来的对国民健康的侵蚀、道德的败坏以及社会秩序的混乱甚至还加剧了晚清经济的停滞，反而降低了国民的纳税能力。

（2）晚清政府对鸦片税厘的提取与调配

晚清政府将鸦片这一毒物作为财源，本身就严重影响其财政汲取能力的提升，而且，即使拥有鸦片这一庞大的税基，晚清政府对鸦片税厘的提取也是非常不充分的，此外，鸦片税厘长时间为地方政府所掌控，中央政府反而不能有效地调配鸦片税厘，因此，晚清政府对鸦片税厘的提取和配置能力的低下成为导致晚清国家能力低下的重要原因。

一是对鸦片税厘的提取。晚清政府于 1858 年准许洋药纳税进口，通过海关征收洋药税，尽管在洋药税厘并征之前洋药税在海关税中的比重平均为 16.02%[②]，但这并不意味着晚清政府提取洋药税的活动是高效率的，这可通过洋药进口合法化之后走私至中国的洋药的数量来判断。一般认为，香港进口数量减去正式报关输入中国的数量，和香港本地消费以及复出口到其他国家地区的数量即为对中国的走私数量，就洋药来说，香港本地消费加上复出口到其他地区的数量，从宽估计，平均每年约 2,000 担[③]，从 1865 年至 1886 年，在香港进口的鸦片共计 1,976,981 担，而中国大陆

① 麦迪森：《中国经济的长期表现》，伍晓鹰等译，上海人民出版社 2008 年版，第 48 页。
② 汤象龙：《中国近代海关税收和分配统计（1861—1910）》，中华书局 1992 年版，第 63—68 页。
③ 朱庆葆等：《鸦片与近代中国》，江苏教育出版社 1995 年版，第 100—101 页。

各港进口总数仅 1,448,456 担，减去香港本地消费和复出口到其他地区的 44,000 担，其余 484,825 担均是走私至中国的鸦片的数量，平均每年有 22,037.5 担鸦片走私至中国，即走私进口的鸦片总数占到报关进口的鸦片总数的三分之一，这意味着，海关平均每年漏征洋药税 66 万多两。[①] 洋药税厘并征之后，鸦片走私的情况有所好转，但仍有大量鸦片走私进中国，从 1887 年至 1894 年，平均每年仍有 7,489 担鸦片走私至中国，也就是说，海关平均每年漏征洋药税厘 82 万多两，而从 1895 年至 1900 年，平均每年走私进口的鸦片数量仍高达 6,044 担，海关平均每年漏征洋药税厘 66 万多两。[②]

洋药得以纳税进口后，除了在海关缴纳洋药税之外，在由华商运销内地时，还要逢关纳税、遇卡抽厘。然而，尽管各省洋药厘捐税率较洋药税来得重，可连光绪帝都感慨道："乃总计所收厘金，竟远不及进口之税。是承办之员，奉行不力，减成折收，任令奸商隐匿偷漏，巡役包庇分肥所致，情弊显然。"[③] 因此，地方政府对洋药厘金的提取亦是缺乏效率的。

晚清政府不仅提取洋药税厘的活动是低效率的，其提取土药税厘活动的效率更是低下。1894 年土药税厘的实收税款仅相当于应收税款的 6.1%，即使是在对全国土药贸易有较好掌控的土药统税制度实行之后的 1906 年，土药税厘的实收税款亦仅相当于其应收税款的 14.81%（表 5），对于土药税厘的提取，晚清政府始终不能做到应收尽收。

---

① 洋药在海关缴纳的税率为 30 两/担，洋药进口数据详见姚贤镐：《中国近代对外贸易史资料》第 2 册，中华书局 1962 年版，第 859 页。
② 从 1865—1894 年走私至中国的鸦片数量为 544,737 担，而从 1865—1886 年走私至中国的鸦片数量为 484825 担，也就是说，从 1887—1894 年共有 59,912 担鸦片走私至中国，详见朱庆葆等：《鸦片与近代中国》，第 101、105 页。此外，洋药税厘并征后洋药的税率升为 110 两/担，1901 年后，海关贸易统计报告中不再列出香港每年鸦片到货数量，但此后走私至中国的鸦片数量与 1895—1900 年的走私数量应该相差无几。
③ 林则徐、李圭：《信及录》，中国历史研究资料丛书，上海书店 1982 年版，第 234 页。

表5　晚清政府对土药税厘的提取程度

项　目	1894 年	1906 年
土药产量（担）	400,000	587,300
土药税率（两 / 担）	37.36	115
应收税款（万两）	944.5	6,754
实收税款（万两）	57.6	1,000
实收税款 / 应收税款（%）	6.10	14.81

资料来源：土药产量数据出自表 2；土药税率：1894 年的土药税率由 1890 年整顿土药税厘时各省的土药税率的平均值替代，详见席裕福：《皇朝政典类纂》，《征榷十五·杂税 - 土药税、禁令》，第 3062—3079 页，1906 年的土药税率为土药统税的税率；应收税款：1894 年由于当时土药统税尚未实行，而土药产量中在本地消费的部分所征税率较低，故将这一部分略去不计，仅按 1906 年 31.6% 的全国土药长距离运销比例来计算，这一比例的计算方式详见本文附录表 8，尤需注意的是，土药由一省运往另一省至少要被课税两次，这里最保守地假设土药贸易仅在两省之间进行，这就要将土药税率乘以 2，即为 74.72 两 / 担，因此，用此税率计算出来的应收税款在实际上会少于本该征收的税款；实收税款：1894 年来自罗玉东：《中国厘金史》下册，商务印书馆，1936 年，第 470—471 页，1906 年：因土药统税实施的前两年共得 2 千万两，故平均下来 1906 年的土药统税收入约为 1 千万两，详见《政治官报》，第 427 号，1909 年 1 月 1 日。

　　为什么晚清政府提取洋土药税厘活动的效率会如此之低下？首先，这是晚清政府在财政上过度分权的结果。鸦片税是一种影响宏观经济稳定的税收，其税基在各省的分布严重不均，而且这一税基还具有高度流动性的特点，因此，鸦片税本应由中央政府来征收[①]，然而，直至 1887 年清廷才通过洋药税厘并征，收回地方政府对洋药厘金的征税权，在这之前，洋药税厘的征收就分属海关、常关和厘金三套征税系统，其中，海关只能在通商口岸对外商经营的轮船贸易中的洋药贸易征收洋药税，而常关却能在通

---

① 马斯格雷夫就财政收入权在各级政府间的划分提出了六条原则：1. 可能影响宏观经济稳定的税收应由中央负责，下级政府征收的税应不与经济周期相关；2. 累进性很强的再分配税种应归中央征收；3. 其他累进个人税种应由最有能力全面实施此类税种的那级政府征收；4. 税基在各地分布严重不均的税种应由中央征收；5. 税基有高度流动性的税种应由中央征收；6. 只要可能，各级政府都应向公共服务的受益人收取使用费，并以此作为财政收入的一个补充来源，但这种方法主要适用于基层政府。详见 Richard A. Musgrave, "Who Should Tax, Where, and What?" in C.E.Mclure, ed., *Tax Assignment in Federal Countries,* Canberra: Center for Research on Federal Financial Relations and International Seminar on Public Economies, 1983。

商口岸、水陆要道和商品集散地对中国商人经营的民船贸易中的洋药贸易征收洋药厘金，为取缔洋药走私，同时也为增加地方税收，地方督抚控制下的常关征收的洋药厘金税率较海关征收的洋药税税率低得多，且由民船运载的洋药在常关缴纳洋药厘金之后，亦可不受其他关税的勒索，顺利进入内地，这就可能把外轮载运前往通商口岸的鸦片驱进民船，从而影响海关在通商口岸的鸦片税收。[1] 至于土药，在 1884 年清廷正式将土药作为晚清政府明定的税源之前，地方政府早已纷纷擅自征收土药税厘，直至 1906 年清廷才通过全国土药统捐收回地方政府对土药税厘的征税权。总之，就鸦片税的征收来说，晚清中央政府在长时期内没能独揽鸦片税的征收，而不同征税机构对洋土药税厘征税权不同层次的掌控，一方面使得各地鸦片税的税率及征税方式各不相同，鸦片贩运商可以选择税率最低的运输路线，另一方面，这也带来了各征税机构之间对鸦片税源的争夺，他们纷纷通过多打折扣以吸引鸦片贩运商，这些都使晚清政府提取鸦片税活动的效率变得十分低下。

其次，晚清政府没能建立起有效的税收制度征收鸦片税。鸦片税主要是一种商品流通税，尽管其征收成本较土地税来得低，但这类税收却十分易于规避，尤其是像鸦片这种体小价昂的商品走私极其方便，因此，为更有效率地征收鸦片税，就须建立起有效的征税制度。晚清政府征收鸦片税有两大主体，一个是海关，另一个是地方政府，由于海关的近代化开始得较早，其行政管理、税收制度相比晚清政府其他财政机构较为先进，因此，海关就鸦片税的征收建立起了有效的制度。晚清各省政府征收鸦片税的制度有两种，一种是官征，这种方法在各省较为通行，另一种是商人包缴，仅在部分省份和地区在部分时期实行。就官征制度来说，因为缺乏一系列高度专业化的征税机构和一支高度官僚化的征税队伍，这就使得鸦片走私甚巨，为避免走私，无能的征税机构竟采取少算重量打折的策略，宜昌课

[1]　陈诗启：《海关总税务司对鸦片税厘并征与粤海常关权力的争夺和葡萄牙的永据澳门》，《中国社会经济史研究》1982 年第 1 期。

鸦片税时所打的折扣低达二折，即 100 斤重只算 20 斤重。[①] 此外，征税人员的受贿舞弊亦十分严重，官征制度的征税效率十分低下。而商人包缴的包税制度更是直接体现了地方政府征收鸦片税的无能，包税制的实行是为了避免官征带来的纷繁与滋扰以及鸦片税收的不稳定，可笑的是，1884 年，清廷见广东在 1880 年由新商接办承包洋药捐厘使其洋药捐厘由 42 万元增至 90 万元，便建议推广[②]，足见晚清政府鸦片税征课制度的低效率。

二是对鸦片税厘的调配。晚清政府不仅提取鸦片税厘的活动是低效率的，其调配鸦片税厘的活动亦是低效率的。尽管鸦片税厘在晚清财政中的比重接近甚至超过 10%，然而，鸦片税厘尤其是土药税厘在大部分时间里被地方政府所控制，中央政府长时间对鸦片税厘的真实规模不能真正知晓，因此就更谈不上对其进行有效的调配。

早在洋药进口合法化之前，迫于需饷浩繁的压力，浙江、福建两省就先后擅自开征洋药厘金。洋药厘金由各省厘金局征收，1861 年，户部颁布厘金章程，对洋药厘金的造报严格规定“查洋药盐斤两项厘捐，应按限分案造报，不得与货物厘捐银两牵涉”，然而，上述法令形同具文，“洋药、盐斤、货物三种厘捐应分案造报，而实际上大部分省份都只办到盐货厘金分案造报”[③]，洋药厘金究竟收入多少，中央政府始终不能真正知晓。直至 1887 年，“鸦片税厘并征的推行，使原先归地方征收的一大笔鸦片厘金，经由海关之手，直接成为中央政府的财政收入。这在一定程度上调节了日趋下倾的中央与地方的财政关系”[④]。

与洋药厘金一样，土药厘金自开办时起，“多数省份即将其附于货厘抽收，而甚至有为一省之主要厘金税收者，如山西省之药料厘即是。既有单独抽收者，亦多与货厘合报”[⑤]，同时亦采用多种方式少报甚至瞒报土药税

---

① 林满红：《晚清的鸦片税》，《思与言》1979 年第 5 期。
② 《光绪朝东华录》第二卷，第 1873—1874 页。
③ 罗玉东：《中国厘金史》上册，商务印书馆 1936 年版，第 31 页。
④ 戴一峰：《晚清中央与地方财政关系：以近代海关为中心》，《中国经济史研究》2000 年第 4 期。
⑤ 罗玉东：《中国厘金史》上册，第 55、154 页。

厘以增加不受户部控制的外销款。例如，曾国藩在 1860 年任两江总督之时就已创办土药捐，但其在第五案的报销奏片中，只列有厘捐、盐厘等收入，却将土药捐隐匿下来，户部自然不知底细。①

尽管 1890 年户部对土药税厘加以整顿，但这次整顿只对各省土药厘金的税率有了掌握，对各省土药税基仍缺乏掌控，因而中央政府对土药税厘收入的多少仍不能真正知晓，而且地方政府依然不愿放弃对土药税厘的控制，所以"仍有数省其货厘报告内尚附有土药厘金的收入。……至于未能将其与货厘完全分开的原因，大约是与收入的分配有关系，如药厘附在货厘项下时，其用途早经规定，如一旦划与土药税项下，则收入将全数解部，或听部指拨，于各省财政诸多不便，故结果即未完全遵办"②。

甲午以后尤其是庚子以后，地方政府对土药税厘的隐匿多了起来，因为当时晚清中央政府几乎所有重大的筹款活动都是以财政摊派的方式进行，这种"压榨式"的筹款方式诱使地方政府虚报、瞒报财政收入。例如，1903 年地方政府征收的土药厘金较 1894 年减少了 1.6 万两，但 1903 年的土药产量肯定高于中央政府解禁土药生产不久后的 1894 年，再加上 1899 年、1901 年的两次土药税厘的加征，1903 年的土药税厘该有很大幅度的增加才是，而地方政府上报的土药厘金却有着 1.6 万两的减幅，这即是地方政府隐匿土药税厘的明证。③对土药税厘的隐匿，使得地方政府能够应付中央政府日益频繁的财政摊派，以各省筹付中央摊派的庚子赔款为例，在各省呈报的筹措赔款措施中，单是土药加成及膏捐这项措施即可筹措 156.6 万两，占各省每年筹措赔款总额即 2,021.6 万两的 7.75%。④

从 1904 年的两湖土膏统捐、四省土膏统捐，到 1905 年的八省土膏统捐再到 1906 年的全国土药统税，中央政府对土药税厘的掌控日趋深入，1906 年 6 月至 1909 年 4 月，土药统税溢收款项中解往中央政府的数额高达

---

① 何烈：《清咸同时期的财政》，台北"国立编译馆" 1981 年版，第 382 页。
② 罗玉东：《中国厘金史》上册，第 156 页。
③ 罗玉东：《中国厘金史》下册，第 470—471 页。
④ 王树槐：《庚子赔款》，台湾"中央研究院"近代史研究所专刊（31），台北精华印书馆 1974 年版，第 146—164 页。

1,238.5 万余两①，而土药统税的总收入为 2,851.8 万两②，中央的土药收入占统税总收入的 43.43%，中央政府对土药税厘的控制较之前有着天壤之别。然而，此时距地方政府开征土药税厘已近半个世纪，而且就在全国土药统税开始实施后的第五个月，清廷就颁布禁烟法令，这使得全国土药统税成效较为显著的仅有统税落实的前两年，可以说，晚清中央政府在近半个世纪里始终不能对土药税厘有真正的知晓，更不用说对其进行有效的调配了，因此，土药税厘被地方政府用来拓展自己的权力，如"帮助地方大员完成税额、为自强事业提供资金来源"③。

虽然晚清中央政府通过八省土膏统捐及此后的全国土药统税，对土药税厘有了较好的掌控，但晚清政府却将好不容易筹集起来的土药税厘用于非生产性的练兵等军事性的项目开支，而不是将其用于促进资本的积累。依据八省土膏统捐收入的分配，除去拨还各省的税款，"溢收之数，另储候解，专作练兵经费"④，全国土药统税税款的使用方针依然未改，至各省缩期禁种土药高潮的 1909 年之前，土药统税收入提供给中央的练兵经费约为数千万两之多，拨还各省的土药税款也远远超过此数，练兵经费方可藉此挹注⑤。清末新政的财源构成，多数与鸦片税厘的收入有密切关系，练兵、兴学和警政莫不如是，在清廷重视戎政、轻视兴学等新政事项的前提下，再加上因鸦片禁政加速进行而带来的鸦片税源的锐减，地方新政赖以发展的支撑力被侵蚀、瓦解，兴学等新政事项的财源枯竭即是一个必然的趋势。偏重戎政而不注意庶政，太阿倒持，缓急措置失宜，窘困之结局自不难设想。⑥

3. 政权合法性与财政需求的对立

"以土抵洋"和"寓禁于征"是晚清政府禁烟的两种策略，按李鸿章的

① 刘增合：《鸦片税收与清末新政》，第 143—144 页。
② 《湖北通志》第五十卷，第 1389 页。
③ 史景迁：《中国纵横》，夏俊霞等译，上海远东出版社 2005 年版，第 304—308 页。
④ 《光绪朝东华录》第五卷，第 5794—5796 页。
⑤ 刘增合：《鸦片税收与清末练兵经费》，《史学集刊》2004 年第 1 期。
⑥ 刘增合：《鸦片税收与清末兴学新政》，《社会科学研究》2004 年第 1 期。

设想，在"即不能禁英商之不贩洋烟，即不能禁华民之不食洋药"的背景下，"为今之计，似应暂驰各省罂粟之禁，而加重洋药之税厘，使外洋烟土既无厚利，自不进口，然后妥立规条，严定限制，俾吸食者渐戒而徐绝之。民财可杜外耗之源，国饷并有日增之势，两得之举也"①。也就是说，对洋药实行"寓禁于征"政策的同时，采取"以土抵洋"的策略，直至洋药断绝，再禁土药，如若李鸿章的设想能够成功实现，在当时的环境下，这不失为禁烟的好策略。

那么，晚清的这两项禁烟政策执行得怎么样呢？就"寓禁于征"来说，此项政策意在用较高的税率提高洋药价格，进而减少洋药的消费需求，然而，鸦片是一种致瘾性食品，其需求价格弹性为-0.45，小于1②，即缺乏弹性，因此，要使洋药进口有显著下降就应用高税率来大幅度提升洋药的进口价格。然而，清政府对洋药征收的是从量税，若要考察进口税率对进口价格的影响就应将从量税改为从价税（表6）。

表6　洋药进口税率的变动情况

项　目	1881 年	1887 年	1903 年
从量税税率（两／担）	65.27	110	110
洋药价格（两／担）	437	342	838
从价税税率（%）	14.94	32.16	13.13

资料来源：林满红：《晚清的鸦片税》，《思与言》1979 年第 5 期。

注：林满红用 400 两的价格充当 1886 年前后的洋药价格，然而在她列出的表 15 中，1881 年与 1887 年洋药价格相差高达 95 两，1903 年与 1881 年、1887 的洋药价格相差更多，故依其数据另行测算。

洋药税厘并征之初，洋药的进口税率从 1881 年的 14.94% 上升到 1887 年的 32.16%，洋药进口量从 1881 年的 79,000 担下降到 1887 年的 74,000 担，1896 年又降到 49,000 担。然而，此后由于 1893 年印度废弃银本位使

① 李鸿章：《筹议海防折》，载《李文忠公全书·奏稿》第二十四卷，第 21 页。
② 林满红：《晚清的鸦片税》，《思与言》1979 年第 5 期。

得卢比对中国银元的汇率上升，洋药的进口价格从 1893 年的 413 两飙升到 1903 年的 838 两，按从价税来计算，则洋药的进口税率到 1903 年下降到 13.13%，远低于 1887 年的水平，甚至还低于税厘并征前的水平，以致对洋药进口价格的提升的作用显著降低，对洋药进口量的下降的作用也随之减少，从 1897 年至 1906 年，洋药进口量平均每年有 52,600 担，比 1896 年还略有增加。要不是印度鸦片的价格因印度的币值改革而上升，"寓禁于征"的禁烟策略对减少洋药进口的作用就更显得微不足道。

晚清政府不仅对洋药实行"寓禁于征"禁烟策略，对土药也实行"寓禁于征"，这将不可避免地导致两个政策之间的冲突。可在事实上，在中央政府未正式承认土药生产的合法性之前，地方政府对土药以"寓禁于征"的名义征税也就在实际上承认了土药的合法性，这成为实行"以土抵洋"策略的必要条件，再加上地方政府为避免走私和与其他征税机构争夺土药税厘，使得土药的税率相当低，地方政府这些无意的举动对土药成功替代洋药进口有着莫大的助益，中国鸦片的自给率就从 1866 年的 45.83% 飙升到 1879 年的 80.11%，由此观之，地方政府对土药实行"寓禁于征"的政策在实际上促进了"以土抵洋"的成功。

然而，1886 年中央政府承认土药生产合法化之后，却迫于财政需要屡次加收土药税，如 1890 年的土药税厘整顿、1899 年和 1901 年土药税厘分别再加三成，地方政府在 1890 年土药税厘整顿之后亦经常征收土药捐输、土膏劝捐等临时税，这些打着"寓禁于征"的旗号对土药征税的政策都加重了土药的税率。在 1900 年之前，土药税率仍低于洋药税率，但四川土药法定的从价税已与洋药税厘从价税相去不远。此后为偿付庚子赔款，"土药加捐日多，至 1904 年改成土药统税时税率且高达 115 两，如以土药一担 270 两计算，其从价税税率为 42.5%"[①]，然而此时的洋药从价税税率却因洋药价格的不断上升而持续降低，1903 年甚至下降到 13.13%，这无疑会影响土药对洋药的竞争力进而影响"以土抵洋"策略的实施。

---

① 林满红：《晚清的鸦片税》，《思与言》1979 年第 5 期。

　　尤需注意的是，第三节提到的土药对洋药的进口替代是中国近代史上最为成功的进口替代，这里的"成功"是在土药占鸦片消费总量比重高达90%以上这一意义上的成功，并不是指"以土抵洋"禁烟策略的成功。"以土抵洋"的本意是用土药的消费替代洋药的消费，以减少白银外流，而土药对洋药的进口替代不是在国内既定鸦片消费总量上实现的进口替代，而是在鸦片消费总量激增这一背景下的进口替代，1906年国内的鸦片消费总量比1866年还多出4.3倍。而且，尽管洋药的进口量有所减少，但仍维持在相当高的水平，即使是在土药对洋药进口替代最为成功的1906年，仍有超过54,000担的洋药进口到中国，单就减少洋药消费而言，"以土抵洋"的禁烟策略很难说是成功的。因此，对土药的"寓禁于征"政策与"以土抵洋"的禁烟策略在1890年土药税厘整顿之后逐渐转变为一对相互冲突的政策，然而，晚清政府却将这样一对矛盾的政策付诸实施并使二者的冲突愈演愈烈。

　　实际上，晚清政府对洋药和土药实行的"寓禁于征"的禁烟策略根本就是"欺人之谈"，"况所谓'寓禁于征'之主旨，乃在于'征'，而非在于'禁'。结果此种政策反成为禁烟成功之阻碍，因政府恃为利源，而不肯舍弃也"[①]。尽管在减少洋药进口上曾有过一定的作用，但晚清政府却为了征收鸦片税以满足财政需求，使"寓禁于征"变成对土药征税的理由，而这又导致为获致政权合法性的"以土抵洋"禁烟策略的失败，最终使自身不得不在实现禁烟目标以获致政权合法性与依赖鸦片税厘以维系财政安稳这二者之间不断挣扎并越陷越深。

　　在1905年日俄战争日本胜利的刺激下，越来越多的人将鸦片与帝国主义和民族衰弱联系起来，使鸦片成为近代中国民族主义攻击的靶子。1906年6月英国下议院通过议案对英国继续从事鸦片贸易进行谴责并敦促晚清政府禁烟，在多方压力下，晚清政府于1906年9月颁布禁烟谕令："自鸦片弛禁以来，流毒几遍中国……数十年来，日形贫弱，实由于此。……今

---

① 于恩德：《中国禁烟法令变迁史》，载沈云龙主编：《近代中国史料丛刊》第88辑，第96—97页。

朝廷锐意图强……著定限十年以内将洋土药之害，一律革除净尽。"①

　　然而，尽管清廷宣布禁烟，英国亦同意逐年减少印度鸦片的进口，但财政极度紧张的中央政府并不甘愿就此放弃土药统捐和统税带来的巨额财政收入，"清末鸦片禁政期间，各省纷纷提议缩期禁种罂粟、禁运邻省土药和裁撤土药统税局卡。度支部极力追求土药统税，全力贯彻土药统税章程，屡屡议驳各省的有关请求，在禁政与财政之间，明显偏向后者"②，即使宣布严禁鸦片，晚清政府仍不得不面对政权合法性与财政需求之间的对立，由此可见晚清财政对鸦片税厘的依赖之深。

五、结论

　　晚清中央政府对外不能拒绝英国对洋药合法纳税进口的要求，对内不能约束地方政府对土药税厘的征收，甚至连自己亦迫于财政压力而将土药作为中央政府明定的税源，因此，晚清国家能力的低下是鸦片财政产生的最主要原因。鸦片财政的产生也就意味着鸦片的合法化，鸦片生产、贸易和消费亦随之日益繁荣起来，到了清末，鸦片的商品值甚至远超粮食和食盐，对于中国这样一个农业经济占绝对优势的国家来说这是很难想象的，而这就为晚清政府征收鸦片税厘提供了庞大的税基。然而，尽管鸦片税厘在晚清财政收入中的比重接近甚至超过10%，但有了鸦片税厘作支撑的晚清财政收支占 GDP 的比重亦未能超过3%，因此，能开征鸦片税厘这一新税收的晚清政府并不是一个有着充分的财政汲取能力的政府。而且，鸦片财政意味着鸦片消费的合法化，随之而来的是鸦片吸食的疯狂蔓延，鸦片消费这样的非生产性消费消耗了过多的财富，鸦片消费总值占 GDP 的比重甚至高达2.28%，这无疑严重影响到晚清的资本积累，使晚清经济不能进入起飞阶段，严重阻碍着国民纳税能力的提升。此外，晚清政府提取和配

---

① 《光绪朝东华录》第五卷，第 5570 页。
② 刘增合：《度支部与清末鸦片禁政》，《中国社会经济史研究》2004 年第 1 期。

置鸦片税厘的低水平、低效率，使得鸦片财政本身成为导致晚清国家能力尤其是财政汲取和配置能力低下的重要原因，而过低的财政汲取能力又使晚清政府不得不在牺牲政权的合法性以获致能够维系财政安稳的鸦片税厘的道路上不断沉沦。由此，鸦片财政产生了一个恶性循环：鸦片财政导致晚清政府财政汲取和配置能力的低下，而较低的财政汲取和配置能力又导致晚清政府对鸦片财政的进一步依赖。这一恶性循环一直持续到晚清政权灭亡的前几年，使得鸦片财政成为导致晚清国家能力尤其是财政汲取和配置能力持续低下的重要原因。

附录

表 7　晚清财政收支及其占 GDP 的比重

年　份	收入（万两）	支出（万两）	GDP（万元）（1990 年美元）	1990 年美元 / 银两	GDP（万两）	收入 /GDP（%）	支出 /GDP（%）
1766	4,858	4,221			243,800	1.99	1.73
1791	4,359	3,177			269,100	1.62	1.18
1812	4,013	3,510			372,800	1.08	0.94
1840	3,904	3,581			448,400	0.87	0.8
1885	7,709	7,274	20,537,900	34.93	587,973.1	1.31	1.24
1888	8,779	8,197	20,537,900	31.46	652,825.8	1.34	1.26
1894	8,103	8,128	20,537,900	29.72	691,046.4	1.17	1.18
庚子前夕	8,820	10,112	21,815,400	23.64	922,817.3	0.96	1.1
1903	10,492	13,492	21,815,400	21.33	1,022,757	1.03	1.32
1908	26,322	26,988	24,143,100	19.98	1,208,363	2.18	2.23
1909	28,100	28,925	24,143,100	19.78	1,220,581	2.3	2.37
1911	30,191	33,865	24,143,100	20.75	1,163,523	2.59	2.91

资料来源：财政收支：1766—1812 年数据来自《清史稿》，第 3703—3704 页，其中，1766 年的财政支出数字为陈锋校正后的数字，详见陈锋：《清代财政支出政策与支出结构的变动》，《江汉论坛》2000 年第 5 期；1840 年数据来自中国人民银行总行参事室金融史料组编：《中国近代货币史资料》第一辑上册，中华书局 1964 年版，第 172—173 页；1885—1894 年数据来自刘岳云《光绪岁计表》，见《清朝续文献通考》卷 66，第

8227—8233 页，庚子前夕数据来自《中国海关与义和团运动》，中华书局 1983 年版，第
64—65 页，1903—1911 年数据来自《清朝续文献通考》卷 66，第 8249、8234、8235、
8246 页，其中，1911 年数据取资政院的复核数。GDP：1766—1840 年数据来自刘逖：
《前近代中国总量经济研究（1600—1840）》，上海人民出版社 2010 年版，附录第 180
页；1885—1911 年数据来自麦迪森：《中国经济的长期表现》，伍晓鹰等译，上海人民出
版社 2008 年版，第 168 页，由于麦迪森的数据是以 1990 年美元为单位，需将其转换成
库平两，故根据刘逖书中所言及的"1933 年银元—麦迪森法"（详见刘逖，《前近代中国
总量经济研究（1600—1840）》，第 140—141 页），计算出库平两与 1990 年美元的兑换
率，从而得出 1885—1911 年 GDP 折合库平两的数值，这一方法计算出的 GDP 数值会低
于麦迪森的估计。此外，均取这两位学者提供的 GDP 数据的年份上下为 5 作为区间，并
假设该区间内的 GDP 数值均等同，如 1885—1904 年这一区间，就取麦迪森提供的 1900
年的 GDP 数值作为该区间的 GDP 数值，其他年份同理。

表 8　1906 年各省土药产量、消费量与长距离运销量

单位：担

省　份	土药产量	土药消费额	土药长距离运销量 （+）有余（−）不足
直　隶	3,437	6,130	−2,693
江　苏	9,857	11,034	−1,177
安　徽	4,534	4,417	+117
山　东	6,040	5,768	+272
山　西	11,620	11,880	−260
河　南	3,962	2,760	+1,202
陕　西	10,779	4,650	+6,129
甘　肃	6,403	45	+6,358
新　疆	166	166	0
福　建	15,007	6,162	−8,845
浙　江	4,220	5,211	−991
江　西	78	9,082	−9,004
湖　北	2,547	10,951	−8,404
湖　南	139	3,249	−3,110
四　川	54,299	25,817	+28,482
广　东	83	8,075	−7,992

续表

省　份	土药产量	土药消费额	土药长距离运销量 （＋）有余（－）不足
广　西	1	4,062	－4,061
云　南	7,351	9,744	－2,393
贵　州	12,241	3,672	＋8,569
奉　天	3,371	3,371	0
吉　林	595	600	－5
黑龙江	1,775	1,775	0
合　计	158,505	138,621	

资料来源：刘锦藻撰，《清朝续文献通考》卷 55，《征榷二十七》，第 8104 页。

注：全国土药长距离运销比例＝全国土药长距离运销量／全国土药产量＝31.6%，其中全国土药长距离运销量为 50,032 担，这一数字是由 1906 年各省土药产量减去土药消费额得出各省土药的长距离运销量，取其绝对值后先予以加总再除以二而得出，这样的计算方式有一个潜在的假设，即各省出产的土药优先满足各省的需求，然后视各省土药供给是有余还是不足再进行土药贸易。考虑到在省际间运输的土药其被征课的税率和次数一般要高于在省内运输的土药，其他省份的土药价格要高于本省自产土药，因此，这一假设基本上是成立的。另外，尽管上表是来自度支部的各省禁烟调查表，其中各省的土药数据有低报的现象，但从表中反映出来的全国土药长距离运销比例仍然大致可信。

作者简介

张光，1956 年生。厦门大学公共事务学院教授，博士生导师。美国肯特州立大学政治学博士（2002）。曾任南开大学周恩来政府管理学院教授、博士生导师（2004—2009），任教于美国 Walsh University（2002—2003），并在新加坡国立大学东亚所（2012）、日本静冈大学社会科学学部（1991—1992）和东京大学法学部（1992—1993）担任访问研究员，在新加坡南洋理工大学（2014）、上海财经大学公共经济与管理学院（2011）、南京大学—霍普金斯大学中美文化研究中心（2013）担任访问教授，曾经于 2004—2009 年期间在南开大学日本研究院担任兼职研究员。目前兼任中山大学公共管理研究中心、清华大学中美中心研究员，《公共行政评论》专栏编辑，*The Journal of Chinese Political Science* 审稿人。学术专长为比较政治和公共财政。发表的学术著作包括《为分税制辩护》(2013)、《解构国会山：美国国会政治及其成员涉华行为》(2013)、《美国国会研究手册(2007—2008)》(2008)、《日本对外援助政策研究》(1996)，译著包括《明治维新》(2013)、《主权债务与金融危机》(2014)。学术论文发表于 *Asian Survey, The Australian Journal of Public Administration, The Journal of Chinese Political Science*,《政治学研究》《社会学研究》等重要杂志，近来在《南风窗》《东方时报》《金融时报中文版》等媒体发表有关中国财政经济的文章。

中国乡村治理的历史嬗变与现代转型 *

王曙光 **

内容摘要： 在城市化进程中，乡村问题日益突出。关注乡村建设、探讨乡村治理，成为时代使命与担当。其前提是开展深入的田野调查，然后予以理论升华，并以此来指导探索建设性的思路和方案。深入田野调查，就是客观梳理中国传统乡村治理的理念与实践，整体把握传统乡村自治的制度土壤、社会基础、激励与约束机制及其依法治理的维系手段，真正理解族谱、祠堂、义庄、义田、社仓、乡约、义学、讲学，如何有效地发挥其内生性和人伦本位的自治功能。以此为参照，审查中国近代以来乡村治理的变化及困境，充分认识乡村治理之内生性机制和人伦本位土壤的丧失，以及依靠国家能力的嵌入式治理模式消解后，乡村如何沦为治理真空之地。重建乡村治理，不能忽视传统；未来中国乡村治理建设，一定是建立在乡土社会传统治理理念基础上，并基于乡土社会内生性特点，有机融合现代农村治理结构而创建"多元化乡村治理模式"。为此，需要培育农民的民主

---

* 本文是根据作者 2014 年 4 月 16 日应北京大学学生就业指导中心之邀所作讲座的录音稿整理而成。
** 王曙光系三亚学院国家治理研究院研究员。

意识，推动村民自治的民主化转型；需要强化农村合作组织的地位，提升其自治的组织化水平；需要复兴宗族组织和内生性、人伦关怀取向的村规民约；亦需要宗教信仰组织的崛起及其影响。如上各种力量要成为中国未来多元化乡村治理中合理的有机的组成部分，更需要重视而不能压制。政府只能慢慢去梳理，慢慢去引导，让它逐步走向规范。在农村复兴方面，政府应给予更多的支持和扶助。

关键词： 乡村治理　乡村社会内生性　多元化乡村治理模式　宗族组织　乡规民约

一、引言：研究路径的拓宽：从农村金融到乡村治理

今天非常开心受北京大学学生就业指导中心的邀请，过来跟大家就乡村治理问题做一个简单的交流。刚才主持人说，今天参加讲座的同学有一部分要到农村基层和西部工作，要去做村官，我感到很高兴。选择优秀毕业生到基层和西部工作，是北京大学支持农村发展、支持西部经济发展的一个非常重要的举措。我认为这可能也是同学们锻炼自己、提高自己的才能、为国家做贡献的一个非常重要的途径。大家不要小瞧村官，李克强总理就是在村官的基础上一步步干起来的，他在凤阳当过村官，在最基层的岗位上工作了很长时间，积累了大量的农村工作经验，所以今天他才能着力进行破除城乡二元结构和推进城镇化的伟大实践。习总书记也是从村官干起来的，他从村书记干起，从最艰苦的基层干起，了解草根，了解农村，所以在把握中国农村城镇化和发展大局方面才有底气。保不齐听我讲座的同学当中，将来就有可能出现一位总理或总书记，那我就了不得了。期待在座的各位中能出现一批非常优秀、能够为中国未来农村经济发展和国家社会发展做出卓越贡献的公务员。

今天我讲的题目是乡村治理问题。十几年前，我开始把主要精力放在对中国农村的研究上，当然主要是关于农村金融领域的研究。当初我做农村金融研究主要碰到两个问题，一个是我需要做大量的田野调查，要获得

第一手资料，而不是依赖文献来开展研究，单纯依赖文献就很难培养我们的问题意识和对现实的敏感性。第二个问题就是学科建设问题，在北京大学，农村金融这个学科基本上是零起步。十几年前，我跟我的学生们——现在这些学生有的成为老师了，有的成为地方官员或农村金融从业者——在这个学科做了一些奠基性的工作。现在农村金融学科有了本科和研究生课程体系，有了全国第一部教材，连续七年出版年度研究报告，应该说初具规模，在北京大学这个学科就算建起来了。

随着研究的不断深入，我发现农村金融发展实际上并不是一个单纯的金融问题，影响农村金融发展质量的因素，往往不是金融因素，而是乡村治理问题。我这几年到乡村走，更加强烈地感受到，乡村治理才是我们解决农村问题的根本所在。农村金融是工具，是途径，是机制，农村金融发展的前提应该是完善的、良好的、有效率的乡村治理结构，这是我做了十年的农村金融调查之后得到的一个结论。所以我近几年以来，研究方向慢慢地在发生变化，我更多地关注中国贫困问题、中国乡村治理问题、中国乡村的教育、医疗、基础设施、合作社发展，关注农村的公共品供给的问题，乃至于更深层次的农村社会结构的问题。我从单纯的金融学层面慢慢开始深入到社会学、政治学、法学领域，来进行综合性的社会科学的研究。

今天跟大家报告这样五个题目。第一，探讨乡村建设中青年知识分子的使命与担当的问题。第二个问题，梳理一下中国传统乡村治理的理念与实践，也就是要回顾中国近三千年以来的乡村治理问题。第三，探讨中国近代以来乡村治理的变化以及遇到的困境，尤其是最近150年以来我们在乡村治理方面遭遇的困境。第四，探讨乡村治理跟农村金融发展的关系问题，我们结合农村金融发展，看看乡村治理的重要意义在什么地方。第五，就未来中国乡村治理提出若干的展望和建议。

二、乡村建设：我们的使命与担当

北京大学有乡村建设研究和实践的悠久的历史传统。我在经济学院开了一门课程，叫"合作经济学概论"，在第一堂课我就讲到北京大学的历史传统。就农民合作社这个领域而言，北京大学应该说是中国合作社思想传播和实践的最早基地之一：中国高校第一门合作经济课程是在北京大学开的，当时北京大学还叫京师大学堂，也就是说，在 1912 年之前，北京大学就有关于合作理论这方面的课程，当时的课程名叫"产业组合"；中国公认的第一个合作社是 1919 年在北京大学建立的北大消费公社，中国第一个合作制的银行是北京大学学生建立的北大学生储蓄银行，时间也是在五四运动前后。也就是说，大概一个世纪之前，我们北京大学的前辈们其实就在关心合作社的问题。

中国乡村建设的一批先驱人物，其中大部分是北京大学的著名学者。乡村建设理论主要倡导者和乡村建设的主要实践者之一梁漱溟先生（1893—1988），他是北京大学哲学系的教授，后来辞职到山东和重庆等地搞乡村建设实践，并在乡村建设理论上有很高造诣。梁先生是民国以来对中国乡村建设最有影响的一个人。

另外还有一位，陈翰笙先生（1897—2004），27 岁就成为当时北京大学最年轻的教授之一。他是在 20 世纪 30 年代做乡村研究的，是中国农村经济研究会的创始人。陈翰笙先生以马克思主义立场、观点、方法，分析研究中国农业、农民和农村问题，以第一手的农村调查材料论证中国农村半封建、半殖民地的社会性质。他是对田野调查最为关注的学者之一，他领导的无锡、保定等地的农民调查，是非常权威非常珍贵的历史文献，在海内外有很高的知名度。

第三位是杨开道先生（1899—1981），曾任燕京大学社会学教授兼系主任、法学院院长。1928 年组织燕大社会学系学生到清河镇调查，并于 1930 年在清河镇建立实验区，同年组织发起成立中国社会学社。他写了很多农村社会学方面的著作，包括《农村社会学》（1929）、《新村建设》（1930）、《社会学研究法》（1930）、《农场管理学》（1933）、《农业教育》（1934）、《农村问题》（1937）、《中国乡约制度》（1937）、《农村社会》（1948）等。杨开道先生与杨开慧是远房堂兄妹。他的乡村社会学研究在当时影响很大。

　　第四位是于树德先生（1894—1982），他 1921 年从日本学成归国在北京大学执教，和李大钊同志是挚友。于树德是我国合作社思想的早期主要传播者之一，对合作社的理论颇有研究，发表了许多论著，有《我国古代之农荒预防策 —— 常平仓、义仓和社仓》《信用合作社经营论》《合作社之理论与经营》《消费合作社之理论与实际》《合作讲义》等。1926 年毛泽东任第六届广东农民运动讲习所所长期间，开设的"农民合作概论"一课，就是于树德讲授的。于树德先生是我国近代信用合作运动的先驱者之一。1923 年，他受聘于中国华洋义赈救灾总会、担任合作指导员，在河北香河县利用救灾总会的赈灾款，首次建立了德国雷发巽式的农村信用社。

　　最后一位前辈是著名社会学家费孝通先生（1910—2005），费先生是我国当代社会学中最主要的代表人物之一，他的《乡土中国》等著作，对我国乡村研究意义深远。费孝通先生特别倡导乡村调查，强调"真知亦自足底功夫"，一生"行行重行行"，做了大量的田野调查，并对中国乡村建设和城镇化提出了很多真知灼见。费孝通先生名气大，我就不多做介绍。

　　以上这个并不完善的名单，囊括了中国二三十年代以来最主要的从事农村研究与乡村建设实践的一批先贤。我为什么把名单拉出来呢？就是想激励在座的各位，更多地关心中国的农村发展，关心中国最基层的农民。我认为关心他们，不光对于他们有好处，对于我们也有好处。农民发展了，整个中国就发展了，农民不发展，我们的国家就不可能发展，这是毫无疑问的。而且各位将来到基层工作，了解农民，了解农村，就是为你的成功之路打下一个坚实的基础。

　　我大概一个月之前刚刚在北大作了一个公开讲座"中国的贫困与反贫困"，在这个讲座当中我说了一个数据，截至 2013 年底，中国尚有 8,200 万人的贫困人口。标准是什么呢？标准是每天 1.25 美元的收入，这是联合国的最新贫困标准。8,200 万贫困人口，相当于五个澳大利亚总人口，我们现在的担子很重，骄傲不起来。

　　在中国的乡村建设当中，尤其是最近一百年以来，知识精英发挥了相当大的作用，他们在乡村启蒙、社会结构调整、农村教育以及改变农村面貌上，应该说发挥了很好的作用。他们身上的这种社会担当的意识、这种历史使命感，是中国传统知识分子身上非常非常重要的精神气质。中国人以前把知识分子叫作"士"，《论语》讲"士不可不弘毅，任重而道远"，一个知识分子就要有那种宏大的气象，要有坚忍不拔的品格，任重而道远，要为整个国家和民族奋斗，这是中国传统"士"的精神。随着商品经济的发展、市场的发达，当代知识分子中的"士"的精神正在逐渐式微，这个现象值得大家反思。

北京大学中文系钱理群教授前几年写了一篇文章，他讲现在的大学生已经由原来的知识分子这种定位蜕变成"精致的利己主义者"，为什么这么讲呢？因为这帮人受过非常好的教育，他们的利己主义非常"精致"，为自己计划得很精细。钱老说，这是一种不好的现象，说明现在年轻的知识分子的社会担当意识、社会责任意识、那种社会精英的责任感在下降，我们正在往下走，而不是往上走。钱老的批评非常切中要害，也指出了当代青年知识分子中这种精神萎缩带来的消极后果。我相信在座的诸位不是这样的，在座的各位既然选择了到基层锻炼，到基层工作，到中国最艰苦的地方去帮助地方发展，相信都有很强的家国天下意识。而这种意识是中国传统知识分子核心的东西，杜甫有一句诗，"致君尧舜上，再使风俗淳"，一个知识分子的最大理想不就是"致君尧舜"，希望天下出现尧舜时代那样的治世，同时通过知识分子的作为，使得天下"风俗淳厚"，社会变得更加和谐？范仲淹也说过"先忧后乐"的名言，我觉得这些都是我们的榜样。我这个讲座也希望从"士"的精神的呼吁出发，来引导大家更多地关心农村。

怎么关心农村呢？是不是发几句牢骚就可以了？我们对中国农村问题的认识要非常全面、非常深入才行，切忌表面，切忌肤浅，切忌情绪化。我认为要做一个严谨的乡村建设实践者和研究者，应该从三方面着手。

第一步是要开展比较深入的田野调查。田野工作是我们理解农村的开始。你只有到了村这个层次，你才会真正知道农民需要什么，农民在想什么，才知道农村什么样子。我一直强调，不要仅仅从文献出发来研究农村问题，而是要从田野出发研究问题，这样我们看问题就不是隔靴搔痒，而是切中要害。

第二步，田野调查之后要有一个理论升华。诸位，你们到乡下去锻炼，到中国的基层去调研，你看问题之深入，我相信是跟那些没受过理论训练的人完全不一样的。为什么国家把你们派到下面去锻炼？就是因为你们有更强的问题意识，有更高的理论提炼的能力，你知道农村问题出在什么地方。所以我们除了调查之外，还要锻炼自己的理论抽象能力。

第三步，根据这个理论的抽象来提出相应的建设性意见，即探讨怎么来解决问题。比如你调查中国合作社问题、农村金融问题、土地改革问题，你要理出一个系列的政策框架出来。到这一步，大概才能完成乡村研究与实践的三部曲。

三、中国传统乡村治理的理念与实践

下面，我们探讨一下中国传统乡村治理的理念与实践。传统的乡土社会是什么样子呢？我曾经说过，中国现在面临两大转型，一个转型就是由传统的计划性经济向市场经济的转型，这是第一个转型。另外一个更深层的转型，恐怕没有多少人了解，就是由传统的乡土社会向一个现代社会转型。这个转型，最近十年以来进展非常迅猛，乃至于把中国原有社会结构打得七零八碎，新的社会结构正在重构。

传统乡土社会有这么五个特点。

第一，**熟人社会**。中国依靠熟人来维系乡土社会的秩序，大家彼此熟悉，世代生活在一个比较封闭的社区里面，大家的信息非常透明，这是一个非常重要的特点。

第二，中国的乡土社会是一个**差序格局社会**。这个概念是费孝通教授提出来的，是指每个乡土社会中的成员都是以自我为核心，按照跟自己的亲疏远近慢慢地往外推，来形成一个差序的格局，从而确定一个交往和信任的次序。就像一个石子投入湖中所形成的涟漪，越往外越是浅，越往外越是缺乏信任。这与西方的契约社会是不同的。

第三，中国传统乡土社会是一个由**乡村精英治理**的社会，由他们承担起治理乡土社会的重任。这些乡村精英，有些是乡村的知识分子，有些是有经济地位和德望的乡绅，有些是一个家族内的长老，这些人负责治理传统乡土社会。

第四，传统乡土社会的治理是"**皇权不下县**"。在中国的传统乡村中，实际上正规治理是很少的，我们老说"皇权不下县"，什么意思呢？中国古代的皇权一般到县为止，乡和村几乎没有皇权的存在。乡和村靠什么呢？中国以前有"三权"，其中皇权是在县以上存在；第二个是族权，即宗族社会的权力；第三个是绅权，就是乡绅的权力。绅就是乡村精英，这帮乡下知识分子担当了乡村治理的重任。乡和村这两个级别，基本上是没有皇权的直接干预的，由族权和绅权来负责治理。宋代王安石熙宁变法以来希望加强在乡村的正规治理，一直到民国时期恢复保甲制，最后的效果都非常糟糕，其中原因在于中国乡土社会的传统是"皇权不下县"，需要乡村精英的非正规治理。

第五，**宗族与宗法制度**。这是维系传统社会秩序和伦理的主要机制，下面再细讲。

由中国乡土社会这五个特点造就了中国传统乡土社会当中乡村治理的五大理念：

第一，以宗法制度作为乡村社会治理与救济的基本制度。宗法制度是一套维系乡村社会和谐的主要制度，靠家族和宗族维系。如果宗族内部出现问题怎么办呢？比如宗族内一个家庭出现意外灾害从而丧失生活来源，怎么办？也靠整个宗族的内部机制来实现社会救济。我们下面会具体谈到，中国古代的社会保障，不是依赖商业保险，而主要靠宗族制来保障，保障农村人口的生存和发展，实现救荒、救灾、社会救济的目的。

第二，以文化伦理教化为乡村治理的基础。中国古代十分讲究伦理，非常重视文化教化，所以《周易》里面就讲，"观乎人文，以化成天下"。我们今天讲的"人文"、"文化"就是从《周易》来的，以前没有"文化"这个词。在传统的乡村治理当中，主要靠思想教化来维系传统的伦理道德体系。谁做教化呢？就是乡村知识分子，那帮有知识的人来承担教化任务。当然，从广义上来说，乡村的各种祠堂崇拜仪式、各种节庆仪式、祭祀仪式以及婚丧嫁娶等民俗仪式等，都是进行伦理教化的工具和途径。

第三，以乡土社会内部激励与约束作为治理工具。乡土社会当中怎么来惩罚一个人呢？不是靠法律，不是给他判刑，而是靠乡土社会内部的奖惩机制。因为在中国的传统社会中，最高境界是孔子所说的"无讼"，就是不要动用法律。那么，矛盾怎么解决？矛盾就靠乡土社会自身的机制去调解，比如说"口碑"，农民村落互相之间的闲言碎语，邻里之间对一个人和一个家族的议论，这种机制，非常管用，虽然是软约束，但是力量很强大。一个人犯了错误之后，哪怕一点小错误，保证一小时之内就在墙根底下晒太阳的老太太之间传播开了，这些老太太一赶集，就立刻传播到另外一个村子，甚至整个乡都知道了。而且更要命的是，有些负面的评价是世代相传，一百年一个家族前犯的错误或发生的龌龊事，一百年后还在遭受"gossip"，这种惩罚机制或者农村的习惯法（common law）非常厉害，很管用，根本用不着法律。

第四，以儒家乡土精英和底层人民的结合作为维系手段。中国以前的知识精英们，实际上他们的生命弹性非常大。以前乡土社会中的读书人，早上还在耕地呢，晚上就登上宫殿与皇帝谈论国家大事，"朝为田舍郎，暮登天子堂"，这个社会地位的变动和调整是西方传统社会难以想象的。但是这些知识分子退休之后怎么办呢？我们知道贺知章写过"少小离家老大回"，为什么"老大回"了呢？因为贺知章退休之后回到乡村，又回归自己出生的那个地方，而不是在长安养老，他就很有可能成为那个村子中最有威望、最有知识、最有见地的一位乡土精英和长老。这是中国古代非常重要的一个特征。但我相信，我在北大退休之后，我回不到我那个小村子了，为什么呢？因为那个促使乡村精英回归乡村的机制已经不存在了。像贺知章这样，在朝廷做很大官，后来又回到他的村子，地位就不一样了，他是见过世面的人，他能够把外面的东西教给这个村子的人，他就是一个长老，他就是一个有权威的、能够判断人对错的道义审判者和执行者，就是可以执行"准法律"裁定的这么一个人。但是现代的乡村精英没了，读书好的孩子走出乡村，就再也回归不了了，而且就是乡下的有知识的年轻人也在往外跑。现在你在乡下找到一个初中以上文化水平的年轻人的概率都极小，为什么呢？因为这些人都跑了，而且恐怕再也不回来了，这是很麻烦的事，对现代乡村治理是一个致命的影响。

第五，以乡规民约作为乡村治理的法治基础。中国古代传统的乡村治理不是靠法律，而是靠乡规民约，靠这种介于正规的法律和不成文的民俗之间的乡规民约。乡规民约是基于乡村的伦理习惯和民俗传统而制定的一整套乡土行为规则，这套行为规则有规劝族人和乡里向善的意思，也涉及对族人和乡里的救济的制度，但是乡规民约也带有某种强制性（尽管不是法律意义上的强制性），也有一定的惩罚机制，有时候这种惩罚还非常厉害，我下面会细讲。

中国古代传统乡村治理的实践历史非常悠久，积累了大量的经验，这些经验以往我们都是简单地当作封建糟粕而加以批判，但是以现代的眼光来看，传统乡土社会的治理当中还有一些很值得汲取的精华，要批判吸收，而不是一味地否定。我主要提出八个方面来跟大家探讨：

一是族谱。族谱是联结乡谊与族裔的纽带，是传统宗族社会的核心纽带。一个家族的族谱，往往完整地记载一个家族的数千年的源流脉络，一代代辗转流传下来，把整个家族维系到一起，即使这个家族在地理意义上已经四分五裂，但是经由族谱这个纽带，还是可以牢固地黏结到一起。十几年前我回到胶东老家，我爷爷拿给我一本非常厚的《王氏族谱》，精确记录了大概自 1368 年到现在的我们这一族人的发展历程。而且让我非常惊讶的是，这个族谱是用电子表格做成的现代版的族谱，我看了以后非常有感触，也非常敬佩族人的毅力。我翻到这个族谱的最后几页发现，我的名字赫然放在里面，估计是我们这个家族几百年以来没有中过进士什么的，出了个京师大学堂的人，就写进去了。我看了以后，知道这个家族绵延不断，顽强地生存，知道历代前辈中的贤能者的事迹，而这个家族的团结与生命力就体现在这个厚本子里。族谱是古代乡村治理非常重要的一点，一个人进没进谱，是事关重大的事，一个优秀的人不但进谱，而且里头还有几句话来旌表他的事迹。族谱还有惩罚的功能。怎么惩罚呢？如果一个人品行不端，就会被逐出族谱，这个比蹲十年监牢还厉害。在乡土社会中，族谱就是一个激励和约束的机制，跟法律差不多，对人的最大惩罚在乡下就是不让他进族谱，永久被逐出族谱，这个人尽管肉体上还存在，但是从历史的角度来讲，他已经不存在了，也没必要存在了，因为这个人品行不端，只会给家族带来各种各样的麻烦和不好的名声。

　　二是祠堂。祠堂是解决家族纠纷主要的机制。乡土社会出现家族内部或村庄内部的纠纷，不是靠到县太爷那个地方去，而主要是靠祠堂。我有一个同班同学，福建安溪县人，安溪是出铁观音的地方，我这个同学很厉害，兄弟四个人，其中三个考进北大，一个到人民大学。有一次突然跟学校请假，干什么呢？要参加他们这个宗族的省亲大会，估计世界各地的族人都要回来祭祀，很隆重，学校特批准假。一个家族的人进祠堂，拜先祖，那个仪式表面上看是祭祀祖先，其实是凝聚后人，是维系这个家族的认同感。现在一些地方的祠堂开始恢复，这是一个非常值得研究值得关注的现象。

　　三是义庄。义庄是传统乡土社会中进行社会保障和救济的一种机制。历史上，范仲淹建立的范氏义庄很有名。范仲淹小时候家境贫寒，读书时以米粥果腹还吃不饱，因此他显达之后就特别关注平民和社会底层人民的福祉，义庄就是建立一个在家族内实施社会救济的机制。在范氏义庄内，凡是范氏族人，可以领口粮、领衣料、领婚姻费、领丧葬费、领科举费、设义学（请本族有功名的人教育本族子弟并给教授者束脩）、借住义庄房屋、为急用钱或贫穷者借贷（到时要偿还，若不能归还，也不扣其月米，以保证他的基本生活）。因此在范氏义庄内，衣食住等基本生活需要都可以满足，婚丧嫁娶的经费也由义庄承担，范仲淹可以说为家族成员（范围非常大）构建了一个衣食无忧的"初级共产主义小社会"，这也是我国古代大同思想的一种小小的尝试。自从宋皇祐元年（1049）范仲淹首创范氏义庄以来，义庄这种以家族为纽带的社会救济和社会保障组织就在江南开始发展起来，其后江苏金坛县张氏、新淦郭氏、莆田陈氏都相继设义庄。到明代义庄增加，安徽、广东、广西、陕西、直隶都有设立义庄记载。至清代，设义庄者急剧增多，民国时期，义庄也在不断发展。要研究中国的乡土社会的治理和宗族内的救济机制，不能不研究义庄。

四是义田。义田也是一种传统宗族社会中社会救济和社会保障机制。我们这个家族假如有两千亩地，其中五十亩作为义田保留下来。义庄内一般都有义田的设置。义田留下来给那些一旦发生问题（比如说火灾、病患等）的宗族成员。这是一个非常重要的保险机制。我们现在的保险都是商业保险，我国古代没有商业保险，靠什么呢？就是靠义田这种宗族内的机制，这是一种多人帮一人的制度，是一种互助保险。当一个家庭摆脱贫困了，再把这块田让出来给更加贫困或发生问题的家庭，这样轮流使用下去。

五是社仓。社仓也是一种社会保障机制，比较有名的南宋的朱熹创立的崇宁社仓。朱熹创建的义仓受到了皇帝的关注，但是义仓这个东西并不是纯粹慈善救济和无偿捐助，义仓实际上是一种带有公益性质和家族救济性质的借贷机制。义仓一般是春季放款，用粮食来放款，秋冬季还款，所以朱熹创的这个东西实际上是公益性的小额贷款。几年前我写过一篇文章，研究王安石的青苗法。我在这个文章当中提到，王安石在大概一千年前（1068）就提出来一套完整的小额信贷制度，其中的很多机制如市场化的利率水平、信用评估制度、五户联保制度等，都很先进，比2006年诺贝尔和平奖获得者尤努斯教授早将近一千年。但是我们知道，王安石的青苗法设计的小额信贷机制，是一种官方小额信贷，是由政府推行的，后来变法失败了，整个青苗法被废除了。又过了将近一百年的时间，朱熹批评王安石，他说王安石这个青苗法初衷非常好，可是有个大问题，就是由政府推行的小额信贷机制往往风险很大，官员往往靠摊派（即所谓抑配）来发放贷款，村民往往发生赖账，现在我们经济学上的术语叫"道德风险"。朱熹把王安石失败的原因分析得很清楚。朱熹想，我能不能办一个民间自动发起的、以宗族社会和乡土社会内部的相互制约为基础的、以家族的乡谊作为纽带的这么一种小额信贷呢？这个思路非常好，他把官方小额信贷变成一种以家族为纽带的小额信贷，利用了乡土社会的惩罚机制，这就是义仓，我们也叫社仓。社仓一般没有专门的仓库而在祠堂庙宇储藏粮食，粮食的来源是劝捐或募捐，存丰补欠。一般春放秋收，利息为十分之二。孝宗乾道四年（1168），建宁府（治今福建建瓯）大饥。当时在崇安（今武夷山）开耀乡的朱熹，同乡绅刘如愚向知府借常平米 600 石赈贷饥民。贷米在冬天归还，收息 20%，小歉利息减半，大饥全免。计划待息米相当于原本 10 倍时不再收息，每石只收耗米 3 升。后来归还了政府的常平米，至淳熙八年（1181）已积有社仓米 3,100 石。这一年朱熹将《社仓事目》上奏，孝宗"颁其法于四方"，予以推广。以后的物流仓储业把朱熹作为开山鼻祖，把他供起来了，叫"紫阳仓祖"。朱熹开创的义仓，我认为既是具有小额信贷性质的机制，但更重要的，它是有社会保障功能的。义仓的利息蛮高的，年利率 20%，相当于大概月息两分，比现在农信社的利息高很多，但是对于贫民而言，这个利率比高利贷低多了，可以接受。

六是乡约。刚才我讲到乡规民约，简称乡约，是农村非正规制度的制度化、乡土伦理的成型化。中国古代乡约太多了，直到现在，乡规民约在很多乡村也是非常流行的。宋代有一个非常有名的《吕氏乡约》，是由"蓝田四吕"（即吕大忠、吕大钧、吕大临、吕大防）倡导制定的，这四个兄弟于北宋神宗熙宁九年（1076）制定了这个乡约，对一千年来的中国乡村治理模式影响甚大。"乡约"既是一个农村社区（一个乡或者一个村）的居民互相劝勉、共同认同的一套伦理规则，也是一套完整的社会保障与社会救济制度，显示出我国古代的乡村自治的一种雏形。"乡约"的实施，是首先推举年高德劭者为"约正"（即主要的负责人）："约正一人或二人，众推正直不阿者为之。专主平决赏罚当否"，另外每月选一人为"直月"（即具体的赏罚执行人），实施劝勉赏罚。"乡约"以定期聚会形式，敦促乡邻向善除恶："每月一聚，具食；每季一聚，具酒食。"在聚会的时候实施赏罚："同约之人各自省察，互相规戒。小则密规之，大则众戒之，不听则会集之日，直月告于约正，约正以义理诲谕之，谢过请改则书于籍以俟，其争辩不服与终不能改者，听其出约。"这些"乡约"看起来似乎是一些没有约束力的伦理条款，但是在乡土社会中，它们的实际约束力其实是非常强大的，如果被"出约"，后果就很严重，这个人在乡间就很难生存，这个家族的名声也就完了。吕氏四兄弟在乡间很有文化，很有威望，倡导高尚的品德，倡导族群之内的扶危济困，他们订的《吕氏乡约》，包含四项，即"德业相劝、过失相规、礼俗相交、患难相恤"。"患难相恤"当中包括对于水火、盗贼、疾病、死丧、孤弱、诬枉以及贫乏这七个方面的救济，实际上是民间的社会救济制度。"乡约"实际上并不简单的是道德教化，它是中国传统宗族社会一个具有自治功能、社会保障功能、社会救济功能的制度设计，能够保证一个宗族和谐、延续和稳定。

七是义学。义学是与跟官学相区分的、以公益为目的的一种乡村教育形式，尤其是支持那些贫困家庭的子弟上学。有义庄必有义田，有义田必有义学，这是中国古代漫长的两千多年封建社会如此稳固的主要原因之一。

八是讲学。讲学的传统是中国古代乡土知识分子与平民百姓互相结合的重要之举，通过这种机制，乡土社会中的知识精英与普通的没有受过教育的农民达成了很好的沟通，这种沟通对于移风易俗、对于推行教化、对于乡村社会的和谐稳定都是非常重要的。明代的泰州学派在平民讲学方面做出了非常大的贡献，在历史上也非常有影响力。明朝泰州学派以王艮（心斋）为代表，一批乡土知识分子到农村讲学，为劳动人民传播思想，在平民中开展启蒙运动，在当时影响很大。王艮是王阳明的学生，文化水平并不高，他认为"百姓日用即道"，主张用愚夫愚妇都能听懂的语言来解释圣贤之学，这在中国历史上具有革命性的意义。这些人深入民间讲学，且都在人格上具有勇猛无羁的品质，如徐樾、颜钧、罗汝芳、何心隐等。这帮知识分子志不在当官，志不在成为大学者，而在于教化平民。泰州学派知识分子的乡村讲学实践，实际上对于民国时期的梁漱溟先生这帮人影响非常大。

通过以上八个方面的简单梳理，我们看到，中国传统乡村治理是一套非常有效的自治性的、内生性的、伦理本位的治理模式，它不太靠正规的法律制度，不太靠外在的官方组织，而是靠内生性的宗族社会机制和伦理教化机制。它是自治的，不需要别人来强迫它，我们今天讲的村民自治达不到这个程度，自治是自我和谐，自我治理，是乡土社会内生的东西，我们现在大部分靠外力来治理，成本很高，效果反而不见得好。

四、中国乡村治理的现代嬗变与困境

近代以来，尤其是鸦片战争以来，中国的乡村治理发生了非常剧烈的、深刻的变化。清末，中国传统社会结构几乎崩溃，西方列强侵入之后，中国的社会结构发生巨大变化。1905 年，废科举，建立现代学校，1912 年京师大学堂改名为北京大学，现代大学教育开始普及。同时，商品经济的发展、城乡的隔离、外国资本的侵入，导致农村凋敝，农村没有人去治理，处于涣散的状态，很多知识分子为此忧心如焚，大声疾呼。民国时期，内生性的乡村治理崩溃了，国民政府在此情形下怎么办呢，就又启动了保甲制，后来发现保甲制还是起不到振兴农村的作用。

就在这个时代，梁漱溟先生、晏阳初先生等人，开始了乡村建设的实践。这帮人搞乡村建设就是为了挽救凋敝的乡村，其中梁漱溟先生提倡村治，要村民自治，晏阳初先生主要从教化入手，搞平民教育，但是仍然不能挽救民国时期乡村逐渐凋敝的现实。民国乡村治理的现代转型应该说是基本失败的，国家政权试图把自己的力量放到乡村去，将正规制度向村里渗透，也不成功。

新中国建立之后，中国共产党发挥其高度的政治动员能力，对农民实施了空前绝后的动员，导致从 1949 年一直到 1978 年，中国实现了两千年以来没有实现过的东西，这就是动员了中国最基层的农民，使他们的国家意识空前觉醒，集体意识空前觉醒。从来没有一个时代的农民像毛泽东时代的农民一样有那么强的、空前的国家意识，农民干劲空前高涨，合作意识增强，他们参与了国家建设，开始了合作化运动和人民公社运动，尽管在 50 年代后期国家在某种程度上忽略了农民的自主性和独立性，过于急速地要推动中国的农村公社化。但是国家动员能力的增强，反过来也瓦解了中国两千多年以来固有的乡土社会的治理机制，这实际上导致了在 1978 年之后，当国家政治动员能力弱了，国家制度渗透程度低了之后，我们发现农村又出现了大量的乡村治理的真空地带。

我在"合作经济学概论"这门课上也在研究这个问题。合作化运动和人民公社化运动期间，大概从 1958 年到 1978 年这 20 年当中，乡村的公共品由谁来提供呢？都是由人民公社、由村集体提供。在教育、医疗、基础设施各方面，与民国时期相比都有非常大的变化。人们认为毛泽东治理的时期是中国乡村医疗卫生体系最有效的时期，在全世界同样水平的发展中国家当中，中国显然是全世界乡村医疗的样板，那时候婴儿死亡率大幅度降低，中国人均寿命从 1949 年的 30 多岁到毛泽东去世的时候已经上升到将近 70 岁。当时的赤脚医生制度、农村合作医疗制度遍布整个中国农村，改善了中国农民的健康状况，其实也为 1978 年之后中国的改革开放积累了非常健康强大的人力资本，这里面还有农村教育的巨大作用。我们小时候的教育是不花钱的，但是 20 世纪 80 年代之后发生了变化，义务教育搞不起来，为什么呢？因为乡村集体的教育体制在改革开放之后崩溃了，农村教育问题变得非常突出，失学率开始猛增。还有当时的农田水利基础设施建设，都是非常成功的，我们现在的农村农田水利设施基本上还是用毛泽东时代搞的那些基础设施，改革开放后由于乡村集体经济崩溃，这些农田水利基础设施长期得不到更新改善。1978 年之后人民公社逐步解体，毛泽东建立的这套乡村治理体系就崩溃了。崩溃之后乡村治理面临一个双重的消解，就是一方面内生性的、乡土社会的治理体系也没有了，另一方面嵌入式的、依靠国家能力的乡村治理也没有了，所以变成"双重消解"，乡村治理才出现大量的真空。

当前我国乡村治理方面面临着极大的困境，公共品的供给者不是人民公社了，其供给模式必须要发生深刻的变化。比如说乡村道路由谁修？医疗、健康、卫生、防疫、教育、垃圾处理等，由谁来承担？这些年以来农村出现的局部衰败的现象（不排除有些地方新农村建设很成功），根源在于公共品供给的缺失，农村健康、教育、文化、农业基础设施等方面公共品的供给，长期处于不足状态。同时可以看到，村民自治组织也在不断涣散，村民选举有些地方非常不规范，形同虚设，乡土文化正在大面积地消失，以前乡土社会的伦理道德体系、文化体系，包括它的宗族、祠堂、宗教、节庆体系，都在迅速地消亡过程中。同时，由于大规模的农村人口流动和剧烈的城市化进程，乡村精英不断流失，有知识的人都跑了，到农村找一个初中以上文化的壮年人都找不到了，为什么呢？因为全村人都是"619938部队"，在这种情况下，中国的乡村治理面临的困难十分之大，大到了可能关系到中国未来的长治久安。

五、乡村治理与农村金融发展

刚才讲了这么多，我们可以发现，农村金融发展的前提应该是有效的乡村治理。金融的基础是信用，是诚信，没有诚信就会出现大量不良贷款。农村金融的基础是乡土社会当中的信任机制。为什么中国的民间金融发达呢？因为他们是中国乡土社会信任体系的一种自然而然的延续和表现，因此它的生命力极强，政府砍也砍不掉，今天砍掉了，明天"春风吹又生"。像孙悟空的头一样，砍掉一个长出一个，没办法。在中国合作金融的开展也非常之多，比如说农民资金互助、社区发展基金等，都充分利用了中国原来乡土社会的机制。农民之间由于长时间的交流，由于祖祖辈辈生活在一起产生的信任，因此在村里互相借贷，风险很小，这是中国农民合作金融的基础。三月份农业部在南京开会，我也发表了这个观点，中国在大面积的农村，尤其是县以下，我认为不应该发展更多的正规商业银行，而是应该发展新型合作金融组织，包括社会发展基金、资金互助社等合作金融组织。因为在乡土社会当中，约束机制非常自然，成本很低，不用法律，也不用抵押品，而是靠信任，靠熟人社会的相互监督，靠闲言碎语的互相约束。

我们都知道有位经济学家在山西建立了一个小额贷款机构，不良贷款率很低，如何达到这个效果呢？主要依靠当地的乡土社会信任体系和约束机制。到过年了，大年初一左右小额贷款公司就把今年及时还款的乡亲们的名字，用一张红纸贴在墙上，而把那些不及时还款的农民的名字贴在另一面墙上。一到过年，外地打工的年轻精英们都回来了，一看隔壁老张家没有还钱，打工回来的老张家儿子脸面就过不去，第二天赶紧还钱。因为你如果不还钱，人们会猜想可能是家里"流动性不足"，出现"通货紧缩"的情况，没钱了，那你娶媳妇儿就有困难，压力就很大。这是利用了乡土社会的特点。

我认为现在乡土社会这种机制正在丧失。我们现在农村人口流动十分剧烈，农村金融机构今天发给一个农民小额贷款，明天早上就发现他家里门上锁了，他拿着钱到广州了，他把贷款作为"创业基金"了，有可能一辈子再也见不到他了。这种情况是很多见的。现在小额贷款的主要风险来自于乡土社会崩塌之后带来的信用风险，因此，我认为乡村治理失效本身有可能导致更大的金融风险，而农村治理的有效性取决于乡村治理的有效性。这里的重点不是农村金融本身的风险控制，而是乡村治理问题。农村小额信贷机制都是利用乡土社会的信任关系。比如孟加拉乡村银行（格莱珉银行）的主要方法就是小组会议制度和小组联保制度，农民们互相提供信用，也相互监督、相互制约。这套机制在乡土社会中比任何抵押都有效。

六、中国未来的多元化乡村治理：展望与建议

最后我讲讲对于未来中国乡村治理的展望跟建议。我认为将来的中国乡村治理，一定是建立在乡土社会传统治理理念基础上的，基于乡土社会内生性特点的，并有机融合现代农村治理结构的一套**"多元化乡村治理模式"**。具体说来，包括以下几个方面：

第一，是村民自治的民主化转型。这里我要说说四川村民议事会制度

的试验。2012 年我们在四川平武以及成都周边的蒲江等县做了一些调查，发现那里推行的村民议事会制度非常有趣。我觉得这个试验非常之好，应该是解决未来乡村治理问题的重要思路之一。村民议事会的实施，是首先在村民当中民主选举那些有名望的村民、有知识的村民作为村民代表，称之为村民议事会的议员。这个人既可能是小学教师，也有可能是退休的公务员，也有可能是做生意做得非常好的乡村企业家，也有可能是合作社的负责人，也有可能是没有任何职位但品德高尚值得信赖的村民，平均每 30 户选一个村民议事会议员，来参与这个村的乡村重大事件的讨论与决议。讨论完之后，执行层面怎么去实施呢？村民议事会的决议，要由村民委员会主任也就是村长去执行。我调查询问了很多村的村委会主任，问他们愿意搞这个制度吗，他们不怕权力被削弱吗，他们一致的回答是：他们太愿意了，以前他们自己拍板，自己做决策，村民不承认，就去告，去上访，哪怕修一条 50 米的路，五年也修不起来，总有人反对。现在所有的重大决策都是由村民议事会来讨论，共同投票，投票通过之后，村主任无条件执行，村主任只不过是执行了村民的意志而已，因此有公信力。如果哪个村民有什么不同意见，他可以找代表他的议员（也是他选出来的）去反映，甚至他可以提议通过合理的程序罢免作为代表的议员。这个机制很好，解决了村委会的尴尬局面，也提高了村民自治的民主性。我觉得村民议事会相当于全国人大，它是在做决策、做立法的工作，村主任的负担减轻了，他只是执行，村民的意志由村主任来执行，他相当于总理。中国的乡村治理一定要实现自治组织的民主化，就是由人民来投票，而不是自上而下来决策。

第二，要加强中国农村合作组织的地位，以提升农村的组织化程度，提升农民的民主意识。我经常讲，合作社是农民学习民主的大学校，只有通过合作社，农民才知道怎么沟通、怎么在理事会和社员大会上提出意见、怎么通过用手投票的方式来互相制约和监督，农民才会知道如何讨价还价、知道如何在集体决策中妥协、知道如何跟对方谈判，这是民主的精髓。动不动拿着锄头来解决问题，那是永远也解决不了问题的。拿锄头出去打架不用学习，但是谈判需要学习，民主需要学习。因此，合作社是提高农民的组织化程度、培养农民民主意识的大法宝，2007 年我国的《农民专业合作社法》通过之后，对我国的村庄治理起到一定的推动作用。

第三，宗族组织的再度复兴和村规民约的实践。我们还要看到，最近几年，中国乡村当中宗族社会的力量在复兴，村规民约正在受到更多的重视，家族体系也正在发挥作用。当然，这种宗族组织的复兴，不可能简单复制以前传统社会的整套伦理观念和实施机制，但是其乡土社会的治理精髓，应该继承，并且要扬弃其中不合理的部分，并结合当代农村社会的特点进行创新。宗族组织的兴起如果弄不好，会对乡村治理有效性起到相反的消极作用；但是如果利用得好，会起到好作用。

第四，宗教信仰组织的崛起及其影响。我们需要注意到，在有些乡村，宗教信仰组织也在迅猛崛起。因为村民治理的真空地带，一定会有一种力量去填补的，要么是宗族力量，要么是能人政治，要么就是宗教信仰组织。在我国农村，为什么近年来有那么多寺庙、那么多基督教堂、那么多清真寺盖起来了呢？因为需要填补乡村治理的真空，要来填补我国农村中心灵与信仰的真空。这些宗教信仰组织，大部分都是对村民的心灵世界、伦理观念、社会行为起到很好的引导作用的，政府应该很好地加以规范和扶持，而不是采取相反的政策。因为从深层次来说，这是乡村自发产生的、内生于最基层人民的一种组织，要因势利导，把这些组织引导到有利于乡村治理、有利于乡村教化和社会和谐的道路上去。

以上这些力量，都要成为中国未来多元化乡村治理中合理的有机的组成部分，都要重视而不能压制，因为它们都是内生的，都是自己长出来的，政府只能慢慢去梳理，慢慢去引导，让它们逐步走向规范。所以我相信，中国未来的乡村治理应该是多元化的，应该是诸多乡村内生力量的整合，政府应当在农村复兴方面，更多地给予支持和扶助。在座的各位，作为年轻的大学生，作为即将到农村工作的知识分子，我们也有这个责任去发挥我们的力量，在推动合作社发展方面、在加强村民教育方面、在知识传播和伦理教化方面，为未来乡村治理做出我们的贡献。

作者简介

王曙光，男，1971年7月生于山东莱州，汉族。现任北京大学经济学院教授、博导、副院长，兼任北京大学产业与文化研究所执行所长，《农本》杂志主编。王曙光教授是我国农村金融学科和金融伦理学科的主要开拓者，在学术界产生了广泛影响。已出版著作《告别贫困》《金融减贫》《金融伦理学》《金融发展理论》《守望田野》《乡土重建》《草根金融》《农村金融机构管理》《农村合作医疗与反贫困》《经济转型中的金融制度演进》《农村金融学》《农村金融与新农村建设》《金融自由化与经济发展》《经济学反思札记》《问道乡野：农村发展、制度创新与反贫困》《普惠金融》等20余部，发表经济学论文150多篇。主要关注中国三农问题与扶贫问题，在农村金融、农村合作组织、农业发展、农村医疗、乡村治理、反贫困等领域的观点受到国家相关决策部门和立法部门的高度重视。

建国者的视野：保卫人民的幸福

——《联邦党人文集》读后

陈彦军[*]

内容提要： 美国建国是 18 世纪带有世界性影响的重大事件，汉密尔顿等建国者对于如何克服旧欧洲的弊端而在新大陆建立一个凭借人自身的"深思熟虑和自由选择"，并摆脱地理、运气和强力的盲目役使的"人为国家"做出了卓绝的思考和努力。通过分析其重要建国文献《联邦党人文集》，本文力图在西方近代国家理论发展的线索里看清美国建国者的视野，那就是以恢宏的国家基本制度奠基来保卫世世代代人民的幸福。

关键词： 建国 人民 汉密尔顿 人为国家

子贡曰："如有博施于民而能济众，何如？可谓仁乎？"子曰："何事于仁！必也圣乎！尧舜其犹病诸！夫仁者，己欲立而立人，己欲达而达人。

---

[*] 陈彦军系三亚学院国家治理研究院研究员、三亚学院学术服务中心副主任。

能近取譬，可谓仁之方也已。"

——《论语·雍也》

难道实现美国革命，成立美国邦联，流尽千百万人的宝贵鲜血，不惜牺牲千百万人用血汗挣得的资财，不是为了美国人民可以享受和平、自由和安全，而是为了各州政府、各地方机构可以享有某种程度的权力而且利用某些主权的尊严和标志把自己装饰一番吗？……全体人民的公益和真正幸福是应该追求的最高目标。

——《联邦党人文集》第 45 篇

当国家历史从高峡必然地跌入平谷的时候，最先恢复对历史的真实记忆、最先有了清醒的自我意识从而感念建国者的高瞻远瞩的总是群众，而有意无意地通过踩踏先贤而自标自高、希图用最动听的字眼来蒙蔽群众来左右历史的家伙总是一拨又一拨地被扫入历史的垃圾堆。今天，当人们向被供奉在伟人祠里的华盛顿、汉密尔顿、杰伊、麦迪逊等美国建国之父们表达由衷的敬意的时候，有谁会想到华盛顿身前身后所遭到的恶毒中伤、无耻谣言有多少呢？[1] 有谁会知道汉密尔顿曾经被反对者和一时利益受损的民众斥为人民的公敌呢？[2] 但人民最先为自己的英雄恢复了名誉，从此再不容诋毁。[3] 因为平谷状态下，人人都成了自己利益的看护者而不再有或难以产生规制宏宪、平衡利益的王者，高者陵夷，弱者哀吟，人民的幸福最可依赖的往往只是建国者恢宏德性、意志和智慧的结晶：一国之制度和抱负。阅读《联邦党人文集》，让我们去追念建国者的德性、意志和智慧，深思建国者的广博而深邃的视野，或许有益于在平庸的时代产生一些有担当的士人，至少少一些人民幸福的掘墓人。

---

① 丹尼尔·J. 布尔斯廷：《美国人——建国的经历》，谢延光等译，上海译文出版社 1989 年版，第 529—530 页。

② 张少华：《亚历山大·汉密尔顿的财政金融改革》，http://ias.cass.cn/show/show_mgyj.asp?id=608& table=mgyj。

③ 《美国人——建国的经历》第 39 章 "乔治·华盛顿的神话化"。

　　《联邦党人文集》由时代的迫切性所催生出的 85 篇文章构成。1774
年北美独立战争产生的实际上只是十三个主权国家，《邦联条例》就如同
国家间的条约，其第一条所定的名称"美利坚合众国"空有其名，没有
全国政府，没有国家元首，议会性质的邦联委员会根本没有权力也没有
能力对付内忧外患。1787 年的谢司叛乱成为制宪的导火索，于是制宪会
议（即 1787 年费城会议）应运而生。但宪法的产生并不是一帆风顺的，
内忧外患并不足以压倒长期形成的各殖民地自治传统和对于一个可能出
现的强大中央政府的担忧，而且中央政府采取什么样的组织结构，全世
界也没有可以依循的成例。值得注意的是，在此之前，各州都早已制订
了自己的宪法，从结构上看，各州的宪法都包括了两个主要部分：权利
法案和政府组织原则。所有宪法都坚决反对贵族政治和世袭制度；政府
的权力应该自下而上地来自人民的同意，而不是自上而下地来自不得人
心的君主；实行某种形式的分权制衡制度。然而，只有自下而上的同意，
从来不可能造就一个哪怕是仅仅适用的政府，人类漫长的君主制传统所
昭示的是君主的存在并不只是君主本人及其家族的恋权和贪婪，背后有
着深刻的人性与社会的动因，名义上的君主可以不存在了，但来自上帝
或者人民公意的委托，必须成为总统权力的源泉之一，"天视自我民视，
天听自我民听"有着深刻的政治哲学道理；分权制衡制度要防止的只是
僭主和多数暴政，而不是制造一个孱弱的政府，没有一个能够有效履行
职能的政府，分权也好，制衡也好，都只能沦为游戏，而不能保卫人民
的真正幸福。高瞻远瞩的华盛顿和汉密尔顿们就是要同自恋、短视和政
治上的浪漫和幼稚做斗争，以奠定一个最能保卫人民真正利益和真正幸
福的伟大国家的牢固基础，制宪会议期间在《独立日报》等报刊上刊登
的由华盛顿指示，汉密尔顿、杰伊、麦迪逊撰写的 85 篇文章正是这种斗
争的集中体现。据后人考证，汉密尔顿写了 51 篇，麦迪逊写了 29 篇，杰
伊写了 5 篇。他们当时发表这些文章使用了"普布利乌斯"这个笔名，这
个名字来源于他们所尊敬的古罗马执政官 Publius Valerius Publicola。使
用这个笔名大有深意。普布利乌斯活跃在约公元前 500 年前后，是挽救

罗马共和国的英雄人物，地位相当于古希腊的立法者梭伦（Solon）。罗马人对他极为敬爱，尊其为"爱民者"（Publicola）。有人认为，汉密尔顿在以普布利乌斯之名写作之前，曾以"凯撒"这个笔名写过一系列的倡导宪法的文章，但这些文章遭到了冷遇，后来才转而使用普布利乌斯这个笔名，但施特劳斯否定了这个说法。凯撒和普布利乌斯都是强者，但是二者的角色却有天壤之别：凯撒毁灭了一个共和国，而普布利乌斯则拯救了一个共和国。"唯皇建极（《尚书》写为'唯皇作极'），群下莫不承流；如日中天，众星无非拱向矣"①，皮锡瑞（1850—1908）在晚清君主制日薄西山时仍旧高唱两三千年前的政治哲学，难免为其时新进们嘲讽，然而这些话用来称颂 18 世纪晚期美国建国者德性和智慧的结晶《联邦党人文集》却毫不为过，如今《联邦党人文集》被誉为美国宪法的"圣经"（其另一中文译名即为"美国宪法原理"），学界普遍认为此书是对美国宪法及美国联邦政府所依据之原则的最好阐释，美国最高法院曾经把它当作宪法的来源加以引证。《联邦党人文集》由此而彰显了其对于美国政治的重要性，而由于美国政治对于全球政治的示范性，《联邦党人文集》也就彰显了其世界性意义。

　　1831 年法国人托克维尔由于对法国政治和现实的失望远游美国，回来后创作了名著《论美国的民主》，在其 1848 年写的自序中，有这样一段话："既然问题已经不是探讨我们法国应当建立王国还是共和国，所以我们只应当研究我们要建立的是一个动乱不已的共和国还是一个永久康宁的共和国，是一个有条不紊的共和国还是一个杂乱无章的共和国，是一个爱好和平的共和国还是一个黩武好战的共和国，是一个自由的共和国还是一个专横的共和国，是一个威胁财产和家庭的神圣不可侵犯权利的共和国还是一个承认和以法保护这种权利的共和国。这是一个非常重大的问题。解决这个问题不仅对法国有重大意义，而且对整个文明世界也有重大意义。……我们刚才提出的这个问题，美国已在六十多年前就解决了。六十

① 皮锡瑞：《经学历史》，周予同注，中华书局 2004 年版，第 17 页。

多年以来，我们昔日创制的人民民主原则，在美国正完全取得统治地位。它以最直接、最无限、最绝对的形式在美国得到实施。六十多年以来，以人民主权原则作为一切法律的共同基础的这个国家，使其人口、领土和财富不断增加，并且你可以清楚地看到，它在这一期间不仅比全球的其他一切国家更加繁荣，而且更加稳定。"①

由于托克维尔自身的关怀，这里对于美国难免有过分想象的成分，然而建设那样一个共和国也正是美国建国者的追求。"如果我们以各种政体赖以建立的不同原则为标准，我们就可以给共和国下个定义，或者至少可以把这个名称给予这样的政府：它从大部分人民那里直接、间接地得到一切权力，并由某些自愿任职的人在一定时期内或者在其忠实履行职责期间进行管理。对于这样一个政府来说，必要条件是：它是来自社会上的大多数人，而不是一小部分人，或者社会上某个幸运阶级……这样一个政府是有资格的：它的管理人员，是直接、间接地由人民任命，他们根据刚才详细说明的条件保持自己的官职"②。换言之，建国者心目中的共和国的一个核心特征只是：政府的权力直接或间接地来自于人民的授权。来自于人民的授权并不像政治的浪漫派想象的那样只是要符合人民主权的原则。应该说近代以来人民主权原则的提出是启蒙运动发展的必然结果，但任何国家的建构从来都只是在原则与现实挑战的双向互动中权衡的结果。联邦党人推动通过旨在建立一个足以保卫并发展美国人民安全与幸福的联邦共和国的新宪法（相对于旧邦联条例而言），针对的主要是原有邦联制在结构和原则上存在着的一个致命缺陷，那就是："立法原则是以各州或各州政府的共同的或集体的权能为单位，而不是以它们所包含的各个个人为单位。"③汉密尔顿逐一回顾和检省了希腊世界的安菲替温尼和亚该亚同盟（第18篇），以及后来的日尔曼联盟（第19篇）、瑞士联盟（第19篇）以及尼德兰联盟（第20篇）。在他看来，所有的这

---

① 托克维尔：《论美国的民主》上卷，董果良译，商务印书馆1991年版，第2页。
② 汉密尔顿、杰伊、麦迪逊：《联邦党人文集》，程逢如等译，商务印书馆1995年版，第193页。
③ 汉密尔顿、杰伊、麦迪逊：《联邦党人文集》，程逢如等译，第73页。

些联盟之所以遭致内忧和外患的双重袭击而趋于崩溃，是因为那些联盟和美国的邦联一样，都是将中央权威建立在不可靠的盟约这一集体性权能基础上，而没能直抵政府的唯一真正对象"公民个体"。美国如果不实现建立在公民个体基础之上的真正联合，从而更紧密地成为一个真正统一的国家，那么，加盟邦联的各邦迟早会把由于共同的外敌（英国）而曾结成的脆弱的联盟抛于一边，各自为战，最终成为欧洲旧大陆在美洲的翻版。"对于能够高瞻远瞩的人来说，再也没有比这一点更为明显了：要么接受新宪法，要么分裂联邦。"汉密尔顿在第一篇就把生死抉择问题摆在了美国人民的面前。

　　第一篇的一段话概括了整部《联邦党人文集》的主旨："联邦对你们政治繁荣的裨益（1），目前的邦联不足以维持联邦（2），为了维持一个至少需要同所建议的政府同样坚强有力的政府（3），新宪法与共和政体真正原则的一致（4），新宪法与你们的州宪是相类似的（5），以及，通过新宪法对维持那种政府、对自由和财产的进一步保证（6）。"（引文中每句后面的序号是笔者所加，目的为行文的方便和明了。）全书 85 篇文章分别对应于这六个主题（问题）：（1）联邦的作用——14 篇文章；（2）现行邦联的不足——8 篇文章；（3）强有力的政府的必要性——14 篇文章；（4）宪法的共和政体性质——48 篇文章；（5）和（6）——1 篇文章（第85 篇）。前四个主题概括起来实际上就是一点，即希望实现联邦则必然要反对现行的邦联并建立联邦所需要的强有力的政体——共和政体。后两个主题看起来只有一篇文章，但实际上第 85 篇文章开头即申明"以上问题（最后两个主题）在草拟前文过程中已作过充分论述，现在除重复外不甚可能再加补充"，第 85 篇主要谈的实际上是目前的宪法是适合于美国的最佳方案、召集新的制宪会议并不可取、先通过此宪法以后再加以修正是上上之选、追求完美的宪法于时势不符等，实际上是篇总结性和呼吁性的文章。应该说，85 篇雄文所编织出的强大的逻辑力量推动了人们做出正确抉择。有人说，华盛顿是个庸人，汉密尔顿是为了权力和党派利益，新宪法的通过只是作为代表的二三十个庸俗的种植园主、律师们权衡个人利益做出妥协的结果①，甚至有人因此去赞美出于个人和集团利益做出斗争和妥协而创造出真正活的宪法②。现代性是以对古典德性的质疑和抛弃为代价而发展出的。霍布斯自己推崇古典的贵族德性，但他还是要为现代社会的起源构想一个弱肉强食的"自然状态"。问题是现代社会不可能总是停留在作为起源的"自然状态"，总是在进行原始积累，或早或晚，现实的社会力量就会强迫人们审慎、拿出勇气、焕发智慧，从而创造出新的道德，积淀出后代要习得的新的德性③。就算是从 1620 年《五月花号公约》签订算起，到 1787 年，也已有 150 多年几代人的历史，更不要说清教伦理在欧洲大地早已产生。逐利的世界里照样有生来高尚的人，真正阅尽人间冷暖和世事沧桑的人往往会是智勇双全的不失赤子之心的仁者，华盛顿和汉密尔顿们是北美大陆所孕育出的有着高尚德性的智者勇者，他们凭一己之力推动了新宪法的产生，人为地建造了一个以保卫人民的幸福为目标的新国家的基础。

在《利维坦》中，霍布斯对自然国家和人为国家做出了区分，在他看来，前者是以力取得的国家，后者是按约建立的国家，前者是君主政体，后者是贵族政体和民主政体，但"民主政体的积极作用，莫过于它能够在事实上，甚至在名义上，把自己转化为一个绝对君主政体"④。霍布斯自始至终都是最赞成世袭君主政体，我们有理由相信他也会赞成一百多年后英裔美国人所建立的这个人为的共和国。托克维尔也赞美这个人为的共和国，他说美国联邦制几乎完全建立在法律的假设之上，简直就是一个理想国。但是他认为美国的联邦制有着固有的缺陷和软弱，其中最重大的是两点，即所采用的手段的复杂性和联邦政府的相对软弱性，这个人为的共和国所以能存在和发展，实在是拜优越的地理条件之赐。在这些优越的地理条件

① 易中天所著《艰难的一跃——美国宪法的诞生和我们的反思》（山东画报出版社 2004 版）提到与会的很多代表在独立战争时购买了国家债券，没有一个有效能的政府，他们的债券就难以得到兑换。
② 王希：《原则与妥协：美国宪法的精神与实践》，北京大学出版社 2000 年版。
③ 列奥·施特劳斯：《霍布斯的政治哲学》，申彤译，译林出版社 2001 年版。
④ 参见《霍布斯的政治哲学》第 5 章"国家与宗教"。

中，最重要的有两点，其一，国土的东西两侧是海洋，这一自然的疆界像天然的屏障使得美国与其他大陆隔开；其二，与美国在陆地接壤的国家不多，且没有强邻。于是，托克维尔这样总结道："因此，美国的大幸并不在于它有一部可以使它顶得住大战的联邦宪法，而在于它处在一个不会发生使它害怕战争的地理位置。"①托克维尔虽然在探究有助于美国民主制的建立和保持的三种重要因素时，认为民情最为重要，立法次之，地理的因素最轻，但他似乎倾向于认为，美国的联邦制是由于地理这一"偶然的"或"天赐的"属于"运气"成分的护佑，才没有成为各种"强力"尤其是战争的牺牲品。的确，美国是拥有让人艳羡的地理环境，但考虑到联邦新宪法通过时美国还只局促在大西洋西岸的一个狭长地带，考虑到1814年的外患和南北战争的内忧，考虑到后来美国国土扩张到太平洋东岸，美国参与了两次世界大战并成为最终的胜者，我们就不能不赞叹人为努力的力量，赞叹建国者的深谋远虑。为了劝导人们认识到"美国人民的幸福有赖于他们持续不断的牢固团结"，地理这种属于"运气"或命运的因素也是联邦党人首先强调的："我常常感到欣慰的是，我认识到独立的美国不是由分散和彼此远隔的领土组成，而是一个连成一片、辽阔肥沃的国家，是西方自由子孙的一部分。上帝特别赐给它各种土壤和物产，并且用无数河流为它灌溉，使它的居民能安居乐业。连接一起的通航河流，围绕边界形成一种链条，就象把这个国家捆绑起来一样。而世上最著名的几条河流，距离适当，为居民们提供友好帮助互相来往和交换各种商品的便利通道。"而且定居在这块土地上的人民还是"同一祖先的后裔，语言相同，宗教信仰相同，隶属于政府的同样的原则，风俗习惯非常相似"②，他们并肩作过战，流过血，击败过共同的外敌。然而，建国者们的视野并不局限在这里，他们清楚仅靠诸如地理、血缘、语言和习俗等这些隶属于"运气"范畴的自然性因素或纽带并不能把这个国家的人民永远稳固地捆绑在一块，上帝赋予他们的

---

① 《论美国的民主》上卷第一部分第八章最后一节。
② 这里的几个引文都出自《联邦党人文集》第2篇。

并然有序的高山和大川有朝一日甚至也许会是某种潜在的分裂力量。从第3篇到第9篇，建国者用充满穿透力的文字论证了没有人民的牢固团结，各州将不是经常卷入领土的争夺和战争，就是经常生活于唯恐发生领土争夺和战争的状态之中，欧洲大陆的分裂和长期战争将在北美重演。这里，汉密尔顿批评反对者为空想家或搞阴谋的人，认为他们鼓吹一种泛泛的和平、温情、友爱的话语来反对紧密的团结，"指望几个相邻的独立而未联合的国家一直和睦相处，那就是无视人类事变的必然过程，蔑视数世纪来积累的经验"；"我们有什么理由相信诱使我们期望目前联邦成员在分裂的情况下仍能和睦友爱的幻想呢？那些利用消除社会上各种缺点、弱点和邪恶事件的诺言，使我们得到宽慰的毫无根据的谬论和夸张之词，我们不是见得够多了吗？现在难道不是应该从黄金时代的欺人迷梦中醒来的时候吗？我们和地球上其他居民一样，离开具有完善的智慧和道德的幸福王国还很遥远"。① 因此，美国人民为了自身的长久安全和自由，就必须明智地选择一个由新宪法架构的联合和能有效行使权能的中央政府。新宪法的最终通过，新政府的最终产生，从某种意义上说，正是建国者引领一个民族凭借人自身的"深思熟虑和自由选择"，摆脱地理、运气和强力的盲目役使和摆布的结果。

对于组建常备军，对于共和国权力架构方方面面的棘手问题，对于财政和税收，等等，建国者都做了认真而深入的探讨，目标都指向如何奠定一个最能保卫人民真正利益和真正幸福的伟大国家的牢固基础。

近60年前，中华民族在遭遇三千年未有之巨变后也经历了一场深刻的建国行动，今天中国人民的幸福正是牢牢奠基在这场深刻的建国行动之上。但迄今为止，仍缺乏对于人民共和国的建国者和建国文献的深刻研讨。本文写作，多少是借他人之酒杯浇自家之块垒，唯明者知之、体之、唱和之。是为愿。

---

① 《联邦党人文集》第6篇。

作者简介

陈彦军，1972 年 9 月生，湖北枣阳人，三亚学院学术服务中心副主任，南海书院副研究员，主要研究儒学、高等教育和智库建设，在《原道》《儒学与古典学评论》等刊物发表学术论文十多篇，编著《民办大学的理念》《大学人的大学畅想 —— 我心中的理想大学》等，待出文集《从祠庙到孔教》。

理想建模

公正论（上）

王海明[*]

内容提要： 公正与利害自己的行为无关，而完全存在于利害他人 —— 亦即人际利害相交换 —— 的伦理行为之中。"等利害交换"，如善有善报、恶有恶报，便是所谓的公正，便是衡量一切行为是否公正的公正总原则。"恶的不等利害交换"，如受恩不报乃至恩将仇报，便是不公正，是衡量一切行为是否不公正的不公正总原则。"善的不等利害交换"，如滴水之恩涌泉相报和以德报怨，则无所谓公正不公正，而是超越公正、高于公正的分外善行：仁爱和宽恕。公正是最重要的道德原则。因为道德的目的是为了保障社会存在发展和增进每个人利益。欲达此目的，一方面，必须避免人们相互间的伤害；另一方面，则必须使每个人努力增进社会和他人利益。避免人们相互间的伤害的最重要的原则，无疑是等害交换的公正原则。因为等害交换意味着：你损害社会和他人，就等于损害自己；你损害社会和他人多少，就等于损害自己多少。这样，每个人要自己不受损害，就必须不损害社会和他人；每个人要自己不受丝毫损害，就必须丝毫不损害社会

---

[*]　王海明系三亚学院国家治理研究院研究员。

和他人。增进社会和他人利益的最重要的原则，显然是等利交换的公正原则。因为等利交换意味着：你增进社会和他人利益，就等于增进自己利益；你为社会和他人增进多少利益，就等于你为自己增进多少利益。这样，每个人要增进自己利益，就必须增进他人利益；每个人要使自己利益最大化，就必须使社会和他人利益最大化。然而，仅仅看到公正是最重要的道德，还不足以理解公正最为根本的特征：所谓公正，根本地和主要地讲，乃是国家制度和国家治理的最重要最根本的价值标准。因为根本的和主要的公正，无疑是社会公正而不是个人公正，说到底，是国家制度和国家治理活动的公正。

关键词：公正 权利与义务 人类的权利义务与非人类存在物的权利义务 道德权利义务、法定权利义务和自然权利义务

一、公正的一般问题

公正既是今日世界性热点问题，又是伦理学及其在政治学和法理学以及经济学中的应用的跨学科难题。这个问题是如此之难，以致博登海默说："当我们钻研公正问题而努力揭示其令人困惑的秘密时，往往会陷入沮丧和绝望。" [1] 然而，追溯人类以往研究，可以看出，这个难题原本由三大问题合成：公正的一般问题、公正的根本问题和社会公正的根本问题。解析这些难题的起点显然是：公正究竟是什么？

1. 公正界说

正义、公平、公道与公正 公正、正义、公平和公道，如所周知，都是同一概念。只不过，正义一般用在庄严、重大的场合。例如，就战争来讲，大都说正义战争，而不说公道战争、公平战争或公正战争。但是，说

---

[1] Edgar Bodenheimer, *Jurisprudence: The Philosophy and Method of the Law*, Cambridge, Massachusetts: Harvard University Press, 1967, p. 178.

公道战争、公平战争或公正战争也不算错：它们与正义战争无疑是一回事。公平与公道，一般用于社会生活的各种日常领域。例如，我们常说公平与效率、公平分配、待人公道，而不说正义与效率、正义分配、待人正义。但是，说正义与效率、正义分配、待人正义也不算错：这两种说辞显然也是一回事。公正则介于正义与公平或公道之间：它比公平和公道更郑重一些，比正义更平常一些，因而适用于任何场合。

罗尔斯所谓"作为公平的正义"（justice as fairness）并不意味着，公平与正义是两个概念；更不意味着，存在着不是公平的正义：哪里有什么不是公平的正义呢？那么，罗尔斯的"作为公平的正义"究竟是什么意思？

原来，罗尔斯继承了道德契约论的传统，认为正义等道德原则都不过是一种契约；而真正的、正确的正义等道德原则只能是在一种平等的、公平的原初状态中被一致同意的契约。他就将这种作为在公平的原初状态被一致同意的正义原则叫作"作为公平的正义"，将这种作为在公平的原初状态被一致同意的正当原则叫作"作为公平的正当"："原初状态是一种特有的最初状况，因而在那里达成的基本契约是公平的。这说明了'作为公平的正义'这一名称的性质：它表明正义原则是在一种公平的原初状态中被一致同意的。"[1]"如果对于作为公平的正义的证明充分合理，下一步就将研究'作为公平的正当（rightness as fairness）'一词所蕴涵的更为普遍的原理。"[2]

可见，罗尔斯所谓的"作为公平的正义"，并不是"公平的正义"，而是"作为在公平的原初状态被一致同意的正义原则"的略语和简称；正如他所谓的"作为公平的正当"并不是"公平的正当"，而是"作为在公平的原初状态被一致同意的正当原则"的略语和简称一样。

总之，公正、正义、公平、公道是同一概念，但以公正最为典型和常用，因而可以统称为公正。那么，究竟何谓公正？这是两千年来人类一直争论不休的难题。解析这一难题的起点显然是：究竟哪些事物可以言公

---

[1] John Rawls, *A Theory of Justice* (Revised Edition), Cambridge, Massachusetts: The Belknap Press of Harvard University Press, 2000, p. 11.

[2] John Rawls, *A Theory of Justice* (Revised Edition), p. 15.

正？或者说，公正是什么东西所具有的属性？

公正的经典定义 公正是一种关于行为应该如何的道德原则，因而只能是行为所具有的属性。所以，正如哈耶克所言，只有行为才可以言公正："只有人的行为才可以被叫作公正的或不公正的。"[①] 诚然，有所谓"制度公正"。但是，所谓制度，如所周知，乃是一定的行为规范体系，属于行为规范范畴。行为规范，如前所述，无非是行为的一种类型。例如，无私奉献是行为规范，同时也是一种行为类型；诚实是行为规范，同时也是一种行为类型。一切行为规范都是某种行为类型，因而都属于行为范畴。所以，制度公正，说到底，也属于行为公正范畴。因此，哈耶克说："用'公正'这个术语称谓人的行为或指导行为的规范以外的东西，是一种归类错误。"[②] 那么，公正究竟是一种怎样的行为属性呢？或者说，公正究竟是一种怎样的行为？

亚里士多德答道："公正是一切德性的总汇。"[③] 尔后人们常常引证亚里士多德的这句名言，将公正等同于一切善的、应该的、正当的、道德的行为。例如，安德烈·孔特-斯蓬维尔便这样写道："正义虽然不能代替任何一种美德，却也许能包括其他一切美德。"[④] 这种观点是不能成立的。诚然，公正都是应该的、道德的、善的、正当的行为；不公正都是不应该的、不正当的、不道德的、恶的行为。但是，反过来，善的、应该的、道德的、正当的，却不都是公正的；恶的、不应该的、不正当的、不道德的，也不都是不公正的。救人出水火，是应该的、道德的、善的、正当的，却不能说它是公正的，更不能说它是不公正的：它无所谓公正不公正；杀人越货是恶的、不应该的、不正当的、不道德的，却不能说它是不公正的，更不能说它是公正的：它也无所谓公正不公正。因此，弗兰克纳说："并非一切

---

① F. A. Hayek, *Law, Legislation and Liberty*, Volume 2, Beijing: China Social Sciences Publishing House Chengcheng Books Ltd., 1999, p. 31.

② F. A. Hayek, *Law, Legislation and Liberty*, Volume 2, p. 31.

③ 苗力田主编：《亚里士多德全集》第八卷，中国人民大学出版社 1992 年版，第 96 页。

④ 安德烈·孔特-斯蓬维尔：《小爱大德》，吴岳添译，中央编译出版社 1997 年版，第 58 页。

正当的都是公正的，一切不正当的都是不公正的。乱伦虽然是不正当的，却几乎不能说是不公正的……给他人快乐是正当的，却不能严格地称之为公正的。公正的范围只是道德的一部分而不是其全部。"[1] "正义和不正义，"哈特进一步说，"与好坏或正确和错误比较，是更具体的道德批评形式。"[2]那么，公正究竟是一种怎样具体的善的、应该的、正当的行为？

柏拉图答曰："正义就是给每个人以适如其分的报答。"[3] 罗马法学家乌尔庇安亦如是说："正义乃是使每个人获得其应得的东西的永恒不变的意志。"[4] 柏拉图和乌尔庇安的定义被后来历代思想家所承认而成为公正的经典界说。阿奎那说：正义就是"给予每个人应得的事物的坚定和不变的意志"[5]。霍布斯说："公正就是给予每个人所应得的不变的意志。"[6] 穆勒进而说："公正就是每个人得到他应得的东西（利益或损害）；而不公正则是每个人得到他不应得的利益或损害。"[7] 当代伦理学家麦金太尔也认为："正义是给每个人 —— 包括给予者本人 —— 应得的本分。"[8] 据此，他指责罗尔斯和诺齐克，因为"在罗尔斯和诺齐克关于正义与非正义的论述中，'应得'都没有占据这样的中心位置，甚至根本就没有立足之地"[9]。

按照这一界说，公正就是行为对象应得的行为，是给予人应得而不给予人不应得的行为；不公正就是行为对象不应得的行为，是给予人不应得而不给予人应得的行为。举例说，恶人得了恶报和善人得了善报，都是公正的，因为恶人应得恶报、善人应得善报。反之，恶人若得了善报而善人却得了恶报，则都是不公正的，因为恶人不该得善报、善人不该得恶报。

---

① William K. Frankena, *Ethics*, INC Englewood Cliffs, New Jersey: Prentice-Hall, 1973, p. 46.

② 哈特：《法律的概念》，张文显译，中国大百科全书出版社 1996 年版，第 156 页。

③ 柏拉图：《理想国》，郭斌和、张竹明译，商务印书馆 1994 年版，第 7 页。

④ 博登海默：《法理学 —— 法哲学及其方法》，邓正来、姬敬武译，华夏出版社 1987 年版，第 253 页。

⑤ 卡尔·白舍客：《基督宗教伦理学》第二卷，静也、常宏等译，上海三联书店 2002 年版，第 262 页。

⑥ Thomas Hobbes, *Leviathan*, New York: Simon & Schuster Inc, 1997, p. 113.

⑦ Robert Maynard Hutchins ed., *Great Books of The Western World*, Volume 43, *UTILITARIANISM*, by John Stuart Mill, Encyclopaedia Britannica, Inc., 1980, p. 466.

⑧ 麦金太尔：《谁之正义？何种合理性？》，万俊人、吴海针、王今一译，当代中国出版社 1996 年版，第 56 页。

⑨ Robert Nozick, *After Virtue*, Beijing: Sciences Publishing House Chengcheng Books Ltd., 1999, p. 232.

所以，柏拉图在进一步解释"什么是正义所给的恰如其分的报答"时这样写道："正义就是'把善给予友人，把恶给予敌人'。""假使朋友真是好人，当待之以善，假如敌人真是坏人，当待之以恶，这才算是正义。"① 显然，公正就是给人应得：这个经典定义是不错的。但是，这个定义不够明确。因为"应得"并不是一个简单明了的概念：究竟什么叫给人应得？

公正的精确定义　给人应得就是对人做应做的事吗？柏拉图的回答是肯定的："公正就是做应该做的事。"② 然而，二者绝非同一概念。试想，张三对李四做了李四应得之事和张三对李四做了应做之事果真没有区别吗？粗略地看，似无区别。但细究起来，大不相同。因为张三对李四做了李四应得之事，必与李四此前的行为相关：张三所为乃是对李四此前所为之回报或交换，所以是李四应得的。反之，张三对李四做了应做之事，则不必与李四此前行为相关，不必是对李四此前行为的回报，所以不必是李四应得的，而只是张三应做的。比如说，李四卧病在床，张三以钱财相助。我们能否说张三做了李四应得之事？这要看李四此前的行为。如果此前李四曾帮助过张三，便可以说张三做了李四应得之事；否则只能说张三对李四做了应做之事。

可见，所谓应得，必与应得者此前的行为相关：应得乃是一种回报或交换，是对应得者此前行为之回报或交换。因此，公正是给人应得这一经典定义，原本意味着：公正是一种回报或交换。尼采早就看破了这一点："交换是正义的原初特征。"③ 不过，滴水之恩涌泉相报和涌泉之恩滴水相报，都是一种回报或交换：这些行为是公正吗？是给人应得吗？显然都不是。那么，公正、给人应得，究竟是一种怎样的回报或交换行为？这是个十分复杂难解的问题。但不难看出，破解这一难题的关键是：究竟何谓交换？

人们大都以为，交换就是人们通过给予对方某物以换取他物的行为。这是对交换概念的误解。对于这种误解，罗洛夫曾有所述："'交换'这一

---

① 柏拉图：《理想国》，郭斌和、张竹明译，第8、13页。
② 伯恩·魏德士：《法理学》，丁小春、吴越译，法律出版社2003年版，第159页。
③ 慈继伟：《正义的两面》，生活·读书·新知三联书店2001年版，第151页。

概念初看似乎比较简单。它通常被认为是：某物从甲方转移到乙方，以换取它物。"[①] 其实，这只是经济交换的定义而并不是交换的定义。因为交换正如罗洛夫所说，分为经济交换与非经济交换（他把后者叫作社会交换）："在甲乙两人之间可能发生许多不同类型的交换；其中至少有两大类：经济的和社会的。"[②]

不难看出，经济交换的根本特点是：交换者给予对方某物，是为了换取对方的他物，因而相互间的交换关系是目的与手段的关系。例如，卖菜妇给我三斤白菜，我付她一元钱，是经济交换。卖菜妇给我菜，是手段，其目的是要我的钱；我付给她钱，也是手段，目的是为了要她的菜。所以，我们之间的交换关系是目的与手段关系。

反之，非经济交换的根本特点则是：交换者给予对方某物，未必是为了换取对方的他物，因而相互间的交换关系未必是目的与手段的关系，而往往是因果关系。例如，我路见一乞丐，顿生怜悯心，给他一百元钱，当然不是为了换取他任何东西。他日后发迹，竟认出已穷困潦倒的我，给了我一万元钱，显然也不是为了换取我的任何东西。然而，我们的前后行为无疑是一种交换，只不过不是目的与手段关系，而是因果关系罢了。

经济交换关系必是目的手段关系，而非经济交换关系则往往是因果关系。这一点突出表现在：经济交换所换来的，都是物质财富，都是有利的东西，因而互为目的；而非经济交换所交换的东西，却未必是物质财富，未必是有利的东西，而往往倒是有害的东西，因而也就往往只能互为因果而不能互为目的：谁会以有害的东西为目的呢？举例说，我打张三一拳，张三给我一耳光，是非经济交换；所交换的就是有害而非有利的东西，因而只能互为因果而不能互为目的。

可见，交换乃是人们给予对方某物复从对方得到他物的行为，是相互给予的行为 —— 如果给予对方某物必是为了从对方得到他物，便是经济交

---

① 迈克尔·E.罗洛夫：《人际传播：社会交换论》，王江龙译，上海译文出版社1997年版，第7页。
② 迈克尔·E.罗洛夫：《人际传播：社会交换论》，王江龙译，第8页。

换；如果给予对方某物未必是为了从对方得到他物，则是非经济交换。因此，交换是个外延极为广泛的范畴，它不仅存在于经济领域，而且存在于人类社会生活的一切领域，存在于一切人际关系之中：一切社会行为说到底都是交换行为；一切人际关系说到底都是交换关系。

不过，人们的这些交换行为纷纭复杂、种类繁多；而随着交换行为类型不同，交换规则亦不相同："用金钱交换金钱与用爱交换爱，是各有一套规则的。"①然而，"口之于味，有同嗜焉"。不同类型交换，虽有不同的、特殊的规则，但亦有共同的、普遍的原则。谁都知道，有一种极为普遍的交换原则，叫作"善有善报、恶有恶报"。"恶有恶报"，意味着：他人给你损害，你也应该给他损害，他人给你多少损害，你也应该给他多少损害。所以，这条原则可以归结为：等害交换。这是对待我从他人那里受到伤害的原则，《圣经》将这条原则表述为："若有伤害，就要以命偿命，以眼还眼，以牙还牙，以手还手，以脚还脚，以烙还烙，以伤还伤，以打还打。"②"善有善报"，则意味着：他人给你利益，你也应该给他人利益，他人给你多少利益，你也应该给他人多少利益。所以，这条原则可以归结为：等利交换。这是对待我从他人那里得到利益的原则，《圣经》将这条原则表述为："你给我穿靴，我就给你搔痒。"

等利交换和等害交换原则相反相成，结合起来，便构成所谓公正：公正就是等利交换和等害交换的行为，就是同等的利害相交换的行为，就是等利（害）交换的行为。因此，亚里士多德一再说，公正就是具有均等、相等、平等、比例性质的那种回报或交换行为：

"公正就是在非自愿交往中的所得与损失的中庸，交往以前和交往以后所得相等。"③"不正义正是在于不平等——因为一个人打了另一个人，这个人被那个人打了，或者一个人杀人而另一个人被杀，受害与行为是以不平等的份额分配的，而法官的努力在于以刑罚的手段，从攻击者拿走他们攫

---

① 迈克尔·E.罗洛夫：《人际传播：社会交换论》，王江龙译，第11页。
② 莫蒂默·艾德勒、查尔斯·范多伦编：《西方思想宝库》，《西方思想宝库》编委会译编，吉林人民出版社1988年版，第940页。
③ 苗力田主编：《亚里士多德全集》第八卷，第103页。

取的某种东西，使他们恢复平等。"①"公正就是比例，不公正就是违反了比例，出现了多或少。"②"例如，拥有量多的付税多，拥有量少的付税少，这就是比例；再有，劳作多的所得多，劳作少的所得少，这也是比例。"③总而言之——阿奎那总结道——"正义全在于某一内在活动与另一内在活动之间按照某种平等关系能有适当的比例。"④

细观这些简明而精深的论述，不难看出：公正是平等（相等、同等）的利害相交换的善的行为，是等利交换和等害交换的善行，是等利（害）交换的善行；不公正则是不平等（不相等、不同等）的利害相交换的恶行，是不等利交换和不等害交换的恶行，是不等利（害）交换的恶行。举例说，救人和杀人，无所谓公正不公正。但是，若出于报恩，救的是自己昔日的救命恩人，便是等利交换，便是公正的行为；若是为父报仇，杀的是曾杀死自己父亲的恶棍，便是等害交换，因而也是一种公正的行为；若是忘恩负义，见昔日恩人有难而坐视不救，便是不等利交换的恶行，便是不公正的行为；若是因对方辱骂自己而竟然杀死对方，便是不等害交换的恶行，因而也是一种不公正的行为。

综上可知，所谓公正，就是给人应得，就是一种应该的回报或交换，说到底，就是等利害交换的善行：等利交换和等害交换的善行是公正的正反两面；所谓不公正，就是给人不应得，就是一种不应该的回报或交换，说到底，就是不等利害交换的恶行：不等利交换与不等害交换的恶行是不公正的正反两面。这就是公正的精确定义。

公正定义的印证：休谟关于公正起源和前提的理论 公正是等利害交换的善行，这一定义还可以从影响深远的休谟关于"公正起源和前提"的理论得到印证。因为休谟将公正的起源和前提归结为两个必要条件：一个是客观条件，亦即财富的相对匮乏；另一个是主观条件，亦即人性的自爱

---

① 苗力田主编：《亚里士多德全集》第八卷，第101页。
② 苗力田主编：《亚里士多德全集》第八卷，第101页。
③ 苗力田主编：《亚里士多德全集》第八卷，第279页。
④ 莫蒂默·艾德勒、查尔斯·范多伦编：《西方思想宝库》，《西方思想宝库》编委会译编，第951页。

利己。他这样写道：

"正义起源于人类契约；这些契约的目的在于解决人类心灵的某些性质和外界物品的情况相结合所产生的某些困难。心灵的这些性质就是自利和有限的慷慨；而外界物品的情况则是它们的易于交换，并且对于人类的需要和欲望是供不应求的。"[1] "如果每个人对他人都充满仁爱之心，或者自然供应的物品能够丰富到满足我们的一切需要和欲望，那么，利益计较 —— 它是公正原则存在的前提 —— 便不存在了；现在人们之间通行的有关财产及所有权的那些区别和限制也就不需要了。因此，人类的仁爱或自然的恩赐如果能够增进到足够的程度，就可以使公正原则毫无用处而代之以更崇高的美德和更有益的祝福。"[2]

试问，为什么财富的匮乏是公正的起源和前提呢？岂不就是因为，公正的要义就是等利交换，而财富的匮乏必然要求等利交换？如果财富不是匮乏而是极大丰富，每个人需要什么就能够拥有什么，那么，人们就不需要斤斤计较的等利交换，就不需要公正了。所以，财富的匮乏是公正的客观的起源和前提意味着：公正的要义就是斤斤计较的等利交换。那么，为什么自利和有限的慷慨又是公正的起源和前提呢？岂不也是因为，公正的要义就是等利交换，而自利和有限的慷慨必然要求斤斤计较的等利交换？如果每个人都爱他人胜过爱自己、为他人胜过为自己，那么，人们显然就不需要斤斤计较的等利交换，就不需要公正原则了。所以，自利和有限的慷慨是公正的主观的起源和前提意味着：公正的要义就是斤斤计较的等利交换。于是，总而言之，休谟关于公正起源和前提的理论意味着：公正亦即等利（害）交换。

2. 公正类型

积极公正与消极公正　公正是等利害交换，显然意味着，公正有正反

---

[1]　David Hume, *A Treatise of Human Nature*, Oxford: At The Clarendon Press, 1949, p. 199.

[2]　David Hume, *A Treatise of Human Nature*, p. 199.

两面：等利交换是正面的、肯定的、积极的公正；而等害交换则是反面的、否定的、消极的公正。因此，我们可以沿用格老秀斯和叔本华的术语，将公正分为积极公正与消极公正两大类型：积极公正就是等利交换的公正；消极公正就是等害交换的公正。[①]

所谓消极公正，也就是亚里士多德所说的对待伤害的公正："倘若是一个人打人，一个人被打，一个人杀人，一个人被杀，这样承受和行为之间就形成了不均等，于是就通过惩罚使其均等，或者剥夺其所得。"[②] 但是，对于这种公正的经典概括，无疑是《圣经》中的那一段名言："若有伤害，就要以命偿命，以眼还眼，以牙还牙，以手还手，以脚还脚，以烙还烙，以伤还伤，以打还打。"[③] 这种公正，自亚里士多德以来，便被很恰当地叫作"报复公正"或"赔偿公正"；我们画蛇添足地称之为"消极公正"，只是为了与等利交换的积极公正相对照，从而揭示公正的分类。

报复公正或等害交换，细究起来，具有质和量的双重要求。从质上看，报复公正要求损害的性质相同：符合道德的损害，应该以符合道德的损害来报复；不符合道德的损害，可以用不符合道德的损害来报复。例如，在体育竞赛中，甲夺得冠军，对于亚军乙来说，是一种损害。因为没有甲，乙就是冠军了。所以，甲使乙失去了冠军，极大地损害了乙。但是，这种损害能够给社会带来极大的利益，净余额是极大的利益，因而是道德的、善的。如果乙在甲夺冠之后，努力锻炼，终于在下一次比赛中击败甲，报了上一次的"一箭之仇"而夺得冠军，那么，乙就是以同样符合道德的损害报复了甲，是一种等害交换，因而是一种报复公正。反之，如果乙在下一次比赛中，通过投毒来击败甲而夺得冠军，那么，乙就是用不道德的损害来报复甲，就不是等害交换，不是报复公正。再比如，甲出于妒嫉而杀死了乙的父亲，是一种不道德的、恶的损害。乙长大成人之后，杀死了甲而为父报仇。乙的这种损害，就其自身来说，也是不道德的、恶的。因此，

① 叔本华：《伦理学的两个基本问题》，任立、孟庆时译，商务印书馆1996年版，第243—244页。
② 苗力田主编：《亚里士多德全集》第八卷，第103页。
③ 莫蒂默·艾德勒、查尔斯·范多伦编：《西方思想宝库》，《西方思想宝库》编委会译编，第940页。

乙是以不道德的损害报复甲的不道德的损害，是等害交换，是报复公正。

从量上看，报复公正要求损害的量的大小轻重相等。不过，"报复公正"或"赔偿公正"只是要求损害相等，亦即害人者所受到的损害，与他所造成的损害相等；而未必要求损害相同，未必要求害人者所受到的损害，与他所造成的损害相同。损害相同的要求，亦即《圣经》所要求的以命偿命、以眼还眼，正如穆勒所说，是原始的、基本的报复公正："一只眼还一只眼和一只牙还一只牙的报复律，是最强有力的原始而自然的公正情感。"[1]但是，不相同的损害，也可以是相等的损害，因而也属于等害交换或报复公正范畴。就拿流血和生命来说。流血和生命用流血和生命来交换，是等害交换的报复公正；用与流血和生命的等价物来赔偿，也是一种等害交换的报复公正：失去"血和生命"，与失去"血和生命的等价物"，不是相同的损害，却是相等的损害。所以，拉法格写道："拿活人与牛、武器和其他东西交换，使半开化人习惯于流血不一定用流血来交换，而可以用其他等价物补偿。……于是，代替以命偿命、以牙还牙，人们要求以家畜、铁和金子来抵偿生命、抵偿牙齿和抵偿其它的损伤。"[2]

然而，任何类型的公正，如所周知，都是一种善行，都属于道德善范畴。可是，等害交换却属于复仇、报复、目的害人的行为境界：它怎么能是一种道德善呢？如果它不是善而是恶，它也就不能属于公正范畴，因而也就不可能是公正的一种类型了。确实，等害交换，就其自身来说，不是善而是恶："报复感情，就其本身来说，并不是道德的。"[3]但是，等害交换，就其结果来说，却是一种极其巨大的善。因为，一方面，如果是用符合道德的损害来报复符合道德的损害，那么，这种等害交换就是所谓的竞争：竞争是社会繁荣兴盛的动力，因而是一种极其巨大的善。另一方面，如果

---

[1] Robert Maynard Hutchins ed., *Great Books of The Western World*, Volume 43, *UTILITARIANISM*, by John Stuart Mill, p.472.

[2] 拉法格：《思想起源论》，王子野译，生活·读书·新知三联书店 1963 年版，第 80—81 页。

[3] Robert Maynard Hutchins ed., *Great Books of The Western World*, Volume 43, *UTILITARIANISM*, by John Stuart Mill, p.470.

用不道德的损害来报复不道德的损害，那么，这种等害交换便意味着：一个人损害社会和别人，他也会受到同等的损害。这样，他便不会轻易损害社会和别人了。所以，这种等害交换能够使人们避免相互损害，赋予社会和人们以安全感，因而极为有利于社会发展和人际交往，符合道德目的，是道德的、善的。对于这个道理，穆勒说得好："报复的渴望不仅是理性的，而且有一种动物性的成分；这种渴望之所以强烈并且在道德上是正当的原因，就在于它能够带来一种极其重要而深刻的利益。这种利益就是安全，它在每个人的一切利益中无疑是至关重要的。"[1]

这样，等害交换就其自身恶与结果善的净余额来说，无疑是善的、道德的，而不是恶的、不道德的。这就是等害交换或同等报复之为一种道德原则——亦即公正之一大类型——的依据。等害交换不仅是公正的一大类型，而且，在拉法格看来，还是公正思想的真正起源："正义思想的人的起源是报复的渴望和平等的感情。"[2]"同等报复在人类头脑中撒下了正义思想的种子。"[3]但是，不能由此说一切报复都是公正的、道德的、善的。只有同等报复、等害交换才是公正的、道德的、善的；而过火的、以大害报复小害的行为，其净余额为害，无异于纯粹害人，因而是恶的、不道德的。因此，报复、复仇一般不可由受害者私下进行，而必须由社会司法和行政等有关部门执行。否则，极易过火、漫无节制而冤冤相报，使社会和人们蒙受巨大损害，因而便是恶的、不道德的行为了。

如果说等害交换是一种极为重要和根本的道德原则，是一种极为重要和根本的公正原则，那么，它是否比公正的另一类型——等利交换——更为重要、更为根本呢？等害交换的价值和意义，如上所述，在于避免互害。反之，等利交换的价值和意义，则无疑在于达成互利。这样，等害交换与等利交换原则究竟何者更为根本和重要，说到底，便在于：避免互害与达成互利何者更为根本和重要。吉尔波特·哈曼认为前者更为根本和重要：

[1] Robert Maynard Hutchins ed., *Great Books of The Western World*, Volume 43, *UTILITARIANISM*, by John Stuart Mill, p.471.
[2] 拉法格：《思想起源论》，王子野译，第67页。
[3] 拉法格：《思想起源论》，王子野译，第95页。

"在我们的道德中，避免损害他人比帮助那些需要帮助的人更为重要。"①

这种观点是不能成立的。因为一方面，从质上看，人们结成社会和建立联系，显然完全是为了互利从而增进各自的利益，而决不是为了互害从而减少各自的利益；完全是为了"我为人人、人人为我"，而决不是为了"我害人人、人人害我"：互相损害不过是社会合作与人际联系所具有的一种不可避免的副作用罢了。另一方面，从量上看，就全社会的行为总和来说，互害的行为必然少于互利的行为。否则，每个人从社会合作与人际联系中所受到的损害，便多于所得到的利益，如此，社会合作与人际联系便必然崩溃而不可能存在了。

可见，不论从质上看，还是从量上看，互利都远远比互害更为根本和重要。既然如此，那么，达成互利的公正原则"等利交换"，也就比避免互害的公正原则"等害交换"更为根本和重要了：等利交换是更为根本和重要的公正类型。那么，是否可以说：等利交换都是最根本、最重要的公正？

根本公正、社会公正和制度公正 我们不能说，等利交换都是最根本、最重要的公正。因为众多的等利交换，如"投之以桃报之以李"或"你给我穿靴我给你搔痒"等等，显然无关紧要。等利交换比等害交换更为根本和重要，不过意味着：最根本、最重要的公正只能存在于等利交换之中，而不能存在于等害交换之中；只能是一种等利交换，而不能是一种等害交换，因为等害交换都属于非根本、非重要的公正范畴。那么，最根本、最重要的公正究竟是哪一种等利交换？

在人们所进行的一切等利交换的行为中，最根本、最重要、最主要的交换，无疑是权利与义务的交换：权利与义务的交换是公正的根本问题；非权利义务交换则是公正的非根本问题。这一点，穆勒讲得很清楚："公正观念的本质就是个人权利。"② 罗尔斯也认为："正义的主要问题是社会的基

---

① Louis P. Pojman, *Ethical Theory: Classical and Contemporary Readings*, Wadsworth Publishing Company USA, 1995, p. 43.

② Robert Maynard Hutchins ed., *Great Books of The Western World*, Volume 43, *UTILITARIANISM*, by John Stuart Mill, p. 473.

本结构，更确切些说，是分配基本权利和义务的主要社会制度。"① 但是，人们往往由权利是公正的根本问题，进而断言权利是公正的全部问题，因而一切公正都牵连着权利问题。穆勒就这样写道："公正意味着，对于一些事情，不但去做是正当的、不做是不正当的，而且有人可将这些事情当作他们的道德权利而要求我们去做。"② 德沃金也写道："正义是给予每个人按权利应当获得的东西。"③

这种观点是片面的。实际上，既有牵连着权利义务的公正，也有与权利义务无关的公正：前者即根本公正；后者即非根本公正。更确切些说，所谓根本公正，就是权利与义务相交换的公正，是关于权利义务的公正；而非根本公正则是非权利义务交换的公正，是无关权利义务的公正。反之，根本不公正则是权利与义务相交换的不公正；非根本不公正则是无关权利与义务相交换的不公正。举例说，一个人赡养父母，是履行自己的义务，这义务是与他儿时享有的被父母养育的权利的平等交换，因而是一种根本公正。反之，他若不赡养父母，则是不履行自己的义务，是一种权利与义务不平等交换的恶行，因而是一种根本不公正。然而，他若送钱救助陷入困境的昔日恩人，则不能说是在履行义务，而是一种无关义务权利的等利交换，因而是一种非根本公正。反之，他若坐视不救，也不能说是不履行义务，而是一种无关义务权利的不等利交换的恶行，因而是一种非根本不公正。

等利交换与等害交换以及根本公正与非根本公正，显然都是以公正行为本身的性质为根据的分类。如果不是以公正行为而是以公正行为者的性质为根据，那么，在阿奎那看来，公正可以分为交换公正和赏罚公正："有两种秩序应该考虑：一种是部分对部分的秩序，同样也是一个私人对另一私人的秩序；这就是公平由交换所规定的秩序，这种公平对象是调整指定

---

① John Rawls, *A Theory of Justice* (Revised Edition), p. 6.
② Robert Maynard Hutchins ed., *Great Books of The Western World*, Volume 43, *UTILITARIANISM*, by John Stuart Mill, p. 469.
③ 罗纳德·德沃金：《认真对待权利》，信春鹰、吴玉章译，中国大百科全书出版社 1998 年版，第 264 页。

的人们之间的相互关系。其次，应该是整体与部分之间所存在的秩序，这也就是在团体和组成这种团体的不同人们之间所有的秩序。这种秩序是由赏罚的公平来调整的，这种赏罚的公平是以按照某一种比率来分配共同福利为对象的。因此，公平实际上有两类：交换的公平和赏罚的公平。"①

不难看出，阿奎那所谓的交换公平，也就是行为者为个人的公正，而所谓赏罚公平，也就是行为者为团体或社会——主要是国家——的公正：前者亦即个人公正，而后者亦即社会公正，主要是国家公正。对于公正的这种分类，艾德勒说得就更清楚了："公正，主要讲来，可以分为两个领域。一个是关涉个人与他人或有组织的共同体——国家——之间的公正（这是个人为行为者的公正——引者）。另一个领域则是关于国家——它的政府、法律、政治制度和经济管理——与构成国家的人口之间的公正（这是国家、社会为行为者的公正——引者）。"② 更确切些说，所谓个人公正，便是个人为行为主体的公正，是个人所进行的等利（害）交换行为，如张三以德报德、以怨报怨等。反之，社会公正——主要是国家公正——则是社会或国家为行为主体的公正，是社会或国家所进行的等利（害）交换行为，如法院判决杀人者偿命、借债者还钱等等。推此可知，个人不公正便是行为主体为个人的不公正，是个人所进行的不等利（害）交换的恶行，如张三恩将仇报等；社会或国家不公正则是社会或国家为行为主体的不公正，是社会——主要是国家——所进行的不等利（害）交换的恶行，如脑体倒挂、冤假错案等。

然而，社会或国家公正是个十分复杂的范畴。因为所谓社会，如所周知，乃是因一定关系而结合起来的人群，是两个以上的人因一定人际关系而结合起来的共同体；而国家则完全属于社会范畴：国家是拥有最高权力的社会。这样，社会或国家公正的行为者固然是社会或国家而不是个人，但是，社会或国家并没有头脑和手脚；作为行为者，社会或国家通常是由

---

① 转引自莱翁·狄骥：《宪法论》，钱克新译，商务印书馆 1959 年版，第 90 页。

② Mortimer J. Adler, *Six Great Ideas*, New York: A Touchstone Book Published by Simon & Schuster, 1997, p.186.

能够代表社会或国家意志的特殊的个人所代表的。这种能够代表社会或国家意志的特殊的个人，无疑就是社会或国家的领导者、管理者或统治者，如国王、总统、各种行政和司法长官以及家长、族长等等。因此，社会或国家公正，说到底，乃是社会或国家领导者的管理活动的公正，是管理行为的公正。反之，个人公正，说到底，则是被管理的行为的公正，是社会或国家的被领导者的行为和领导者的非领导行为的公正。

这样，如果将社会或国家公正与个人公正两大类型和根本公正与非根本公正两大类型联系起来，便可以看出：公正的主要原则乃是国家或社会公正而不是个人公正。因为所谓根本公正，如上所述，乃是权利与义务相交换的公正。问题正在于，权利与义务的交换，显然并不是个人行为，而主要是国家行为，是国家统治者的分配行为：每个人的权利与义务主要是国家统治者分配的，而不是个人相互间自己交换的。这就是说，权利与义务的交换，不属于个人行为范畴，而属于国家统治者的管理行为范畴。于是，所谓根本公正——权利与义务交换的公正——乃是一种国家或社会公正，属于国家或社会公正范畴。因此，公正，主要讲来，乃是国家公正而不是个人公正；乃是约束国家统治者的道德，而不是约束被统治者的道德；乃是统治者的美德，而不是被统治者的美德。这就是公正与善、节制、勇敢、诚实等道德规范的不同之处：诚实、勇敢、善等是约束一切人的道德，是一切人的美德；反之，公正则主要是约束统治者、领导者、管理者的道德，主要是统治者、领导者、管理者的美德。

细究起来，管理行为的公正与国家或社会公正并非同一概念；而且，管理行为的公正，真正讲来，并非主要的国家公正。因为，没有规矩，不成方圆。国家管理行为，说到底，不过是各种国家行为规范的实现。因此，国家公正，归根结底，乃是国家行为规范的公正，亦即所谓制度公正。因为所谓制度，正如罗尔斯和诺斯所言，是一定的行为规范体系："我将把制度理解为一种公开的规范体系。"[1]"制度是为约束在谋求财富或本人效用最

---

[1] John Rawls, *A Theory of Justice* (Revised Edition), p. 47.

大化中个人行为而制定的一组规章、依循程序和伦理道德行为准则。"① 康芒斯讲得就更为形象了:"制度似乎可以比作一座建筑物,一种法律和规章的结构,正象房屋里的居住人那样,个人在这结构里面活动。"② 制度之为行为规范体系的根本特征,显然在于:它的制定者或认可者不是个人,而是社会,是社会、社会的领导者或社会的权力机构。制度是社会制定或认可的一定的行为规范体系。所以,汤因比说:"制度是人和人之间的表示非个人关系的一种手段。"③ 康芒斯说:"如果我们要找出一种普遍的原则,适用于一切所谓属于制度的行为,我们可以把制度解释为'集体行为控制个体行动'。"④

　　可见,制度是国家制定或认可的一定的行为规范体系,亦即一定的法(包括法律、政策和纪律)和道德的体系。这样,所谓制度公正,主要讲来,也就是法律的公正与道德的公正。举例说,主张种族平等和男女平等的法律和道德,是公正的:这种公正,就是一种法律公正和道德公正,说到底,就是一种制度公正。反之,带有性别歧视和种族歧视的法律与道德,是不公正的:这种不公正,就是一种法律不公正和道德不公正,说到底,就是一种制度不公正。只讲义务和奉献而不讲权利和索取的道德与法律,是不公正的:这种不公正,就是一种法律不公正和道德不公正,说到底,就是一种制度不公正。反之,主张义务与权利相等以及奉献和索取相等的道德和法律,是公正的:这种公正,就是一种法律公正和道德公正,说到底,就是一种制度公正。

　　不难看出,制度公正与国家或社会公正并不是同一概念:个人公正固然皆非制度公正,但国家或社会公正并不都是制度公正。国家或社会公正可以分为两类:制度公正与管理公正。管理公正,亦即国家或社会领导者的管理行为的公正,如一个总统对于国家的治理活动的公正、一位家长对于家庭的治理活动的公正。这种国家或社会公正与个人公正结合起来,可

① 道格拉斯·C.诺思:《经济史上的结构和变革》,厉以平译,商务印书馆 2011 年版,第 207—208 页。
② 康芒斯:《制度经济学》上册,于树声译,商务印书馆 1997 年版,第 86 页。
③ 汤因比:《历史研究》上,曹未风等译,上海人民出版社 1986 年版,第 59 页。
④ 康芒斯:《制度经济学》上册,于树声译,第 87 页。

以叫作"行为公正"而与"制度公正"构成公正的分类：行为公正是实际行为的公正，也就是具体的、特殊的行为的公正；制度公正则是行为规范的公正，是一种一般的、普遍的、抽象的行为公正。因为行为规范，如前所述，是一种一般的、普遍的行为类型，因而属于一般的、普遍的、抽象的行为范畴。因此，可以将行为公正与制度公正的分类，和国家或社会公正与个人公正的分类的关系，表示如图：

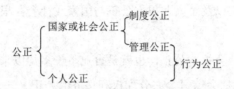

制度公正与国家或社会公正虽然并不是同一概念，但是，制度公正是典型的、标准的、最有代表性的国家公正，是主要的国家公正。因为，真正讲来，制度——法和道德——乃是国家领导者管理活动的标准和尺度，国家领导者的管理活动不过是制度的实现。诚然，领导者的管理活动未必皆依制度进行，而很可能违背制度：一个国家越是自由和民主，国家的管理活动便越是符合法治原则，便越是遵循制度；越是极权和专制，国家的管理活动便越是背离法治原则，便越是背离制度。但是，任何国家，不论多么专制和极权，就其管理行为总和来说，它遵循制度的行为必定多于违背制度的行为；否则，制度就失去了存在的意义，国家就等于没有制度，因而必定崩溃瓦解而不可能存在了。

任何国家，就社会管理行为总和来说，遵循制度的管理行为必定多于背离制度的管理行为，这显然意味着：如果一个国家的制度是公正的，那么，就该国家多数的管理行为来说，就是公正的，该国家就是一个公正的国家；如果一个国家的制度是不公正的，那么，就该国家多数的管理行为来说，就是不公正的，该国家就是一个不公正的国家。这样一来，制度公正便在国家公正中具有决定意义，是主要的、具有决定意义的国家公正。于是，公正，根本讲来，主要是国家公正、管理公正而不是个人公正；说到底，主要是制度公正而不是管理公正：公正，最终讲来，主要是衡量制度善恶的道德原则，主要是制度的美德而不是人的美德。所以，汉斯·凯尔森（Hans Kelsen）写道："公正，首要讲来，是调整人们相互关系的社会规范可能而并非必定具有的一种性质。只有在次要的意义上，公正才是一种人的德性。"①

结合"根本公正与非根本公正"和"个人公正与国家或社会公正"以及"制度公正与行为公正"三种分类，可以将公正分为个人根本公正与国家或社会根本公正以及个人非根本公正与国家或社会非根本公正四大综合类型：

所谓国家或社会根本公正，也就是自亚里士多德以来所谓的"分配公正"，亦即国家或社会给每个人分配权利义务的公正——权利与义务的分配是国家公正的根本问题——主要是权利义务分配制度的公正。反之，国家或社会非根本公正则是国家或社会所进行的无关权利与义务的公正，主要是无关权利义务的制度公正，如国家对于各种分外善行的奖励和对于各种损害的惩罚制度等等。个人根本公正是个人所进行的权利与义务相交换的公正，也就是个人行使权利与履行义务的公正：行使权利与履行义务是个人公正的根本问题。例如，一个人赡养父母是履行他自己所负有的义务的公正；领取劳动报酬则是他行使自己所享有的权利的公正。这些都属于个人根本公正范畴。反之，个人非根本公正则是个人所进行的无关行使权利与履行义务的公正。例如，一个人救助曾帮助过自己的朋友和接受他曾帮助过的朋友的帮助。这些等利交换的公正都与他所享有的权利和负有的义务无关，是他所进行的无关权利义务的公正，因而都属于个人非根本公正范畴。

国家或社会根本公正显然远远重要于国家或社会非根本公正和个人根本公正，是最根本最重要最主要的公正；而制度公正，如上所述，又是主要的国家或社会公正。于是，精确讲来，国家或社会根本公正或分配公正并不是最为根本最为主要的公正，最为根本最为主要的公正乃是分配制度

---

① F. A. Hayek, *Law, Legislation and Liberty*, Volume 2, p. 158.

公正，是权利义务分配制度的公正。因此，罗尔斯曾反复强调："社会正义原则的基本问题是社会的基本结构，亦即合作体系中的主要社会制度安排。我们已经知道，这些原则将在这些制度中规定权利与义务的分配，决定社会生活中利益与负担的适当分派。"[①]

这样，综合"等利交换与等害交换"、"根本公正与非根本公正"、"国家或社会公正与个人公正"以及"制度公正与行为公正"四种公正之分类，便可以将公正类型归结如下图：

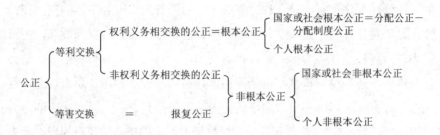

细观这些公正类型可知，公正问题虽然纷纭复杂，但根本讲来，无非权利与义务相交换的公正，说到底，则是国家对于每个人的权利与义务的分配制度公正：分配制度公正是最根本最重要最主要的公正。因此，自亚里士多德以来，公正便被简单地归结为两大类型：分配公正与报复公正。然而，到了 20 世纪 60 年代，学者们开始关注一切公正——特别是分配公正与报复公正——的实现过程或实现手段的公正问题，关注行为的过程、手段的公正与行为的结果、目的的公正的关系。这就是亚里士多德以来的经典思想家所未关注的更为复杂难解的公正的类型：程序公正与实体公正。

程序公正与实体公正 何谓程序？法学家说："程序，从法律学的角度来看，主要体现为按照一定的顺序、方式和步骤来做出法律决定的过程。"[②] 这就是说，程序属于行为过程范畴。确实，所谓程序，顾名思义，就是过程的顺序，就是具有一定顺序的行为过程。反之，不具有一定顺序的行为

---

① John Rawls, *A Theory of Justice* (Revised Edition), p.47.
② 季卫东：《法律程序的意义——对中国法制建设的另一种思考》，《中国社会科学》1993 年 1 期，第 85 页。

过程，就仅仅是行为过程而不叫作程序。举例说，我每天早晨的体育活动是跑步和打太极拳。但究竟是先打拳后跑步还是相反，是没有一定顺序的。这种没有一定顺序的行为过程，就不叫作程序而仅仅是行为过程。然而，如果我每天早晨一定是先跑步后打拳，那么，我的晨练就是具有一定顺序的行为过程，这种行为过程就叫作"晨练程序"：先跑步后打拳。

行为过程所具有的一定顺序，不仅是时间顺序，也可以是空间顺序。例如，审判过程只能由法院来进行，一切其他机关不得干预。这就是审判的一种法律程序：它不是一种时间顺序，而是各法律行为主体的空间相关性，是审判过程的空间关系、空间顺序。这种行为过程的空间顺序，还可以表现为各种具体行为形式的选择。例如，审判过程采取何种形式，是公开的审判，还是秘密审判，也是一种审判的法律程序问题。总而言之，程序乃是具有一定时间和空间顺序的行为过程，是具有一定时空顺序的行为过程："我们可以把'法律程序'初步概括为：人们进行法律行为所必须遵循或履行的法定的时间和空间上的步骤和方式。"①

因此，所谓程序公正，也就是一种行为过程的公正，是具有一定时空顺序的行为过程的公正。而这种行为过程所导致的行为结果之公正，则叫作结果公正或实体公正。举例说，"任何人不得做自己案件的法官"和"应该听取双方当事人的意见"，都是审判过程的公正原则，因而都属于程序公正范畴。而这种审判过程可能导致的"有罪者受到定罪和无罪者免受刑事追究"的公正的审判结果，则是审判结果的公正，属于结果公正或实体公正范畴。所以，谷口安平写道："当我们说，'公正是社会上不分贫富'，这时我们谈的是实体公正。这里我们关注的是最终结果，而不是取得这种结果的过程。反之，如果我们谈到过程，那就引出了程序公正。"②不过，为什么我们将结果公正叫作实体公正？程序公正与结果公正或实体公正究竟是何关系？

---

① 孙笑侠：《法律程序剖析》，《法律科学》1993 年第 6 期，第 3 页。
② 宋冰编：《程序、正义与现代化——外国法学家在华演讲录》，中国政法大学出版社 1998 年版，第 356 页。

　　首先，任何程序或行为过程都是为了达到一定的行为结果，无疑都是达到预期行为结果的手段、方法：程序或行为过程是手段、方法；而预期达到的行为结果则是目的。所以，程序公正是一种手段公正；而结果公正则是一种目的公正。举例说，"任何人不得做自己案件的法官"，是审判的程序公正；而"有罪者受到定罪和无罪者免受刑事追究"，是审判的结果公正：前者显然是一种手段公正；而后者则是一种目的公正。

　　其次，手段或方法无疑源于和附属于目的，是被目的所产生和决定的：目的是本源、实体，而手段或方法则是目的的派生物、附属物。这样，程序或行为过程与它所要达到的行为结果的关系，便是一种附属与实体的关系。因此，结果公正是一种实体公正，而程序公正则是一种附属的、属性的、依附的公正。所以，边沁将程序法叫作"附属法"，而与追求结果公正的"实体法"相对立。这就是为什么我们将结果公正叫作实体公正的缘故。

　　最后，行为手段是外在的、看得见的，属于形式和现象范畴；而行为目的则是内在的、看不见的，属于内容和实质范畴。因此，程序公正作为一种手段公正，便是一种看得见的公正，是一种形式公正；而结果公正作为一种目的公正，则是一种内容公正，是一种实质公正。程序公正与结果公正的这种关系，如所周知，被归结为一句古老的法律格言："正义不仅要得到实现，而且要以人们看得见的方式加以实现（Justice must not only be done，but must be seen to be done）。"这一格言的前半句说的就是结果或目的公正：结果或目的公正是一种看不见的实质公正；后半句说的则是程序公正：程序公正是一种看得见的形式公正。

　　总之，程序公正与结果公正是一种手段公正与目的公正、附属公正与实体公正以及形式公正与实质公正的关系。然而，由此决不能说：程序公正与结果公正是手段和目的的关系。程序公正与结果公正是手段公正与目的公正的关系，却不是手段和目的的关系。诚然，程序是为结果服务的手段，但是，程序公正却不是为结果公正服务的手段。就拿"禁止侵犯个人隐私"来说，这条程序公正原则显然不是达到结果公正的手段。因为，如所周知，禁止侵犯个人隐私在很多情况下，都会成为查明真相和达到结果公正的障碍。那么，究竟为什么程序公正不是结果公正的手段呢？

原来，任何程序都具有内外双重价值：既具有能够达到某种结果和目的的手段价值、外在价值，又具有自身就能够满足人的需要、自身就是人们所欲求的目的的目的价值、内在价值。就拿禁止侵犯个人隐私的程序来说，它可能放纵罪犯从而造成结果不公正，因而是一种坏程序：这是它的手段价值和外在价值。但是，这种程序，就其自身来说，却保障了个人隐私不应该被侵犯的权利，因而是公正的，是公正的程序。这种独立于结果的程序公正，自身就能够满足人的需要，就是人们所欲求的目的：这是它的目的价值、内在价值。最早看到程序的这种目的价值和内在价值的，是美国法学家罗伯特·萨默斯。他将程序的内在价值称作"程序价值"："程序价值是指我们据以将一项法律程序判断为好程序的价值标准，而这种价值标准要独立于程序可能具有的任何'好结果效能'之外。"[1]

那么，程序公正是否都是程序的内在价值、目的价值？一目了然，程序公正与否，与它所导致的结果是否公正无关。因为一种程序，比如侵犯个人隐私，不论它所达到的结果如何公正，它都是不公正的程序。反之，禁止侵犯个人隐私，不论它所达到的结果如何不公正，它都是公正的程序。所以，程序公正是一种独立于程序结果的价值：它不是程序对于结果的效用性，不是程序所具有的达到某种结果的手段价值、外在价值；而是程序所具有的一种自身就能够满足人的道德需要的内在价值，是程序所具有的一种自身就是人们所欲求的目的的目的价值。所以，谷口安平写道："程序公正必须被视为独立的价值。"[2]贝勒斯也说："即使公正、尊严和参与等价值并未增进判决的准确性，法律程序也要维护这些价值。我们可以把这种方法称作一致'程序内在价值'分析方法。"[3]

---

[1]　《北大法律评论》第 1 卷第 1 辑，法律出版社 1998 年版，第 184 页。

[2]　宋冰编：《程序、正义与现代化 —— 外国法学家在华演讲录》，第 376 页。

[3]　迈克尔·D. 贝勒斯：《法律的原则 —— 一个规范的分析》，中国大百科全书出版社 1996 年版，第 32 页。

这样一来，评价一种程序的好坏便具有双重价值标准：如果它能够达到结果公正或实体公正，它便具有好的手段价值和外在价值；如果它自身就是公正的，它便具有好的目的价值和内在价值。显然，一种程序，只有既能够达到结果公正从而具有好的手段价值，又能够自身就是公正的从而具有好的内在价值，它才是真正的好程序。换言之，只有能够达到结果公正的程序公正，才是真正的好程序；达不到结果公正的程序公正，并不是真正的好程序。那么，程序公正是否一定能够达到结果公正？程序公正与结果公正的关系究竟如何？

程序公正，如上所述，不是程序所具有的能够达到某种结果的手段价值、外在价值，而是程序所具有的一种自身就是人们所欲求的目的的目的价值、内在价值。因此，程序虽然是为结果服务的手段，但程序公正却不是为结果公正服务的手段。程序公正不但不是为结果公正服务的手段，反而是对于为结果公正服务的手段 —— 程序 —— 的一种道德限制：为结果公正服务的程序或手段，应该是公正的、道德的，而不应该是不公正的、不道德的。所以，程序公正的实质是：为了达到公正的、善的、道德的结果和目的，应该采用公正的、善的、道德的手段和程序，而不应该采用不公正的、恶的、不道德的手段或程序。这就是说，程序公正虽然不是结果公正的手段，却能够达到结果公正。可是，程序公正究竟能够在何种程度上达到结果公正？是必然的还是偶然的？是总体的还是全体的？

罗尔斯认为，有些程序公正，如动手切蛋糕的人最后领取自己的一份儿，必定能够导致具有独立于程序公正标准的结果公正，他称之为"完善的程序公正"（perfect procedural justice）。另一些程序公正，未必能够导致具有独立于程序公正标准的结果公正，如刑事审判的程序公正，他称之为"不完善的程序公正"（imperfect procedural justice）。还有一些程序公正，如赌博的程序公正，必定能够导致不具有独立于程序公正标准的结果公正；他称之为"纯粹的程序公正"（pure procedural justice）。[①] 罗尔斯的分类是

[①]　John Rawls, *A Theory of Justice* (Revised Edition), p. 74.

不科学的。因为这三种程序公正的分类显然违背了同一分类只能依据同一性质或标准的原则，而依据了两种性质或标准：是否必定导致结果公正和结果公正是否具有独立于程序公正的标准。

不但此也！细究起来，罗尔斯分类的最大缺憾在于：它未能把握程序公正的本质特征。因为就程序公正与结果公正的关系来看，程序公正的本质特征乃是一种统计性特征或统计学意义上的特征：总体说来，程序公正必定导致结果公正。因为总体说来，公正的、道德的过程和手段，比不公正的、不道德的过程和手段，无疑更能够导致公正的、道德的目的或结果。这显然蕴涵着：总体说来，程序公正比程序不公正更能够导致结果公正。就拿刑事审判程序公正的两条最为根本的原则——"任何人不得做自己案件的法官"和"应该听取双方当事人的意见"——来说，遵循这些原则的程序公正岂不比违背这些原则的程序不公正，更加可能导致"有罪者受到定罪和无罪者免受刑事追究"的结果公正吗？禁止侵犯个人隐私的程序公正比侵犯个人隐私的程序不公正，往往更能够导致结果公正。诚然，侵犯个人隐私的程序不公正，有时也能带来结果公正，但这无疑是一种极为例外的、局部的、特殊的现象。所以，泰勒说："在一般情况下，公正的程序比不公正的程序能够产生更加公正的结果。"①

因此，总体讲来，程序公正与结果公正必定是一致的；换言之，程序公正，总体讲来，必定导致结果公正；说到底，公正的程序，总体说来，必定是能够导致结果公正的程序，因而必定是真正的好程序。即使在程序不公正比程序公正更能够导致结果公正的情况下，程序公正与结果公正也是可以两全的和一致的。因为用以达到结果公正的程序大都多种多样，一种公正的程序达不到结果公正，并不妨碍其他公正的程序达到结果公正。举例说，禁止侵犯个人隐私的程序公正可能达不到将罪犯绳之以法的结果公正。但是，这并不妨碍其他程序公正，如"任何人不得做自己案件的法官"和"应该听取双方当事人的意见"，可以达到将罪犯绳之以法的结果公

---

① 陈瑞华：《刑事审判原理论》，北京大学出版社 1997 年版，第 99 页。

正。所以，程序公正与结果公正发生不可调和的冲突从而不可两全，是极为罕见的例外。

当程序公正与结果公正没有冲突和可以两全时，当然应该兼顾程序公正与结果公正。但是，当二者发生冲突不能两全时，应该怎么办？无疑应该牺牲价值较小者而保全价值较大者。这样，当程序公正与结果公正发生冲突不可两全时，总体说来，便应该坚持程序公正而牺牲结果公正。因为如上所述：程序公正，总体说来，必定导致结果公正。这就意味着：如果坚持程序公正，总体说来，便既保全了程序公正，又实现了结果公正。反之，如果牺牲程序公正，总体说来，则既牺牲了程序公正，又牺牲了结果公正。一句话，程序公正，总体说来，蕴涵结果公正，因而其价值大于结果公正的价值：程序公正对于结果公正具有总体的优先性。这就是法律格言"程序优先于权利"（Process before Rights）和"公正优先于真实"（Justice before Truth）以及"程序是法律的心脏"之真谛。

因此，美国最高法院大法官杰克逊说："程序的公平性和稳定性是自由的不可或缺的要素。只要程序适用公平、不偏不倚，严厉的实体法也可以忍受。事实上，如果要选择的话，人们宁愿生活在忠实适用我们英美法程序的苏联实体法制度下，而不是由苏联程序所实施的我们的实体法制度下。"[1] 另一位大法官道格拉斯也这样写道："权利法案的绝大部分条款都与程序有关，这并不是没有意义的。正是程序决定了法治与任意或反复无常的人治之间的大部分差异。坚定地遵守严格的法律程序，是我们赖以实现人人在法律面前平等享有正义的主要保证。"[2]

程序公正与结果公正或实体公正的关系，如上所述，十分艰深繁难，因而构成公正理论的一大难题，围绕这一难题，形成了程序工具主义与程序本位主义两大流派。在程序工具主义看来，程序并不具有独立于结果的内在价值和目的价值，而仅仅是为结果服务的手段，仅仅具有用来达到某种结果或目的的手段价值和外在价值。这样一来，程序法与程序公正 ——

---

[1] 宋冰编：《程序、正义与现代化——外国法学家在华演讲录》，第375页。
[2] 陈瑞华：《看得见的正义》，中国法制出版社2000年版，第4页。

二者都属于程序规范范畴 —— 也就不过是为实体法和结果公正服务的手段，因而只具有用来实现实体法或结果公正的手段价值和外在价值。对于这一点，程序工具主义的代表人物边沁讲得十分清楚："程序法的唯一正当目的，则为最大限度地实现实体法。"①

这是错误的。因为程序固然是为实体法和实体公正或结果公正服务的手段，但程序法和程序公正却不是为结果公正和实体法服务的手段。程序法和程序公正不但不是为结果公正和实体法服务的手段，反而是对于为结果公正和实体法服务的手段 —— 程序 —— 的一种法律和道德的限制：为结果公正和实体法服务的程序或手段，应该是合法的、公正的、道德的，而不应该是不合法、不公正、不道德的。所以，程序法和程序公正的实质是：为了达到公正的、道德的结果和目的，应该采用合法的、公正的、道德的手段和程序，而不应该采用不合法、不公正、不道德的手段或程序。程序工具主义的错误显然在于：将"程序法"或"程序公正"与"程序"等同起来，因而由程序是为结果公正和实体法服务的手段的正确观点，得出了错误的结论：程序公正和程序法是为结果公正和实体法服务的手段。

程序本位主义则正确看到程序既具有用来达到某种结果的手段价值和外在价值，又具有自身就是人们所欲求的目的的目的价值和内在价值，从而纠正了程序工具主义的错误。但是，程序本位主义进而认为程序的内在价值和程序公正是决定性的、本位的，而程序的外在价值和结果公正是被决定的、派生的。因为 —— 程序本位主义代表人物达尔解释说 —— 程序公正必定导致结果公正，程序不公正必定导致结果不公正："裁判的公正性与产生这一裁判的程序的公正性具有一种内在的关联性。"②

这种观点也是不正确的。诚然，如果程序公正必定导致结果公正，那么，程序公正便决定着结果公正，便是决定性的、本位的，而结果公正则是被决定的、派生的。但是，如上所述，程序公正并非必定导致结果公正，

---

① 陈瑞华：《刑事审判原理论》，第 28 页。
② 陈瑞华：《刑事审判原理论》，第 35 页。

程序公正只是总体说来才必定导致结果公正。因此，只是总体说来，程序公正才是决定性的、本位的，而结果公正才是被决定的、派生的。程序本位主义的错误，显然在于将"总体"夸大成"全体"、"全部"：将"程序公正总体说来必定导致结果公正"的真理，夸大成"程序公正必定导致结果公正"的谬误；将"程序不公正总体说来必定导致结果不公正"的真理，夸大成"程序不公正必定导致结果不公正"的谬误；将"程序公正总体说来是决定性的、本位的"真理，夸大成"程序公正是决定性的、本位的"谬误。

＊　　＊　　＊

以上，我们弄清了公正的定义和类型。从此出发，便不难确立衡量一切伦理行为是否公正的公正总原则了。

3. 公正总原则

公正总原则的确立　一般说来，一种道德原则与其定义是同一的：定义就是原则。举例说，勇敢是不畏惧可怕事物的行为，这是勇敢的定义。这个勇敢的定义——不畏惧可怕事物的行为——显然就是衡量一切行为是不是勇敢的原则；勇敢定义就是勇敢原则。同理，公正的定义也就是公正的原则。但是，公正极为复杂纷纭，它并不是一个单一的原则，而是由一系列分原则和一个总原则所构成的原则体系。因此，仅凭公正定义，还不足以确立衡量一切行为是否公正的公正总原则。

"公正是等利害交换的善行"，这是公正的定义。从这个定义出发，还不足以判定：等利害交换的一切伦理行为是否都是善的行为从而是否都是公正？同样，不公正是不等利害交换的恶行，这是不公正的定义。从这个定义出发，同样不能判定：不等利害交换的一切伦理行为是否都是恶的行为从而是否都是不公正？要科学地确立衡量一切伦理行为是否公正的公正总原则，显然还必须从公正的定义和类型出发，辨析人类的一切伦理行为：哪些是公正的行为？哪些是不公正的行为？哪些是既非公正亦非不公正的行为？

所谓伦理行为，如前所述，亦即受利害人己意识支配的行为。这就是说，人类一切伦理行为无非两类：利害自己与利害他人。利害自己显然无所谓公正不公正，公正和不公正必定完全存在于利害他人的伦理行为之中。所以，亚里士多德一再说："公正并不是自己对自己的关系。"[①]"公正是相关于他人的。"[②] 那么，公正和不公正究竟是一种怎样的利害他人的行为呢？

利害他人行为亦即人际利害行为，说到底，亦即人际利害相交换的行为。因为一切人际关系，如上所述，都可以归结为交换关系。人际利害相交换行为显然无非为两类：等利（害）交换和不等利（害）交换。等利（害）交换的行为与公正的行为实为同一概念。因为等利交换和等害交换，如上所述，乃是公正的两大类型，因而都是道德的、善的："等利害交换的行为"与"等利害交换的善行"是同一概念。因此，公正的定义"公正是等利（害）交换的善行"也就全等于"公正是等利（害）交换的行为"。这样，"等利（害）交换"便是衡量一切行为是否公正的总原则：凡是等利（害）交换的行为都是公正的；凡是公正的行为都是等利（害）交换的。

然而，不等利害交换的行为与不公正的行为却不是同一概念。因为不等利（害）交换行为并不都是恶的，而可以分为四种类型。第一种是"无偿给予"和"得小利而报答以大利的不等利交换"，后者如滴水之恩涌泉相报，其净余额也是无偿给予，二者显然都有利社会存在发展，符合道德目的，因而都是道德的、应该的、善的：这就是所谓的仁爱。第二种类型，是在一定的条件下的遭受损害而不报复乃至以德报怨；或者遭受大害而报复以小害，如只是要求对方道歉，其净余额无异于遭受损害而不报复。这些不等害交换显然也有利社会存在发展，符合道德目的，因而也是道德的、应该的、善的：这就是所谓的宽恕。第三种类型是受恩不报乃至恩将仇报和得大利而回报以小利的不等利交换，后者如涌泉之恩滴水相报，其净余

---

① 苗力田主编：《亚里士多德全集》第八卷，第119页。
② 苗力田主编：《亚里士多德全集》第八卷，第97页。

额无异于受恩不报，二者显然都有害于社会的存在发展、不符合道德目的，因而是不道德的、不应该的、恶的。第四种类型是遭受小害而报复以大害的不等害交换，其净余额是纯粹害人，因而有害于社会存在发展、不符合道德目的，也是不道德的、不应该的、恶的。这两种恶——第三和第四种——就是所谓的不公正。

这样，不等利（害）交换的行为便可以归结为两大种类。一类是善的、道德的、应该的不等利（害）交换的行为：这就是所谓的仁爱和宽恕。另一类是恶的、不道德的、不应该的不等利（害）交换的行为：这就是所谓的不公正。因此，不公正的定义"不公正是不等利（害）交换的恶行"与"不公正是不等利（害）交换的行为"根本不同。"不公正是不等利（害）交换的恶行"只可代换为"不公正是恶的不等利（害）交换的行为"。于是，"恶的不等利（害）交换"便是衡量一切行为是否不公正的总原则：凡是恶的不等利（害）交换的行为都是不公正的；凡是不公正的行为都是恶的不等利（害）交换。

总而言之，公正不公正与利害自己的行为无关，而完全存在于——却不能完全涵盖——利害他人或人际利害相交换的伦理行为之中："等利害交换"是公正，是衡量一切行为是否公正的公正总原则；"恶的不等利害交换"是不公正，是衡量一切行为是否不公正的不公正总原则；"善的不等利害交换"无所谓公正不公正，而是超越公正、高于公正的分外善行——仁爱和宽恕。举例说，我无论是自杀害己还是求生利己，对我自己来说，都无所谓公正不公正。但是，我有难时，张三给过我 300 元。现在他有难了，我也给他 300 元，是等利交换，是公正。我若一毛不拔或只给他 10 元，是不道德的不等利交换，是不公正。我若滴水之恩涌泉相报，竟给了他一万元；或者张三从未给过我利益，我只是出于同情心而无偿为他谋利益，那么，我的这种行为便是善的不等利交换，它无所谓公正不公正，而是超越公正、高于公正的"仁爱"：仁爱是无私奉献，是积极的无偿给予。反之，如果张三昔日害我三分，现在我通过一定的法纪程序也害他三分，是等害交换，是公正。我若变本加厉，害他九分，则是恶的不等害交换，是不公正。我若在无害社会和他人的前提下，放弃了害他的权利，那么，我的这种行为便是善的不等害交换，它无所谓公正不公正，而是超越公正、高于公正的宽恕：宽恕是放弃债权，是消极的无偿给予。

这就是我们依据公正的定义与类型来衡量人类一切伦理行为的结论，这就是公正总原则的确立过程，可以将其表示如图：

$$
伦理行为 \begin{cases} 利害他人=人际利害相交换 \begin{cases} 等利害交换=公正总原则 \\ 不等利害交换 \begin{cases} 恶的不等利（害）交换的行为=不公正总原则 \\ 善的不等利（害）交换=仁爱和宽恕原则 \end{cases} \end{cases} \\ 利害自己：无所谓公正不公正 \end{cases}
$$

公正总原则的作用：国家治理根本道德原则 显然，就道德境界的高低来说，公正总原则远远低于仁爱和宽恕原则：仁爱和宽恕属于无私利他境界，是道德的最高境界，是善的最高境界；而公正则与无私无缘，不属于无私利他境界，不属于最高的道德境界、善的最高境界。那么，公正究竟属于怎样的道德境界？善，如前所述，分为三大境界：无私利他是善的最高境界，是至善；为己利他是善的基本境界，是基本善；单纯利己是最低善，是善的最低境界。显然，公正既不属于善的最高境界"无私利他"，也不属于善的最低境界"单纯利己"，而属于善的基本境界："为己利他"。

因为一方面，就公正之为等利交换来说，当然不是无偿给予，而是一种利益的有偿交换，是通过给予对方利益，来换取或回报对方的同等利益；给予对方利益完全以对方给予自己同等的利益为条件。因此，公正行为的目的是利己，行为手段是利他，属于为己利他的道德境界。所以，休谟一再说："自爱是公正原则的真正起源。"[1]"公正仅仅起源于人的自利和有限的慷慨，以及自然供以满足人类需要的物品之匮乏。"[2]

另一方面，就公正之为等害交换来说，虽然是一种目的害人的行为，

① David Hume, *A Treatise of Human Nature*, p. 230.

② David Hume, *A Treatise of Human Nature*, p. 199.

却因其能够使人们避免相互损害，从而极为有利于社会的存在发展，符合道德目的，属于道德的、应该的、善的行为范畴。那么，等害交换究竟属于善的何等境界呢？当然既不会相当于无私利他，也不会相当于单纯利己，因而只能相当于为己利他。确实，等害交换与等利交换的关系，跟宽恕与仁爱的关系一样 —— 仁爱是积极的无偿给予，宽恕是消极的无偿给予 —— 等利交换是积极的为己利他，等害交换则是消极的为己利他。换言之，等害交换与等利交换是同一枚硬币的正反面，二者的道德价值和道德境界大体相当，都属于为己利他的道德境界。

公正属于为己利他范畴，因而就其道德境界高低来说，远远低于仁爱和宽恕，远远低于无私利他。但是，就公正的道德价值 —— 亦即公正对于道德目的的效用 —— 的大小轻重来说，却远远大于、重要于仁爱和宽恕，远远大于、重要于无私利他，也大于、重要于其他一切道德：公正是最重要的道德。因为，如所周知，道德的目的是为了保障社会 —— 特别是国家 —— 存在发展和增进每个人的利益。要达此目的，一方面，必须避免人们相互间的伤害。因为，正如斯密所言："社会不可能存在于那些总是准备相互破坏和伤害的人们中间。当那种伤害开始的时候，当相互间的愤恨和敌意发生的时候，社会就将土崩瓦解。"① 另一方面，要达到保障社会、国家存在发展和增进每个人利益的目的，还必须使每个人努力增进社会和他人利益。因为所谓社会或国家，说到底，不过是一种"我为人人、人人为我"的利益合作形式。如果每个人不努力增进社会和他人利益，势必如休谟所言："社会必定立即解体，而每个人必定陷入野蛮和孤立的状态，这种状态比起我们所能设想的最坏的社会生活要坏过千万倍。"②

一方面，避免人们相互间的伤害的最重要、最有效的原则，无疑是等害交换的公正原则。因为等害交换意味着：你损害社会和他人，就等于损

---

① Adam Smith,*The Theory of Moral Sentiments*, Beijing: China Sciences Publishing House Chengcheng Books Ltd., 1999, p. 86.

② David Hume, *A Treatise of Human Nature*, p. 202.

害自己；你损害社会和他人多少，就等于损害自己多少。这样，每个人要自己不受损害，就必须不损害社会、国家和他人；每个人要自己不受丝毫损害，就必须丝毫不损害社会、国家和他人。另一方面，增进社会、国家和他人利益的最重要、最有效的原则，无疑是等利交换的公正原则。因为等利交换意味着：你增进社会、国家和他人利益，就等于增进自己利益；你为社会、国家和他人增进多少利益，就等于你为自己增进多少利益。这样，每个人要增进自己利益，就必须增进社会、国家和他人利益；每个人要使自己利益最大化，就必须使社会、国家和他人利益最大化。

当然，如果每个人的恒久行为乃至全部行为都能够达到仁爱和宽恕的道德境界，那么，仁爱和宽恕无疑比公正更能够使每个人丝毫不损害社会和他人，更能够使每个人努力增进社会和他人利益。但是，不要忘记，仁爱和宽恕属于无私利他的道德境界，而公正则属于为己利他的道德境界。我们关于人性的研究表明，任何一个社会，无论怎样，至多只能使人们的偶尔行为无私利他，而恒久的行为则只可能是为己利他或损人利己。这就是说，任何一个社会，无论怎样，至多只能使人们的偶尔行为无私利他从而达到仁爱和宽恕的境界；人们的恒久行为则只可能为己利他而达到公正的境界。①

所以，仁爱和宽恕原则固然远远高于公正原则，是最高道德原则，但却是最高且偶尔道德原则：它只可能指导每个人的偶尔行为；其作用是使每个人的偶尔行为达到仁爱和宽恕的至善峰峦，从而也就只能够使每个人的偶尔行为避免相互伤害，只能够使每个人的偶尔行为努力增进社会和他人利益。反之，公正固然远远低于仁爱和宽恕，是基本道德原则，但却是基本且恒久道德原则：它能够指导每个人的恒久行为；其作用是使每个人的恒久行为达到公正的善行大道，从而使每个人的恒久行为避免相互伤害，使每个人的恒久行为努力增进社会、国家和他人利益。这样一来，也就只有公正原则才能够 —— 而仁爱和宽恕原则却不能够 —— 真正保障人们避免

① 参见王海明：《人性论》，商务印书馆 2005 年版，第 103—121 页。

相互损害，真正使人们努力增进社会、国家和他人利益，从而真正使道德目的得到实现。

因此，仁爱和宽恕是最崇高的善，却不是最大的善，不是最重要的善，不是最重要的善原则，不是最重要的道德原则。反之，公正虽然并不崇高而有斤斤计较之嫌，却是最大的善，是最重要的善，是最重要的善原则，是最重要的道德原则。所以，亚里士多德说："在各种德性中，人们认为公正是最重要的。"[1] 斯密说："社会存在的基础与其说是仁慈，毋宁说是公正。没有仁慈，社会固然处于一种令人不快的状态，却仍然能够存在；但是，不公正的盛行则必定使社会完全崩溃。……仁慈是美化建筑物的装饰品而不是支撑它的地基，因而只要劝告就已足够而没有强制的必要。反之，公正是支撑整个大厦的主要支柱。如果去掉了这根柱子，人类社会这个巨大而广阔的建筑物必定会在一瞬间分崩离析。"[2] 罗尔斯则一言以蔽之曰："公众的正义观乃是构成一个组织良好的人类联合体的基本宪章。"[3]

然而，仅仅看到公正是最重要的道德，还没有真正揭示公正与仁爱等道德原则的根本区别。因为，如上所述，根本的和主要的公正，乃是社会或国家公正而不是个人公正；是社会和国家治理活动的公正，而不是被治理活动的公正；是社会和国家制度的公正，而不是个人行为的公正。因此，公正与仁爱、宽恕和善等道德原则根本不同：仁爱、宽恕和善是约束一切人的道德，是每个人的行为所当遵循的道德原则；而公正则主要是约束统治者、领导者、管理者的道德，主要是国家治理的道德原则，主要是国家制度的道德原则。

这样，"公正是最重要的道德"，不但蕴涵着"公正是国家治理的最重要道德"，而且"国家治理的最重要道德"乃是公正的本质的、根本的、主要的内容和特征：所谓公正，根本地和主要地讲，便是国家治理的最重要的道德原则，便是国家制度的最重要的道德原则，说到底，便是国家治理

---

[1] 苗力田主编：《亚里士多德全集》第八卷，第96页。

[2] Adam Smith, *The Theory of Moral Sentiments*, p.86.

[3] John Rawls, *A Theory of Justice* (Revised Edition), p.5.

根本道德原则，便是国家制度根本道德原则。罗尔斯则将这一见地概括为一段气势磅礴的宣言："公正是社会制度的首要善，正如真理是思想体系的首要善一样。一种理论，无论多么高尚和简洁，只要它不真实，就必须拒绝或修正；同样，某些法律和制度，无论怎样高效和得当，只要它们不公正，就必须改造或废除。"[1]

公正原则的证明：契约论证明与价值论证明　我们确立了公正总原则是"等利害交换"。可是，怎样才能科学地证明"等利害交换"是真正的或正确的公正总原则呢？如所周知，公正原则如何证明，乃是西方学术界至今未能解决的难题。魏因贝格尔甚至说："没有人能够客观地和确定地知道什么是公正，公正也得不到证明。""不可能肯定地证明什么是公正的。"[2]哈耶克也这样写道："'社会正义'根本就是一个空洞无物、毫无意义的术语。"[3]

然而，公正乃至一切道德规范，正如休谟所言，无非是一种契约："公正起源于人类契约。"[4]因为所谓道德，如所周知，乃是一种社会制定或认可的行为应该如何的规范：道德亦即道德规范。这样一来，公正等道德原则也就无非是人们自觉或不自觉地制定或认可的一种契约，是主观任意的，因而有优良与恶劣或正确与错误之分。所以，不独公正原则，一切道德规范都有个如何证明其是正确的、真正的而不是错误的、不正确的问题；只不过公正原则的证明更为复杂和重要罢了。那么，究竟如何才能够证明我们所制定或认可的公正总原则 —— 等利（害）交换 —— 是真正的、正确的公正总原则呢？

罗尔斯在《正义论》中用来证明他所确立的正义原则之为真正的、正确的正义原则的方法，如所周知，是一种契约论证明方法。在他看来，正

---

[1] John Rawls, *A Theory of Justice* (Revised Edition), p. 3.

[2] 麦考密克、魏因贝格尔：《制度法论》，周叶谦译，中国政法大学出版社 1994 年版，第 250、266 页。

[3] 哈耶克：《法律、立法与自由》第二、三卷，邓正来等译，中国大百科全书出版社 2000 年版，第 2 页。

[4] David Hume, *A Treatise of Human Nature*, p. 199.

义原则之所以是正义的，是因为它们是一种处在原初状态中的人们的社会契约，人人一致同意是它们的正义性的证明："某些正义原则被证明，是因为它们在一种平等的原初状态中能够得到一致同意。"[1] 可是，细究起来，这种对于正义原则的"正义性"的证明方法是不能成立的，因为它把正义原则的自由性与正义原则的正义性混同起来了。

一种原则的自由性，是指该原则是不是个自由的原则；而一种原则的正义性，则是指该原则是不是个正义的原则。那么，怎样证明一种原则是不是自由的原则？只能看该原则是否被人人一致同意：人人一致同意的，就是自由的原则；并非人人一致同意的，就是不自由的原则。因为所谓自由，如所周知，就是自主，就是能够按照自己的意志进行的活动。所以，一种原则，如能直接或间接得到全社会人人一致同意，从而成为"公共意志"的体现，那么，每个人对它的服从，也就是在服从既属于别人也属于自己的意志，因而也就是自由的：真正自由的原则就是人人直接或间接一致同意的原则。反之，一种原则，如不能直接或间接得到全社会人人一致同意、不能成为公共意志的体现，那么，不同意者对它的服从，也就仅仅是在服从别人的意志而不是服从自己的意志，因而也就是不自由的：不自由的原则就是不能直接或间接取得人人一致同意的原则。

一种原则是不是自由原则取决于是否人人一致同意，意味着：一种原则的自由性与原则本身无关，而只取决于参与制定原则的人们的意见，因而也就是完全随意、任意、主观、偶然、依人的意志为转移的。这种主观随意性突出表现在：同一种原则，比如"均贫富"，如果今天没有取得人人一致同意，那么，它今天就是不自由原则；而明天如果取得了人人一致同意，那么，它明天就是自由的原则了。由此不难看出，一种原则是不是自由的原则与一种原则是不是正义的原则根本不同：自由的原则既可能是正义的、优良的原则，也可能是非正义的、恶劣的原则。因为任何原则，不管它多么不正义、多么恶劣，只要人人一致同意，就是自由的原则；不论多么正义、多么优良，只要不能取得人人一致同意，就是不自由的原则。

---

[1]　John Rawls, *A Theory of Justice* (Revised Edition), p.19.

假设有一个300人结成的社会，这300人一致同意制定这样一个原则：所有长官的任免均由抓阄决定。这是个自由原则，却不是正义原则，因为它违反了"任人唯贤"的社会正义原则。

可见，人人一致同意的契约论的发现和证明方法，只能发现和证明一种原则的自由性，却不能证明一种原则的正义性。因为一种原则是不是自由的原则，确系契约的结果，是个人人是否一致同意的契约论问题。反之，一种原则是不是正义原则，则不是契约的结果，不是个人人是否一致同意的契约论问题。诚然，任何道德原则、道德规范——正义原则也不例外——都是人制定的，因而也就都可以看作是某种契约、协议的产物。但是，正义原则的正义性、正义本身却不是契约、协议、约定俗成的产物。因为正义原则的正义性、正义本身乃是一种应该，是一种价值，属于价值、道德价值范畴：谁能说价值是契约、协议、约定俗成的产物？

正义、正义性既然是一种道德价值，属于价值范畴，那么，对于一种正义原则的正义性的证明，便应该是一种价值论证明。按照这种证明方法，真正的、正确的或优良的公正原则等道德规范，必须以行为的道德价值为内容、依据、摹本，必须与行为的道德价值相符。因为道德价值与道德规范根本不同：它不是人制定或约定的。一切价值——不论道德价值还是非道德价值——显然都不是人制定或约定的。试想，玉米、鸡蛋、猪肉的价值怎么能是人制定或约定出来的呢？猪肉的价值不是人制定的，人只能制定如何吃猪肉的行为规范。但是，人们所制定的如何吃猪肉的行为规范，应该以猪肉的价值为内容、依据、摹本：与猪肉的价值相符的，就是正确的规范；不相符的，就是不正确的规范。一个人每天应该吃半斤肥肉的行为规范，一般说来，是不正确的。因为这种行为规范，一般说来，与肥肉的价值是不相符的。同样，人们所制定或约定的道德规范与行为的道德价值也可能相符或不相符：与道德价值相符的道德规范，就是优良的、正确的道德规范；与道德价值不符的道德规范，就是恶劣的、错误的道德规范。那么，怎样才能科学地确定行为的道德价值呢？

元伦理学的研究表明：行为应该如何的道德价值，不过是行为事实如何（道德价值实体）对于社会创造道德的目的（道德价值标准）的效用。因此，行为应该如何的道德价值便是通过道德目的而从行为事实如何的客观本性中产生和推导出来的：行为应该如何的道德价值等于行为事实如何与道德目的之符合；行为不应该如何的道德价值等于行为事实如何与道德目的之不符合。试想，为什么杀人是不应该、不道德的，杀猪却是应该的、道德的？岂不就是因为杀人不符合道德目的，而杀猪符合道德目的？这是一种道德价值的推导方法：

前提1：张三杀人了，李四杀猪了。（行为之事实如何）

前提2：社会创造道德的目的是为了保障社会存在发展。（道德目的）

两前提的联系：张三杀人有害社会、不符合道德目的；李四杀猪有利社会、符合道德目的。（行为之事实如何与道德目的的关系）

结论：张三杀人是不应该的，具有负道德价值；李四杀猪是应该的，具有正道德价值。（行为之应该如何的道德价值）

据此观之，公正原则虽然是人制定的，但是，只有虚假的、恶劣的、错误的公正原则才可以随意制定；而真正的、优良的、正确的公正原则决不可以随意制定，而只能通过道德目的（公正的价值标准）从一定类型的行为事实如何（公正的价值实体）推导、制定出来：公正的道德价值就是一定类型的行为所具有的符合道德目的的效用性；正确的公正原则必与这种行为的道德价值相符，因而说到底也就是符合道德目的的一定类型的行为。

这就是说，人们制定或认可的某种公正原则究竟是不是真正的公正原则，只能通过社会制定道德的目的与一定类型的行为事实而得到科学证明。换言之，评价人们制定的某种公正原则是不是真正公正的原则，只能看这种公正原则是否能通过道德目的而从一定类型的行为事实推导出来——进而一方面要看所确定的道德目的是不是道德的真正目的，另一方面要看该类型的行为事实是不是公正的真正的道德价值实体：二者皆真，所制定的公正原则必真；其一假，所制定的公正原则必假。

于是，对公正原则的科学证明实际上便可以归结为对社会制定道德的目的和公正的道德价值实体的确定。道德的目的，如前所论，是为了保障社会存在发展和增进每个人的利益。那么，公正的道德价值实体是什么？确定公正的道德价值实体要比确定善的道德价值实体难得多。因为善的道德价值实体是一切符合道德目的的行为，而公正的道德价值实体则是符合道德目的的一定类型的行为：究竟是哪种类型的行为呢？

一切行为，如上所述，分为"利害自己"与"利害他人"两类：利害自己无所谓公正不公正，公正不公正必定存在于利害他人之中。这意味着，公正的道德价值实体是一种利害他人的行为。那么，公正的道德价值实体究竟是一种怎样的利害他人的行为呢？在一切利害他人的行为里，如上所述，只有两种行为是善的、道德的：一种是等利（害）交换的行为；另一种是仁爱和宽恕，属于不等利（害）交换的善行。公正，如所周知，是一种善而非一种恶。因此，公正的道德价值实体必居于这两种善行之中。但是，仁爱与宽恕，如所周知，无所谓公正不公正，而是高于公正的分外善行。所以，公正的道德价值实体只能是等利（害）交换的行为：二者乃同一概念。这样一来，不公正的道德价值实体也就只能是不等利（害）交换 —— 仁爱与宽恕除外 —— 的行为，亦即不符合道德目的的不等利（害）交换：二者乃同一概念。如图：

利害他人 ｛ 等利（害）交换＝公正的道德价值实体
不等利（害）交换 ｛ 不符合道德目的的不等利（害）交换＝不公正的道德价值实体
符合道德目的的不等利（害）交换＝仁爱和宽恕的道德价值实体

公正的道德价值实体是等利（害）交换行为，意味着：公正的道德价值是等利（害）交换行为所具有的符合道德目的的效用性。不公正的道德价值实体是不符合道德目的的不等利（害）交换行为，则意味着：不公正的道德价值是不等利（害）交换行为所具有的不符合道德目的的效用性。

公正和不公正的道德价值之确定，使何为正确的、真正的公正和不公正总原则迎刃而解。因为正确的、真正的公正原则就是与公正的道德价值相符的公正原则。这样，根据"公正的道德价值是等利（害）交换行为所具有的符合道德目的的效用性"可知：正确的、真正的公正总原则，就是符合道德目的的等利（害）交换行为，说到底，就是等利（害）交换行为，"符合道德目的的等利（害）交换行为"与"等利（害）交换行为"是同一概念。同样，根据"不公正的道德价值是不等利（害）交换行为所具有的不符合道德目的的效用性"可知：正确的、真正的不公正总原则，就是不符合道德目的的不等利（害）交换行为，说到底，就是不等利（害）交换的恶行，"不符合道德目的的不等利（害）交换行为"与"不等利（害）交换的恶行"是同一概念。

这就是"等利（害）交换"之为正确的、真正的公正总原则和"不等利（害）交换的恶行"之为正确的、真正的不公正总原则的证明："等利（害）交换"之为正确的、真正的公正总原则，与人们是否一致同意无关，而完全是通过社会创造道德的目的，从等利（害）交换的行为事实如何的客观本性中推导、制定出来的，因而是客观的、必然的、不依人的意志为转移的；"不等利（害）交换的恶行"之为正确的、真正的不公正总原则，也与人们是否一致同意无关，而完全是通过社会创造道德的目的，从不等利（害）交换的行为事实如何的客观本性中推导、制定出来的，因而也是客观的、必然的、不依人的意志而转移的。

诚然，公正原则并不是一个单一的原则，而是个由若干原则构成的公正原则体系。"等利（害）交换"只不过是其中最一般的公正原则，因而也就是统摄、演绎其他原则的公正总原则罢了。但是，一切公正原则的科学的证明方法，说到底，都是公正总原则的证明方法：都是一种价值论证明方法。因为一切公正原则，无疑皆推演于公正总原则。下面两节 —— 公正的根本问题与国家公正的根本问题 —— 所研究的，其实就是这种推演过程，进而确立公正根本原则与国家公正根本原则。这两节的研究将表明，运用"等利（害）交换"的公正总原则来衡量、解决权利与义务分配问题，便可从中演绎、推导出"按贡献分配权利"的国家正义根本原则。如果再运用这个原则来衡量、解决基本权利与非基本权利的分配问题，便可从中演绎、推导出两个平等原则：（1）每个人因其基本贡献完全平等（都同样是缔结社会的一个股东）而应该完全平等地享有基本权利；（2）每个人因其具体贡献不平等而应该享有相应不平等的非基本权利；人们所享有的非基本权利与自己所做出的具体贡献的比例应该完全平等。这两个平等原则其实就是罗尔斯的"两个正义原则"之更为完善的表述。所以，罗尔斯所谓的两个正义原则之所以是正义的原则，乃至一切正义的原则之所以是正义的，实际上都是从正义总原则演绎、推导出来的，因而说到底，都是通过道德目的（正义的价值标准）而从人际利害交换行为（正义的价值实体）中推导出来：任何正义原则的正义性的科学的证明方法，说到底，都是一种道德价值推导法，都是一种价值论证明方法。

从这种证明可以看出，证明各种比较具体的公正原则——如罗尔斯所谓的"两个正义原则"——的关键，在于证明这些公正原则所由以推出的公正总原则；而证明人们所制定或认可的某种公正总原则究竟是不是真正的公正总原则的关键，则在于确证公正的道德价值实体究竟是哪种类型的行为。细察先哲所确证的公正原则，大都未能科学确定公正的道德价值实体究竟是哪种类型的行为，因而所确证的公正总原则大都是错误的、虚假的。举例说，亚里士多德将公正总原则确立为一切善行："公正是一切德性的总汇。"① 这种公正原则是错误的、虚假的，因为它将公正原则与善原则完全等同起来了。究其根源，显然在于夸大公正的道德价值实体：不懂得公正的道德价值实体仅仅是同等的利害相交换的行为，而误以为它是一切行为。自亚里士多德以来，人们曾将公正原则确立为"平等分配"或"按需分配"或"按贡献分配"或"按才分配"或"按德分配"或"按劳分配"等等。如果将这些公正原则当作公正总原则，便都是错误的、虚假的。因为这些原则都大大缩小了公正的道德价值实体：不懂得公正的道德价值实

① 苗力田主编：《亚里士多德全集》第八卷，第96页。

体乃是同等的利害相交换，而误以为它仅仅是一种利益交换——并且不是全部的利益交换或等利交换，而是一种特殊的利益交换，是一种特殊的等利交换。

综上可知，一种原则的正义性与自由性根本不同。一种原则的自由性，即一种自由原则是不是真正的自由原则，取决于人们是否一致同意，因而是主观、随意、偶然、依人的意志为转移的：它是个契约论问题而不是价值论问题。所以，对于一种原则是不是自由原则的证明，便应该是一种契约论证明，而不应该是一种价值论证明。反之，一种原则的正义性，即一种正义原则是不是真正的正义原则，则与人们是否一致同意无关，而完全要看这种正义原则是否通过社会创造道德的目的而从人际利害交换行为中推导、制定出来——一方面要看所确定的道德目的是不是道德的真正目的；另一方面要看所确定的行为是不是正义原则的真正价值实体：如果二者皆真，那么，该正义原则即使没有取得人们的一致同意，也一定是真正的正义原则；如果其一假，那么，该正义原则即使取得人们的一致同意，也一定不是真正的正义原则。所以，正义原则的正义性完是客观的、必然的、不依人的意志为转移的：它是个价值论问题而不是契约论问题。因此，对于一种正义原则是不是真正的正义原则的科学证明，便应该是价值论证明，而不应该是契约论证明。罗尔斯的错误就在于把二者等同起来，因而由正义原则的自由性的证明是人人一致同意的正确前提而得出错误的结论：正义原则的正义性的证明是人人一致同意。这样，正义原则的正义性便是主观、随意、偶然、依人的意志为转移的了。诚然，罗尔斯所说的是原初状态而非现实社会中的人人一致同意。但是，这并不能改变其主观、偶然、随意性。因为正义原则的正义性不论是取决于现实社会中的人人一致同意，还是取决于原初状态中的人人一致同意，毕竟都是取决于人人一致同意：既然都是取决于人人一致同意，又怎么能不是主观、偶然、随意的？难道人人一致同意能够是客观的、必然的、不依人的意志为转移的？说人人一致同意是不依人的意志而转移，岂不自相矛盾？

二、公正的根本问题

公正的根本问题，如前所述，是权利与义务的交换或分配。那么，权利与义务究竟应怎样交换或分配才是公正的？或者说，权利与义务交换的公正原则是怎样的？说到底，公正根本原则是什么？这是个极其复杂的问题。研究这一问题的起点显然是：何谓权利与义务？

1. 权利与义务的界说

权力 权利与义务，真正讲来，乃是应该受到权力保障的东西。因此，界说权利与义务的前提是：权力是什么？权力概念，如所周知，乃是社会科学中最复杂且最关键的概念，自古以来，一直众说纷纭。在西方语系中，"权力"的英文是 power，来自法语 pouvoir；而 pouvoir 则源自拉丁文 potestas 或 potentia，两者又都源自动词 potere，意为"能够"、"能力"，引申为一个人或物影响他人或他物的能力和力量。① 汉语"权力"的词源含义比较复杂。在汉语中，"权力"往往被简称为"权"："权力"与"权"是同一概念。就"权"的词源含义来说，它原本指一种测定物体重量的器具，亦即秤锤和秤，引申为动词，表示衡量。所以，《广雅·释器》说："锤谓之权。"《汉书·律历志上》说："权者，铢、两、斤、钧、石也，所以称物平施，知轻重也。"这样，进一步引申于社会人际关系，"权"便因其能够称物平施、决断轻重而具有某种"控制力、影响力、能力和力量"之意蕴。"权"与"力"合起来构成"权力"一词，无疑使这种意蕴显示出来，表示一个人影响、控制他人的能力和力量。

可见，无论中西，权力的词源含义说到底都是指影响，表示一个人影响他人的能力和力量。权力的定义就是从其词义而来。因为从概念上看，正如特伦斯·鲍尔所言："权力基本上是指一个行为者或机构影响其他行为

---

① 参见米勒、波格丹诺编：《布莱克维尔政治学百科全书》，邓正来主编，中国问题研究所等译，中国政法大学出版社 1992 年版，第 595 页。

者或机构的态度和行为的能力。"① 马丁也这样界说道："从最一般的意义上讲，权力指由对象、个人或集团相互施加的任何形式的影响力。"② 这就是为什么，达尔会将权力归属于"影响"范畴："政治学家采用着形形色色的术语：权力、影响力、权威、控制、说服、强权、武力、强制。为方便起见，我们不妨称这些词为'影响力术语'。"③

因此，迪尔韦热认为界说权力概念，应该从分析"影响"概念入手：影响是权力的最邻近的属概念。然而，影响又是什么？迪尔韦热答曰："最好莫过于罗伯特·达尔的定义，他把影响称为'行动者之间的一种关系，通过这种关系，其中某个人带动别人采取行动，没有这种关系，他们就不会这样做'。"④ 迪尔韦热完全同意达尔的这一定义，因而认为影响与影响力是同一概念："影响力指的是一个人可以推动一个或几个人行动，而没有他的干预，他们就不会采取这样的行动。"⑤

确实，说什么东西影响了我们，就意味着什么东西具有某种力量，这种力量使我们采取了服从的行为。所以，影响与影响力是同一概念，都是一种使人们服从的力量。试想，为什么说教育、劝诫、诱导、控制、奖惩、许诺、榜样、交易和剥夺等等都可以影响我们，都属于影响范畴？岂不就是因为这些东西都具有一种使我们服从的力量？为什么说暴力、武力、契约、威望、知识、巫术、算命、财产、金钱、地位、义务、权力、权威、人格魅力、传统习惯、理智筹划等等都可以影响我们，都属于影响范畴？岂不就是因为这些东西都具有一种使我们服从的力量？

因此，正如迪尔韦热所指出的，影响或影响力概念外延极其宽泛："影响 —— 或影响力 —— 的形式多种多样，罗伯特·达尔竟举出了1400种！影响是建立在各种不同因素之上，如物质力量、进行奖惩的可能条件、财

---

① 米勒、波格丹诺编：《布莱克维尔政治学百科全书》，邓正来主编，中国问题研究所等译，第595页。

② 罗德里克·马丁：《权力社会学》，陈金岚、陶远华译，河北人民出版社1992年版，第56页。

③ 达尔：《现代政治分析》，王沪宁、陈峰译，上海译文出版社1987年版，第31页。

④ 莫里斯·迪韦尔热：《政治社会学》，杨祖功、王大东译，华夏出版社1987年版，第108页。

⑤ 莫里斯·迪韦尔热：《政治社会学》，杨祖功、王大东译，第108页。

产、威望、拥戴、标准、价值等等。"① 这样一来，权力固然是一种使人服从的力量，因而属于影响范畴；但是，影响显然并不都是权力。我劝说我的朋友努力工作，认真讲课。他听从了我的劝说。使他努力工作认真讲课，显然只是我的影响，而并不是我的权力。所以，达尔说："权力是影响力的一种形式。"② 那么，权力究竟是一种怎样的影响？或者说，权力这种影响区别于其他影响的根本特征是什么？

权力区别于其他影响的根本特征在于强制：权力是具有强制性的影响，是使人服从的强制力量。因为所谓强制，就是必须服从的力量，就是不得不服从的力量，就是使人不得不放弃自己意志而服从他人意志的力量："当一个人被迫采取行动以服务于另一个人的意志，亦即实现他人的目的而不是自己目的时，便构成强制。"③ 进言之，所谓必须或不得不服从的力量，就是这样一种力量，对于这种力量，不服从便会受到惩罚、制裁，如肉体惩罚、行政惩罚和舆论惩罚等。于是，强制必定蕴涵惩罚或制裁：强制是一种不服从就会受到惩罚或制裁的力量。因此，迪韦尔热说："强制权指的是能够进行惩罚，以迫使受到威胁的人表示屈服。"④

不难看出，一种影响，不论如何能够使人服从，不论如何具有使人们服从的莫大力量，如果不具有强制性，不具有惩罚制裁机制，便绝不是权力；权力必定具有强制性，必定具有惩罚制裁机制。试想，一个极具影响力的大演说家，他的天才演说完全征服了听众，因而具有使听众服从的莫大力量。但是，我们显然不能说这种影响力是一种权力，不能说这位大演说家的演说具有使人服从的权力。因为他的演说固然具有影响力，却不具有使人服从的强制性，不具有惩罚不服从者的制裁机制。所以，达尔一再说，权力这种影响区别于其他影响的根本特征在于有制裁或强制："用制造严厉制裁的前景来对付不服从，从而得到屈服，这种影响力常被称作权

---

① 莫里斯·迪韦尔热：《政治社会学》，杨祖功、王大东译，第108页。
② 达尔：《现代政治分析》，王沪宁、陈峰译，第62页。
③ 哈耶克：《自由秩序原理》，邓正来译，生活·读书·新知三联书店1997年版，第164页。
④ 莫里斯·迪韦尔热：《政治社会学》，杨祖功、王大东译，第108页。

力。"① 他还引证拉斯韦尔和卡德兰的话说："正是制裁的威胁把权力同一般意义上的影响力区别开来。权力是施加影响力的特例：这是借助制裁背离拟行政策的行为来影响他人的决策的过程。"②

确实，权力区别于其他影响的根本特征就是强制性：权力是具有强制性的影响，是一种使人服从的强制力量，是一种必须服从的力量，是一种不得不服从的力量，是一种不服从就会受到惩罚或制裁的力量，是一种使人不得不放弃自己意志而服从他人意志的力量。为什么使我的朋友努力工作认真讲课并非我的权力，而使我的助教努力工作认真讲课则是我的权力？岂不就是因为，我对我的助教拥有 —— 而对朋友并不拥有 —— 使他认真讲课的强制力量？我的助教不听从我的劝说，我可以动用我迫使他听从的惩罚力量：解聘并停发他的助教工资。但对于我的朋友，充其量也只能是说说而已。

因此，韦伯说："我们想很一般地把'权力'理解为一个人或很多人在某一种共同体行动中，哪怕遇到其他参加者的反抗也能贯彻自己实现自己意志的可能性。"③ 克特·W. 巴克也这样写道："权力是在个人或集团的双方或各方之间发生利益冲突或价值冲突的形势下执行强制性的控制。"④ 马丁则援引达尔和布劳的定义说："达尔在他那篇颇有影响的论文《论权力概念》中说道：'那么，对于权力，我的直觉看法是这样的：在 A 能使 B 做 B 本来不愿意做的事情这个范围内，A 对 B 拥有权力。'……布劳给权力下的定义是：'个人或集团通过威慑力量不顾反对而把其意志强加他人的能力，这种威慑或采取扣押应定期付给的报酬的形式，或采取惩罚的形式，因这两种形式实际上就是消极制裁。'"⑤

权力是一种不服从就会受到惩罚的使人服从的强制力量。但是，权力

---

① 达尔：《现代政治分析》，王沪宁、陈峰译，第 60 页。
② 达尔：《现代政治分析》，王沪宁、陈峰译，第 60 页。
③ 韦伯：《经济与社会》下卷，林荣远译，商务印书馆 1997 年版，第 246 页。
④ 克特·W. 巴克主编：《社会心理学》，南开大学社会学系译，南开大学出版社 1984 年版，第 420 页。
⑤ 罗德里克·马丁：《权力社会学》，陈金岚、陶远华译，第 82—83 页。

的目的 —— 亦即使人服从 —— 之实现，并不仅仅依靠实施强制；更重要的，是依靠强制的威胁和教育诱导等非强制手段，从而使人自觉自愿服从。诚然，权力的强制性并不因其实现的手段和服从的性质而改变：对于必须服从的强制力量，因为受到惩罚而被迫服从，它是必须服从的强制力量；因为受到教育诱导而自觉自愿服从，它也同样是必须服从的强制力量。但是，权力的有效性 —— 亦即使人服从的效用性 —— 却因其实现的手段和服从的性质而不同：强制实施越多，自愿服从越少，权力便越无效；强制实施越少，自愿服从越多，权力便越有效。对于这个道理，达尔曾有极为精辟的阐述：

　　"权力或强制并不一定要求使用或以强力为威胁……暴君或许靠恐怖来进行统治，但决非只靠强力。即使一个暴君，也需要忠心和服从的卫士、狱吏和军人。暴君独自并不能直接用强力得到每一个士兵、狱吏或卫士对他的服从。使强制生效的并不是实际使用强力，生效的是以强力来伤害他人的威胁，如果他不服从的话……如果威胁总是必须付诸实施时，强力强制就会自拆台脚。盗贼可以把一个活生生的受害者置于死地，但尸体是不会打开保险柜的。"①

　　权力是使人服从的强制力量或强制性的影响；但是，反过来，使人服从的强制力量并不都是权力，迫使人们不得不服从的强制力量或强制性的影响力并不都是权力。只有得到社会承认、认可或同意的强制力量才是权力。试想，为什么老师有强迫学生遵守课堂纪律的权力，却没有打骂学生的权力？岂不就是因为前者得到而后者却未得到社会的承认、认可或同意？为什么省长有强迫其秘书认真工作的权力，却没有强迫其满足自己的性需要的权力？岂不就是因为前者得到而后者却未得到社会的承认、认可或同意？为什么强盗拥有强迫我交出钱财的强制力量，却没有强迫我交出钱财的权力？岂不就是因为强盗所拥有的这种强制力量不会得到社会的承认、认可或同意？

---

① 达尔：《现代政治分析》，王沪宁、陈峰译，第63页。

因此，迫使人们不得不服从的强制力量并不都是权力，权力区别于其他强制力量的根本特征和性质，乃在于社会的承认、认可或同意：权力是社会承认、认可或同意的强制力量，是社会承认、认可或同意的迫使人们不得不服从的强制力量。权力的这一根本特征和性质，自卢梭以来，便被称之为"合法性"。何谓合法性？请看卢梭的解释：

"人是生而自由的，但却无往不在枷锁之中。自以为是其他一切的主人的人，反而比其他一切更是奴隶。这种变化是怎样形成的？我不清楚。是什么才使这种变化成为合法的？我自信我能解答这个问题。如果我仅仅考虑强力以及由强力所得出的结果，我就要说……社会秩序乃是为其他一切权利提供了基础的一项神圣权利。然而，这项权利决不是出于自然，而是建立在约定之上的。"[1]

可见，在卢梭看来，社会秩序、社会强力的合法性建立在社会成员所缔结的社会契约上，因而也就是建立在公共意志之上：只有符合公共意志的强制力量才具有合法性。那么，学术界今天的合法性概念是否与卢梭一致？答案是肯定的。因为当今学术界仍然将合法性理解为社会成员的普遍承认、认可、同意；只不过这种承认、认可或同意并不仅仅局限于社会契约。例如，韦伯认为社会成员的普遍承认、认可、同意具有三种类型：合理型、传统型和魅力型。因此，康诺利说："今天，没有人能够接受卢梭本人对合法性问题提出的解决办法（即公意的理论），但是我们今天在界定合法性问题时全都没有超出由卢梭使用的概念构成的基本框架。"[2]

这就是说，合法性之所以为合法性，固然有强制必须符合法律之意，但并不局限于符合法律，而是泛指一个社会的强制力量所具有的被该社会的成员承认、认可或同意的性质，亦即被该社会成员普遍承认、认可、同意的性质。于是，权力区别于其他强制力量的根本性质便在于合法性：权力是具有合法性的强制力量，是具有合法性的迫使人们不得不服从的强制

---

[1] 卢梭：《社会契约论》，何兆武译，商务印书馆1991年版，第8页。
[2] 米勒、波格丹诺编：《布莱克维尔政治学百科全书》，邓正来主编，中国问题研究所等译，第409页。

力量，说到底，是社会成员普遍同意的迫使人们不得不服从的强制力量。因此，迪韦尔热把社会的普遍同意当作权力之为权力的根本特征并称之为"权力的合法性"："权力的合法性只不过是由于本集体的成员或至少是多数成员承认它为权力。如果在权力的合法性问题上出现共同同意的情况，那么这种权力就是合法的。不合法的权力则不再是一种权力，而只是一种力量。"①

这样一来，权力便是具有合法性和强制性的使人服从的力量，因而具有一种内在的对立：合法性与强制性以及必须与应该。从权力是使人们服从的具有强制性的力量方面来看，权力具有必须性，是人们必须服从的力量，不服从就会受到惩罚制裁；从权力是社会承认或大家同意的具有合法性的力量方面来看，权力具有应该性，是人们应该服从的力量。合而言之，权力是具有强制性和合法性的使人服从的力量，因而是必须且应该服从的力量。

具有合法性或社会同意的强制力量都是权力吗？否！因为具有合法性或社会同意的强制力量，可能仅仅是权力资源，而并不是权力。假设有两个人，一个是富人，一个是穷人。这个富人拥有迫使这个穷人为自己劳作的强制力量：金钱；并且这个穷人也同意为他劳作以换取富人的金钱。这样一来，这个富人就拥有了迫使这个穷人为自己劳作的具有合法性的强制力量：金钱。可是，我们能说这个富人有权迫使这个穷人为自己劳作吗？不能。这个富人只拥有迫使这个穷人为自己劳作的强制力量，只拥有迫使这个穷人为自己劳作的权力资源——金钱——却不拥有迫使这个穷人为自己劳作的权力。

但是，如果这个富人与这个穷人就劳资合作缔结了一种社会关系，比如说，签订了一个劳资合同，从而使富人成为雇主，而穷人成为雇员，那么，这个富人就不但拥有了迫使这个穷人为自己劳作的合法的强制力量，不但拥有了迫使这个穷人为自己劳作的权力资源——金钱，而且拥有了迫

---

① 莫里斯·迪韦尔热：《政治社会学》，杨祖功、王大东译，第117页。

使这个穷人为自己劳作的权力了。为什么？因为权力只能为社会的管理者所拥有，只有社会的管理者所拥有的合法的强制力量才是权力：权力是管理者所拥有的具有合法性和强制性的影响。富人作为富人只拥有迫使穷人为自己劳作的权力资源，只拥有迫使穷人为自己劳作的合法的强制力量；富人作为雇主才拥有迫使穷人为自己劳作的权力。只有社会的管理者、领导者所拥有的合法的强制力量才是权力；而非管理者或被管理者所拥有的合法的强制力量并不是权力。

试想，为什么只有上级对下级才拥有权力，而下级对上级却没有权力？岂不就是因为上级是管理者，而下级却是被管理者？为什么在民主社会，每个公民都拥有权力？岂不就是因为民主社会每个公民都是管理者？为什么同一个人，在一定时间对一定对象有权力，而在其他时间对其他对象则无权力？岂不就是因为他在一定时间对一定对象来说是管理者，而在其他时间对其他对象来说则是被管理者？为什么富人作为富人只拥有迫使穷人为自己劳作的合法的强制力量或权力资源，而富人作为雇主就拥有迫使穷人为自己劳作的权力？岂不就是因为雇主属于管理者而富人却不属于管理者？

不过，管理者与领导者并非同一概念：领导者或官吏都是管理者；管理者却未必都是领导者。因为管理者与被管理者的外延极其广泛，几乎每个人都是管理者，同时也是被管理者。甚至芸芸众生，如仓库保管员、铁路货运员、高速公路收费员、医生、驾驶员、教师、父母家长等都属于社会管理者范畴。当然，在另一种社会关系中，这些人同时也是被管理者。就这些人充当某种管理者的社会角色来说，他们都拥有各种各样的可以称之为"权力"的迫使人们必须服从的强制力量：仓库保管员有权发放各种物品，而领取物品的被管理者则没有这种权力；铁路货运员有权调配车皮，而贩运货物的被管理者则没有这种权力；高速公路收费员有权收费，而往来的司机或被管理者则没有这种权力；医生有权开处方，而患者或被管理者则没有这种权力；驾驶员有权载人载货，而乘客或被管理者则没有这种权力；教师有权评定学生成绩，而学生或被管理者则没有这种权力。

因此，权力是管理者所拥有的具有合法性和强制性的影响，说到底，也就是社会成员因其社会角色所拥有的具有合法性和强制性的影响。那么，为什么只有管理者拥有权力呢？为什么权力只能与一个人的某种社会角色相关联？

原来，任何社会，即使仅由两人组成，即使是最小的社会——家庭——要存在和发展，都必须进行管理，因而必须有管理者和被管理者的角色之分。同时，管理者还必须拥有一种被社会成员普遍同意的迫使被管理者服从的强制力量，亦即权力。因为只有这样，只有管理者拥有权力，只有管理者拥有得到社会成员普遍同意的迫使被管理者服从的强制力量，方可确保被管理者的社会行为服从管理者的管理，从而使人们的社会行为互相配合、遵守秩序；否则，人们各行其是、互相冲突、乱成一团，社会便不可能存在、发展了。所以，管理者所拥有的、社会成员普遍同意的、迫使被管理者服从的强制力量，是任何社会存在和发展的根本条件。这就是为什么只有管理者才拥有权力的缘故，这就是为什么权力只能与一个人的某种社会角色相关联的缘故，这就是为什么社会成员会普遍同意只有管理者才拥有权力的缘故，这也就是权力合法性的唯一源头。

因此，权力关系的本质是一种社会关系，是一种管理与被管理的社会关系。只有在社会关系中，只有在管理与被管理的社会关系中，才存在权力。一个人不论如何权势熏天，一旦离开这种社会关系，一旦不再是管理者，他就不再拥有任何权力了。所以，富有洞察力的学者在界说权力时，都特别强调权力的社会关系本性。韦伯说："权力意味着在一种社会关系里哪怕是遇到反对也能贯彻自己意志的任何机会，不管这种机会是建立在什么基础之上。"[1] 达尔说："权力这个词是指各社会单位之中的关系子集，在这些单位中，一个以上的单位的行为在某些条件下依赖于另一些单位的行为。"[2] 迪韦尔热说："权力是一种规范概念，指的是一个人处于这样的地位，

---

[1] 韦伯：《经济与社会》上卷，林荣远译，商务印书馆1997年版，第81页。

[2] 罗德里克·马丁：《权力社会学》，陈金岚、陶远华译，第81页。

他有权要求其他人在一种社会关系中服从他的指示。"①

　　权力所由以产生和存在的社会关系，是一种管理与被管理的社会关系，因而也就是一种不平等的社会关系。这种不平等的关系的一端是管理者、命令者、有权者；另一端则是被管理者、服从者、无权者。对于这一点，迪韦尔热曾有十分透辟的分析。通过这些分析，他得出结论说："一种权力的存在意味着一个集体的文化体制建立起了正式的不平等关系，把统治他人的权力赋予某些人，并强迫被领导者必须服从后者。"②

　　权力是管理者所拥有的具有合法性和强制性的影响，意味着，权力是管理者所拥有的权威性强制力量。因为权威与权力一样，一方面，显然都属于影响范畴，都是一种使人服从的力量；另一方面，显然都是一种使人自愿服从的力量，都是一种大家同意、自愿服从的力量，说到底，都是一种具有合法性的影响。所以，马丁说："权威概念的实质性要素是合法性。"③达尔说："当领袖的影响力被披上了合法性的外衣时，通常就被称为权威。那么，权威就是一种特殊的影响力，即合法的影响力。"④因此，权力——管理者所拥有的具有合法性和强制性的影响——岂不就是管理者所拥有的权威性强制力量？

　　诚然，权力与权威根本不同。一方面，权力具有强制性，是一种具有强制性的使人服从的力量；权威则不具有强制性，是一种不具有强制性的使人服从的力量。另一方面，权力仅为管理者所拥有；权威则可以为任何人——不论管理者还是被管理者——拥有。一个独立特行、穷困潦倒的学者，环堵萧然，一无所有，仍然可以是一个学术权威。一个巫婆或江湖术士，也可以拥有使人自愿服从的力量，因而也是一个权威。

　　权威虽然与权力根本不同，却因其是一种合法性影响而成为权力结构的一个要素，即其合法性要素，亦即其社会承认、认可和同意的要素。因

---

① 莫里斯·迪韦尔热：《政治社会学》，杨祖功、王大东译，第 113 页。
② 莫里斯·迪韦尔热：《政治社会学》，杨祖功、王大东译，第 116 页。
③ 罗德里克·马丁：《权力社会学》，陈金岚、陶远华译，第 93 页。
④ 达尔：《现代政治分析》，王沪宁、陈峰译，第 77 页。

为权力是管理者所拥有的具有合法性和强制性的影响，意味着权力原本由
"管理者"、"强制性"与"合法性"三大要素构成。换言之，权力由管理
者、强制与权威三大要素构成：权力 = 管理者 + 权威 + 强制。

这意味着，权力的目的 —— 使被管理者服从 —— 通过权威和强制两种
途径或手段实现。不难看出，一方面，权威与强制两种手段恰成反比：管
理者越有权威，他所使用的强制手段便越少；越无权威，他所使用的强制
手段便越多。另一方面，权力的有效性 —— 亦即使被管理者服从的效用
性 —— 与权威成正比，与强制成反比：管理者越有权威，使用的强制便越
少，权力便越有效；管理者越没有权威，使用的强制便越多，权力便越无
效；管理者如果彻底丧失权威而完全依靠强制，权力便失去合法性而成为
纯粹强力，因而也就不成其为权力，沦为所谓"捆猪的力量"了。因此，
迪韦尔热说：

"实际上，权力很少使用强制方法，害怕惩罚在强迫服从权力的过程中
只起一种很小的作用。这里有必要提一下泰尔柯特·帕森斯的比喻。他认
为，正如黄金来自货币一样，强制来自权力。只有在危机时期才采用金本
位制，货币的价值主要是建立在以信用为主的其他基础之上的。同样，权
力只有在特殊情况下才使用强制权。"①

综上可知，权力是管理者所拥有的具有合法性和强制性的影响，是管
理者所拥有的具有合法性和强制性的使人服从的力量，是仅为管理者拥有
且被社会承认的使被管理者服从的具有强制性的力量，是管理者拥有的迫
使被管理者必须且应该服从的力量。这就是权力的定义。

权利　权力是仅为管理者拥有且被社会承认的使被管理者服从的具有
强制性的力量，是管理者拥有的迫使被管理者必须且应该服从的力量，这
使权力成为保障社会存在发展的根本手段。社会，如前所述，不过是人们
各自利益的合作形式。这种利益合作，一方面是我为人人：我为社会和他
人谋取利益，也就是所谓的"贡献"或"付出"；另一方面则是人人为我：

---

① 莫里斯·迪韦尔热：《政治社会学》，杨祖功、王大东译，第 109 页。

我从社会和他人那里得到利益，也就是所谓的"索取"或"要求"。因此，所谓权力，说到底，也就是保障人们利益合作的根本手段，也就是保障或强制人们相互贡献与索取、付出与要求的根本手段。应该受到权力保障的利益、索取或要求非他，正是所谓的权利：我从社会和他人那里得到的应该受到权力保障的利益、索取或要求，岂不就是我的权利？反之，应该受到权力保障或强制的服务、贡献或付出，则是所谓的义务：我给予社会和他人的应受权力保障的服务、贡献或付出，岂不就是我的义务？

但是，权力显然并不保障人们所有的利益合作，并不保障所有的贡献与索取或付出与要求。细究起来，我的索取或要求、我从社会和他人那里得到的利益，共有三种类型：

第一种仅仅具有必须性而不具有应该性，是社会和他人必须而非应该给予我的利益，是社会和他人必须而非应该满足我的要求和索取：它是必须的，因为否则便会受到强制力量的惩罚；它是不应该的，因为它违反道德，因而是不道德、不应该的。例如，我持枪抢劫银行，银行职员明知不应该将钱给我，但必须给我，不给我便会遭到我的强制力量的惩罚：枪杀。我的这种类型的利益、索取或要求，显然不应为权力所保障，因而不是我的权利：我没有权利抢劫银行。

第二种类型仅仅具有应该性而不具有必须性，是社会和他人应该而非必须给予我的利益，是社会和他人应该而非必须满足我的要求和索取：它符合道德因而是应该的；但它不具有——或被认为不具有——重大的社会效用，因而不是必须的，不服从也不会受到强制力量的惩罚。例如，我有难时，朋友帮我渡过难关；或者他人出于对我的爱而赠我财物等等。我的这种类型的利益、索取或要求，都符合道德，因而都是应该的。但是，它们却不是必须的，因为我的朋友和他人即使不帮助、不馈赠我，也不会受到暴力惩罚或行政惩罚。我的这种类型的利益、索取或要求，显然也不应为权力所保障，因而也不是我的权利：我没有权利要求他人馈赠和朋友帮忙。

第三种类型则既具有应该性又具有必须性，是社会和他人必须且应该给予我的利益，是社会和他人必须且应该满足我的要求和索取：它符合道德因而是应该的；同时，它又具有——或被认为具有——重大的社会效用，因而是必须的，不服从便会受到强制力量的惩罚。例如，儿时父母对我的养育、工作时单位付给我工资、年迈时儿女对我的赡养等等。我的这种类型的利益、索取或要求，都符合道德，因而是应该的；同时也是必须的，因为否则便会受到强制力量的惩罚。显然，我的这种类型的利益、索取或要求应该受到权力保障，因而便是我的权利：我在儿时有权利要求父母的养育，我工作时有权利要求单位付给我工资，我年迈时有权利要求儿女的赡养。

可见，权利是一种具有——或被认为具有——重大的社会效用的必须且应该的索取或要求，是一种具有——或被认为具有——重大的社会效用的必须且应该得到的利益，是一种具有——或被认为具有——重大的社会效用的必当得到的利益，因而也就是应该受到权力保障的利益，是应该受到权力保障的索取或要求，说到底，也就是应该受到社会管理者依靠权力加以保护的利益、索取或要求，亦即今日西方学者所谓的"合法的、得到承认的有效要求"："近年来，几乎所有的作者都主张'有所要求'和'享有权利'之间存在着某种密切的关系。某些作者不加修饰地将权利和要求等同起来；某些人则把'权利'定义为是合理的或合法的要求、或得到承认的要求、或正当有效的要求。我自己则偏向于后一种定义。"[①]

权利定义的关键词是"应该"受到权力保障：权利是应该受到权力保障的利益，而未必是实际受到权力保障的利益。彼彻姆不理解这一点，因而陷于不能自拔的矛盾：他一方面承认，没有权力保障的权利，不是真正的权利；另一方面却又说，真正的权利可能并没有权力的保障。他这样写道："如果一种正当的要求并没有实际的权力作后盾，那么无论如何，说它是我们的权利纯属空谈，等于没有丝毫真正的权利……因此，无权力的权利看来是不可信的。然而，仅以权力来分析权利看来也是不充分的，因为

① 范伯格：《自由、权利和社会正义——现代社会哲学》，王守昌、戴栩译，贵州人民出版社 1998 年版，第 94 页。

我们可以在完全没有权力的情况下享有权利。无辜者有不受刑罚的权利，因为他们并没有犯罪。然而，他们却没有权力阻止受刑罚。这样，权利看来全然不需要权力。"① 确实，有些权利，如无辜者不受惩罚的权利等，并未受到权力的保障，却仍然是权利。这是因为，这些权利虽然实际上没有受到权力的保障，却应该受到权力的保障：权利是应该受到权力保障的利益，而未必是受到权力保障的利益。

权利是应该受到权力保障的利益，还蕴涵更为深刻和重要的含义。因为，如前所述，政治就是权力管理，是对于具有重大社会效用的行为应该且必须如何的权力管理；而法律则是权力规范，是对于具有重大社会效用的行为应该且必须如何的权力规范。所以，权利是应该受到权力保障的利益，便蕴涵着：权利是应该受到政治和法律保障的利益。这是千真万确的。试想，儿时父母对我的养育、工作时单位付给我工资、年迈时儿女对我的赡养等等利益都是我的权利：它们岂不都是应该受到法律保障的利益？反之，我接受朋友的馈赠和帮助等利益，都不是我的权利：它们岂不都是不应该受到法律的保障而仅仅应该受到道德保障的利益？

可见，所谓权利，说到底，也就是应该受到政治和法律保障的利益。因此，耶林说："权利就是受到法律保护的一种利益。所有的利益并不都是权利，只有为法律所承认和保障的利益才是权利。"② 但是，耶林的这一定义还不够精确。因为真正讲来，权利并不都是受到法律保障的，如人权在过去就没有受到法律保障，至今在很多国家仍然没有受到法律保障，而只是受到道德的保障。所以，人们往往说人权是一种道德权利，而不是法律权利。但是，人权显然是应该受到法律保障的：它不但应该是一种道德权利，而且应该是一种法律权利。所以，精确讲来，权利未必都受到法律保障，权利不都是受到法律保障的利益；但权利必定都应该受到法律保障：权利是应该受到法律保障的利益。

---

① Tom L. Beauchamp, *Philosophical Ethics*, New York: McGraw-Hill Book Company, 1982, p. 196.
② 庞德：《通过法律的社会控制 法律的任务》，沈宗灵、董世忠译，商务印书馆1984年版，第46页。

　　然而，权利是应该受到政治和法律保障的利益，并不意味着权利仅仅应该受到法律和政治的保障，而不应该受到道德的保障。因为如所周知，凡是应该受到法律保障的东西，同时都应该受到道德保障；反之，应该受到道德的保障的东西，则只有一部分同时应该受到法律保障。因为道德所规范的是每个人的全部具有社会效用的行为；而法律所规范的则仅仅是其中的一部分，即那些具有重大社会效用的行为。因此，权利是应该受到法律保障的利益，便意味着：权利同时也是应该受到道德保障的利益。所以，鲍桑葵说："任何一种权利既与法律有关又与道德有关。它是能够得到法律来维护的一种要求。而任何道德规范都不能这样做；但它又是被公认为应该能够靠法律来维护的要求，因而又具有道德的一面。"①

　　总之，权利是一种具有重大社会效用的必须且应该的索取或要求，是一种具有重大社会效用的必须且应该得到的利益，是一种具有重大社会效用的必当得到的利益，因而也就是应该受到社会管理者依靠权力加以保护的利益、索取或要求，说到底，也就是应该受到政治和法律保障的利益、索取或要求。这一定义，可以从庞德对于权利概念的著名解释中得到的印证：

　　"作为一个名词，权利这个词曾被用于六种意义。第一，它指利益……权利可以解释为某一特定作者认为或感到基于伦理的理由应该加以承认或保障的东西，它也可以解释为被承认的、被划定界限的和被保障的利益……就是人们设想应当为政府所承认并付诸实施的各种主张或要求……第二，权利这个词被用来指法律上得到承认和被划定界限的利益……第三，权利这个词被用来指一种通过政治组织社会的强力，来强制另一个人或所有其他人去从事某一行为或不从事某一行为的能力……第四，权利这个词被用来指一种设立、改变或剥夺各种狭义法律权利从而设立或改变各种义务的能力，最好称之为法律权力……第五，权利这个词被用来指某些可以说是法律上不过问的情况，也就是某些对自然能力在法律上不加限制的情况。可以有一种对整个活动领域不加过问的一般情况。在这里，我们就说到自由权

――――――――――
① 鲍桑葵：《关于国家的哲学理论》，汪淑钧译，商务印书馆1995年版，第204页。

了……第六，权利还可以被用在纯伦理意义上来指什么是正义的。"[1]

前三种是权利的基本的、主要的意义，可以归结为三句话：（1）被承认的、被划定界限的和被保障的利益；（2）应当为政府所承认并付诸实施的各种主张或要求；（3）法律上得到承认和被划定界限的利益。这些与我们的权利定义是完全一致的。第四种和第五种意义不过是从前三种意义推演出来的两种具体权利——立法权与自由权——因而是权利的分类而不是权利的定义。最后一种意义则是权利的一种词源含义，而并不是权利的定义。因为拉丁文"jus"和英文"right"都兼指正义和权利。

义务 权利概念的解析使与其恰相对立的义务概念迎刃而解。因为不难看出，与我的索取或要求分为三种类型一样，我的贡献或付出相应地也分为三种类型：

第一种仅仅具有必须性而不具有应该性，是我必须而非应该的贡献或付出，是我必须而非应该给予社会和他人的利益：它是必须的，因为否则便会受到强制力量的惩罚；它是不应该的，因其违反道德。例如，强盗持枪抢劫我，我不应该把我的钱给他，却必须给他，因为否则我便会受到他的暴力惩罚：被枪杀。我的这种必须而非应该的付出或贡献，显然不应该受到权力和法律的强迫或保障，因而正如哈特所言，并不是我的义务："很明显，在持枪抢劫的情境中是找不到义务的。"[2]

第二种类型仅仅具有应该性而不具有必须性，是我应该而非必须的贡献或付出，是我应该而非必须给予社会和他人的利益：它符合道德因而是应该的；但它不具有——或被认为不具有——重大的、基本的社会效用，因而不是必须的，不服从也不会受到强制力量的惩罚。例如，我慷慨解囊帮助朋友、见义勇为自我牺牲等等，虽然极为高尚，却不具有重大的、基本的社会效用，因而都是我应该而非必须的贡献或付出。我的此类付出或贡献，显然不应该受到权力和法律的保障，因而也不是我的义务；而

---

[1] 庞德：《通过法律的社会控制 法律的任务》，沈宗灵、董世忠译，第47—48页。

[2] 哈特：《法律的概念》，张文显译，第87页。

是 —— 正如罗尔斯所言 —— 分外善行："引人入胜的分外善行也属于允许的行为。这些行为有仁爱和怜悯、英勇的壮举和自我牺牲等等。这些行为是善的，但并非一个人的义务或责任。"[1]

第三种类型则既具有必须性又具有应该性，是我必须且应该的贡献或付出，是我必须且应该给予社会和他人的利益：它符合道德因而是应该的；同时，它又具有 —— 或被认为具有 —— 重大的社会效用，因而是必须的，不服从便会受到强制力量的惩罚。例如，我服兵役、纳税、赡养父母、做好工作等，虽然不如我的慷慨解囊帮助朋友、见义勇为自我牺牲等高尚，却具有重大的、基本的社会效用，因而不但是应该的，而且是必须的：如果我不服兵役、不纳税、不赡养父母、不做好工作便会受到惩罚。我的这类付出或贡献显然应该受权力和法律的保障，因而便是我的义务：我有义务服兵役、有义务纳税、有义务赡养父母、有义务做好工作。所以，哈特在论及义务之为义务的根本特征时写道："重要的是，对规则背后社会压力的重要性和严厉性的坚定态度是确定它们是否被认为引起义务的主要因素……由这种严厉的压力所支持的规则之所以被认为重要，乃是因为人们确信它们对于维护社会生活的某种价值极高的特征是必须的。"[2]

可见，义务概念不过是颠倒过来的权利概念：义务是具有重大或基本社会效用的必须且应该的服务，是具有重大或基本社会效用的必须且应该的贡献或付出，是具有重大或基本社会效用的必须且应该给予社会和他人的利益，是具有重大或基本社会效用的必当付出的利益，是一种具有重大或基本社会效用的必须且应该的服务、贡献或付出，因而也就是应该受到权力、法律和政治保障的服务、贡献或付出，是应该受到社会管理者依靠权力和法律加以保障的服务、贡献或付出，是不服从便会受到权力和法律惩罚的必须且应该服从的服务、付出或贡献。

这样，义务与责任便是同一概念，都是应该受到社会管理者依靠权力

---

① John Rawls, *A Theory of Justice* (Revised Edition), p. 100.

② 哈特：《法律的概念》，张文显译，第 88—89 页。

和法律加以保障的服务、贡献或付出，都是不服从便会受到权力和法律惩罚的必须且应该的服务、付出或贡献。只不过，义务更强调应该、重在应该、应该重于必须，是应该且必须付出的利益；责任则强调必须、重在必须、必须重于应该，是必须且应该付出的利益。因此，一般说来，一方面，凡是与职务有关的、职务所要求的必须且应该付出的利益，便都因其更强调必须性、强制性、法规性而叫作责任。反之，与职务无关的、不是职务所要求的，则因其更强调应该性、道德性、教育性而都叫作义务。试想，为什么保卫祖国是公民的义务，然而却是战士的责任？岂不就是因为战士的职务要求其必须保卫祖国吗？为什么救死扶伤是公民的义务，然而却是医生的责任？岂不就是因为医生的职务要求其必须救死扶伤吗？为什么维护国家安定团结是公民的义务，然而却是国家首脑的责任？岂不就是因为国家首脑的职务要求其必须维护国家的安定团结吗？所以，凡是与职务相连的、职务所要求的任务、付出或贡献都是责任。这就是为什么会有"职责"概念的缘故。

另一方面，任何义务，虽然其应该重于必须，但当其被违反时，其必须性便立即充分显露出来而远远重于其应该性，于是便成为责任了。这样，任何义务，当其被义务人违反时，该义务人便成为责任人；而他所违反的义务，便成为他的责任。例如，不可侵犯他人财产，是义务人张三的义务。如果他违反这一义务而侵害他人财产，那么他便成了责任人而要对侵犯他人财产的行为负有责任。抚养年迈父母，是他们的儿子、义务人李四的义务。如果李四违反这一义务而丢弃父母不管，那么，李四便成为责任人而要对不抚养父母负有责任。可见，义务若被违反便因其必须性重于应该性而成为责任。所以，吴学义写道："义务与责任，于实质上，均为债务之意义。其所异者，一般负债务之状态，谓之义务；应负担刑事上民事上之制裁时，谓之责任。"[①] 李肇伟也写道："责任者，义务人违反其义务时，在

---

① 吴学义：《法学纲要》，中华书局 1935 年版，第 91 页。

法律上应有之负担也。"① 但是，李先生将其作为责任的定义是不对的。因为，如上所述，被违反的义务仅仅是责任之一种；至少还有另一种责任，即职责。

可见，义务与责任本是一个东西，都是一种具有重大社会效用的必须且应该的任务、贡献或付出，因而也就同样是应该受到权力、法律和政治保障的任务、贡献或付出；只不过责任更强调必须性、法权性、惩罚性，而义务更强调应该性、道德性、教育性罢了。

然而，按照伦理学传统，义务就是应该的服务，应该的服务也都是义务：义务与应该的、道德的、善的行为是同一概念。西季威克就这样写道："最好将义务定义为正当的行为。"② 包尔生也写道："善并不是做我们的意志想做的，而是做我们所应该做的。履行善就意味着履行义务。"③ "在道德领域中，"凯尔森总结道，"义务的概念和'应当'的概念是一致的。成为某人道德义务的行为只不过是他根据道德规范所应当遵守的行为而已。"④ 我们可以将这种伦理学传统叫作"义务应该等同论"。

"义务应该等同论"原本有一定的词源学依据。西文"义务"（duty）从词源上看，源于拉丁文 due 和希腊语 deon，有应当的、正当的意思。中国古代，大体讲来，只有"义"而没有"义务"一词。何谓义？《礼记·中庸》解释道："义者，宜也。"义就是适宜的、应该的意思。所以，从词源上看，义务就是应该的服务，就是应该的行为，就是道德的、善的行为。

"义务应该等同论"还有更为深层的原因："权利"意识的贫乏。麦金太尔曾指出："直至中世纪结束前夕，在任何古代或中世纪的语言里都没有可以准确译成我们所谓'权利'的词语。"⑤ 近代以来，权利观念才逐渐成为普遍的社会意识。然而，直至今日，在伦理学体系中仍然没有权利问题的位置：伦理学仍只研究义务而不研究权利。问题恰恰在于，义务是与

① 李肇伟：《法理学》，台湾学生书局 1979 年版，第 305 页。
② Henry Sidgwick,*The Methods of Ethics*,Thoemmes Press, 1996, p.194.
③ 包尔生：《伦理学体系》，何怀宏、廖申白译，中国社会科学出版社 1988 年版，第 291 页。
④ 凯尔森：《法与国家的一般理论》，沈宗灵译，中国大百科全书出版社 1996 年版，第 67 页。
⑤ A. J. M. Milne, *Human Rights and Human Diversity*, London:The Macmillan Press Ltd., 1986, p.4.

权利对应的概念：义务概念就是颠倒过来的权利概念。所以，如果参照权利概念，便不难科学地界说义务概念；反之，没有权利概念的参照，则决不可能准确把握义务概念。试想，如果知道权利是一种具有重大的社会效用因而应该受到政治和法律保障的必须且应该的索取，那么相应地，义务岂不显然就是一种具有重大的社会效用因而应该受到政治和法律保障的必须且应该的贡献？可是，如果伦理学只研究义务而不研究权利，没有权利概念的参照，也就很难将义务与仁爱等应该的服务区别开了。这就是形成"义务应该等同论"的更为深层的原因。

随着权利意识的兴起，"义务应该等同论"转换为"完全强制性义务（或完全义务）与不完全强制性义务（或不完全义务）"的义务分类论。这种理论仍然认为一切应该的服务都是义务：不但应受法律保障的必须且应该的付出（如服兵役和赡养父母）是义务，而且不应受法律保障的应该而非必须的付出（如施舍、行善、仁慈）也是义务。只不过，前者对应权利，是完全强制性义务或完全义务；而后者则不对应权利，是不完全强制性义务或不完全义务。

这种分类理论肇始于康德。他这样写道："仁爱和尊重人类权利两者都是义务。"[①] 不过，后者是法律上的义务，而前者是伦理上的义务："一切义务，或者是权利的义务，即法律上的义务；或者是善德的义务，即伦理上的义务。"[②] 接着，他在义务分类的图表中，又进一步将"权利的义务"或"法律上的义务"叫作"完全义务"，而把"善德的义务"或"伦理上的义务"叫作"不完全义务"。[③]

本来，穆勒曾经说过：慷慨或慈惠等不应该强制履行的善德并非义务，而只有可以强制履行的善德才是义务。[④] 然而，最终他还是向康德所代表

---

① 康德：《历史理性批判文集》，何兆武译，商务印书馆1996年版，第143页。
② 康德：《法的形而上学原理——权利的科学》，沈叔平译，商务印书馆1997年版，第35页。
③ 康德：《法的形而上学原理——权利的科学》，沈叔平译，第35页。
④ Robert Maynard Hutchins ed., *Great Books of The Western World*, Volume 43, *UTILITARIANISM*, by John Stuart Mill, p.468.

的伦理学传统屈服了："如所周知，伦理学家把道德义务分为两类：完全义务（duties of perfect）与不完全义务（imperfect obligation）。后者是指那些行为，这些行为是义务，但履行它们的特定场合可以选择，如慈善或仁爱，确实是我们应该做的，但并不是明确针对哪个人，也不是一定得在哪个规定的时间。用法哲学家们更准确的语言来说，完全义务是别人有与它相关的权利的义务；不完全义务，是不赋予任何权利的道德义务。"①

诚然，一切应该的服务、贡献或付出都具有强制性，并且依据其强制性质可以分为完全强制性的应该的服务、贡献或付出与不完全强制性的应该的服务、贡献或付出。所谓完全强制性的应该的服务、贡献或付出，也就是具有重大社会效用因而应受权力、法律和政治保障的必须且应该的服务、贡献或付出，如服兵役和赡养父母等。这种服务、贡献或付出显然具有完全的强制性：从最弱的舆论强制到行政强制和肉体强制。反之，所谓不完全强制性的应该的服务、贡献或付出，也就是不具有重大社会效用因而不应受权力、法律和政治保障——而只应受道德保障——的必须且应该的服务、贡献或付出，如博爱、仁慈和行善等。这种服务、贡献或付出不具有完全的强制性，因为它显然仅仅具有一种最弱的强制性：舆论强制性。

不难看出，只有完全强制性的——亦即应受权力或法律保障的——应该的服务、贡献或付出，才是义务；而不完全强制性的——亦即不应受权力或法律保障而只应受道德保障的——应该的服务、贡献或付出，则是分外善行而并非义务。"义务应该等同论"的根本错误就在于将强制性与义务性等同起来，因而由一切应该的服务都具有强制性的正确前提，得出错误结论说：一切应该的服务都是义务，只不过应受法律保障者因其具有完全强制性而是完全强制性义务，而不应受法律保障者因其不具有完全强制性而是不完全强制性义务罢了。这就是"义务应该等同论"的理论根据之错误。

如果我们进一步考察"义务应该等同论"的具体结论，这种理论的荒

---

① Robert Maynard Hutchins ed., *Great Books of The Western World*, Volume 43, *UTILITARIANISM*, by John Stuart Mill, p. 468.

谬之处就更加清楚了。因为按照它的"义务就是应该的行为"的定义，一切应该的、道德的、善的行为，如仁慈、博爱、布施、行善等等，便都是义务了。这种理论的倡导者也确实是将一切应该的、道德的、善的行为，如仁慈、博爱、布施、行善等等，都当作义务。例如，在康德、西季威克和罗斯那里，就有所谓的仁爱的义务、博爱的义务、行善的义务、忠实的义务、感恩的义务、不撒谎的义务、礼貌的义务、敬重他人的义务以及自我完善的义务等等。

照此说来，路遇乞丐，我一定得给他一些钱财，因为施舍是应该的、善的、有德性的，因而是我的义务。遭遇游客，如果他要我给他照相，我也一定得给他照相，因为给别人帮忙是应该的、善的、有德性的，因而是我的义务。我一定得不断地馈赠不比我富裕的人，因为馈赠不比我富裕的人，是应该的、善的、有德性的，因而是我的义务。西季威克甚至断言："我们不应当否认，只要力所能及，做一个人判断为最有德性的行为就在某种意义上是他的严格的义务。"① 这就是说，无私利他 —— 无私利他无疑是最有德性的行为 —— 乃是每个人的严格义务。因此，一个商人童叟无欺，只有当他的目的是为了童叟，才算履行了义务；如果他不是为了童叟，而是为了买卖兴隆，那么，他就没有履行义务，他就应该受到惩罚。难道还有比这更荒谬的吗？"义务应该等同论"是如此荒谬，以致它的追随者范伯格有时也动摇起来，感到将义务与应该等同起来是个极大的错误：

"强调义务的哲学家们的基本错误是……将全部应该的行为等同于履行'义务'。"② 因为"有一些行为是值得一个人去做的，并且确实是他应该做的，虽然这些行为既不是他的责任，也不是他的义务。这样，从逻辑上看，说某人有义务或责任去做 X，决不能简单地换成另一种说辞：他应当去做 X。"③

综上可知，"义务应该等同论"是不能成立的：义务固然是应该的、善

① 西季威克：《伦理学方法》，廖申白译，中国社会科学出版社 1993 年版，第 238 页。
② Tom L. Beauchamp, *Philosophical Ethics*, p.175.
③ Tom L. Beauchamp, *Philosophical Ethics*, p.176.

的、道德的服务、贡献或付出；应该的、善的、道德的服务、贡献或付出
却不都是义务。义务只是同时具有必须性的那些应该的、善的、道德的服
务、贡献或付出，是不履行就会受到权力、法律和政治惩罚的必须且应该
的服务、贡献或付出，因而也就是颠倒了的权利：权利是一种具有重大社
会效用因而应该受到权力或法律保障的必须且应该的索取；义务是一种具
有重大社会效用因而应该受到权力或法律保障的必须且应该的贡献。所以，
边沁写道："凡是我有义务去做的事情，如果我不去做，依据法律，我就要
受到惩罚。这就是义务一词原来的、普通的和恰当的含义。"①

关于权利与义务概念的学说　究竟何谓权利与义务，正如庞德所言，
原本是法学的最大难题："法学之难者，莫过于权利也。"② 围绕这一难题，
法学家、伦理学家和政治哲学家们至今仍众说纷纭、莫衷一是。这些争论，
细说起来，可以归结为两大流派：一是"利益说"，包括所谓"资格说"、
"主张说"或"要求说"以及"法力说"；二是"自由说"，包括所谓"意志
说"、"可能说"、"规范说"或"范围说"。

利益说（The Interest Theory）的公认代表，是奥斯丁、葛德文、耶林
及其当代的著名支持者里昂斯（D. Lyons）、麦考米克（D. N. MacComick）
和拉兹（J. Raz）。奥斯丁说："权利的特性是赋予它的拥有者以利益。"③ 葛
德文说："义务，是我应该施与别人的待遇；权利，是我应该期望从他们那
里受到的待遇。"④ 耶林说："权利就是受到法律保护的一种利益。所有的利
益并不都是权利，只有为法律所承认和保障的利益才是权利。"⑤

可见，利益说是这样一种关于权利与义务的定义的理论，在它看来，
权利是一种利益、索取或要求，是受到法律保障的利益、索取或要求；义
务则是一种贡献、付出或不利益，是受到法律约束的贡献、付出或不利益。

---

① 边沁：《政府片论》，沈叔平等译，商务印书馆 1995 年版，第 230 页。
② 程燎原、王人博：《赢得神圣》，山东人民出版社 1993 年版，第 2 页。
③ J. Austin, *The Province of Jurisprudence Determined*, London: Weiderfeld & Nicholson, 1954, p. 142.
④ 葛德文：《政治正义论》第一卷，何慕李译，商务印书馆 1991 年版，第 100 页。
⑤ 庞德：《通过法律的社会控制 法律的任务》，沈宗灵、董世忠译，第 46 页。

一句话，利益说是认为权利不过是一种利益的理论。所以，李肇伟在总结利益说的界说时这样写道："利益说，为主张权利利益说之见解。认权利即为权利主体享受利益，义务即为义务主体履行不利益。"

准此观之，首先，所谓"主张说"或"要求说"（The Claiming Theory）也属于"利益说"范畴。因为按照这种学说，权利是一种要求、主张或索取，是一种合理合法的要求、主张或索取，是一种有效的要求、主张或索取。这种学说的代表穆勒便这样写道："当我们把任何一种东西称作一个人的权利时，我们的意思是，他拥有一种有效地要求社会用法律或教育和舆论的力量，来保护他的占有。"[①] "要求说"的当代支持者范伯格进而解释说："几乎所有的作者都主张'有所要求'和'享有权利'之间存在着某种密切的关系。某些作者不加修饰地将权利和要求等同起来；某些人则把'权利'定义为是合理的或合法的要求、或得到承认的要求、或正当有效的要求。我自己则偏向于后一种定义。"[②] 葛德文也可以看作是"主张说"或"要求说"的代表，因为他也这样写道："权利是个人对他的应得利益的要求，这种利益是从别人尽了他们的各项义务过程中产生的。"[③] 可见，"主张说"或"要求说"的所谓要求、主张或索取（claims），也就是对于利益的要求、主张或索取。因此，他们说"权利是一种要求、主张或索取"，无异于说"权利是一种对于利益的要求、主张或索取"，说到底，也就意味着"权利是一种利益"："主张说"或"要求说"就是"利益说"。

其次，"资格说"（The Entitlement Theory）也属于"利益说"范畴。资格说的主要代表是格老秀斯和米尔恩。格老秀斯在定义权利时写道："由于它，一个人有资格正当地占有某种东西或正当地做出某种事情。"[④] 米尔恩则进一步解释说："一种权利就是对于一种预定利益的资格，它的反面必定是

<hr>

① Robert Maynard Hutchins ed., *Great Books of the Western World*, Volume 43, *UTILITARIANISM*, by John Stuart Mill, p. 470.
② 范伯格：《自由、权利和社会正义——现代社会哲学》，王守昌、戴栩译，第 94 页。
③ 葛德文：《政治正义论》第一卷，何慕李译，第 12 页。
④ 张文显：《法哲学范畴研究》，中国政法大学出版社 2001 年版，第 300 页。

对于同一预定利益的无资格。"① "权利概念的要义是'资格'。说你对某事物享有权利，就是说你被赋予了享有它的资格……如果你被赋予了享有某事物的资格，那么，或者是你，或者是你的利益的代理人，一定能够回答这个问题：'是什么东西赋予了你这种资格？'答案就是，存在着赋予享有某些事物的资格之途径，而可以立即想到的途径就有三条，即法律、习俗和道德。"② 可见，资格说也认为权利是一种利益，只不过是一种有资格得到的利益，也就是法律、习俗和道德所承认和赋予的利益。因此，资格说不过是进一步确定权利究竟相当于一种什么利益的学说，因而不过是利益说的一种比较精确 —— 同时也比较晦涩 —— 的形态罢了。

最后，法力说（The Legal Capacity Theory）则是一种更为复杂的利益说。何谓法力说？吴学义道："法力说谓权利为可享受特定利益之法律上之力。德人梅克儿（Merkel）、勒格儿斯巴苟（Regelsberger）等倡之，为近代之通说，乃最可信者。"③ 邱汉平道："法律上之力说，此说下权利之定义曰：'权利者，得享受国家的生活上必要之特定利益而使活动之之法律上之力也。'"④ 韩忠谟道："法律上之力说，以为权利乃法律为使人享受一定利益，所赋予的法律上之力，也就是可享受利益的法律上之力。"⑤ 管欧在界说法力说时也这样写道："权利者，乃是法律上认许特定人的利益所赋予的力量。"⑥ 一句话，权利是保障利益的法律力量或手段：这就是法力说的根本特征。今日一些著名的法学家也主张这种法力说，认为权利是保障利益的法律手段。例如，徐显明写道："权利意指法律关系中的主体以相对自由的作为或不作为的法定方式获得利益的一种能动的手段。"⑦ 张文显也写道："法律权利是规定或隐含在法律规范中、实现于法律关系中的、主体以相对自

---

① A. J. M. Milne, *Human Rights and Human Diversity*, p. 99.
② A. J. M. Milne, *Human Rights and Human Diversity*, p. 89.
③ 吴学义：《法学纲要》，第 92 页。
④ 邱汉平：《法学通论》，商务印书馆 1935 年版，第 90 页。
⑤ 韩忠谟：《法学绪论》，中国政法大学出版社 2002 年版，第 173 页。
⑥ 管欧：《法学绪论》，台湾学生书局 1988 年 44 版，第 299 页。
⑦ 徐显明主编：《公民权利义务通论》，群众出版社 1991 年版，第 12 页。

由的作为或不作为的方式获得利益的一种手段。"①

不难看出，法力说实质上可以归结为利益说，它与利益说在实质上完全是一回事。因为利益说认为"权利是受到法律力量所保障的利益"；法力说则认为"权利是保障利益的法律力量"：二者难道有什么实质上的不同吗？当然，更确切些应该说，法力说是一种表述得不够确切的利益说。因为，真正讲来，保障利益的法律力量或手段，并不是权利而是权力。因为所谓权力，如上所述，就是社会管理者所拥有并且得到社会承认的强制力量，也就是保障人们利益合作的根本手段，也就是保障人们相互贡献与索取、付出与要求的根本手段，说到底，也就是一种保障利益的法律力量或法律手段和政治力量或政治手段。所以，法力说将权利界定为保障利益的法律力量或手段，是一种将权利与权力混同起来的利益说，因而是一种表述不当的利益说。

"利益说"遭到的驳难，总而言之，原因在于似乎存在这样一种与利益说矛盾的现象：有些权利并不是利益；有些义务并不是负担或不利益。李肇伟堪称这种反驳的代表，他写道："利益说，乃认权利系法律在某种情形下赋予权利主体享受利益，受此利益者即为权利人。……但在事实上，权利人并不一定有利益。例如亲权人教养子女，至精疲力竭而有不能达其目的者，其本身并无利益可言。"②"利益说，为主张权利利益说之见解。认权利即为权利主体享受利益，义务即为义务主体履行不利益。乃以义务系法律在某种情形下赋予义务主体为不利益之履行，履行此不利益者乃为义务人。但揆之事实，义务人履行其应行之义务，并无不利益。例如，一般人均须履行不侵害他人之身体或健康之义务，义务人并无任何不利益。"③

但是，怎么能说亲权不是一种利益呢？为什么离婚的父母往往争夺对子女的亲权，甚至不惜为此诉诸法律？岂不就是因为亲权是一种莫大的利益——它可以满足为人父母的强烈渴望吗？亲权人要付出抚养子女的辛苦，

---

① 张文显：《法哲学范畴研究》，第309页。
② 李肇伟：《法理学》，第271页。
③ 李肇伟：《法理学》，第292页。

这确实不是利益。但这并非亲权人的权利，而是亲权人的义务。更确切些说，享有亲权的父母，就其付出抚养子女的辛苦来说，并非在享受权利，并非权利人；而是在尽义务，是义务人。只有就其满足做父母的欲望从而得到做父母的利益来说，才是享受权利，才是权利人。所以，李先生"有权利未必有利益"的反驳是不能成立的。与李先生相似，有人以"继承权"来反驳利益说。他们说，继承权既可能继承财产从而继承的是利益，也可能继承债务从而继承的是负担和不利益。这样一来，权利便可能是负担和不利益，因而利益说便是错误的。确实，继承权的享有者既可能继承财产从而继承的是利益，也可能继承债务从而继承的是负担和不利益。但是，当继承权的享有者继承的是债务从而继承的是负担和不利益时，他便由权利人转变为义务人，他的继承权利便转变为继承义务：他所继承的便不是权利而是义务。试问，当一个人继承了父亲的债务而替父还债时，我们能说他是在享受一项权利而不是在尽一项义务吗？因此，以"继承权"来反驳利益说也是不能成立的。

另一方面，李先生以为不损人、不害命仅仅是不损害权利主体利益，而义务人并未不利益、并未给予权利主体利益。粗略看去，确实如此。但细细思量，则大不然。一切义务，都是利益的付出。只不过这种利益的付出，可以分为两种。一种是积极付出的利益，是义务主体通过从事一定行为而给予权利主体的利益，如服兵役、纳税等，叫作积极义务。另一种是消极付出的利益，是义务主体为了权利主体而放弃从事一定行为的利益，是义务主体通过放弃从事一定行为而给予权利主体的利益，如不损人、不害命等等，叫作消极义务。李先生只承认积极义务是不利益、是利益的付出，而否认消极义务是不利益、是利益的付出。这是似是而非之见。试想，午夜时分，我忽得喜讯，极想高歌一曲。但为了不影响邻人睡眠，我只好压抑自己、放弃高歌。这是我的不损人的消极义务。这对我来说难道不是一种不利益？难道不是一种利益的放弃、付出：付给了邻人安静的利益？李先生的"有义务未必不利益"的反驳显然也是站不住脚的。

总之，利益说反对者的批驳是不能成立的。但不能由此说各种形态的利益说都是完全正确的。利益说，细究起来，存在着三种形态或类型："简单利益说"、"法律利益说"和"科学利益说"。简单利益说的特征在于将权利与利益等同起来，认为权利就是利益、索取或要求，义务就是服务、贡献或付出。葛德文是这种学说的代表："义务，是我应该施与别人的待遇；权利，是我应该期望从他们那里受到的待遇。"[①] 这种学说是很不确切的。因为我应该从他人那里得到的利益，如接受馈赠，并不都是我的权利；我应该给予他人的利益，如施舍，也并不都是我的义务。那么，权利究竟是一种怎样的利益？

利益说的真正泰斗耶林回答了这个问题："权利就是受到法律保护的一种利益。所有的利益并不都是权利，只有为法律所承认和保障的利益才是权利。"[②] 这就是"法律利益说"：法律利益说的根本特征在于认为权利是实际上受到法律保障的利益。法律利益说显然远远优越于简单利益说，但也并不完全确切。因为有些权利，如人权，实际上并没有受到 —— 而只是应该受到 —— 法律保障，却仍不失其为权利。权利显然是应该受到 —— 而未必实际受到 —— 法律保障的利益。更确切些说，权利是一种具有重大的社会效用的必须且应该得到的利益、索取或要求，是一种具有重大的社会效用的必当得到的利益、索取或要求；因而也就是应该受到 —— 而未必实际受到 —— 社会管理者依靠权力加以保护的利益、索取或要求，说到底，也就是应该受到 —— 而未必实际受到 —— 政治和法律保障的利益、索取或要求。这就是科学利益说。

显然，只有科学利益说堪称真理，而简单利益说和法律利益说则是不完全的真理。因为简单利益说和法律利益说仅仅正确看到利益是权利或义务的属概念，却未能找到权利或义务的种差、根本性质，未能发现权利或义务之利益区别于非权利或义务之利益的根本性质。反之，科学利益说则发现了这种根本性质或种差，乃是"应该受到权力或法律的保障"，是"必

---

① 葛德文：《政治正义论》第一卷，何慕李译，第 100 页。
② 庞德：《通过法律的社会控制 法律的任务》，沈宗灵、董世忠译，第 46 页。

须且应该"：权利是一种具有重大社会效用的必须且应该得到的利益，因而也就是应该受到权力或法律保障的利益；义务是具有重大或基本社会效用的必须且应该的利益之付出，因而也就是应该受到权力或法律保障的利益之付出。

不过，要理解科学利益说之为真理，无疑还需要进一步揭示关于权利义务概念的其他学说——亦即自由说——的错误。自由说（The Liberty Theory）的根本观点，如所周知，可以概括为一句话：权利是法律所保障的自由。它的代表人物堪称大师林立：霍布斯、洛克、斯宾诺莎、康德、黑格尔、斯宾塞。霍布斯说："权利就是做或不做的自由。"[①] 康德说："权利的概念，并不表示一个人的行为对另一个人的愿望或纯粹要求的关系，不问它是仁慈的行为或者不友好的行为；它只表示他的自由行为与别人行为的自由的关系。"[②] 黑格尔说："法定的权利，不论是私人的或是国家、市镇等公共的，原先就称之为'自由'。"[③] "自由既是权利的实质又是权利的目标，而权利体系则是已成现实的自由王国。"[④]

所谓"意志说"或"意思说"（The Will Theory），细究起来，与"自由说"并无二致。因为按照这种学说，权利也就是法律所保障的按照自己意志进行活动的自由。"意志说"的代表、著名罗马法学者温德夏特便这样写道："权利是一种意志力，或是法律命令所认可的一种意志支配力。"[⑤] 狄骥进而解释道："无论人们怎样做，总是要承认只有在具备一种意志能力时才有主观的权利；而且如果有主观权利，那就意味着一个主体具有可以强制他人的能力，具有一个意志优越于其他意志的优越地位。"[⑥] 这就是说，权利就是法律所保障的按照自己意志进行的活动，就是法律所保障的可以强制

---

① Thomas Hobbes, *Leviathan*, p. 103.
② 康德：《法的形而上学原理——权利的科学》，沈叔平译，第 40 页。
③ 周辅成：《从文艺复兴到十九世纪资产阶级哲学家政治思想家有关人道主义人性论言论选辑》，商务印书馆 1966 年版，第 681 页。
④ 黑格尔：《法哲学原理》，范扬、张企泰译，商务印书馆 1962 年版，第 652 页。
⑤ 莱翁·狄骥：《宪法论》，钱克新译，第 200 页。
⑥ 莱翁·狄骥：《宪法论》，钱克新译，第 214 页。

他人服从以便实现自己意志的活动，就是法律所保障的自己的意志优越于他人意志的活动，说到底，就是法律所保障的自由。因为所谓自由，如所周知，就是能够按照自己的意志进行的活动。所以，意志说与自由说实为同一概念，都是将"权利"等同于"法律所保障的自由"的学说。

同样，所谓"可能说"（The Possibility Theory）和"规范说"（The Norm Theory）也都属于"自由说"范畴。"可能说"是一种在苏联法学界比较流行的学说。我们可以将罗马什金和卡列娃看作这种学说的代表。罗马什金说："权利是指法律规范所规定的有权人作出一定行动和作出一定行为的可能性。"[1] 卡列娃也这样写道："受到国家保障的、有权人作出一定行为的可能性，包括要求别人作出一定行为的可能性，叫作权利。"[2] 这无异于说，权利就是法律所保障的按照自己意志进行的自由；因为自由就是能够按照自己的意志进行的活动，因而也就是按照自己的意志进行的活动的可能性。"规范说"与"可能说"完全一致，认为权利是法律所保障的行为范围或尺度："权利乃为法律所容许各人行为的范围。"[3] "权利是一个人得到法律保证的能做行为的尺度。"[4] 显然，"规范说"实际上就是可能说或自由说，因为"权利是法律所保障的行为尺度或范围"与"权利是法律所保障的行为可能的尺度或范围"以及"权利是法律所保障的行为自由的范围或尺度"无疑是一回事。

我国很多学者都主张自由说或意志说。例如，我国的一本《法学词典》写道："权利是法律上关于权利主体具有一定作为或不作为的许可。"[5] 程燎原说："权利就是由自由意志支配的、以某种利益为目的的一定的行为自由。"[6] 张恒山说："法律权利是法律主体为追求或维护利益而进行选择、并

[1] 罗马什金等主编：《国家和法的理论》，中国科学院法学研究所译，法律出版社1963年版，第468页。
[2] 卡列娃等：《国家和法的理论》下册，李嘉恩等译，中国人民大学出版社1956年版，第450页。
[3] 管欧：《法学绪论》，第298页。
[4] 雅维茨：《法的一般理论——哲学和社会问题》，朱景文译，辽宁人民出版社1986年版，第159页。
[5] 《法学词典》编辑委员会编：《法学词典》，上海辞书出版社1984年版，第267页。
[6] 程燎原、王人博：《赢得神圣：权利及其救济通论》，第11页。

因社会承认为正当而受法律和国家承认并保护的行为自由。"① 然而，即使粗略看来，自由说或意志说也是不能成立的。因为，正如许多学者所指出，一方面，自由仅仅是权利之一种，而不能包括全部权利；另一方面，权利并不依赖意志而存在，如精神病人没有意志能力，但同样享有权利。可是，为什么这样一种如此片面的学说竟然会得到众多大思想家的赞同？

原来，拉丁文 jus、德文 Recht、法文 droit、意大利文 diritte，都兼有权利与法律双重含义。为了区别法律或权利，人们不得不在这些词前面加上限制词，把普遍适用的法律规范叫作"客观法"，把适用于特定人的法律规范称为"主观法"或"主观权利"。但是，这样一来，人们便往往将权利的本质与法律的本质混同起来，以致 20 世纪法学家韩忠谟还这样写道："如以德国学者的用语来表示，他们常称法律为客观意义的权利，而权利则是主观意义的法律。从上可知法与权利原是同一物之两侧面，并无根本差异。"② 自由说或意志说的错误就在于将法律的某种本质 —— 法律是公共意志的体现 —— 当作权利的本质。根据这些学说，如果说法律是公共意志的体现，那么，权利 —— 它是一种法律规定 —— 岂不就是法律所保障的意志？岂不就是法律所保障的意志支配力？岂不就是法律所保障的可以强制他人服从以便实现自己意志的活动？岂不就是法律所保障的自己的意志优越于他人意志的活动？说到底，岂不就是法律所保障的自由？

确实如此。但是，如果将这些命题看作权利的定义 —— 自由说或意志说正是这样看的 —— 那就大错特错了。因为，举例说，在一种自由民主社会，法律确实是公共意志的体现，因而也是我的意志的体现。这样，不但我的法律权利是我的意志的体现，从而是我的被法律保障的自由，而且我的法律义务也同样是我的意志的体现，从而也是我的被法律保障的自由。因此，如果说权利就是法律所保障的自由，就是法律所保障的意志的支配力，那么，义务同样也是法律所保障的自由，也是法律所保障的意志的支

---

① 张恒山：《义务先定论》，山东人民出版社 1999 年版，第 97 页。
② 韩忠谟：《法学绪论》，第 173 页。

配力。因此，自由说关于"权利就是法律所保障的自由"的定义，可以包容一切义务，不能使权利与义务区别开来，因而是不能成立的。

要使权利与义务区别开来，显然必须使意志说具体化：由"权利是法律所保障的意志"具体化为"权利是法律所保障的索取的意志"。这样，权利就可以与义务区别开了："义务是法律所保障的贡献的意志"。于是，意志说经过具体化，便找到了权利的真正定义：权利是法律所保障的索取的意志，是法律所保障的要求一定利益的意志。巴特勒米早就看到了这一点，他说："权利所表现出来的特征便是主体对一种利益的意志能力。"① 狄骥也写道："法律命令所能授予的只是要求某种事物的一种意志能力。"② 这些固然是权利的正确的、科学的定义，但是，这种定义还是意志说吗？显然不是意志说，而是不折不扣的利益说：利益说是意志说克服自身缺憾的必然结果。③ 这就进一步确证了利益说的真理性：社会乃是人们各自利益的合作形式，而权利与义务不过是人们所能进行交换的一种最根本的利益罢了。

2. 权利与义务的类型

确立权利与义务交换或分配的公正原则，不仅需要界说权利与义务，而且还需要进而划分权利与义务。权利义务，如所周知，若以其被赋予、被规定的形式之性质为根据，可以分为道德权利义务与法定权利义务以及自然权利义务；若以其承担者的性质为根据，可以分为人类的权利义务与非人类存在物的权利义务。

道德权利义务、法定权利义务和自然权利义务　权利与义务，以其存在的性质为根据，分为实有权利义务与应有权利义务。所谓实有权利义务，就是实际存在的权利义务，也就是被社会承认和赋予的权利义务，说到底，

---

① 莱翁·狄骥：《宪法论》，钱克新译，第219页。
② 莱翁·狄骥：《宪法论》，钱克新译，第211页。
③ 但是，有人将这些定义叫作"利益和意志混合说"。这种称谓是不恰当的。因为如上所述，利益说的完善形态 —— 权利是应该受法律所保障的对于一定的利益的索取或要求 —— 本身显然就包含意志因素，就是利益与意志二因素的混和。

也就是被社会的各种规范承认和赋予的权利义务：实有权利义务完全存在于社会的各种规范体系之中。所以，关于实际存在的权利义务，彼彻姆曾这样写道："权利体系贯穿于规则体系。这些规则可能是法律规则、道德规则、风俗规则和游戏规则等等；全部权利的存在或不再存在，都取决于相应的规则是否承认这些要求或是否授予这些'资格'。"[①]这就是说，每个人实际享有什么权利和负有什么义务，并不是一种个人行为，而完全是由社会通过一定的规范所承认、规定或赋予的。这些社会规范，真正讲来，无非两种：法与道德。

法对于权利义务的规定，也就是法所承认、赋予的权利义务，叫作法定权利和法定义务。道德对于权利义务的规定，也就是道德所承认、赋予的权利义务，叫作道德权利和道德义务。对此，庞德已说得很清楚："义务有道德与法律之区别。凡人对于一事，因其为人群的、公家的或私家的利益所关系，且已得社会所有道德观念所承认之故，务欲实行或欲不行，道德的义务即在是矣。凡人对于一事，因其为人群的、公家的或私家的利益所关系，且已得国家以法律之力为之维持之故，不能不行或不能不止，法律的义务即在是矣……倘使某人虽有一种能力足以影响他人的行为，因关系某项利益之故，使之必为或必不为一事。然是持道德为后盾者，可称之为道德权利。惟一经法律承认或创造之后，而法院又随时可用国家权力加以强制执行者，如此能力可称为法律的权利。"[②]

可是，为什么权利与义务既被法承认、赋予同时又被道德承认、赋予？因为权利与义务的界说——权利是一种具有重大社会效用的必须且应该的索取和义务是一种具有重大社会效用的必须且应该的贡献——意味着：权利与义务不但是一种法律规范，同时也是一种道德规范。因为，如所周知，法所规范和保障的是具有重大社会效用的行为；而道德所规范和保障的则是一切具有社会效用的行为。这样，诸如权利与义务等具有重大社会

---

① Tom L. Beauchamp, *Philosophical Ethics*, p.198.
② 《西方法律思想史资料选编》，北京大学出版社 1983 年版，第 707—708 页。

效用的行为，因其具有重大社会效用，便既被法规定同时又被道德规定，从而得到法和道德的双重保障。

所以，任何一种权利与义务，就其为权利与义务的本性来说，都应该既是法定权利义务同时又是道德权利义务。但是，有些权利义务，如所谓人权，在一定历史时期，却仅仅被道德承认而不被法律承认，因而仅仅是道德权利义务而不是法定权利义务。反之，另一些权利义务，如暴君和僭主所制定或认可的权利义务，并不被道德承认而仅仅被法律承认，因而仅仅是法定权利义务而不是道德权利义务。显然，这种只是法定的或只是道德的权利义务，都是权利义务的不完善形态，都缺乏完全的保障从而难以得到真正的实现：道德权利义务要真正实现，必须得到法的承认从而同时成为法定权利义务；法定权利义务要真正实现，必须得到道德的承认从而同时成为道德权利义务。

那么，除了法定权利义务和道德权利义务，还有其他社会承认的权利义务吗？没有了。因为法定权利义务的外延比法律权利义务的外延广阔得多。法，如所周知，包括法律、政策、纪律。适用于整个国家或全社会的法，就是法律和政策：法律是具体化、条例化的法；政策是口号化、一般化的法。只适用于某些单位或团体的法，就是纪律；或者像吴志攀教授那样，将其称之为"单位规则"，而与法律相并列："法律一般适用于社会中的任何人，适用范围也是在整个行业或整个区域的。在平时观察到的单位规则只涉及内部人员。"① 于是，法定权利义务与法律权利义务不同：法定权利义务包括法律与政策以及纪律或单位规则所赋予的权利义务；而法律权利义务则仅仅是法律所赋予的权利义务。这样一来，法定权利义务与道德权利义务显然包括了社会所承认的全部的权利义务。所谓政治权利义务、经济权利义务、宗教权利义务，不过是法和道德所规定、赋予的人们进行政治活动、经济活动、宗教活动的权利义务。所谓习惯权利义务，不过是

---

① 吴志攀：《单位规则——我国社会存在的"第三种规则"》，载北京大学法学院编：《江流有声》民商法学·经济法学卷，法律出版社2004年版，第237页。

习惯的、不成文的法定权利义务和道德权利义务罢了。然而，彼彻姆却认为有些社会所承认的权利义务既非法定的又非道德的：

"还有一些权利既非道德的，亦非法定的。官方机构和职业社团就是这样的两类群体，它们可以发布规章，声明一些权利为属于这些群体的特殊人员所享有。举例说，某些工业的雇员的权利一直是这些雇员的代表机构持久商议的主题……私人俱乐部和友好组织也有一些赋予某些权利的规则和原则……这些条约权利不同于道德权利之处在于，它们的存在不能独立于支配这些社团的那套条约或规则；不同于法定权利之处则在于，法规并不承认其为权利。"①

不难看出，彼彻姆的错误在于把法定权利等同于法律权利，因而不懂得这些条约权利——乃至一切党团章程、宗教教规所赋予的权利——虽然既非法律权利，亦非道德权利，却因其不过是政策和纪律或单位规则所赋予的权利而仍然属于法定权利范畴。

法定权利义务与道德权利义务虽然包括了社会所承认和赋予的全部权利义务，却没有包括全部权利义务。因为有些权利义务虽然并不被社会所承认，亦即并不被法和道德承认，却仍然是权利义务：只不过它们不是实有权利义务，而是应有权利义务罢了。举例说，在奴隶社会，奴隶的人权是社会规范——不论是法还是道德——所不承认的，因而奴隶实际上是没有人权的。但是，奴隶同样是人。他的人权，虽然没有被社会承认却应该被社会承认，虽然没有被法和道德承认却应该被法和道德承认。奴隶的这种实际上没有却应该有的人权，就叫作"应有权利"。因此，所谓应有权利义务，就是未被社会承认和赋予却应该被社会承认和赋予的权利义务，就是未被社会规范——道德与法——承认和赋予却应该被它们承认和赋予的权利义务，说到底，就是实际上没有却应该有的权利义务。

然而，任何权利义务都不能不是被某种规则承认和赋予的。应有权利义务如果不是被社会承认和赋予的，如果不是被社会的法和道德承认和赋

---

① Tom L. Beauchamp, *Philosophical Ethics*, pp. 189-190.

予的，那么，它们究竟是被什么承认和赋予的？自然法理论回答了这个问题：应有权利义务是被自然法承认和赋予的。何谓自然法？霍布斯答道："自然法的定义是正确理性的指令。"[1] 在这句话的注释中，霍布斯又对所谓"正确的理性"做了进一步的解释："就人在自然状态中的正确理性而言，许多人意指的是某种永无过失的天赋；而我意指的是理性思考的行为，也即人们对自己行动正确的理性思考……我用'正确的理性思考'这个说法，我的意思是，理性思考是从被正确表述的真实原则得出结论的。因为对自然法的种种违背都在于错误的理性思考或在于愚妄之极。"[2]

这就是说，所谓正确理性就是对于人的行为本性的正确的理性思考，就是符合人的行为本性的理性思考，就是符合人的本性的理性思考；所谓正确理性的指令就是符合人的本性的正确的、优良的行为原则。因此，所谓自然法，就是符合人的本性的正确的、优良的行为准则：自然法与正确的优良的行为准则是同一概念。可是，正确的优良的行为准则为什么叫作"自然法"呢？因为，一方面，正确的优良的行为准则必定符合人的本性，而人的本性也是自然本性的一部分，也是一种客观的、必然的、不依人的意志而转移的自然本性。所以，符合人的本性的正确的优良的行为准则也就是符合自然本性的准则，因而叫作"自然法"。另一方面，只有违背人的本性的错误的行为准则，才是主观的、偶然的、依人的意志而转移的；而符合人的本性的正确的优良的行为准则，乃与自然法则一样，是客观的、必然的、不依人的意志而转移的，因而叫作"自然法"。

这样，应有权利义务便是被正确的理性指令赋予的，是被符合人的本性的正确的优良的行为原则赋予的，说到底，是被自然法赋予的，因而便叫作"自然权利义务"：自然权利义务与应有权利义务是同一概念。相应地，实有权利义务——法定权利义务和道德权利义务——则是被社会赋予的，是被社会的两种契约或约定法——法和道德——赋予的，因而便叫作

---

① 霍布斯：《论公民》，应星、冯克利译，贵州人民出版社 2003 年版，第 15 页。
② 霍布斯：《论公民》，应星、冯克利译，第 25 页。

"约定权利义务"："自然权利或自然法是相对约定权利或约定法而言的。"①
因此，所谓自然权利义务，就是实有权利义务——法定权利义务和道德权
利义务——的对立面，就是应有权利义务，就是符合人的本性的正确的优
良的行为规范承认和赋予的权利义务，就是未被社会承认和赋予却应该被
社会承认和赋予的权利义务，就是未被社会规范——道德与法——承认
和赋予却应该被它们承认和赋予的权利义务。这一点，自然权利理论家们
已经说得很清楚："自然权利或人权独立于任何实有社会的法律和政府。"②
因此，"拒斥自然权利，就无异于说，所有权利都是实在权利。而这就意味
着，何为权利是完全取决于立法者和各国的法院的。"③

　　然而，"自然权利"与"人权"往往被当作同一概念的不同名称："'人
权'一词只是在本世纪才占据了显著的位置。在以前的诸世纪里，人们更
多地是把这些权利说成是'自然权利'。"④一句话："人权是自然权利的现
代用语。"⑤这种将自然权利与人权等同起来的观点是不恰当的。因为自然权
利是未被社会承认和赋予却应该被社会承认和赋予的权利，是未被社会规
范——道德与法——承认和赋予却应该被它们承认和赋予的权利。这样，
自然权利的外延便是不断变化的：任何权利，当其未被社会、法和道德承
认时，便是自然权利；而当其得到社会、法和道德承认时，便不再是自然
权利，而变成了约定权利，变成了法定权利和道德权利。因此，大体说来，
在任何人权宣言都还没有发布以前，亦即 18 世纪以前，人权没有得到社会
承认——既没有得到法律承认也没有得到道德承认，因而便是一种自然权
利。但是，1776 年美国《独立宣言》和 1789 年法国《人权宣言》发表之
后，人权逐渐得到道德的承认，逐渐得到社会承认，因而在这些国家便不
再是自然权利，而变成了一种约定权利、道德权利。20 世纪中叶以来，人

---

① Tom L. Beauchamp, *Philosophical Ethics*, p. 206.
② Tom L. Beauchamp, *Philosophical Ethics*, p. 208.
③ 列奥·施特劳斯：《自然权利与历史》，彭刚译，生活·读书·新知三联书店 2003 年版，第 2 页。
④ 列奥·施特劳斯：《自然权利与历史》，彭刚译，第 336 页。
⑤ 黄楠森、沈宗灵主编：《西方人权学说》下，四川人民出版社 1994 年版，第 5 页。

权成为许多国家宪法的内容，因而在这些国家便不仅是一种道德权利而且是一种法定权利了。如今，只是在那些法和道德都不承认人权的国家，人权才是自然权利。

自然权利义务还往往被等同于道德权利义务。布兰特说："'自然权利'与'道德权利'是同义的。"[①] 克兰斯顿也这样写道："自然权利是道德权利，而且仅仅是道德权利。"[②] 这是错误的。因为自然权利义务与道德权利义务根本不同。这可以从两方面看。一方面，道德权利义务是一种被社会承认和赋予的权利义务，亦即被社会的道德规范承认和赋予的权利义务，因而属于实有权利义务范畴。反之，自然权利义务则是未被社会承认和赋予而只是应该被社会承认和赋予的权利义务，是未被社会规范——道德与法——承认和赋予而只是应该被它们承认和赋予的权利义务，因而属于应有权利义务范畴。另一方面，道德权利义务是实有权利义务，是被道德规范——优良的、正确的道德规范和恶劣的、不正确的道德规范——所承认和赋予的权利义务，因而未必是正确的、应该的、公正的。举例说，中国封建社会的男人享有娶多个女人的权利，便既被法律承认因而是法定权利，又被道德承认因而是道德权利：这种道德权利显然是不公正的。反之，自然权利义务是应有权利义务，是被正确的理性指令赋予的，是被符合人的本性的正确的优良的行为原则赋予的，因而必定都是正确的、应该的、公正的。所以，罗尔斯说，自然权利是一种"为正义所保护的权利"，是"由正义理论确定的权利"："自然权利概念可用这一事实来解释。首先，它说明了为何用这个名称来称谓被公正所捍卫的权利是适当的。这些权利仅仅依据于一定的自然性质……这些性质和基于其上的权利是独立于社会习俗和法律规范的。'自然的'这个术语的适当，就在于它昭示了由公正理论确认的权利和由法律、习俗规定的权利之区别。"[③]

可见，自然权利义务不但根本不同于法定权利义务，而且根本不同于

---

① 彼彻姆：《哲学的伦理学》，雷克勤译，中国社会科学出版社 1990 年版，第 306 页。

② 余涌：《道德权利研究》，中央编译出版社 2001 年版，第 199 页。

③ John Rawls, *A Theory of Justice* (Revised Edition), p. 442.

道德权利义务：道德权利义务和法定权利义务是实有的、约定的权利义务，因而既可能是应该的、公正的，也可能是不应该、不公正的；自然权利义务则是应有的、被正确的社会规范赋予的权利义务，因而必定是应该的、公正的。于是，当自然权利义务与法定权利义务以及道德权利义务发生冲突时，便既不应该服从道德权利义务，也不应该服从法定权利义务，而只应该服从自然权利义务。因为，既然道德的和法定的权利义务都可能是不公正的，而只有自然权利义务是完全公正的，那么，自然权利义务便是衡量法定权利义务和道德权利义务是否公正的依据和标准：与自然权利义务相符一致的，就是公正的法定权利义务和公正的道德权利义务；与自然权利义务不相符不一致的，就是不公正的法定权利义务和不公正的道德权利义务。

因此，一个社会如果是公正的，便应该以自然权利义务为标准，来制定或认可道德权利义务和法定权利义务，亦即使自然权利义务转变为道德权利义务和法定权利义务，从而最终使道德权利义务、法定权利义务与自然权利义务完全重合一致。这种转变、制定、认可或重合一致的过程，一般循由"自然权利义务—道德权利义务—法定权利义务"的发展变化规律。自然权利义务是未被社会承认和赋予却应该被社会承认和赋予的权利义务，是未被社会规范 —— 道德与法 —— 承认和赋予却应该被它们承认和赋予的权利义务，因而是纯粹应有的权利义务。道德权利义务虽然是被社会承认和赋予的，却仅仅是被社会的道德规范承认和赋予的，而不是被法所承认和赋予的，因而仅仅得到舆论的保障而得不到权力的保障，是一种不完全实有的权利义务。法定权利义务，一般说来，则既得到法的承认和赋予，又得到道德的承认和赋予，既得到权力的保障，又得到舆论的保障，因而是一种完全实有的权利义务。

这样，权利义务由应有到实有的实现过程，也就是由纯粹应有的自然权利义务到完全实有的法定权利义务的演进过程。在这种演进的过程中，往往要经过不完全实有的道德权利义务的中介和过渡。还是拿人权来说。18世纪以前，人权一直是一种自然权利。1776年美国《独立宣言》和1789年法国《人权宣言》发表之后，人权才逐渐得到道德的承认而变成一种约定的、道德的权利。20 世纪中叶以来，人权终于成为许多国家宪法的内容，因而在这些国家便不仅是一种道德权利而且是一种法定权利了。所以，人权由自然权利实现为法定权利，经过了 200 来年的道德权利的中介和过渡。

显然，一个社会，它的自然权利义务向道德和法定权利义务转变越多，该社会未被法和道德承认却应该被它们承认的自然权利义务就越少，该社会的道德权利义务与法定权利义务就越趋于重合一致，该社会就越公正：如果它的自然权利义务已经完全转化为道德和法定权利义务，以至它的自然权利义务等于零，从而道德权利义务与法定权利义务完全重合一致，那么，该社会就达到了完全公正的境界。这就是道德权利义务和法定权利义务应该逐渐接近的终极目的。

人类的权利义务与非人类存在物的权利义务 所谓人类的权利义务，无疑是指人类内部的权利义务，也就是人与人之间的权利义务。但是，所谓非人类存在物的权利义务，则并不包括非人类存在物之间的权利义务，而仅仅是指非人类存在物与人之间的权利义务。因为伦理学，如所周知，是一种关于人类行为的科学，是关于每个人应该如何对待社会、他人、自我和动植物等非人类存在物的科学。所以，只有人类与非人类存在物之间的权利义务，才因其属于人类行为范畴而成为伦理学的研究对象。反之，非人类存在物之间的权利义务，比如说，即使存在着鹿王与母鹿们的权利义务或每条狼在狼群中的权利与义务，也因其并不属于人类行为范畴而并非伦理学的研究对象，而是动物行为科学的研究对象。然而，问题的关键在于：在人与非人类存在物之间存在着权利与义务的关系吗？

传统伦理学告诉我们，权利与义务仅仅存在于人与人之间，而在人与动植物等非人类存在物之间是没有权利与义务可言的：动物是没有权利的。可是，早在 1789 年，边沁就已经写道："或许有一天，动物可以取得原本属于它们但只因为人的残暴之力而遭到剥夺的权利。"[1] 1790 年，劳伦斯（John Lawrence）则宣告："我建议国家正式承认兽类的权利，并根据这

---

[1] 彼得·辛格：《动物解放》，孟祥森、钱永祥译，光明日报出版社 1999 年版，第 9 页。

种原则制定一种法律，以谨防和保护它们免遭那些不可容忍的任意虐待。"①
1867 年，缪尔（John Muir）更加愤愤不平地写道："我们这种自私和自负的
动物：同情心是多么狭隘，对于其他动物的权利是何等愚昧无知！"② 1873
年，赫尔普斯（Arthur Helps）也写道："每个生物都拥有权利，而且最高形
式的公正也适用于它。"③ 1892 年，塞尔特出版了他的《动物权利与社会进
步》学术专著。到了 20 世纪，西方思想界则兴起了动物权利论和动物解放
运动。

　　无疑，非人类存在物的权利义务，正如诺兰所言，乃是当代最新颖和
最富于挑战性的伦理学问题："生态意识中所包含的道德问题属于我们时代
中最新颖的、富于挑战性的道德困境。这些问题之所以最新颖，是因为它
们要求我们考虑这样一种可能性，即承认动物、树木和其他非人的有机体
也具有权利；这些问题之所以最富于挑战性，是因为它们可能会要求我们
抛弃那些我们所长期珍视的理想，即我们的生活应达到一定的水准以及为
了维持这种水准应该进行各种各样的经济活动。"④ 那么，动植物等非人类存
在物究竟有没有权利？

　　最有代表性的否认非人类存在物拥有权利义务的理论，正如当代动物
权利理论捍卫者、著名哲学家汤姆·雷根（Tom Regan）所言，乃是康德的
"间接义务论"。⑤ 对于这一理论，康德这样阐述道："对动物而言，我们没
有直接的责任。动物没有自我意识……我们对动物的责任只是对人的间接
责任。动物的天性类似于人类的天性，通过对动物尽义务这种符合人性表
现的行为，我们间接地尽了对人类的责任。因此，如果一条狗长期忠诚地
服务于它的主人，当它老得无法继续提供服务时，它的主人应当供养它直

---

① Roderrick Frazier Nash, *The Rights of Nature: A History of Environmental Ethics*, London: The University of Wisconsin Press, 1989, p.24.

② Roderrick Frazier Nash, *The Rights of Nature: A History of Environmental Ethics*, p.1.

③ Roderrick Frazier Nash, *The Rights of Nature: A History of Environmental Ethics*, p.26.

④ R.T. 诺兰等：《伦理学与现实生活》，姚新中等译，华夏出版社 1988 年版，第 435 页。

⑤ Stevn M. Cahnand and Peter Markie, *Ethics:History,Theory,and Contemporary Issues*, New York, Oxford: Oxford Univertasity Press, 1998, p.822.

至死亡。这样的行为有助于支持我们对人的责任，这是应尽的义务。如果动物的行为类似于人类的行为，并有同样的起源，那么我们对动物负有责任，因为这样做培养了对人的相应责任。如果一个人因为他的狗不再能提供服务而杀死它，那么，他对狗没有尽到责任，尽管狗无法给出评价，但他的行为是残忍的，而且有损于他相应对人的仁慈。如果他不打算扼杀自己的人性，他就必须对动物表现出仁慈，因为一个对动物残忍的人在处理人际关系时也会变得残忍。"①

对于康德的这一理论，雷根曾这样写道："可以将这种理论叫作'间接义务论'。不妨这样来解读它：假设你的邻人踢你的狗。那么，你的邻人就做了一件错误的事情。但这不是对你的狗的错误，而是对你的错误。毕竟，使人难过是错误的，而邻人踢你的狗使你难过。所以，被伤害的是你，而不是你的狗。换句话说，邻人通过踢你的狗而损害了你的财产。既然损害他人的财产是错误的，那么你的邻人就做错了事情——当然是对你而不是对你的狗。就像你的轿车的挡风玻璃弄破了，你的轿车并没有受到伤害一样，邻人并没有使你的狗受到伤害。你的邻居所牵涉到对你的狗的义务，不过是对你的间接义务。广而言之，我们对于动物的所有义务，都是我们人类彼此相待的间接义务。"②

可见，所谓"间接义务论"，也就是认为人对于非人存在物的所谓义务只不过间接地是对于他人的义务的理论，也就是认为人对于非人存在物并不负有义务因而非人存在物对于人并不拥有权利的理论：间接义务论是一种否认非人类存在物拥有权利的理论。按照这种理论，我们与动物之间并没有权利义务关系。我们对于动物的所谓义务，如法律所规定的保护熊猫的义务等，实际上只是我们对人类利益的保护，因而只是我们对于人类的间接义务；正如我们不污染河流的义务，实际上并不是我们对于河流的义务，而只是我们对于人的间接义务一样。我们对于动物不负有义务，显然

① P. Aarne Vesilind Alastaie S. Gunn：《工程、伦理和环境》，清华大学出版社2003年版，第263—264页。
② Stevn M. Cahnand and Peter Markie, *Ethics: History,Theory,and Contemporary Issues*, p.822.

意味着，动物对于我们不享有权利：动物是没有权利的。但是，这种否认动物拥有权利的"间接义务论"是不能成立的。

就拿康德和雷根所说的那条狗来讲，它长期忠诚地服务于它的主人，甚至在危难之际救了它主人的性命：它给了它的主人巨大利益。那么，主人是否也应该回报它以巨大的利益呢？主人是否应该在它老得无法继续提供服务时，供养它直至死亡呢？是的。然而，主人为什么应该这样做呢？为什么一个有良心的主人如果不这样做而是杀死它，就会内疚而良心不安呢？是像康德所说的那样，因为这样残忍对待狗就有损于对人的仁慈、对人没有尽到义务吗？固然可以这样看，但主要讲来并非如此。一个有良心的主人如果杀死这条狗，就会内疚而良心不安，主要是因为，杀死这条狗，对于这条狗是不公平的、恶的、缺德的，没有尽到对于它应尽的义务；而不是——或主要不是——因为，杀死这条狗，对于人是不公平的、恶的、缺德的，没有尽到对于人应尽的义务。

因为按照公平原则——等利交换，狗给予了主人巨大的利益，主人回报狗以相应巨大的利益，乃是狗所应得的。主人只有给予它这样巨大的利益，才符合等利交换的公平原则，对于它才是公平的、善的，尽到了应尽的义务；因而当主人这样做时，他才会感到良心安宁。否则，如果主人杀死它，便违背了等利害交换的公平原则，对于它是不公平的、恶的、缺德的，没有尽到对于它应尽的义务；因而当主人这样做时，他才会感到内疚而良心不安。所以，范伯格写道："我们不仅应该仁慈地善待动物，而且应该将动物当作目的来仁慈地善待。因为这样的善待是动物所应得的，是我们对于它们所负有的义务。如果我们不这样做，对于动物就是不公平的、不正当的，而决不仅仅是一种伤害。"①

主人对于狗负有供养它直至死亡的义务，实已经蕴涵着：狗享有被主人供养直至死亡的权利。那么，主人给予狗的巨大利益，供养它直至

① James E. White, *Contemporary Moral Problems*, Fourth Edition, St. Paul: West Publishing Company, 1994, p. 428.

死亡，究竟是不是狗的权利呢？主人给予狗的巨大利益，供养它直至死亡，是狗应该得到的利益，这是毫无疑义的；因为它曾救过主人性命，给予过主人巨大利益。可是，狗应该从主人那里得到的这种利益是不是狗的权利？如果狗的这种利益不仅是应该得到的，而且还是必须得到的，是应该受到法律保障的利益，那么狗的这种利益就是狗的权利了。因为如上所述，权利无非是一种具有重大社会效用的应该且必须得到利益，因而也就是应该受到法律保障的利益。显然，狗应该得到的这种巨大利益，对于狗的生存和人的生态环境从而对于人类社会，是具有重大效用的，因而便是一种应该且必须得到的利益，便是应该受到法律保障的利益，便是一种权利了。

实际上，早在 1641 年英国殖民地的《自由法典》就有这样保障动物利益的法律条例："任何人都不可以虐待那些通常对人有用的动物。""必须使那些拉车或耕地的家畜定期得到休息、恢复体力。"[1] 1822 年，英国议院则通过了著名的"马丁法案"：《禁止虐待家畜法案》。特别是，美国 1972 年、1973 年先后通过的《海洋哺乳动物保护法》和《濒危物种法》，正如皮图拉（Joseph Petulla）所言："体现的是这样一种法理：被列入条款的美国非人类栖息者，就某种特殊的意义来说，得到了生命和自由的保障。"[2] 这样一来，狗和家畜等动物的利益便不但应该受到而且实际上已经受到法律的保障：狗和家畜等动物拥有应该受到法律保障的利益，因而也就拥有了权利。那么，是否动物乃至一切非人类存在物都拥有权利？

对于这个问题，纳什认为范伯格 1971 年关于《动物与未出生的后代人的权利》的论文，乃是开启学术界"尔后关于权利扩展合法性的大量哲学研究的里程碑"。因为在这篇文章中，"范伯格提出了一个根本的问题：哪类存在物或事物可能拥有权利？对于这个问题的回答，使他确立了'利益原则'"[3]。那么，何谓"利益原则"？范伯格一言以蔽之曰："严格说来，只

① Roderrick Frazier Nash, *The Rights of Nature: A History of Environmental Ethics*, p. 18.
② Roderrick Frazier Nash, *The Rights of Nature: A History of Environmental Ethics*, p. 161.
③ Roderrick Frazier Nash, *The Rights of Nature: A History of Environmental Ethics*, p. 126.

有拥有利益的存在物，才能够拥有权利。"① 确实，一种非人类存在物，只有具有分辨好坏利害的评价能力和趋利避害的选择能力，才可能拥有权利：分辨好坏利害的评价能力和趋利避害的选择能力是拥有权利的前提。因为不具有分辨好坏利害的评价能力和趋利避害的选择能力的东西，显然不可能具有利益，因而也就不可能拥有权利：权利是应该受到法律保障的利益。所以，一种东西，如太阳和大地、空气和雨露、石头和山河等，不论给予我们多么大的利益，都不可能拥有什么权利。因为它们不具有分辨好坏利害的评价能力和趋利避害的选择能力，不具有利益。谁能说太阳和大地、空气和雨露、石头和山河等具有利益呢？所以，辛格说："说学童沿路踢一颗石头有违石头的利益，乃是没有意义的一句话，石头没有利益可言。"② 是的，石头没有利益可言，因为石头不具有分辨好坏利害的评价能力和趋利避害的选择能力。

那么，是否只有狗和家畜等动物才具有分辨好坏利害的评价能力和趋利避害的选择能力？不是。因为任何物质形态 —— 不论是生物还是非生物 —— 都具有需要，都需要保持内外平衡。就拿一块石头来说，它也有需要：它的存在之保持，便需要它与其内外环境的平衡。这种平衡一旦被打破，它便风化瓦解、不复存在了。但是，物质形态越高级，它的内外平衡的保持也就越困难，因而它保持平衡的条件也就越高级、越复杂。非生物是最低级的物质形态，它的平衡几乎在任何条件下都可以保持，而不会被所受到的内外作用破坏。所以，非生物对于作用于它的任何东西，都不具有分辨好坏利害的评价能力和趋利避害的选择能力。例如，任何一块石头、一块铁，显然都不具有分辨好坏利害的评价能力和趋利避害的选择能力，它们既不会趋近也不会躲避而是毫无选择地承受风吹雨淋。这是因为石头、铁等任何非生物都不需要具有分辨好坏利害的评价能力和趋利避害的选择

① James E. White.*Contemporary Moral Problems*, Fourth Edition, p. 428.
② 彼得·辛格：《动物解放》，孟祥森、钱永祥译，第10页。

能力：没有这些能力，非生物也能够保持平衡和存在。反之，相对非生物来说，最简单最低级的生物也是极其复杂、高级的。因而生物比非生物的平衡难于保持，很容易被它所受到的内外环境作用破坏。所以，任何生物对于作用于它的东西，都具有分辨好坏利害的评价能力和趋利避害的选择能力。

就这种能力的最基本的形态来说，便是所谓的向性运动与趋性运动。向性运动为一切植物固有。向光性：茎有正向光性，朝着光生长，根有负向光性，背着光生长。向地性：根有正向地性，向下长，茎有负向地性，往上长。向水性：根有很强的正向水性，强到足以使榆树的根找到、长入并阻塞下水管道。这些向性运动显然是分辨好坏利害的评价能力和趋利避害的选择能力的表现：直接说来，是为了获得有利自己的光、水、营养等；根本说来，则都是为了保持内外平衡稳定，从而生存下去。植物也都具有趋性运动。例如，叶肉细胞中的叶绿体，在弱光作用下，便会发生沿叶细胞横壁平行排列而与光线方向垂直的反应；在强光作用下，则会发生沿着侧壁平行排列而与光线平行的反应。这两种反应显然都是分辨好坏利害的评价能力和趋利避害的选择能力的表现：前者是为了吸收有利自己的最大面积的光；后者是为了避免吸收有害自己的过多的光；说到底，都是为了保持内外平衡，从而生存下去。动物的趋性运动发达得多。即使最简单的原生动物，也可以自由地做出接近或躲避运动，最后到达或避开某一种刺激来源。例如，当变形虫在水中遇到载有食物的固体时，它就放射式地展开伪足爬向固体，从而轻易地接触到固体上的食物。可是，当它在遇到水面上的小棒一类固体时，它就把伪足撤向和不可食的物体位置相反的一边。变形虫的这种反应显然是分辨好坏利害的评价能力和趋利避害的选择能力的表现：直接说来，是为了求得有利自己的食物；根本说来，则是为了保持内外平衡从而生存下去。所以，泰勒总结道："全部有机体，不论是有意识的还是无意识的，都是目的论为中心的生命，也就是说，每个有机体都是一种完整的、一致的、有序的'目的—定向'的活动系统，这些活动具有一个不变的趋向，那就是保护和维持有机体的存在。"①

可见，分辨好坏利害的评价能力和趋利避害的合目的性选择能力是一切生物——人、动物、植物和微生物——所固有的属性。只不过，生物因其进化的等级不同，所具有的分辨好坏利害的评价能力和趋利避害的选择能力也有所不同。这种不同显然可以归结为两个方面。一方面，分辨好坏利害的评价能力和趋利避害的选择能力，在植物和微生物以及不具有大脑的动物那里，是无意识的、合目的性的；而在人和具有大脑的动物那里则是有意识的、目的性的。另一方面，人的分辨好坏利害的评价能力和趋利避害的选择能力，是具有语言符号的，因而能够具有理性的意识和目的；而动物的分辨好坏利害的评价能力和趋利避害的选择能力则是不能用语言符号表达的，因而只具有感性的、经验的意识和目的。

那么，是否由此可以得出结论说，一切生物都拥有权利？很多生态伦理学家的回答是肯定的。劳伦斯说："生命、智力和感觉就意味着拥有权利。"② 布罗非（Brigid Brophy）说："只要承认其他动物拥有生命和感觉，我们就必须承认……它们的生存、自由和追求幸福的权利。"③ 德维尔说："生物圈中的所有生物都拥有生存、繁荣和达到自我实现的平等权利。"④ 雷根也这样写道："就动物的权利问题来说，我们需要知道的是，动物是否如我们一样是生命的主体；而我们知道确实如此……由于这一点，它们便拥有获得尊重的平等权利。"⑤ 由此，一些生态伦理论者进一步推论说，那些给人类带来极其巨大灾难的生物，如霍乱、鼠疫、梅毒、乙肝、艾滋病等病毒和细菌以及虱子、跳蚤等都同样是生物，因而同样拥有权利。这些生态伦理论者甚至由此主张为"虱子和跳蚤修建医院"。难道还有比这更荒谬可笑的吗？

---

① Paul W. Taylor, *Respect For Nature: A Theory of Environmental Ethcs*, Princeton, New Jersey: Princeton University Press, 1986, p. 122.

② Roderrick Frazier Nash, *The Rights of Nature: A History of Environmental Ethics*, p. 24.

③ Roderrick Frazier Nash, *The Rights of Nature: A History of Environmental Ethics*, p. 142.

④ Roderrick Frazier Nash, *The Rights of Nature: A History of Environmental Ethics*, p. 121.

⑤ Stevn M. Cahnand and Peter Markie, *Ethics: History, Theory, and Contemporary Issues*, p. 828.

其实，具有分辨好坏利害的评价能力和趋利避害的选择能力，只是具有利益的充分条件，而不是具有权利的充分条件。非人类存在物要拥有权利，不但必须具有分辨好坏利害的评价能力和趋利避害的选择能力从而具有利益，而且还必须对人类有利，给人类带来利益，能够与人类构成一种大体具有互惠关系的利益共同体。因为即使是人，也并不都应该拥有权利。一个人，如果是一个害人精，杀人放火、无恶不作，他就没有权利了。即使一个人是好人，是个战斗英雄，但是，如果他是我们正与之交战的敌人，那么，他就连最低的权利都没有了：他没有生命权。敌人是没有生命权的。所以，我们杀死敌人，不是侵权，不是不道德的。相反地，我们杀死的敌人越多，我们就越是英雄好汉，我们就越拥有美德。人尚且如此，更何况非人类存在物？试想，为什么那条老狗拥有被它的主人供养直至死亡的权利？岂不就是因为它忠诚地为它的主人服务，给它的主人带来了巨大的利益？相反地，如果它见人就咬，甚至动不动就咬它的主人，它还能拥有这种权利吗？所以，正如范伯格所言：那些能够趋利避害的非人类存在物，只有对人有利，才拥有权利；如果对人有害，就不能拥有权利。①

因此，对人类有利，能够与人类构成一种大体具有互惠关系的利益共同体，乃是非人类存在物拥有权利的依据。非人类存在物所给予人类的这种利益、贡献或服务，无疑具有重大社会效用，乃是一种应该且必须的服务、贡献或付出，因而也就是应该受到法律保障的服务、贡献或付出：它是应该的，因为非人类存在物从人类那里得到了相应的利益和权利；它是必须的，因为否则非人类存在物就将失去从人类那里所得到的这些利益和权利。狗忠诚地为它的主人服务，给它的主人带来利益，是它拥有被它的主人供养直至死亡的权利的依据。狗给予主人的这种利益、贡献或服务，是应该的，因为狗从主人那里得到了相应的利益和权利。狗给予主人的这种利益、贡献或服务也是必须的，因为狗如果不这样做，而是见人就咬，甚至咬它的主人，那么，它就将失去从主人那里所得到的利益和权利，甚

① James E. White, *Contemporary Moral Problems*, Fourth Edition, p. 428.

至可能被法庭判为死刑。纳什曾告诉过我们："在中世纪，法庭时常对那些动物 —— 因其伤人性命 —— 进行刑事审判。"① 2004 年 10 月，英国的一所法庭也曾因一条狗咬伤了一位过路人的胳膊而被宣判为死刑。

可见，享有权利的非人类存在物所给予人类的利益、贡献或服务，乃是一种具有重大社会效用的应该且必须的服务、贡献或付出，是一种应该受到法律保障的服务、贡献或付出，说到底，也就是非人类存在物对于人类的义务。因为所谓义务，如上所述，就是一种具有重大社会效用的必须且应该的服务、贡献或付出，也就是应该受到法律保障的服务、贡献或付出。这样，对人类有利，能够与人类构成一种大体具有互惠关系的利益共同体，便是非人类存在物对于人类所负有的义务，便是它们拥有权利的依据。

然而，帕斯莫尔等人类中心主义论者与康德一样，认为只有具有自我意识的人类，才可能对自己的行为负责，从而才可能负有义务和享有权利；没有自我意识的非人类存在物，不可能对自己的行为负责，因而不可能负有义务和享有权利。② 这是不能成立的。因为，正如动物权利拥护者们所指出的那样：婴儿、精神病患者和痴呆症患者等不能对自己行为负责的人，同样享有权利和负有义务或责任，只不过他们的权利与义务是由其代理人帮助行使和履行罢了。举例说，精神病患者不能对自己的行为负责，却同样享有自由和生命等权利，也同样负有不剥夺他人的生命和自由的义务。不可剥夺他人的生命和自由，这是正常人的义务，也同样是精神病患者的义务。因为，如果一个精神病患者动不动就打人甚至杀人或剥夺他人的生命和自由，那么，他便与正常人一样会遭到惩罚：他的自由权会遭到剥夺，他要被看管起来。因此，根据动植物等非人类存在物没有自我意识、不能对自己的行为、反应或效用负责，便断言它们不可能负有义务和享有权利，是不能成立的。它们同样享有权利和负有义务，只不过它们的权利与义务是由其代理者"人类"来帮助其行使和履行罢了。

---

① Roderrick Frazier Nash, *The Rights of Nature: A History of Environmental Ethics*, p. 18.

② 参见 John Passmore, *Man's Responsibility for Nature*, London Duckworth Press, 1974, p. 29。

于是，总而言之，分辨好坏利害的评价能力和趋利避害的选择能力——生物具有这种能力而非生物则不具有这种能力——是非人类存在物拥有权利的前提；而对人类有利，则是非人类存在物对于人类的义务，是非人类存在物拥有权利的依据。因此，人类与非生物以及有害于人类的生物之间，不存在权利义务关系；人类只有与有利于自己的生物之间，才存在权利义务关系：非人类存在物的权利，就是它从人类那里应该且必须得到的利益，就是它从人类那里得到的应该受到法律保障的利益，说到底，也就是人类对于非人类存在物所负有的义务；非人类存在物的义务，就是它应该且必须给予人类的利益，就是它给予人类的应该受到法律保障的利益，说到底，也就是人类对于非人类存在物所享有的权利。

这样一来，就人类与非人类存在物的权利义务的关系来看，尽管人类的利益与非人类存在物的利益经常发生冲突，但人类的权利与非人类存在物的权利却不可能发生冲突。因为非人类存在物的权利就是人类的义务，人类的权利就是非人类存在物的义务：二者怎么会发生冲突呢？试想，狗所享有的被主人供养直至死亡的权利，就是主人的义务；主人所享有的狗的忠诚服务的权利，就是狗的义务。这样，狗的权利与主人的权利怎么能发生冲突呢？同样，如果主人享有吃他所饲养的猪的权利，那么，猪就负有被主人吃的义务。如果猪享有安乐死和不被虐待的权利，那么，主人就负有保证猪安乐死和不受虐待的义务。这样，猪的权利与主人的权利怎么能发生冲突呢？

人类的权利义务与非人类存在物的权利义务固然不存在冲突，但是，它们却都既可能是应该的、公正的，也可能是不应该的、不公正的。因为，如上所述：一方面，道德权利义务和法定权利义务是实有的、约定的权利义务，因而既可能是应该的、公正的，也可能是不应该、不公正的；另一方面，自然权利义务则是应有的、被正确的社会规范赋予的权利义务，因而必定是应该的、公正的。所以，人类与非人类存在物的法定权利义务以及道德权利义务如果与它们的自然权利义务相符，就是应该的、公正的；如果不相符，就是不应该、不公正的。人类是非人类存在物的权利与义务的代理人，其使命就是以人类与非人类存在物的自然权利义务为标准，来制定或认可人类与非人类存在物的道德权利义务和法定权利义务，从而使人类与非人类存在物的权利义务关系达到公正的境界。

＊　　　　　＊　　　　　＊

以上，我们弄清了权利义务的界说和类型。从此出发，便可望把握权利与义务的关系从而确立公正的根本原则了。

3. 权利与义务的关系：公正根本原则

权利与义务显然具有二重关系：一方面是一方的权利与对方的义务的关系，包括每个人与社会和他人的权利义务关系，以及人类与非人类存在物相互间的权利与义务的关系；另一方面则是每方自身的权利与义务的关系，包括一个人的权利与他自己的义务的关系、社会的权利与其自己的义务的关系，以及非人类存在物的权利与其自己的义务的关系。为了表述的方便，我们不妨将权利义务的这种复合的二重关系简化为：一方面是一个人的权利与他人的义务的关系；另一方面是一个人的权利与他自己的义务的关系。

一个人的权利与他人的义务：必然相关　权利义务的界说——权利是应该受到法律保障的利益、索取或要求；义务是应该受到法律保障的服务、贡献或付出——表明，"权利"与"义务"分别属于"索取"与"贡献"范畴，因而不过是同一种利益对于不同对象的不同称谓：它对于获得者或权利主体是权利，对于付出者或义务主体则是义务。因此，所谓权利也就是权利主体从义务主体那里得到的应该受到法律保障的利益；而义务则是义务主体付给权利主体的应该受到法律保障的利益；权利与义务是相对权利主体和义务主体而言的同一种利益，是处于不同人际关系中的同一种利益。

举例说，雇工的权利与雇主的义务其实是同一种利益"雇工工资"：它对于雇工是权利，对于雇主则是义务。儿女的权利与父母的义务也是同一种利益"儿女的抚养"：它对于儿女叫作权利，对于父母则叫作义务。张三的权利与他人的义务是同一种利益"张三的自由"：它对于张三叫作权利，对于其他人则叫作义务。因此，凯尔森说："一个人以一定方式行为的权利，便是另一个人对这个人以一定方式行为的义务。"① 霍布豪斯也这样写道："同一种权益，对于应得者便叫作权利；对于应付者则叫作义务。"②

这样，一方的权利必赋予对方以同样的义务，因而一方有什么权利，对方必有什么义务；反之，一方的义务必赋予对方以同样的权利，因而一方有什么义务，对方必有什么权利。雇工有得到工资的权利，必定赋予雇主以同样的义务：雇主必有付给工资的义务。父母有抚养儿女的义务，必定赋予儿女以同样的权利：儿女必有被父母抚养的权利。张三有自由权利，必定赋予他人以同样的义务：他人必有不妨碍张三自由的义务。张三有不损害他人生命财产的义务，必定赋予他人以同样的权利：他人必有生命财产不受损害的权利。所以，马克思说："没有无义务的权利，也没有无权利的义务。"③

权利与义务之为处于不同人际关系中的同一种利益的最显著的表现，是存在着这样一种权利（或义务）：它既是权利（或义务）同时又是义务（或权利）。例如，亲权是一种权利，同时也是一种义务：就其赋予父母以子女的利益来说，是权利；就其赋予父母以抚养子女的辛苦来说，则是义务。继承权是一种权利，同时也是一种义务：当继承权的享有者继承的是财产时，是权利；当继承权的享有者继承的是债务时，则是义务。受教育是个人自己的一种权利，同时也是个人自己的一种义务：就其有利于自己来说，是自己的权利；就其有利于社会和他人来说，是自己的义务。人权是每个人的权利，同时也是每个人的义务：就每个人对于自己的人权的享有来说，是权利；就每个人——特别是社会治理者——对于他人人权的不侵犯和保障来说，是义务。

权利与义务是处于不同人际关系中的同一种利益，显然意味着：权利的规范可以转换为义务的规范，或者说，权利的语言可以转译为义务的语言；反之亦然。举例说，"雇工有得到工资的权利"的权利规范，可以转换为义务规范："雇主有付给工资的义务。""任何人都有不损害他人生命财产

---

① 凯尔森：《法与国家的一般理论》，沈宗灵译，第 87 页。

② L. T. Hobhouse, *The Elements of Social Justice*, Routledge/Thoemmes Press, 1993, p.37.

③ 《马克思恩格斯选集》第 2 卷，人民出版社 1972 年版，第 137 页。

的义务"的义务规范，可以转换为权利规范："每个人都有生命财产不受损害的权利。""公民有纳税的义务"的义务规范，可以转换为权利规范："国家享有税收的权利。""每个人都平等拥有人权"的权利规范，可以转换为义务规范："社会治理者负有保障每个人平等享有人权的义务。"

因此，法律条文和道德规范只要规定了一种权利（或义务），便意味着同时规定了一种义务（或权利）；它赋予了一些人多少权利（或义务），便意味着赋予了另一些人多少义务（或权利）。所以，一般说来，法律条文和道德规范便不必画蛇添足地在规定一种权利（或义务）之后再相应地规定一种义务（或权利），而可以只规定权利或只规定义务：规定了权利，义务即蕴涵于其中；反之亦然。但是，当权利与义务比较复杂和重大或者在权利主体与义务主体不予以规定便不够明确的情况下，便必须在规定一种权利（或义务）之后再相应地规定一种义务（或权利）。因此，如果根据法律条文和道德规范往往只规定权利或只规定义务的现象，便断言存在着没有权利的义务和没有义务的权利，是大错特错的。

可见，一个人的权利，必然是他人的义务；反之亦然。因此，权利的规范可以转换为义务的规范；反之亦然。这就是一个人的权利与他人的义务的必然的、客观的、事实如何的关系。这种关系，通常被叫作"权利与义务的逻辑相关性"。对于这一相关性原理，彼彻姆曾有很好的概括："X享有权利做 Y 或拥有 Y，显然意味着，道德体系（或法律体系）把做或不做的义务强加于某些人，以便 X 能够做 Y 或拥有 Y（如果 X 想要 Y）。这一分析符合被广泛接受的观念，亦即权利的语言可以翻译成义务的语言。换言之，权利与义务是逻辑相关的：一个人的权利使他人承担不得干涉或提供某些利益的义务，反过来，一切义务同样使对方享有权利。"[1] 范伯格在论及相关性原理时也这样写道："这一学说可以归结为：（1）一切义务都使其他人享有权利；（2）一切权利都使其他人负有义务。"[2]

---

[1] Tom L. Beauchamp, *Philosophical Ethics*, p. 202.

[2] Tom L. Beauchamp, *Philosophical Ethics*, p. 204.

但是，权利义务的逻辑相关性能否成立仍然是个问题。因为它遭遇两方面的致命挑战：一方面，所谓不完全强制性义务并不赋予权利，因而存在着没有权利的义务；另一方面，我们对动物的权利也不可能使动物对我们负有什么义务，因为"它们不是理性的生物，因此它们就没有承担义务的能力"[1]。这两方面的挑战是如此严重，以致今日绝大多数学者竟然都不敢坚持权利与义务的逻辑相关性原理。那么，这两方面的挑战果真能够成立吗？

确实，所谓不完全强制性义务，如康德所说"仁爱"和穆勒所说的"慈善"或"仁恩"以及彼彻姆所说的善的义务、良心的义务等等，并不赋予他人权利，是没有权利的义务，与权利没有必然联系。试想，我们无疑应该仁爱而无私奉献，应该慈善而施舍和捐赠。但是，谁能说他人有权利得到我们的慈善、施舍和捐赠呢？然而，如前所述，仁爱、慈善、仁恩、行善和良心等所谓不完全强制性义务，实际上并非义务。因为义务固然是应该的、善的、道德的服务，但应该的、善的、道德的服务却不都是义务。义务只是同时具有必须性的那些应该的、善的、道德的服务，是不履行就应受到法律惩罚的必须且应该的服务，因而也就是颠倒了的权利：权利是一种应该受到法律保障的必须且应该的索取；义务则是一种应该受到法律保障的必须且应该的服务。仁爱、慈善、仁恩、行善和良心等所谓不完全强制性义务，无疑都是只应受道德保障而不应受法律保障的服务，只具有应然性而不具有必须性，是应该而非必须的服务，是不履行也不会受到法律惩罚的应该而非必须的服务。这样，仁爱、慈善、仁恩、行善和良心等所谓不完全强制性义务，便正如罗尔斯所指出的，并不是什么义务，而是分外善行："引人入胜的分外善行也属于允许的行为。这些行为有仁爱和怜悯、英勇的壮举和自我牺牲等等。这些行为是善的，但它们并非一个人的义务或责任。"[2] 因此，以所谓不完全强制性义务不赋予他人权利的事实，来否定"一切义务必赋予他人权利"的相关性原理，是不能成立的。

---

[1]　Tom L. Beauchamp, *Philosophical Ethics*, p. 88.

[2]　John Rawls, *A Theory of Justice* (Revised Edition), p. 100.

　　同样，以动物的权利义务问题，来否定权利义务相关性原理，也是不能成立的。因为如前所述，拥有利益——亦即拥有分辨好坏利害的评价能力和趋利避害的选择能力——是非人类存在物对于人类拥有权利的前提；而对人类有利，则是非人类存在物对于人类拥有权利的依据。因此，人类与非生物以及有害于人类的生物之间，不存在权利义务关系；人类只有与有利于自己的生物之间，才存在权利义务关系，并且这种权利义务具有逻辑相关性：非人类存在物的权利，就是它从人类那里应该且必须得到的利益，就是它从人类那里得到的应该受到法律保障的利益，说到底，也就是人类对于非人类存在物所负有的义务；非人类存在物的义务，就是它应该且必须给予人类的利益，就是它给予人类的应该受到法律保障的利益，说到底，也就是人类对于非人类存在物所享有的权利。

　　举例说：如果一条老狗长期忠诚地服务于它的主人，甚至在危难之际救了它主人的性命，那么，主人便不但应该回报狗以利益，而且狗从主人那里得到的这种利益还应该受到法律的保障。早在 1641 年英国殖民地的《自由法典》就有这样保障动物利益的法律条例："任何人都不可以虐待那些通常对人有用的动物。""必须使那些拉车或耕地的家畜定期到得休息、恢复体力。"① 这样，狗和家畜等动物的利益便不但应该受到而且实际上已经受到法律的保障。狗和家畜等动物拥有应该受到法律保障的利益，因而也就拥有了权利：权利就是应该受到法律保障的利益。

　　因此，狗和家畜为它们的主人服务，给它们的主人带来利益，是它们拥有被主人供养的权利的依据。狗给予主人的这种利益、贡献或服务，是应该的，因为狗从主人那里得到了相应的利益和权利。狗给予主人的这种利益、贡献或服务也是必须的，因为狗如果不这样做，而是见人就咬，甚至咬它的主人，那么，它就将失去从主人那里所得到的利益和权利，甚至可能被法庭判为死刑。② 狗给予主人的这种应该受到法律保障的服务，就是

---

① Roderrick Frazier Nash, *The Rights of Nature: A History of Environmental Ethics*, p. 19.

② Roderrick Frazier Nash, *The Rights of Nature: A History of Environmental Ethics*, p. 21.

对于主人的义务：义务就是应该受到法律保障的服务、贡献或付出。

所以，动物的权利义务同样具有逻辑相关性：狗的权利，就是它从主人那里得到的应该受到法律保障的利益，因而也就是主人对于狗所负有的义务；狗的义务，就是它给予主人的应该受到法律保障的利益，因而也就是主人对于狗所享有的权利。然而，学者们大都认为只有具有自我意识的人类，才可能对自己的行为负责，从而才可能负有义务；没有自我意识的非人类存在物，不可能对自己的行为负责，因而不可能负有义务。[①]这是不能成立的。因为，正如动物权利拥护者们所指出的：婴儿、精神病患者和痴呆症患者等不能对自己行为负责的人，同样享有权利和负有义务；只不过他们的权利与义务是由其代理人帮助行使和履行罢了。举例说，精神病患者不能对自己的行为负责，却同样享有自由和生命等权利，也同样负有不剥夺他人的生命和自由的义务。因为，如果一个精神病患者动不动就打人甚至杀人而不履行自己的义务，他也会遭到惩罚：他的自由权会遭到剥夺，他会被看管起来。因此，根据动植物等非人类存在物没有自我意识，不能对自己的行为、反应或效用负责，便断言它们不可能负有义务，是不能成立的。它们同样享有权利和负有义务，只不过它们的权利与义务是由其代理者"人类"来帮助行使和履行罢了。

可见，所谓不完全义务和动物义务的难题，并不能否定权利与义务的逻辑相关性原理：任何否认权利与义务逻辑相关性的理论注定都是一种迷误。因为权利与义务的本性 —— 权利是应该受到法律保障的索取，是权利主体必须且应该从义务主体那里得到的利益；义务是应该受到法律保障的贡献，是义务主体必须且应该付给权利主体的利益 —— 显然决定了一个人的权利，必然是他人或社会（或非人类存在物）的义务；反之亦然：二者必然具有所谓的逻辑相关性。

一个人的权利与他自己的义务：道德相关　一个人享有什么权利，对方便负有什么义务；一个人负有什么义务，对方便享有什么权利。这是事

---

① 参见 John Passmore, *Man's Responsibility for Nature*, p. 29。

实，是必然；而不是应该，不是应然。那么，一个人为什么应该享有权利
而使对方承担义务？显然只能是因为他负有义务而使对方享有权利。因此，
一个人所享有的权利只应该是对他所负有的义务的交换：他从对方那里得
到的权利只应该是用他从对方那里承担的义务换来的。反过来，一个人为
什么应该负有义务而使对方享有权利？显然也只能是因为他享有权利而使
对方承担义务。因此，一个人所负有的义务只应该是对他所享有的权利的
交换：他从对方那里承担的义务只应该是用他从对方那里得到的权利换来
的。试想，父母年迈时，为什么应该享有被儿女赡养的权利，而使儿女承
担赡养自己的义务？岂不只是因为，自己曾负有养育儿女的义务，而使儿
女享有了被自己养育的权利？因此，父母所享有的被儿女赡养的权利，只
应该是对他们曾经负有的养育儿女的义务的交换。反之，儿女所负有的赡
养父母的义务，也只应该是对他们曾经享有被父母养育的权利的交换。

可见，由于一方的权利就是对方的义务，所以，一方应该享有权利而
使对方承担义务，只能是因为他负有义务而使对方享有权利。因此，一方
的权利只应该是用他的义务所赋予对方的权利换来的：他的权利，直接说
来，只应该是对他所负有的义务的交换；根本说来，则只应该是对他赋予
对方的权利的交换。反过来，由于一方的义务就是对方的权利，所以，一
方应该负有义务而使对方享有权利，只能是因为他享有权利而使对方负有
义务。因此，他的义务只应该是用他的权利所赋予对方的义务换来的：他
的义务，直接说来，只应该是对他所享有的权利的交换；根本说来，则只
应该是对他赋予对方的义务的交换。如图：

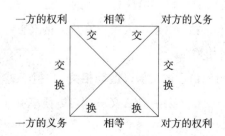

　　显然，一个人所享有的权利与他所负有的义务只应该是一种交换关系，完全基于和推导于权利与义务的逻辑相关性原理。因为，只是由于一个人的权利就是别人的义务，只是由于他要享有权利便必定使别人承担义务，所以，相应地，他才应该负有义务而使别人享有权利：他的权利（亦即他加于别人的义务）应该是用他的义务（亦即他给予别人的权利）换来的。否则，如果权利与义务不具有逻辑相关性，如果他享有的权利可以不使别人承担义务，那么，他享有的权利就不是他应该承担义务而使别人享有权利的理由，因而他的权利和他的义务就不应该是一种交换关系。如果权利与义务不具有逻辑相关性，如果他负有的义务并不会使别人享有权利，那么，他负有的义务就不是他应该享有权利而使别人承担义务的理由，因而他的义务和他的权利就不应该是一种交换关系。

　　试想，如果施舍等所谓不完全义务，果真如康德所言，确实是义务，那么，施与者所负有的这种义务确实不会使受惠者享有获得施舍的权利：谁能说受惠者有权利获得慈善家的施舍捐赠呢？同样，慈善家所负有的这种施舍的义务，也不应该给他换来任何权利，也就不是他应该享有权利而使受惠者承担义务的理由，因而他的施舍的义务和他的任何权利便都不应该是一种交换关系。所以，如果一个人的义务并不是他人的权利，与他人的权利不具有逻辑相关性，那么，他所负有的义务与他所享有的权利也就不应该是一种交换关系。

　　因此，只有"一个人的权利必定是他人的义务"的必然的、事实的相关性，才能产生和决定"一个人所享有的权利与他所负有的义务应该是一种交换关系"的应然的、道德的相关性。这样，权利与义务的关系便可以归结为两种相关性：一种是"一个人的权利必然是他人的义务"的必然的、事实的相关性，叫作"权利义务的逻辑相关性"；另一种是在这种相关性基础上产生的"一个人的权利应该是对他的义务的交换"的应然的、应该的相关性，因而可以称之为"权利义务的道德相关性"。

　　罗斯曾将权利与义务的这两种相关性归结为四个命题："（1）A对B有权利意味着B对A有义务。（2）B对A有义务意味着A对B有权利。（3）

A 对 B 有权利意味着 A 对 B 有义务。（4）A 对 B 有义务意味着 A 对 B 有权利。"[①] 显然，前两个命题属于权利义务的逻辑相关性；后两个命题属于权利义务的道德相关性。诚然，罗斯未能将这两种相关性明确区分开来；明确区分两种相关性的，似乎是范伯格。他这样写道："人们常说，没有义务就不可能有权利，并且说，获得和拥有权利的先决条件是承担义务和责任的能力和意愿。接受义务是任何人为了获得权利而必须付出的代价。这种理论被称之为权利与义务的道德相关学说。这种理论与下面讨论的权利与义务的逻辑相关学说绝然不同。逻辑相关学说断言，赋予一个人的权利在逻辑上至少需要有一个对他负有义务的他人存在。"[②] 那么，权利与义务的道德相关性的具体内容究竟如何？也就是说，一个人的权利与他自己的义务究竟应该是一种怎样的交换关系？应该权利多于义务还是义务多于权利抑或权利义务平等？这是个相当复杂的问题。因为一个人的权利与他的义务，细究起来，具有双重关系：一方面是他所享有的权利与他所负有的义务的关系；另一方面则是他所行使的权利与他所履行的义务的关系。

一个人所享有的权利与他所负有的义务：应该相等 一个人所享有的权利与他所负有的义务，显然不是他自己能够自由选择的，而是社会——主要是国家——分配给他的。所以，"一个人所享有的权利与义务"和"国家或社会分配给一个人的权利与义务"是同一概念。那么，国家或社会应该如何分配呢？黑格尔答道："一个人负有多少义务，就享有多少权利；他享有多少权利，也就负有多少义务。"[③] 确实，国家或社会分配给一个人的权利与义务只有相等才是公正的、应该的；如果不相等，则不论权利多于义务还是义务多于权利，都是不公正、不应该的。这可以从两方面来看：

一方面，权利义务的界说表明：权利是应该受到法律保障的利益、索取或要求；义务是应该受到法律保障的服务、贡献或付出。这样，如果国

---

① 罗斯：《正当与善》，转引自余涌：《道德权利研究》，第 49 页。
② 范伯格：《自由、权利和社会正义——现代社会哲学》，王守昌、戴栩译，第 87 页。
③ 黑格尔：《法哲学原理》，范扬、张企泰译，第 652 页。

家或社会分配给一个人的权利多于其义务，那么，他受法律保障的索取就多于其付出，那就等于强迫别人向他无偿贡献这些多出部分的利益，是对别人利益的一种强行剥夺，因而是不公正的。反之，如果国家或社会分配给一个人的义务多于其权利，那么，他受法律保障的付出就多于其索取，那就等于强迫他向别人无偿贡献这些多出部分的利益，是对他的利益的一种强制剥夺，因而同样是不公正的。于是，社会只有分配给一个人的义务与权利相等，才既没有强行剥夺别人利益，也没有强行剥夺他的利益，他受法律保障的索取才等于其付出，因而是公正的：公正就是等利（害）交换。

另一方面，权利义务的逻辑相关性表明：一个人的权利就是对方的义务；一个人的义务就是对方的权利。这样，如果国家或社会分配给一个人的权利多于其义务，那么，对方的义务所赋予他的权利就多于他的义务赋予对方的权利，他从对方获得的权利就多于他给予对方的权利，他就侵占了对方的权利，因而是不公正的。反之，如果国家或社会分配给一个人的义务多于其权利，那么，他的义务赋予对方的权利就多于对方的义务赋予他的权利，他赋予对方的权利就多于对方赋予他的权利，他的权利就被对方侵占了，因而同样是不公正的。于是，社会只有分配给一个人的义务与权利相等，他的义务赋予对方的权利才等于对方的义务赋予他的权利，他赋予对方的权利才等于对方赋予他的权利，因而才是公正的：公正就是等利（害）交换。

如图：

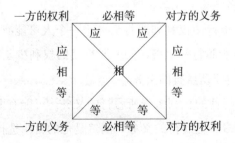

　　可见，每个人所享有的权利与所负有的义务相等，乃是国家或社会对于每个人的权利与义务进行分配的公正原则；反之，每个人所享有的权利与所负有的义务不相等，则是国家或社会对于每个人的权利与义务进行分配的不公正原则。国家或社会对于权利与义务的分配，如前所述，乃是社会公正的根本问题。所以，国家或社会分配给一个人的权利与义务相等——亦即一个人所享有的权利与所负有的义务相等——不但是一种国家或社会公正，而且是根本的国家或社会公正，是国家或社会公正的根本原则。反之，国家或社会分配给一个人的权利与义务不相等——亦即一个人所享有的权利与所负有的义务不相等——不但是一种国家或社会不公正，而且是根本的国家或社会不公正，是国家或社会不公正的根本原则。

　　一个人所行使的权利与他所履行的义务：至多应该相等　一个人所享有的权利与所负有的义务，如上所述，是国家或社会分配给他的，因而不是他自己能够自由选择的。反之，一个人所行使的权利和履行的义务，则是他自己能够自由选择的。因为每个人都能够放弃他所享有的一些权利，从而使所行使的权利小于所享有的权利；也能够不履行所负有的一些义务，从而使所履行的义务小于所负有的义务。举例说，一个父亲享有的被儿女赡养的权利和负的养育儿女的义务，显然不是他能够自由选择的，而是社会分配给他的。但是，他既能自食其力，放弃所享有的某些被儿女赡养的权利，从而使所行使的权利小于所享有的权利；也可能只顾自己玩乐而不顾儿女死活，不履行所负有的某些养育儿女的义务，从而使所履行的义务小于所负有的义务。

　　一目了然，对于行使权利和履行义务，一个人可能有三种选择：（1）所行使的权利多于所履行的义务；（2）所行使的权利少于所履行的义务；（3）所行使的权利等于所履行的义务。

　　首先，一个人行使的权利多于所履行的义务，可能有两种情形。一种是，他行使的权利多于他履行的义务，固然是他的自由选择，但也因为他享有的权利多于负有的义务，因而也是社会分配的结果。这种情形的典型，无疑是特权和等级制度社会。因为在这种社会中，正如恩格斯所言，"几乎把一切权利赋予一个阶级，另一方面又几乎把一切义务推给另一个阶级"[①]。这样，一个剥削者所行使的权利多于其履行的义务，固然是他的自由选择，但同时也是由于他享有的权利多于负有的义务，因而也是社会分配的结果。反之，另一种情形则是，一个人行使的权利多于其履行的义务，并非因为他享有的权利多于负有的义务，而是他滥用和僭越权力或不履行一些义务所致。这种情形的典型，就是那些挂着民主招牌的专制君主。因为他们滥用、僭越了宪法和法律赋予他们的作为民主政体首脑的权力和权利，不履行宪法和法律赋予他们的作为民主政体首脑的义务，从而使他们所行使的权利远远大于和多于所履行的义务。不难看出，不论何种情形，如果一个人行使的权利多于他所履行的义务，那么，一方面，他受法律保障的索取就多于其付出，就等于强迫别人向他无偿贡献这些多出部分的利益，就是对别人利益的一种强行剥夺，因而是不公正的。另一方面，一个人所行使的权利如果多于他所履行的义务，那就意味着：别人的义务所赋予他的权利多于他的义务赋予别人的权利，他从别人获得的权利就多于他给予别人的权利，他就侵占了别人的权利，因而是不公正的。只不过，如果他行使的权利多于履行的义务，是因为他享有的权利多于负有的义务，因而是社会分配的结果，那么，他的行为虽然是不公正的，却是合法的。反之，如果他行使的权利多于履行的义务，是他滥用权力或不履行一些义务所致，他的行为便不但是不公正的，而且是非法的。

其次，一个人所行使的权利少于所履行的义务，也无非两种情形：一种是他自愿放弃所享有的权利所致；另一种则是因为他享有的权利少于负有的义务和他人滥用权力或不履行义务，因而是社会的分配和他人滥用权力或不履行义务的结果。一个人所行使的权利少于所履行的义务，如果是他自愿放弃所享有的权利所致，那么，他应该享有的一部分权利便是他自愿转让于对方，而不是被对方侵占。因此，这种行使的权利少于所履行的

---

① 《马克思恩格斯全集》第 21 卷，人民出版社 1971 年版，第 202 页。

义务的行为，就属于无偿奉献范畴，因而无所谓公正不公正，而是高于公正的分外善行。但是，一个人所行使的权利少于所履行的义务，如果是因为他享有的权利少于负有的义务或他人滥用权力和不履行义务所致，因而是社会分配或他人滥用权力和不履行义务的结果，那么，他应该享有的一部分权利便是被对方侵占，而不是自愿转让于对方。因此，这种行使的权利少于所履行的义务的行为，就属于权利被侵犯的行为，就是一种遭受不公正对待的行为，因而属于不公正范畴。

最后，一个人所行使的权利等于所履行的义务，也无非两种情形：一种是因为他享有的权利等于负有的义务，因而是国家或社会分配的结果；另一种则是他自愿放弃所享有的一些权利所致。显然，只有一个人所行使的权利等于所履行的义务，他的义务赋予对方的权利才等于对方的义务赋予他的权利，他赋予对方的权利才等于对方赋予他的权利，因而才是公正的：公正就是等利（害）交换。只不过，如果一个人行使的权利等于履行的义务，是因为他享有的权利等于负有的义务，因而是国家或社会分配的结果，那么，他的行为虽然是公正的，却是一种被动的、消极的公正。反之，如果他所行使的权利等于所履行的义务，是他自愿放弃所享有的一些权利所致，那么，他的行为便不但是公正的，而且纠正了法律不公正和社会不公正，因而是一种积极的、主动的公正，无疑是一种更为高尚的行为。

可见，一个人所行使的权利等于所履行的义务，不论是国家或社会分配的还是自己选择的，都是公正的。一个人行使的权利多于所履行的义务，不论是国家或社会分配的还是自己选择的，都是不公正的。一个人行使的权利少于所履行的义务，如果是他自由放弃权利所致，就无所谓公正不公正，而是高于公正的分外善行；如果不是他的自由选择，而是社会分配或他人滥用权力和不履行义务所致，就是不公正的。这种"一个人行使的权利少于所履行的义务"的不公正，与"一个人行使的权利多于所履行的义务"的不公正，显然是同一不公正行为：只不过前者的行为主体是这种不公正行为的承受者，后者的行为主体则是这种不公正行为的行使者罢了。

这样，一个人所行使的权利与所履行的义务的公正不公正，便可以归结为两种行为：一种是"一个人所行使的权利等于所履行的义务"，是公正的；另一种是"一个人行使的权利多于所履行的义务"，是不公正的。至于"一个人行使的权利少于所履行的义务"，则或者与"一个人行使的权利多于所履行的义务"的不公正是同一行为，因而可以归类于后者；或者无所谓公正不公正，而是高于公正的分外善行。

于是，一方面，"一个人所行使的权利等于所履行的义务"与"一个人行使权利与履行义务的公正"便是同一概念，因而是个人行使权利与履行义务的公正原则：凡是行使的权利与履行的义务相等的，都是公正的；凡是行使权利与履行义务的公正，也都是行使的权利与履行的义务相等。另一方面，"一个人所行使的权利多于所履行的义务"与"一个人行使权利与履行义务的不公正"便是同一概念，因而是个人行使权利与履行义务的不公正原则：凡是行使的权利多于履行的义务，都是不公正的；凡是行使权利与履行义务的不公正，也都是行使的权利多于履行的义务。每个人行使权利与履行义务，如前所述，乃是个人公正的根本问题。所以，一个人行使的权利等于所履行的义务，便不但是一种个人公正，而且是根本的个人公正，是个人公正的根本原则；反之，一个人所行使的权利大于所履行的义务，便不但是一种个人不公正，而且是根本的个人不公正，是个人不公正的根本原则。

结合个人公正与国家或社会公正的根本原则可知，国家或社会分配给一个人的权利与义务相等——亦即一个人所享有的权利与所负有的义务相等——是国家或社会公正的根本原则；个人行使的权利等于所履行的义务是个人公正的根本原则。因此，权利与义务相等便是公正的根本原则。公正，全面地说，是等利（害）交换的善行；根本地说，则是权利与义务平等交换的善行：国家或社会分配给一个人的权利与义务相等是国家或社会公正的根本原则；个人行使的权利等于所履行的义务是个人公正的根本原则。反之，国家或社会分配给一个人的权利与义务不相等——亦即一个人所享有的权利与负有的义务不相等——是国家或社会不公正的根本原则；

一个人所行使的权利多于所履行的义务是个人不公正的根本原则；一个人所行使的权利少于所履行的义务，则无所谓公正不公正，而是高于公正的分外善行。因此，权利与义务的不平等交换分为两类。一类是善的权利义务不平等交换，是权利义务不平等交换的善行，是一个人所行使的权利少于所履行的义务：它无所谓公正不公正，是超越公正不公正的善行。另一类是恶的权利义务不平等交换，是权利义务不平等交换的恶行，也就是国家或社会分配给一个人的权利与义务不相等和一个人所行使的权利多于所履行的义务：二者分别构成国家或社会不公正的根本原则和个人不公正的根本原则。因此，权利与义务不相等的恶行便是不公正的根本原则。不公正，全面地说，是不等利（害）交换的恶行；根本地说，则是权利与义务不平等交换的恶行：国家或社会分配给一个人的权利与义务不相等是国家或社会不公正的根本原则；一个人所行使的权利多于所履行的义务则是个人不公正的根本原则。

综观权利与义务关系可知，权利与义务的关系可以归结为两种相关性。一种是一个人的权利与他人的义务的关系：一个人的权利，必然是他人的义务；反之亦然。这是一个人的权利与他人的义务的必然的、客观的、事实如何的关系，亦即所谓"权利与义务的逻辑相关性"。另一种则是基于这种逻辑相关性的"权利义务道德相关性"：一个人的权利应该是对他自己的义务的交换。这种交换的道德原则可以归结为一个总原则和6个分原则。权利义务交换的道德总原则是：一个人所享有的权利应该等于他所负有的义务；而他所行使的权利则应该至多等于他所履行的义务。6个分原则是：（1）国家或社会公正根本原则：一个人所享有的权利与他所负有的义务相等；（2）个人公正根本原则：一个人所行使的权利与他所履行的义务相等；（3）公正的根本原则：权利与义务相等；（4）国家或社会不公正的根本原则：一个人所享有的权利与所负有的义务不相等；（5）个人不公正的根本原则：一个人所行使的权利多于他所履行的义务（个人所行使的权利少于他所履行的义务，无所谓公正不公正，而是超越公正不公正的分外善行）；（6）不公正的根本原则：权利与义务不相等的恶行。

　　　　　　＊　　　　　＊　　　　　＊

　　我们弄清了公正的根本问题，便可以进而解决比较具体的个人公正的根本问题与国家或社会公正的根本问题了。不过，如上所述，国家或社会公正的根本问题是国家或社会对于每个人的权利义务的分配；个人公正的根本问题是个人对国家或社会所分配的权利之行使与义务之履行。一目了然，个人行使权利履行义务的问题十分简单，只要依照"一个人所行使的权利与他所履行的义务相等"的个人公正根本原则和"一个人所行使的权利应该至多等于他所履行的义务"的道德原则就可以解决了。反之，国家或社会对于每个人权利与义务的分配却是个十分复杂的问题：仅仅有国家或社会公正的根本原则"国家或社会分配给每一个人的权利与其义务应该相等"是不能解决的。试想，国家或社会分配给每个人完全相同的权利和完全相同的义务，便完全符合这个国家或社会公正的根本原则，然而这无疑是不应该的。所以，要解决权利与义务的分配的国家或社会公正的根本问题，还必须依据这个国家或社会公正的根本原则，进一步确立一些比较具体、比较完善的原则。因此，在公正的根本问题之后，我们便不必考察个人公正的根本问题，而只须研究国家或社会公正的根本问题。（待续）

作者简介

　　王海明，吉林省白城市镇赉县人，现为三亚学院国家治理研究院特聘教授，著有《新伦理学》（全三册，商务印书馆 2008 年）、《伦理学方法》（商务印书馆 2003 年）、《人性论》（商务印书馆 2005 年）、《公正与人道：国家治理道德原则体系》（商务印书馆 2010 年）、《理想国家》（全二册，商务印书馆 2014 年）、《国家学原理》（生活·读书·新知三联书店 2014 年）、《国家学》（全三册，中国社会科学出版社 2012 年）、《伦理学原理》（第三版，北京高等教育精品教材，北京大学出版社 2009 年）、《名家通识讲座书系：道德哲学原理十五讲》（北京大学出版社 2008 年）、《名校名师名课系列：伦理学与人生》（复旦大学教材，复旦大学出版社 2009 年）、《伦理学

导论》(复旦大学教材，复旦大学出版社 2009 年)、《美德伦理学》(与孙
英合著，北京大学教材，北京大学出版社 2011 年)等。曾在《中国社会科
学》、《哲学研究》、《哲学与文化月刊》(台北)、《中国社会科学季刊》(香
港)等刊物发表伦理学与国家学以及中国学论文 300 余篇。

实践方法

社会转型中的现代大国治理体系建设：问题、理论与趋势

任　平*

内容提要：郑重提出国家治理体系现代化的重大课题，是中国改革创新、社会转型进入全面目标规制新阶段的主要标志。中国现代化建设在资源配置方式、开放状况、发展阶段、发展方式、城乡结构、社会类型、民主政治、文化治理方式、环境治理、党的建设等方面发生十大转变并进入全面目标规制阶段，呼唤从单一、局部、碎片化、盲目的治理走向系统全面、整体协调、良性有序的现代国家治理体系。构建这一体系必然需要有高度的理论自觉、实践自觉和体系自觉，体现高度的国家意志、国家能力和国家实力，通过持续的国家建设和国家工程来逐步实现。

关键词：社会转型　大国治理体系现代化　建设趋势

党的十八届三中全会在"全面深化改革总目标"中划时代地提出"推进国家治理体系和治理能力现代化"的重大任务，充分体现了新一届中央

---

*　任平系三亚学院国家治理研究院研究员。

领导全面掌控现代化体系创新的高度自觉和实现大国治理与整体规治的宏伟政治抱负，标志着改革开放方式从原初"摸着石头过河"向凸显国家顶层设计、科学发展主导地位的重大转换，标志着中国特色社会主义建设的国家治理水平进入到一个新阶段。

任何重大而深刻的思想都是时代的思想，时代与思想形成问答逻辑。国家治理现代化思想战略的重大意义和基本内涵，都因为它源于时代，都是对当代中国改革发展最新时代问题的科学解答。国家治理现代化面对的问题谱系是多方面的，但其最为重要的是：中国正处在现代化社会转型的重要时期，正在经历资源配置方式、开放状况、发展阶段、发展方式、城乡关系、社会类型、民主政治建设、文化治理方式、环境治理、党的建设前所未有、异常深刻的十大转变，进入一个新的阶段，呼唤着中国治理必须从单一、局部、"走一步看一步"、碎片化、盲目的模式转变为系统全面、整体协调、良性有序的国家治理现代化体系。因此，本文着力探索以下几个问题：第一，社会转型的基本趋势特点对国家治理体系建设提出的呼唤和挑战；第二，国家治理体系建设的基本结构与主要问题；第三，国家治理体系建设的思想资源和理论创新；第四，国家治理体系建设理论的历史地位和创新意义。

一、准确把握中国社会转型的基本趋势与国家治理需求

马克思说过："一切划时代的体系的真正的内容都是由于产生这些体系的那个时期的需要而形成起来的。"[①] 虽然变革与建构、破与立、路径探索与顶层设计始终贯穿着建设中国特色社会主义全过程，然而，在不同阶段，矛盾双方的地位是不同的，因而历史的需要也就不同。改革初期，遭遇旧体制困局严重束缚，又缺少经验，所以要"杀出一条血路来"，矛盾的主要方面是如何破除和变革旧体制，改革方式以"走一步看一步大胆探索"

---

① 《马克思恩格斯全集》第3卷，人民出版社1960年版，第544页。

为主。今天，能够提出建构一个全面创新国家治理体系的重大任务，必定是为了适应改革发展新阶段的需要，即社会变革和转型从改革初期以破为主、"走一步看一步"式的零碎片面的"试错法"探索转入以立为纲、全面自觉设计未来中国发展蓝图和中国道路新阶段的需要。在这一阶段，一方面，在客观上破除改革创新中体制机制障碍，解决发展方式落后等主要矛盾、突出问题的基本条件已经具备，未来发展蓝图已经绘就，中国道路的方向已非常明晰；另一方面，主观上执政党不仅富有以往改革创新的丰富经验，穿透发展本质和律动边界的理性认识，而且大大提升全面深化改革、破除一切体制机制障碍的理论自觉、思想自觉和实践操控能力，摆脱了原初"走一步看一步"的盲目状态，"全面建成小康社会、全面深化改革、全面依法治国、全面从严治党"充分展示了新一届中央领导集体更加自觉地、清晰地谋划未来、构建发展目标体系和实现路径的宏伟抱负与总体纲领。在这一关键转折点上，来自于中国的社会转型所呈现出的十大转变，多层、多样、多面而深刻地改变着中国社会的结构，并陆续进入了新阶段。具体来说，提出建立国家现代化治理体系，主要需求来自于以下几个方面：

第一，资源配置方式发生了重大转换，新的中国特色社会主义市场经济体系的建构正在全面深化改革中走向完善，迫切需要建立与之相适应的国家经济治理体系。从 1978 年中国拉开经济体制改革的大幕，从十一届三中全会到十八届三中全会，从农村改革走向城市，从计划到市场，从对资源起基础性配置作用到起决定性作用，30 多年的中国经济体制改革已经要求对资源配置起双重作用，一方面需要划清市场与国家作用的各自边界，做到"政企"、"政市"分开，充分保障市场在资源配置中起决定性作用；另一方面国家需要从直接调控转变为边界弹性控制，对于国家治理职能转变、治理能力都提出了更高要求。国家必须通过全国的初次分配、再分配和 N 次分配来协调效率与公平关系，把第一次分配（效率）、第二次分配（公平）、第三次分配（道德）的关系纳入一个井然有序的经济利益调节体系中加以掌控。中国特色社会主义基本经济制度、市场经济体制和发展目标蓝图已然清晰，企业、市场、政府、社会各自地位边界和权责已然明确，因此，今天的中国改革已经为全面的国家经济治理体系的建立提供了现实基础，国家经济治理大厦完全可以建树其上。然而由于"摸着石头过河"、"走一步看一步"等早期改革的经验化、碎片化思维习惯的束缚，国家层面自觉设计的全面经济规治体系建设远远落后于经济体制改革与发展需要，严重阻碍了社会主义市场经济体制的完善，因而时代迫切呼唤通过全面深化改革来推动这一规治体系尽快得以建立和完善。

第二，现代化发展阶段的重大转变，人民群众的期盼从过去的单一因素向综合因素转变，发展的综合性、有机性、整体性关联大大增强，迫切需要对发展的目标和过程做总体性科学把握。各个阶段借以相互区别的，是支配阶段的主要矛盾的特殊性。20世纪，"脱贫"、"温饱"和总体小康攻坚初期的主要矛盾是经济问题，主要着力于人民群众期盼的如何将"蛋糕做大"，社会发展的其他因素降到次要地位，或干脆被外在化、边缘化。今天，中国经济有了长足发展，进入全面建成小康社会的关键期，处在库茨涅兹"倒U曲线"的顶端，人民群众关注的重点已然从物质财富的快速增长或"做大蛋糕"到公平分配，人民对生存的公平性、环境、公共产品的获得的均衡性和生活质量安全性等的关注超过了对经济增长的关注。国家治理回应人民群众的利益关切，促使发展目标和标准的根本转变，更加强调经济发展与公平、安全、清廉、持续、生态等因素关联的整体性、协调性、有机性，把发展纳入科学发展的治理轨道。

第三，发展方式的重大转变：重写现代性，需要中国重新建构与"中国新现代性"相适应的国家治理体系。自鸦片战争至今，中国百余年的现代化历史经历了若干形态、若干方式、若干路径，最终走向中国特色社会主义现代化道路。然而，中国现代化道路始终是在全球现代化背景下出场的，一个奇特现象是：前现代、启蒙现代性、经典现代性、后现代和新现代性等西方依次出场的历史阶段在中国多元化地"共时出场"，甚至"倒错出场"。尽管中国第一次现代性（经典现代性）没有彻底完成，也需要同时介入第二次现代性（新现代性），但是中国现代性绝不是西方任何一种形态、任何一种阶段的现代性的跨界平移，而是多元现代性综合创新＋中国特色；以新型工业化、新型城镇化、新型民主政治等为标志的"中国新现代性"，成为国家治理"现代化"的科学注解。没有"中国新现代性"，就没有相对应的现代化的国家治理。如何推进中国工业化进程？中国绝不能亦步亦趋地按照西方先工业化（经典现代性）、后信息化（新现代性）的路径，而是用"互联网＋"、"工业 4.0"等信息化平台带动、提升、改造工业化。如何解决中国的城镇化问题？既不能走西方消灭乡村、破坏生态的唯大城市化的老路（经典现代性），也不能完全照搬后现代的反（逆）城市化之路，而是要探索以人为本、生态化、集约化、网络化、城乡一体的新型城镇化道路。中国如何实现依法治国、建设民主政治？既不是走西方经典现代性"三权分立"老路，也不是完全照搬后现代直接民主模式，而是根据自己国情，建立共产党领导、依法治国、人民当家作主三位一体的民主政治制度。因此，为了与中国新现代性相适应，国家治理体系的现代化重构被提上了日程。

第四，从封闭走向开放，从"世界走向中国"到"中国走向世界"，开放环境也发生了从旧"全球化"到"新全球化"时代的重大变化，迫切需要中国重构与世界的关系。前 30 多年改革开放，中国着力冲破封闭状态，大力引进世界先进技术、生产力和资本管理经验，让世界走进中国，抓住战略机遇期，努力使中国以廉价劳力、市场和出口替代物品参与全球 WTO 体系等国际经济大循环，韬光养晦，以期强盛。今天，日益强盛的中国将开放的主题改写为"中国走向世界"，积极以负责任的大国姿态深度介入世界经济、政治和文化秩序的重建，以"一带一路"和建立"亚投行"来谋划布展周边区域发展大格局。在后反恐时代，以美国为首的西方社会"重返亚洲"，中国成为世界第二大经济体，也成为美国重点针对、强化遏制的对象。虽然"战略机遇期"没有变，但是国际环境更复杂，更不太平，国际军事、政治、文化、外交、民族等方面事务的斗争更剧烈，对大国实现和平发展的掣肘更多，金融危机、美国等西方国家的制裁对国内发展的影响越来越大，中国作为世界上负责任的大国需要担负的国际责任和参与的国际事务更多，需要有更强的把握整体开放和治理国际事务的能力。

第五，空间关系与人居环境的重大转变，走出一条新型城镇化和城乡一体化道路，迫切需要执政党全面提升总体治理水平。世界各国城市化过程都充满矛盾和冲突。中国革命路径是从农村包围城市、最终夺取城市。虽然新中国成立几十年以来城市和空间治理已经积累了一定的经验，但是对于执政党来说，大规模改变城乡空间关系、为 13 亿人口重新谋划和塑造满意的、新的人居环境，仍缺少经验，也面临严峻考验。从原初城镇化低水平条件下（建国初不到 10%）的城乡二元结构（改革开放初期 25%）迅速扩展到接近 50%，30 多年来近 5 亿农村人口转变为城镇居民，并正在走向新型城镇化进程和城乡一体化进程，城乡关系与空间关系正在发生深刻转型。中国城镇化与城乡关系的空间改变特点是人口数量庞大世所未见，速度之快世所未见，城乡关系调整的难度世所未见。城乡居民对空间正义与空间权利的需求急剧上升。住房和生活环境的整体改善，需要国家整体协调城乡关系，消除户籍等带来的城乡差别，城市权利成为首要权利。国家承受的有关解决失地农民、进城农民工、拆迁安置等方面问题的压力越来越大。我们需要走新型城镇化道路，城乡治理需要科学规划、综合解决。

第六，从同质性社会向差异性社会的转变，必须要重新思考社会和谐治理的方式。资本和市场造就了若干多元、多样、多变的社会存在，社会分层加剧，阶级、阶层、利益群体、多元的行为体，使社会出现了各种差异。多元、多样、多变的社会存在，冲破了在计划经济时代的利益的同质性社会，进入差异性社会。所谓差异性社会，即与多种产权并存的基本经济制度对应，人民群众在根本利益、长远利益、整体利益和全局利益上趋于一致，但是在眼前利益、局部利益、阶级、阶层和群体利益、市场交换利益上出现各种差异和分裂。差异性社会既不同于同质性社会，也不同于阶级对抗性社会。在差异性社会，各种差异性的利益诉求必然要通过经济表达、政治表达、社会表达、文化表达、生态权益表达等途径反映出来，使之要求"差异的正义"。经济、政治、社会、文化、生态的多元表达，差异的正义，即要求中国共产党作为人民根本利益、长远利益、全局利益、整体利益的最高政治代表而存在，也同时要求在党的领导下依法实现差异性利益主体之间的对话民主和协商民主，消弭对抗，减少冲突，达成和谐。在坚持党的领导前提下，如何做好制度安排，协商解决与公平地平衡各个差异性利益群体的关系，成为治国理政的一大任务。

第七，从同质性社会、同质性政治向差异性社会的民主政治模式转变，需要总体设计和规划在中国共产党领导下依法治国的新型民主政治体系。中国特色社会主义民主政治的模式将基于差异性社会，呈现不同于西方的民主模式，也不同于同质性社会，更不同于对抗性社会的民主利益表达机制。在同质性社会中，人民的利益只有一致性而没有差异性，因而政治表达一致性可以通过党的一元化领导方式来代表。阶级对抗性社会当然没有共产党的领导，阶级对抗采取国家法治形式实际上是阶级统治的权益再平衡，呈现"虚幻的共同体"。而在差异性社会，才需要也有可能既坚持共产党领导来代表人民的根本利益、长远利益、全局利益和整体利益，也需要在多元差异的阶级、阶层和群体之间通过协商民主、对话，通过依法治国来平衡多元化的利益，建设法治国家。实现网络、社会直接民主与代议制间接民主，实现党的领导、以法治国与人民主体地位的统一，都对国家政治治理提出了新的民主要求。

第八，差异性社会的文化表达，出现了中国特色社会主义的文化矛盾，需要国家在思想文化领域形成新的治理方式。由于差异性社会中人民的根本利益、长远利益和整体利益的一致性，因此必然要求有中国化马克思主义、建立在基本经济制度之上的核心价值体系作为党、政府和社会的指导思想，构成社会的共同思想基础。而由于差异性社会的利益多元化，又形成各种相互差异，甚至矛盾的思想价值文化。思想价值文化领域一元与多元之间的矛盾就是中国特色社会主义文化的矛盾，它的存在将是长期的、普遍的和必然的。有效治理文化矛盾，确保思想文化价值安全和创新繁荣是民族"软实力"强盛的表现，而任由思想分裂、价值冲突和精神萎靡则是亡国之路。目前，围绕中国发展前途，思想文化界"茫茫九派流中国"：民粹主义、新自由主义、新保守主义、新权威主义、新左派等，都在表达自己的利益诉求。网络、移动通信等新媒体以"全民麦克风"呈现"众声喧哗","大 V"、"大妖"层出不穷,意识形态领域的矛盾极其尖锐。我们既不能按照过去"以阶级斗争为纲"的年代动辄以专政方式对待思想价值差异,也不能完全忽略和无视差异,新的时代需要国家治理要有强有力的核心价值观的引导能力和对差异性思想价值文化的驾控能力。

第九,从工业文明向生态文明时代的转变,人民群众对于生态文明的期盼和生态权益的维护的要求越来越强烈,迫切要求国家科学审慎对待生态与文明的矛盾关系,大力推进生态文明建设,切实维护好人民的生态权益、生态安全,走绿色发展道路,为此必须要大力提升国家生态建设和生态治理的能力。

第十,执政党面对的环境发生重大改变:从封闭到开放、从革命到执政、从计划到市场,面临"四大危险"和"四大挑战",迫切需要纯洁党性、反腐倡廉、提升境界、强化能力建设,推进政党现代性。党要管党、从严治党,确保党的先进性、纯洁性和强大领导力,对于党的建设和领导干部建设提出了更高的要求。中国共产党是中国特色社会主义事业的领导核心,党的肌体出现任何微小失误,必然在全局造成严重问题。因此,全面分析党内存在的问题,全面规划党的现代化建设的总体目标和道路,是国家治理体系现代化的核心。

总之,中国的现代化社会变革和转型走到今天,已经进入全面自觉设计、规划、实践和掌控国家改革与发展目标进程的新阶段,迫切提出了国家治理体系现代化的新要求,建设国家现代化治理体系,成为时代的重大课题。

二、建设现代化国家治理体系的基本结构与主要问题

虽然时代提出了国家治理体系现代化的重大课题,但是任何建设内容非经语义学的反思批判,就难有精确的含义,因而就会因意义的差之毫厘,而导致实践上的失之千里。

把握国家治理体系现代化的精确内涵，首先需要对以下概念进行深度的分析。

第一，建设现代化国家治理体系，需要把握一个主要的核心概念：国家治理。治理（governance）原初在西方是关于政府失灵、市场失灵之后的社会直接民主的概念，或指政府与非政府组织的协商共治。按照罗西瑙等主编的《没有政府的治理》①一书的见解，尽管有法团主义参与，但是治理理论通常与多元主义政治、新公共管理、后现代政治学（包括生态主义政治学）的无政府主义政治学主张相关。强调基层、社区自治，电子民主、网络民主成为主要观点。"治"或"治理"也是中国五千年文明中政治哲学的核心概念之一。"修齐治平"、"天下大治"、"长治久安"一直是儒家先贤追求的人生或社会的最高政治理想。但是，与西方治理思想的后现代取向不同，中国古代治理思想的核心仍然是国家管控。中国作为后发展的人口经济大国，走向现代性的过程，必然是前现代、经典现代、后现代和新现代共时出场，"中国新现代性"要求国家作为主体推动、主导、掌控"新现代化"的全过程，因而治理是在国家主导下，发挥国家、市场、社会三元作用的共同治理。市场发展、社会培育与国家能力建设需要同步推进。把"国家"与"治理"联结在一起，不仅指国家是治理的客体（对象），也不仅是指国家是治理的主体，而是表明了一种既与单纯强调非政府组织的后现代治理理念不同，也与单纯强调国家成为管控社会的唯一主体的传统治理理念不同的崭新治理理念。这就是"中国新现代性"的治理理念。其中，国家的物质力量与精神力量、治理能力的"硬实力"与"软实力"需要同步提升；宏观政治、中观政治、微观治理（微观政治）需要同步发展；层级治理（集权与分权）与区域治理（自治与统筹）能力需要同步提高。阶层治理（身份政治）与民族治理（族性政治）能力需要协调兼顾。

第二，国家治理体系：经济治理、政治治理、社会治理、文化治理、生态治理、党的治理六位一体的体系。国家治理体系已不再是一个碎片

① 詹姆斯·N.罗西瑙主编：《没有政府的治理》，张胜军、刘小林译，江西人民出版社2001年版。

化、片层化的治理方略，而是一个由各个层级治理、方面治理、若干治理主体协商共治的系统。从治理内涵上看，经济治理就是要在坚持基本经济制度约束条件下，充分发挥社会主义市场经济对于资本配置的决定性作用，同时强化政府和第三部门对于"市场失灵"后果的修正和对冲作用。企业、市场、政府、非政府组织或第三部门，都成为治理经济秩序的主体。主体间发生着深刻的有机的密切合作和相互制约的关系。政治治理就是要将党的领导、依法治国、人民当家作主三者在宪法和法律框架下有机结合，将国家代议制民主和社会直接民主有机衔接，将选举民主和协商民主有机融通，建立中国特色的社会主义民主政治。社会治理就是要以"差异的正义"与和谐政策善治差异性社会，建立公平完善的社会保障。文化治理就是要在巩固马克思主义在意识形态领域指导地位的过程中，合法尊重多元，依理包容差异，弘扬核心价值体系，促进和巩固人民的共同思想基础，大力建设创新、民族、繁荣、群众喜闻乐见的文化。生态治理就是要确立生态目标，大力推进生态建设，转型发展方式，促进生态文明。党的治理就是要从严治党，保持党的先进性和纯洁性，推进政党现代性建设，经受住时代考验，使党始终成为中国特色社会主义的坚强领导核心。

第三，现代化国家治理体系：要深刻理解不同于西方的前现代、启蒙现代、经典现代、后现代和新现代模式，"中国新现代性"所具有的独特内涵、基本特点和创新意义，从而为现代化国家治理体系建设注入最关键、最深刻、最本质的规定。经济治理、政治治理、社会治理、文化治理、生态治理或党的治理都是"中国新现代性"的，而不是西方某一阶段治理模式的照抄照搬。如中国的经济治理，既不是亚当·斯密《国富论》中主张的自由市场模式，也不是凯恩斯模式，也不是所谓新自由主义模式，而是社会主义市场经济模式，基本经济制度是独特的，市场与国家、社会的关系是独特的，努力建立完善的体制机制发挥市场决定作用和政府边界调控作用、社会组织道德支援作用。政治治理也是"中国新现代性"的：以党的领导为根本，以社会主义市场经济和差异性社会为基础，坚持党的领导、依法治国和人民当家作主三位一体，建设学习型、廉洁型、效能型、责任型政府，以选举民主和协商民主统一推进中国特色社会主义民主政治。新型工业化、新型城镇化、新型社会化等，都是中国新现代性的标志。这一独特现代化坐标的建立至关重要，以此为视阈的观察才可能抓住中国治理体系现代化的关键。

第四，推进现代化国家治理体系建设的主要问题：（1）进一步科学界定"国家治理"的内涵和外延。治理概念原初针对国家和政府的失灵而出场。如何将"国家"与"治理"本身两者有效统一，不是一个国家管控的传统概念，也不是西方单纯治理的概念，而是一个新概念。国家管控（管理）的概念内涵的鲜明特点是：国家是唯一管理主体；自上而下地覆盖、管理全社会；与治理的概念正相反。起源于后现代的多元差异性主体，至少非政府组织（NGO）与政府组织地位差异地平等，市场、国家、社会多元主体协商共治，没有谁凌驾于其他组织之上。这是多元主义政治学的无政府主义概念。当然这在实践中有困难。法团主义则从黑格尔的《法哲学原理》关于市民社会与国家的关系观念中找到新的思路，认为尽管市民社会可以存在多元的组织，它们之间需要协商共治，但是一旦有冲突，还是需要国家作为凌驾于其上的权威组织来统筹协调。这成为新保守主义政治学的基本思路。中国的国家治理也应当积极汲取新保守主义的合理化建议，以国家为主导，积极协调各方，建立完整的协商共治的体系。（2）进一步规约国家治理的性质和范围。国家治理是全覆盖的，但是并不等于说所有治理都需要国家作为治理的唯一主体出场，更不等于把所有治理责任统统归于国家或政府。恰好相反，治理的大部分功能应当由社会自治、市场自治、区域自治、基层自治、微观自治、文化自治、道德自律。正是在这一点上，我们不能重新走"全能国家"、"全能政府"的老路，将一切治理事务全盘由国家政府包揽，进而成为"重税国家"、"官僚国家"甚至"集权国家"。也不能走无政府主义的路，让一切自治，政府无为。国家在所有的治理事务中的主导、规制和掌控是依法治国安民。（3）六位一体的现代化国家治理体系建设的"分"与"合"。经济治理、政治治理、社会治理、文化治理、生态治理和党的治理分别有各自的治理内容和方式，绝不能相互替代，呈现"领域的帝国主义"。但是也决不是分散、分割、分裂和碎片化的。相反，国家治理体系一定是有机完整的体系，所有治理都基于社会主义市场经济起决定作用与差异性社会这一基础，都是对差异性社会的各个阶级、阶层、群体利益的经济表达、政治表达、社会表达、文化表达和生态表达的积极回应。因此，各种治理相互之间都具有关联性和协调性。

三、国家治理体系现代化的全球视野与中国特色

中国的现代化国家治理体系的科学建构不仅需要实践探索，更要突显理论自觉；理论自觉不能凭空地理论想象，更需要在实践检验中批判地消化汲取一切传统和当代的优秀的思想资源。在汲取相关思想资源中，我们不仅需要汲取西方的，而且要汲取东方的；不仅要研究非马克思主义的，更要自觉地遵循马克思主义的。因此，在治理体系的思想地图上，我们的理论坐标应当是全方位的，我们的思想触角应当保持着高度的开放性。我们需要对话，因为只有对话才能有源头活水；我们需要全方位对话，因为只有全方位对话，才能保持我们的思想之光如无影灯般，因思想资源来自各异的角度而无影遮蔽。对话对象来自古今中外，我们需要全球视野；我们在话语中需要坚守立场，因而我们的思想有中国特色。

中国新现代的国家治理体系当然不仅是政府和市场失灵的产物，更是复杂现代化变量的回应性产物。前现代的传统中国治理方式、西方的各阶段治理方式、马克思主义的治理思想都可以对应地找到发挥作用的机理。

西方围绕治理问题有一系列的理论。我们需要厘清西方的思想资源的思路：从早期的启蒙现代性关于国家分权治理的思想，亚当·斯密的"守夜人"的思想，到马克斯·韦伯"精密机器论"的社会管理的经典现代性

理论、T. 帕森斯的结构功能理论，到凯恩斯主义的国家调节论，到后现代的西方的社会治理理论，再到多元主义政治学与法团主义政治学、新自由主义到新保守主义政治学之争，应当有林林总总的思潮和理论需要我们全面梳理。我们的国家治理体系理论需要积极借鉴西方的理论史的合理思想。也需要与西方思想家全面对话。但是，国家治理体系理论绝不是西方学术思想的简单跨界平移。

马克思主义治理思想有很丰富的内容，需要做全面梳理。作为第一代现代化批判理论家，马克思关于国家与市民社会、市场的关系的理论也是现代国家治理体系理论的原初思想资源。马克思在《黑格尔法哲学批判》《德意志意识形态》《资本论》《哥达纲领批判》等许多涉及全面社会治理的思想，为我们的研究提出了一系列新的原则。我们需要在中国特色社会主义建设过程中深度打开马克思的治理思想宝库，不能数典忘祖，不能源头失语，不能在中国国家治理体系现代化的理论来源追踪上将马克思主义经典作家的理论贡献虚无化，用马克斯·韦伯、帕森斯、凯恩斯、阿尔蒙德、罗伯特·达尔、迪尔凯姆、罗西瑙等来覆盖马克思。我们也不能完全拘泥于传统历史唯物主义经典话语框架，或简单照搬传统的马克思主义国家学说，而是在国家治理体系现代化问题上，马克思的治理思想需要有一个领域"再发现"、思想"再认识"和话语"再阐释"的过程。

建设中国现代化国家治理体系，绝不能忽略中国传统的治理理论。"治世"是千年中国历代统治者的主要目标，治理是历代几乎所有思想家的主要话题。儒家、法家、道家、墨家、纵横家等思想流派的主要差别不在于是否要治世，而在于如何治世。汗牛充栋的古籍文献积累蕴藏着极其丰厚的有关治世的思想资源。内容从一己之治、一家之治、地方之治、国家之治到天下之治，无不囊括。无论是《史记》《汉书》等史书，还是《论语》《资治通鉴》《孙子兵法》等资政的书，甚至地方府县志，都包含了深厚的治国理政的历史经验和思想资源。可以说，中国占主导地位的传统思想，几千年来都是围绕治理而展开的。儒家的"修齐治平"甚至可以被解释为由微观政治学（修身，灵魂对于身体的控制术）而扩展为宏观政治学（治国平天下）的有关如何达到"天下大治"的治理理论。道家则是一种由本体论（道）之治论出发转化为修身、治国、平天下的治论体系。同样，对于中国的历代治论，我们也需要一种新的视阈来"再发现"。全面梳理总结五千年中国治论遗产，不仅有助于丰富世界治论，为中华民族文明崛起平添一个角度的话语权，而且更为中国当代现代化国家治理体系的建构找到自己的根。虽然我们今天需要有现代化的变革和转换，但是，传统一定是自主创新理论最为宝贵的资源。

因此，中国当代的现代化国家治理体系理论，需要在思想资源上采取"一体两翼"的格局。即在时代实践的基础上，既要充分发掘马克思的思想资源，加以时代化、中国化发展；又要广泛汲取中外思想资源，展开最广泛的对话，从而建立创新的、时代的、中国特色的国家治理体系理论。

四、现代化国家治理体系理论的历史地位与创新意义

中国特色社会主义理论体系与实践探索都是与时俱进、不断创新的。一个重大理论观点的提出及其实践开拓，总是在这一体系中成为重要支点和理论之网的主要纽结，因而必然具有自己的历史地位。现代化国家治理体系的提出就是如此。这一理论观点的提出，其历史地位和理论创新意义，我们可以从以下几个方面来理解：

第一，现代化国家治理体系理论的提出是中国特色社会主义理论创新的最新成果，是原初马克思主义中国化、时代化的当代出场形态。如马克思所说，理论在一个国家实现的程度，总是决定于理论满足这个国家的需要的程度。中国特色社会主义理论与时俱进的逻辑，取决于实践中问题突显的逻辑。只有在今天，改革创新新阶段突显的问题需要转换发展方式和改革方式，从改革初期"走一步看一步"转到自觉谋划、顶层设计和全面规治新阶段，现代化国家治理体系的课题与思想才能够应运而生，成为中

国特色社会主义新的创新理论。而这一新理论的提出，又是阶段性战略转换的时代标识，为今后改革发展的顺利展开提供了行动指南。在马克思主义理论史上，这是第一次全面系统提出和阐释现代化国家治理体系的尝试，因而是马克思主义史、特别是马克思主义中国化史上的理论创新，必将产生重要影响。

第一，现代化国家治理体系理论是对西方治理理论、中国治世理论的现代性批判改造，因而在某种意义上就是对世界治理理论成果的积极继承、创新发展和全面提升，具有世界意义和普遍价值。由"中国新现代性"决定，中国的现代化国家治理体系的建构必定要具有中国特色，而且要与中国传统一脉相承、与世界治理理论具有融通和对话的能力，在世界治理理论图谱中要占有创新的地位。

第三，现代化国家治理体系理论是全面提升中国文化软实力、理论强国、社科兴国与打造自己民族的理论和话语体系的重要标志，是讲好中国故事、实现中华民族伟大复兴中国梦的又一重要环节。前30多年改革开放，世界走向中国，中国打开国门看世界，先进的世界思想价值文化不断被引入中国，为中国特色社会主义理论创新提供了积极的世界思想资源。后30年，将是中国走向世界的重要转折时期，中国将不再是西方世界所认为的"只生产物品不生产思想"的国家，而是继续在物质文明扩展全球的同时，着力打造理论创新大国的形象。有资格影响和重塑未来世界秩序的国家不仅依靠硬实力，也依靠、甚至更依靠思想创新的软实力。全球话语权背后有物质力量的支持，更有思想力量的支撑。现代化国家治理体系建设是一个世界难题。各个民族都有自己的独特问题需要解决，也都孜孜以求地探索创新理论，各国尽管国情不同，但是相互之间也有思想资源的相互借鉴和融通。现代化国家治理体系理论是中国与世界在现代性平台上加强沟通对话、实现和平发展的重要桥梁和纽带。作为世界人口最多的大国、快速发展中的第一大国，在未来世界的治理领域的版图中应当有自己的理论创新位置，来自中国理论的元素必将有着重要的世界意义。

作者简介

　　任平，1956 年 10 月出生，江苏高邮人，哲学博士，江苏师范大学原校长，现苏州大学正校级调研员，教授，博士生导师，主要从事政治哲学、发展哲学研究。主持完成国家社科重大和重点项目多项。出版学术专著 10 余部，主要有《交往实践与主体际》《全球发展：模式、理论与选择》《当代视野中的马克思》等。在《中国社会科学》《哲学研究》等刊物发表学术论文 200 余篇。获得省部社科优秀成果一等奖、二等奖多次。

大数据促进国家治理现代化

周文彰 *

内容摘要： 大数据时代，是社会预测、规划、实施、发展"用数据说话、用数据决策、用数据管理、用数据创新"的时代，也是国家治理日益科学、精准、客观的时代。大数据本身释放出来的巨大管理和治理功能，使它成为国家治理体系和治理能力现代化建设所必需的工具，它不仅能把国家治理创新、市场创新、现代产业体系创新和万众创新有机结合，更可推动国家治理真正建构起"阳光权力平台"、"精准治理体系"和"智慧决策体系"。充分运用大数据推动国家治理体系和治理能力现代化，需要建立大数据政策体系、大数据立法体系、大数据标准体系，整体提升国家大数据采集能力、大数据监控能力、大数据分析能力。并以此为基础建构国家治理现代化的大数据动力体系和大数据驱动发展动力机制。

关键词： 国家治理　大数据战略　数据推动发展　数据主权　数据强国

---

* 周文彰系三亚学院国家治理研究院研究员。

我们已经进入大数据时代。了解大数据，运用大数据，落实国家大数据战略顶层设计，以大数据促进国家治理现代化，已经成为我们必须考虑的重大课题。下面谈几点认识。

一、助力国家大数据战略的实施

对这一轮大数据革命，我国做出了非常及时的战略响应。2015 年 6 月 17 日，国务院常务会议通过了《关于运用大数据加强对市场主体服务和监管的若干意见》；6 月 24 日国务院常务会议通过了《关于积极推进"互联网＋"行动指导意见》；8 月 19 日国务院通过了《促进大数据发展行动纲要》。这几份重磅文件密集出台，标志着我国大数据战略部署和顶层设计正式确立。

实施国家战略部署和顶层设计，需要我们实现"四个结合"：**第一，把政府数据开放和市场基于数据的创新结合起来。**政府拥有 80% 的数据资源，如果不开放，大数据战略就会成为无源之水；同样，市场主体如果不积极利用数据资源进行商业创新，数据开放的价值就无从释放。所以，两个轮子要一起转才行。**第二，把大数据与国家治理创新结合起来。**国务院的部署明确提出，"将大数据作为提升政府治理能力的重要手段"，"提高社会治理的精准性和有效性"，用大数据"助力简政放权，支持从事前审批向事中事后监管转变"，"借助大数据实现政府负面清单、权力清单和责任清单的透明化管理，完善大数据监督和技术反腐体系"，并具体部署了四个重大工程：政府数据资源共享开放工程、国家大数据资源统筹发展工程、政府治理大数据工程、公共服务大数据工程。**第三，把大数据与现代产业体系结合起来。**这里涉及农业大数据、工业大数据、新兴产业大数据等，我国的产业结构优化升级迎来难得的历史机遇。**第四，把大数据与大众创业、万众创新结合起来。**国务院专门安排了"万众创新大数据工程"，数据将成为大众创业、万众创新的肥沃土壤，数据密集型产业将成为发展最快的产业，拥有数据优势的公司将迅速崛起为这个时代的领军公司、明星公司。

　　此外，我国作为世界制造业第一大国，需要高度关注一个现实 —— 大数据重新定义了制造业创新升级的目标和路径。无论是德国提出的"工业4.0"战略，还是美国通用公司提出的工业互联网理念，本质正是先进制造业和大数据技术的统一体。大数据革命骤然改变了制造业演进的轨道，加速了传统制造体系的产品、设备、流程贬值淘汰的进程。数字工厂，或者说智能工厂，是未来制造业转型升级的必然方向，无法搭上这辆"数据快车"的公司或者产业，将会被技术革新淘汰。我国面临着从"制造大国"走向"制造强国"的艰巨历史重任，在新的技术条件下如何适应变化、如何生存发展、如何参与竞争，是非常现实的挑战。

　　对于信息和数据的重要性，习近平总书记最近指出："网络信息是跨国界流动的，信息流引领技术流、资金流、人才流，信息资源日益成为重要生产要素和社会财富，信息掌握的多寡成为国家软实力和竞争力的重要标志。"李克强总理近期也强调，"数据是基础性资源，也是重要生产力。大数据与云计算、物联网等新技术相结合，正在迅疾并将日益深刻地改变人们生产生活方式。中国是人口大国和信息应用大国，拥有海量数据资源，发展大数据产业空间无限"。

　　这些论述值得我们认真学习领会，数据的应用价值值得我们高度重视。互联网、大数据、云计算，可以用来为大众创业和万众创新提供平台服务；推动经济提质增效升级，培育经济增长新引擎；促进政府转变职能，推动法治政府、阳光政府和廉洁政府建设；提升公共服务水平，建设便捷高效的数字化民生服务体系（参见马凯副总理在 2015 年贵州的"国际大数据博览会"上的致辞）。

二、推动大数据在国家治理上的应用

　　当前正是利用大数据推进国家治理现代化的宝贵时机。大数据是一场管理革命，"用数据说话、用数据决策、用数据管理、用数据创新"，会给国家治理方式带来根本性变革。在大数据条件下，人在干、云在算、天在看，数据驱动的"精准治理体系"、"智慧决策体系"、"阳光权力平台"都将逐渐成为现实。

在政府治理方面，政府可以借助大数据实现智慧治理、数据决策、风险预警、智慧城市、智慧公安、舆情监测等。大数据将通过全息的数据呈现，使政府从"主观主义"、"经验主义"的模糊治理方式，迈向"实事求是"、"数据驱动"的精准治理方式。

经济治理领域也是大数据创新应用的沃土，互联网系统记录着每一位生产者、消费者所产生的数据，包括生产信息、消费信息、购买行为、支付行为、空间位置、社交行为、大众口碑、工商记录、信用历史等，可以为每个市场主体进行"精确画像"，从而为经济治理模式带来突破。判断经济形势好坏不再仅仅依赖统计样本得来的数据，而是可以通过把海量微观主体的行为加总，推导出宏观大趋势；银行发放贷款不再受制于信息不对称，贷款对象的大数据特征可以很好地预测其违约的可能性；打击假冒伪劣、建设"信用中国"也不再需要消耗大量人力、物力，大数据将使危害市场秩序的行为处处留痕，无处遁形。大数据是提高经济治理质量的有效手段。

在公共服务领域，基于大数据的智能服务系统，将会极大地提升人们的生活体验，智慧医疗、智慧教育、智慧出行、智慧物流、智慧社区、智慧家居等，人们享受的一切公共服务将在数字空间中以新的模式重新构建。

大数据已经成为全球治理的新工具。大数据在全球治理领域的预测、前瞻、预警功能，已经被认识和应用。联合国的"全球脉动计划"，就是用大数据对全球范围内的推特（Twitter）和脸书（Facebook）数据和文本信息进行实时分析监测和"情绪分析"，可以对疾病、动乱、种族冲突提供早期预警。世界银行发布了《大数据对发展的作用》，对大数据使用模型进行了介绍，并推广成功案例。在国家治理现代化进程中推动大数据的应用，是我们繁重而紧迫的任务。

三、加强大数据动态的跟踪研究

围绕大数据这个关键词展开研究，既是中央的要求，也是社会的期待。我们要密切跟踪国内外前沿动态，不断推出高质量的研究成果。

我国要从"数据大国"成为"数据强国"，要借助大数据革命促进国家治理现代化，还有几个关键问题需要深入研究。

第一，建设"数据强国"三个体系要先行：数据政策体系、数据立法体系、数据标准体系。拿数据立法来说，数据立法一定要在数据开放和隐私保护之间权衡利弊，找到平衡点，过于偏向任何一端都会伤及国家的竞争力。欧洲由于过于强调保护个人的数据隐私，导致数据这个关键生产要素被牢牢禁锢，无法转化为生产力，无法形成有效的商业创新，所以欧洲至今连一个世界级的互联网和大数据企业也没有。美国是另一个极端，斯诺登披露的"棱镜门"事件显示了美国随意侵犯全球政要、公民、企业数据隐私，极大地伤害了美国政府的信誉，导致许多国家对美国的信息设备下发禁令，国家竞争力无形之间大打折扣。可见，任何国家要想在大数据时代立于不败之地，必须在数据开放和数据隐私之间实现平衡。

第二，重视对"数据主权"问题的研究。借助大数据技术，美国对于全球数据空间的掌控能力，包括全球数据采集能力、监控能力、分析能力，大大提高；美国政府和互联网、大数据领军公司紧密结合，形成"数据情报联合体"，对全球数据空间进行掌控，形成新的"数据霸权"。美国"八大金刚"（思科、IBM、谷歌、英特尔、苹果、甲骨文、微软、高通）几乎渗透到世界各国的政府、海关、邮政、金融、铁路、民航系统，对其数据主权构成重大威胁。在这种情况下，我国数据主权极易遭到侵蚀。对于我国来说，在服务器、软件、芯片、操作系统、移动终端、搜索引擎等关键领域实现本土产品替代进口产品，具有极高的战略意义，也是维护数据主权的必要条件。

第三，"数据驱动发展"或将成为对冲当前经济下行压力的新动力。当前我国经济增长方式面临困境，能源、资源、环境、劳动力约束越来越紧，边际成本越来越高，经济下行压力与日俱增。大数据是促进生产力变革的基础性力量，这包括数据成为生产要素，数据重构生产过程，数据驱动发展等。数据作为生产要素其边际成本为零，不仅不会越消耗越少，反而保持"摩尔定律"所说的指数型增长速度。这就给我们带来一个期待，数据驱动的发展很可能成为对冲经济下行压力的新思路和新动力，这个问题值得深入研究。

第四，需要建设一个高质量的"大数据与国家治理实践案例库"。国家行政学院一直重视案例库的建设，大数据促进国家治理现代化这个主题很重要，中央领导给予了这么多的重视和支持，各部门、各地方又涌现出了这么多创新性的实践案例，亟须我们进行系统的梳理和总结，形成一个权威的"大数据与国家治理实践案例库"，方便全国领导干部进行借鉴和推广。希望课题组把这个案例库建设好。

大数据作为一个新兴的技术变革，虽然只有短短三四年的发展历史，但已迅速改变了我们的生活方式和思维方式，颠覆着传统产业的生产模式和竞争模式，同时也在重塑政府管理体系和国家治理体系。在大数据时代，个人如何生存、企业如何竞争、政府如何提供服务、国家如何创新治理体系，都需要重新进行审视和考量。每一时代的变革都会使一些思想僵化的组织凋零淘汰，也必将使一些积极谋变的组织乘势崛起。我们不能墨守成规，抱残守缺，而是要善于学习，勇于创新，按照党中央、国务院的战略部署，政府和市场两个轮子一起转，把我国建设成"数据强国"。

作者简介

周文彰，笔名弘陶，1953 年生，汉族，江苏宝应县人，1985 年获中国人民大学哲学博士学位。现为全国政协委员、国家行政学院博士生导师，兼任中国人民大学、中国地质大学博士生导师。享受国务院颁发的政府特殊津贴。中国辩证唯物主义研究会副会长、中国行政体制改革研究会副会长及行政文化委员会会长。第六届中国书法家协会理事。

　　主要研究领域：认识论、经济特区、干部教育、思想政治教育等。主要著作有《狡黠的心灵：主体认识图式概论》《从历史走向现实：周文彰哲学文集》《绿岛傻想》《并非傻想》《特区导论》《跨世纪的抉择：经济特区二次创业》《总想有新意》《效果是硬道理》《凡事要下功夫》《撞钟就要撞响》《好人不一定是好官，好官必须是好人》《为民务实清廉：做官做事做人60讲》《再造生活：书法价值的当代体验》《周文彰诗词选》；主要译著有《康德》《理由与求知》《当代认识论导论》《儒家思想新论：创造性转化的自我》（校）；主编的有《国际惯例书库》《当代国际惯例丛书》《海南历史文化大系》《书法研究博士文库》《行政学院培训用书》等。

政府预算管理制度建设与国家治理体系的现代化

韦　森 *

内容提要： 本文论述了目前中国政府预算管理制度建设和国家治理体系现代化的一些问题和设想。第一部分讨论了政府预算管理制度如何体现现代民主政治的实质与理念，首先论述了当前中国财税体制和预算管理体制的问题和需要改革的必要性，接着论述现代预算管理制度建设的理论基础；第二部分谈一下我国《预算法》修改的进程和进步意义；第三部分谈了对未来中国国家治理体系建设的愿景，实现从"税收法定"走向"预算法定"，并谈了几点具体的改革设想。

关键词： 预算法　预算管理制度　国家治理体系　税收法定　预算法定

　　中共十八大报告第四部分"加快完善社会主义市场经济体制和加快转变经济发展方式"第一条"全面深化经济体制改革"中指出："加快改革财

---

*　韦森系三亚学院国家治理研究院研究员。

税体制，健全中央和地方财力与事权相匹配的体制，完善促进基本公共服务均等化和主体功能区建设的公共财政体系，构建地方税体系，形成有利于结构优化、社会公平的税收制度。"第五部分"坚持走中国特色社会主义政治发展道路和推进政治体制改革"的第一条又提出："支持和保证人民通过人民代表大会行使国家权力……加强对'一府两院'的监督，加强对政府全口径预算决算的审查和监督。"十八大报告关于经济体制改革和政治体制改革两个第一条均把财政体制改革和国家预算管理制度的改革列在首位，这充分说明中国政府已经开始意识到财税体制改革和国家预算管理制度建设的重要性。

继十八大报告之后，十八届三中全会《中共中央关于全面深化改革若干重大问题的决定》第 27 条也提出："健全'一府两院'由人大产生、对人大负责、受人大监督制度。健全人大讨论、决定重大事项制度，各级政府重大决策出台前向本级人大报告。加强人大预算决算审查监督、国有资产监督职能。落实税收法定原则。"把"落实税收法定原则"写入中共十八届三中全会决议，是中国改革的一项重大理论突破，也预示着中国国家治理体系现代化建设的一项重要改革。

以下从中国当前财税体制和预算管理体制的问题入手，回顾现代预算管理制度建设的理论基础，谈一下我国《预算法》修改的进程和进步意义，并为国家预算管理制度从"税收法定"走向"预算法定"提出几点具体的改革设想。

一、政府预算管理制度如何体现现代民主政治的实质与理念

我国财税体制改革迫在眉睫　自 1994 年我国实行分税制改革以来，政府的各项财政收入已经连续多年超高速增长。从图 1 中可以看到，自 1994 年到 2012 年这差不多 20 年间，中国政府财政收支增长率一直远高于 GDP 增长率。

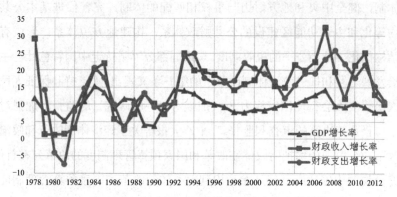

图1　1978—2012年我国GDP增长率与财政收支增长率（%）

　　由于在每年的《政府工作报告》中，财政收入的增长速度是按当年价格计算的，而GDP则是按不变价格计算的，为了剔除价格中的不可比因素，在图2中，我们使用了名义GDP来与政府财政收入的增长进行比较。即使如此，我们也可以看出，在1994年以后，中国政府的财政收支增速在很多年份是GDP增速的1.5倍以上。

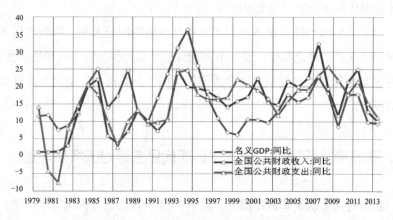

图2　我国名义GDP增长率与财政收支增长率（%）

　　中国政府连续多年财政收入超高速增长的一个结果是：政府财政收入占国民收入的份额不断增加，相比较而言，城乡居民尤其是农村居民的收入占国民收入的比例不断下降。把政府财政收入数据和居民收入数据对比来看，就可以看到政府财政收入在 1994 年以后的增速是多么惊人，与居民收入之间的差距也越来越大。如图 3 所示，自 1994 年之后，政府财政收入的规模增加了 19 倍多，而城镇居民的收入只增加了 7 倍左右，农村居民的收入则只增加了 6 倍左右。中国政府财政收入的超高速增长，已经导致国民收入三大组成部分即工资收入、政府收入和企业收入的比例严重失衡。这种国民收入比例的严重失衡，一方面表现为在中国经济高速增长时期居民消费增速相对较慢，另一方面又表现为政府基础设施投资高速增长，政府官员腐败寻租大面积地发生而屡治不果，还有就是政府和机关存款的不断攀高。

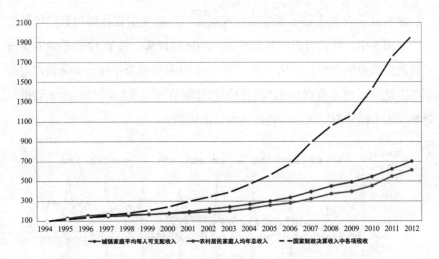

图 3　1994 年分税制改革后政府财政收入与居民收入增长对比

数据来源：中经网统计数据库。

如图 4 所示，中国政府财政存款不断攀高。2001 年，中国各级政府存款还只有不到 5000 亿，但是到 2013 年时，中国各级政府财政存款已经超过了 4 万亿。

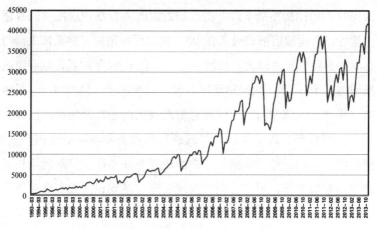

图4　货币当局政府存款月度数据（单位：亿元）

随着政府存款金额不断攀高，政府部门年底突击花钱的现象则年年发生。从图5中，我们可以清楚地看出，2008年以来，每年12月份政府突击花钱的现象愈演愈烈。2010年后，每年的12月份政府年底突击花钱都超过了2万亿元。这本身就说明我们的财政体制有着很大的问题。这无疑也与近些年来中国政府财政收入超高速增长密切相关。

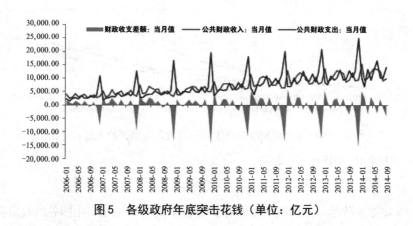

图5　各级政府年底突击花钱（单位：亿元）

为什么政府财政收入近些年来超高速增长？在我之前的一篇文章中就曾经指出，自1994年实行分税制改革以来，中国政府的财政收入超高速增长，大致有四个原因：

第一，中央政府决策层，包括财政部、国税局一直有较强增加税收收入的冲动和实际指令。近些年来，尽管在《福布斯》杂志公布的世界一些主要国家的税负痛苦指数排行榜中中国的排名一直位列前三甲，但是财政部和国税局一再对此加以否认，并一直认为中国的宏观税负不高，因而从来没有真正把减税富民作为自己的政策选项。国税局和财政部的这一整体政策导向，与中共十七大报告提出并在中国政府的"十二五规划"中所确立的"逐步提高居民收入在国民收入分配中的比重，提高劳动报酬在初次分配中的比重"这一经济社会发展目标似乎是相悖的。因为，从国民收入初次分配中政府税收、劳动者报酬和企业营业盈余三分法来看，如果中国税收增长的弹性系数总体上仍继续保持大于1的态势，那么这只会减少劳动者收入和企业盈余份额。换句话说，在中国经济高速增长期，即使国民收入的"蛋糕"被不断做大，如果政府税收仍保持持续的超高速增长，居民收入和企业利润的相对份额必定会相应减少。据此来看，财政部和国税局的基本政策导向和行政目标，是推动近些年中国政府税收超高速增长来自上头的主要动力。

第二，到目前为止各级政府包括财税部门的领导人，还没有从根本上认识到，在任何社会中政府税收都只是一种"必要的恶"，因而并不是税征收得越多越好。由于对税收的这一本质并没有确当认识，导致各级政府和财税部门的官员多年来一直认为政府的财政收入是越多越好。现在大多数地方政府在报政绩时，一个是汇报本地区的 GDP 增加了多少，另一个就是汇报政府税收和财政收入增加了多少。在这一错误观念的引领下，2000 年以来，按照每年《政府工作报告》中当年财税增长目标和当年实际完成情况，中国政府的财政收入差不多每年都完成了当年预算目标的 170% 以上，有好几个年头都超过了预算目标的 200%，甚至300％。这一现象迄今为止竟然没有引起决策层、经济学家们和社会各界的注意。正是因为各级政府均把税收增长当作一个政绩来考核、来炫耀，把税收的高速增加视为自己工作的成就，导致各级财税部门总是层层加码。汇集到一起，使过去十多年全国的税收增长差不多每年都是 GDP 增速的两倍上下。

第三，按照前国家税务总局局长和前财政部部长谢旭人的说法，中国税务部门的信息化对中国近些年税收的连年快速增加起了很大的作用。在税务系统信息化中，自 1994 年 3 月开始实行并在近些年不断完善的"金税工程"贡献巨大。通过引入现代计算机网络技术以及数字密码和电子信息存储技术等手段，"金税工程"大幅度减少了企业和个人的逃税。据有关专家研究，在金税工程前期三个紧密衔接的子系统 —— 增值税计算机稽核系统、增值税专用发票防伪税控系统和税控收款机系统 —— 基础上，经过第二期和第三期建设，目前金税工程在主体软件 CTAIS（中国税务信息管理系统）建立了有 35 个模块的管理、征收、稽查、处罚、执行、救济、监控七个子系统，并在税务系统信息化建设过程中形成了数万人的信息技术队伍。目前，国税系统的网络建设已经覆盖了全国区县（含）以上国税机关，形成了总局、省局、地市局、区县局的四级广域网。有了如此发达的金税工程和如此庞大的税务征收人员及信息技术队伍，税收征收率（实征税收与应征税收的百分比）不断提高，应该是自然的。这应该是近些年中国税收总量和宏观税负快速增加的一个主要原因。

第四，各级税务部门为了完成上级交给的征税目标，往往采取了超额征税部分留成发奖金的激励制度。从激励经济学上来说，这是一个很强的激励兼容机制。在此激励机制中，每一个税务局和税务人员在征税时，往往只考虑如何完成和超额完成自己的征税目标，以期得到更多的留成和更多奖金，而很少考虑到其所要征的纳税人的福利减少问题，更不可能意识到自己从每个纳税人那里征到更多的税，在宏观经济上是在"边际地"减少国内需求和减弱企业的竞争力，并会造成一定的社会福利净损失。庞大的税务人员和信息技术队伍，先进的"金税工程"的网络信息设备和技术，加上激励兼容的征税奖惩制度等，无疑是推动近些年中国税收高速增长和宏观税负不断提高的重要因素。

　　由于以上四个因素，导致中国政府财政收入的实际增长都超过自己年初所定目标的 150% 以上，有些年份甚至超过 300%（见表 1）：

表 1　政府税收预算增幅与实际增幅

年份	预算增幅	实际增幅	实际增幅 / 预算增幅
2000	8.4%	16.9%	201.20%
2001	10.3%	22.2%	215.53%
2002	7.7%	15.4%	200.00%
2003	8.4%	14.7%	175.00%
2004	8.7%	21.4%	245.97%
2005	11.0%	19.8%	180.00%
2006	12.0%	24.3%	202.50%
2007	13.8%	32.4%	234.78%
2008	14.0%	19.5%	139.28%
2009	8.0%	11.9%	148.75%
2010	8.0%	21.1%	263.75%
2011	8.0%	24.8%	310.00%
2012	8.0%	12.8%	151.00%
2013	8.0%	10.1%	126.25%

　　资料来源：2000—2013 年历年《政府预算报告》和《预算草案报告》。

　　由此我们可以看出，这些年中国财政收入超高速增长，主要原因在于我们国家的现行制度安排对政府征税和增加其他财政收入根本没有任何约束和制衡机制。这是当今中国社会中许多社会与经济问题产生的根源。因此，这些年来，我们一再呼吁，未来中国现代国家制度建设，要从预算民主建设入手，把预算民主作为中国政治体制改革的逻辑起点。

　　税收法定原则　要理解预算民主，首先要了解"税收法定原则"。近几年中央提出"政府预算要公开、透明"，十八大报告中也提出"加强人大对政府全口径预算监督"是政治体制改革主要任务之一。"税收法定原则"实际上正是这两项改革的理论基础。

在法学和政治学的基本原理中，一个君主或政府任何时候的征税从实质上看都是国家政权对私人产权的一种强制剥夺和攫取，因而说到底是政府公权力对个人私权利的某种"侵犯"。用税法学家的专业话语来说，税收是国家为实现其公共职能而凭借政治权力依法强制、无偿地从私人和企业那里获取财政收入的一种活动和手段，因而，对纳税人来说，税收完全是纳税人对政府的一种无对价的给付。

正因为税收说到底是一种公权力对纳税人私权利的一种干预和侵犯，是纳税人一种无对价的给付，保护纳税人不受君主和政府公权力的任意攫掠，就成了现代宪政民主的一种核心理念。即使从政治学中的"社会契约论"以及税法学中的"利益交换说"来看待国家征税，从而把税收视作人民为向国家求得对其产权等的保护而支付的一种"必要的价格"，纳税人也有权知道自己支付的税金到底被如何地使用了。纳税人通过自己所选出的代表，通过一定法定程序对政府的财政行为进行监控和审理，以确保其使用的得当，就成了现代宪政民主政治的一种基本政治安排。通过一定税收立法和一定的法律程序来保护纳税人的权益，也就成了现代宪政民主政治的最基本和最核心的问题。

回顾人类近现代史，整个英国的宪政进程都是围绕着限制国王的征税权而展开的。不仅如此，荷兰的建国、法国大革命以及美国的独立也都是由政府征税问题引发。也就是说，沿着"税收法定"（statutory taxation）这一核心政治理念，发端了近代以来宪政民主政制的构建。按照税收（宪）法定主义，为防止政府部门财政税收权的滥用，必须以权力制约权力。由此各国的政治安排大多是政府征税的决定权力必须要由议会来行使，这样才能使人民相信自己的私有产权不会被政府恣意侵犯。这也就构成"税收法定原则"的基本内容和根本要求。

根据现代税收法定原则的基本精神，在现代大多数西方发达国家，以及发展中国家如马来西亚、菲律宾、印度尼西亚、斯里兰卡、约旦等国的宪法中均有类似"非经法律规定，不得征税"的明确条款，因而，可以认为税收（宪）法定已经成了现代民主政治中的一条普世原则。根据这一原则，在世界上许多国家，要新增一个税种，或提高一种既有税种的税率，往往是件非常麻烦和困难的事。这往往要经过议会多轮激烈辩论，并常常会引起纳税人的各种抵制、抗议甚至游行示威。因此，在加拿大、新西兰、澳大利亚和世界上许多其他国家，常常有经过几届政府激烈争论争吵，一种新税仍不能开始征收或一种既有税种无法被提高的情形。借鉴这些历史和国际经验，明确税收立法权，使国家的税收收入和财政支出的规模和基本用途均由人大通过法定程序加以规范，从而使纳税人的基本权利得到充分的尊重和保护，同样也是我国现代国家制度建构的一项基本内容。一个更为深层的考虑是，随着个人收入和企业所得税的征收和增加，随着人们纳税人意识的增强，要让"无代表不纳税"这一宪政民主政治的基本口号变成每一个纳税人都知晓的道理。

预算民主原则 预算民主（budgeting democracy），即国家立法机关对政府财政预算进行监督、审议、制衡和审计，是现代民主政治的一个重要或核心组成部分。从某种程度上来说，这是衡量一个国家是否已经走向现代化国家的重要标识之一。从西方议会的发展史来看，议会之所以产生，很大程度上是为了监督和制衡政府如何征税、如何花钱，而这一制度沿革到当代，西方民主国家议会的一项主要功能就是监督和控制政府预算。有研究发现，西方国家立法机关（包括参议院和众议院）一般都将超过60％的时间用在审核和讨论政府的各种预算上。

然而"预算民主"与"政府内部权力制衡"的理念目前在中国还亟待"新启蒙"：尽管政府预算监督是现代民主国家政治与经济运作的一项基本内容和最重要组成部分，但是，西方各国政府的财政预算是如何制定出来，又是如何执行和实施的，立法机关是如何监督、制衡、控制和审计政府预算的，在立法机构对政府预算监督方面到底有哪些制度安排，在各国立法机构中又有哪些实际运作的机构设置，以及各国政府的预算监督体制又有何异同，对于这些问题，除了一些财政学和政治学的少数专家外，国内其他学界、政府决策层乃至社会各界人士大都知之甚少。

"预算民主"实际上不仅仅是个《预算法》修订问题。"预算民主",意味着政府征收任何税种和花钱都要得到实质性的制衡。与"预算民主"强调权力的制衡相反,"全权政府"的主要表现为政府征税和政府花钱得不到实质性的制约,政府拥有对财税的无约束的征收和支配权。政府的财税权得不到实质性的制衡和约束,政府官员大面积的贪腐就会不断发生且屡治不果,与政府财权相关联的种种社会问题也无法从制度上加以根本解决。

由此看来,落实中共十八大报告关于政治体制改革的第一条,加强各级人大对政府全口径预算的审查和监督,应该是当下中国政治体制改革的一项重要任务。只有管住政府预算收支,实现国家治理体系的现代化,才能建立起根治政府官员腐败的制度机制。因此,国家预算制度的改革和建设,实为中国国家制度现代化根本大计。这本身是超越《预算法》修改问题的。

我们的共和国成立至今仅 65 年,加上过去经济发展水平较落后,缺乏管理国家预算,约束和制衡政府如何征税、如何花钱的经验。但是随着经济的高速发展,中国的 GDP 已经跻身世界第二位,宽口径的政府财政收入也直逼美国,在这样的现实背景下,借助这次修改《预算法》的契机,真正建立起完备的现代国家预算管理制度,推进中国国家制度和国家治理体系的现代化建设俨然成为未来中国政治、经济与社会改革的一条根本之道。

二、《预算法》修改的艰难历程与新《预算法》的进步意义

提到中国《预算法》的修改历程,不得不感慨这绝对是一次值得载入史册的"十年修法"。2014 年 8 月 31 日,十二届全国人民代表大会常务委员会第十次会议召开专门会议,终于高票表决通过了《预算法》的修改四审稿。

经过十年多的修订过程，在人大立法机构的努力下，集合社会各界的广泛参与和讨论，乃至政府部门之间的修法博弈，新的《预算法》已经取得了长足的进步。这次《预算法》修改的进步意义主要体现在以下几个方面：

第一，修改历时之长、社会各界参与度之广史无前例，说明人民的权利意识在觉醒。

第二，包括 2012 年 8 月 31 日十一届全国人大第二十八次会议未审议二审稿，10 月第二十九次会议没通过二审稿，第三十次会议决定不再审议，十二届全国人大在 2014 年 4 月审议三审稿没通过，乃至 8 月 31 日审议四审稿到最后通过，全国人大常委会、人大代表发言和讨论之热烈及修改意见数量之众多，在中国当代立法和修法史上也是前所未有的。

第三，这次新的《预算法》修改已经触及到了现有体制的天花板，在立法宗旨上，基本已经演变成为一个人大的控权法，而不是财政部门内部财政资金的管理法。

第四，在条文规定上强化了人大对政府预算的监督、审查和制衡。

第五，为未来中国的税收法定和预算民主树立了下一步改革的路标。

我们可以通过一个具体的例子来看新旧《预算法》的差别：1994 年的《预算法》二审稿第一条规定"为了强化预算的分配和监督职能，健全国家对预算的管理，加强国家宏观调控，保障经济和社会的健康发展，根据宪法，制定本法"。三审稿和新通过的四审稿第一条则修订为"为了规范政府收支行为，强化预算约束，加强对预算的管理和监督，建立健全全面规范、公开透明的预算制度，保障经济社会的健康发展，根据宪法，制定本法"。这就说明，新通过的《预算法》立法宗旨已经发生了根本性的转变。

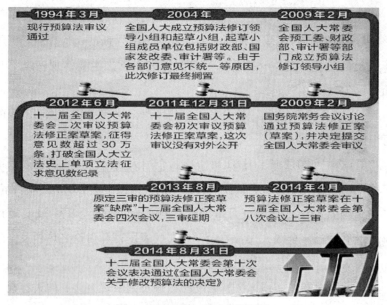

图 6　《预算法》修订历程概览

三、未来中国国家治理体系建设的愿景 —— 从税收法定走向预算法定

按照中共十八大报告的规定，预算与财政体制改革应当是中国经济与政治体制改革中最重要的部分。加强国家立法机构对政府预算进行全口径的预算监督、制衡和审计，并在此方面建立和健全人大的功能机构设置，同时在立法上做出制度保障，当是财政体制改革乃至全部政治体制改革的最核心内容和最重要的组成部分。

现在，要借《预算法》修改通过的东风，进一步推进从"税收法定"到"预算法定"的改革。慢慢做到作为国家立法机关的全国人大对政府财政预算的实质性的监督，全程参与政府预算的制定、实施、制衡乃至对预算执行情况的审计。这应该是中国国家治理体系现代化建设的一个重要步骤。

这一步骤具体来说可以通过以下几个方面推进：

　　第一，"做实"人大，在各级人大常设实体化的"人大预算委员会"，全程参与预算的制定和实施过程。要落实十八大报告提出的改革目标，加强人大"对'一府两院'的监督，加强对政府全口径预算决算的审查和监督"，必须在人大和政府制度上和建制上进行真正的改革，并重新起草和制定与之相匹配的带有现代预算民主精神的《预算法》。单凭按文件规定"政府预算公井、透明"的作用有限，关键还是要在建制上予以保证。比如可考虑建立真正实体化和常设的各级人大预算委员会，把"预算工委"作为其常设机构，增加其编制，做到所有财政支出由预算委员会每笔审议批准复核预算后，财政部门才能支出。像美国参议院和众议院的"拨款委员会"一样建立一个全程参与政府预算的编制、实施和决算的人大内部的"机构"。

　　第二，强化财政部的财政收支的统筹权力，财政部门提交的预算案一旦在人大通过，即为"法定"，党政领导和其他部门不得干预财政部门按预算收支的全部财权。另外，进行财政体制改革，使中央和地方的支出责任与事权相匹配。《预算法》制订之后如何落实的问题在很大程度上已经超越了财政部本身的权力范围。目前我国政府预算的制定和财政支出权大部分属于"发改委"，还有部分属于"中央财经领导小组"，另一部分属于财政部。从长远来看，国家预算到底如何制定，预算局机构应该设在哪里，都是未来要考虑和研究的课题。但是不管如何，将来的"预算办公室"都应该把"发改委"这个计划经济体制的遗留机构的部分功能并入进来。将来如果"发改委"继续存在的话，应该只研究改革，而不再是"跑委钱进"的机构。

　　第三，升格"审计署"，建立独立的审计督察机构来监督"一府两院"的财政收支情况。比如，在人大建立人大监督审计委员会，把审计署、反贪局、甚至国家统计局设在人大"监审委"下，或至少应该从国家建制上把审计署从国务院独立出来。可考虑像英国的国家审计署（National Audit Office，简称 NAO）或美国的审计总署（General Audit Office，简称 GAO）那样，由国家主席提名，人大和政协大会投票批准的一个完全独立的"审计督察院"。同时在财政部内部也可考虑保留或设一个"审计局"或"审计署"。作为双保险制度,还可以考虑部分参考日本的五院制:参议院、众议院、最高法院、最高检察院、审计督察院,但各个院受制于人大的一个"专门委员会"。

第四,完善"财政资金的国库集中支付制度"。贯彻新的《预算法》,财政部需与央行合作完善政府财政收支的"国库集中支付制度",即现有的"单一国库账户"体制。国务院最近的常务会议规定在两年内逐步清理各地的"财政专户",一般不再设"财政专户",就是一项重要的实质性改革。取消了财政专户,使得所有政府财政收支入出央行的"单一国库账户"。政府各部门在商业银行开设的财政收支支付账户必须做到"零余额"。完善财政资金国库集中支付制度后,央行应该与财政部积极配合,做好"经营库款"的职能,落实 2006 年财政部与央行联合发布的"央行国库现金管理暂行办法"(财库 37 号),尽可能提高财政资金的使用效率。

综上几点,我们认为,未来的政治体制改革要以立法机构与政府的"权力制衡"为基本精神,以改善中国共产党的执政能力和建设中国共产党领导下的"现代国家治理体系"为最终目标,以"预算民主"建设为轴心,落实"税收法定原则",并逐渐从"税收法定"走向"预算法定"。从税收法定到预算法定全方面推进中国的国家治理体系的现代化建设,是一项系统工程。现在,应该根据中共十八大报告关于经济体制改革和政治体制改革第一条、十八届三中全会通过的《中共中央关于全面深化改革若干重大问题的决定》以及十八届四中全会通过的《中共中央关于全面推进依法治国若干重大问题的决定》的相关改革目标,从最高决策层通盘考虑,逐步建立起完备的国家预算管理制度,并同时进行财税体制改革,最终才能实现我们建设现代化国家的目标。

作者简介

韦森,原名李维森,汉族,籍贯山东省单县。1982 年获山东大学经济学学士学位,任《东岳论丛》编辑;1987 年受联合国资助,到澳大利亚国立大学国家发展研究中心留学,1989 年获硕士学位,1995 年获悉尼大学经济学博士学位。2000—2001 年为剑桥大学经济与政治学院正式访问教授。2001 年回国执教复旦大学经济学院，任教授、博士生导师，现为复旦大学经济思想与经济史研究所所长。

主要研究领域为制度经济学和比较制度分析，先后在《中国社会科学》、《经济研究》、香港《二十一世纪》等著名学术刊物上发表论文数十篇，并经常在《财经》《东方早报》以及《华尔街日报》中文网、"FT 中文网"、"财经网"、"凤凰网"等门户网站上撰写专栏文章、访谈和学术随笔。主要学术著作有《社会制序的经济分析导论》《经济学与伦理学：探寻市场经济的伦理维度与道德基础》《文化与制序》《经济学与哲学：制度分析的哲学基础》《经济理论与市场秩序：探寻良序市场经济运行的道德基础、文化环境与制度条件》等；主要译校和策划翻译的国外经济学和社会科学名著有米勒的《管理困境：科层的政治经济学》、盖尔的《一般均衡的策略基础》、肖特的《社会制度的经济理论》、宾默尔的《博弈论与社会契约》和《自然正义》、鲁宾斯坦的《经济学与语言》等。

全球税收竞争与冲突形态分析及其价值

—— 兼论中国参与国际税收竞争的战略与策略构想

姚轩鸽 *

内容提要： 本文认为，全球化的税收竞争不可避免，而且呈现多元性、复杂性与不确定性等形态，其分析价值在于为最大限度地消减系统性的国际税收冲突与风险提供理论指导和智力支持，提醒各个国家必须遵从国际税收行为的基本规律，坚决走"己他两利"的竞争与合作之道，认清国际税收竞争与冲突的复杂性与不确定性特征，防止主观意志的失控，最终促进缔结一个科学优良的国际税收契约，增进各个国家每个国民的福祉总量。而中国作为全球化竞争体系中的重要一员，对此必须做出积极的反应与应有的贡献，把理想与现实紧密结合起来。

关键词： 全球　税收　竞争　冲突　形态　价值　战略　策略

不论人们高兴不高兴或愿意不愿意，全球化都在裹挟着它能裹挟的一

---

* 姚轩鸽系三亚学院国家治理研究院研究员。

切，踩着自己的步点朝前走。顺应者，它将带着一起向前走；逆行者，将被它冷酷无情地抛弃。事实上，从全球化诞生之日起，它就拥有了这种特别固执、坚定的意志与禀赋。因此，在全球性的经济、政治、文化革命次第展开之后，竞争与合作、冲突与矛盾，注定纠缠不休。问题或许并不在于全球化影响的善恶，而在于如何正确认识全球化大势下可能发生的竞争与冲突之形态与本质，从而乘势而动，给全球社会每一个成员带来更多的福祉与利益。同理，全球税收竞争与冲突也不可避免，"全球化另一个令人兴奋的后果是逐渐兴起的税收竞争"①。而且，"全球化是一种促使政府间竞争的积极力量"②。因此，如果能提前预知全球税收竞争与冲突的可能形态，无疑有助于各个国家未雨绸缪，从国家治理的高度，做出相应的战略与策略安排，从而借用全球化的积极影响，消减全球化的消极干扰，在全球资源竞争中赢得相对比较优势。基于此一认识，本文拟从"行为"、"结构"、"类型"、"契约"的视角对全球税收竞争与冲突的形态及其价值进行分析，并在此基础上，提出中国参与国际税收竞争的战略与策略构想。

一、行为视野的国际税收竞争与冲突形态分析

众所周知，"行为是有机体受意识支配的实际反应活动：受意识支配的先天固有的活动是本能；受意识支配的后天习得的活动是学习"③。而且，"行为由目的和手段构成：目的是有意识地为了达到的结果，也就是行为主体有意识地为了达到的行为结果；手段则是有意识地用来达到某种结果的过程，也就是行为主体有意识地用来达到行为结果的行为过程"④。由此可见，全球化对税收活动，也就是对国际税收行为的影响，即是对国际征纳

---

① 克里斯·爱德华兹、丹尼尔·米切尔：《全球税收革命——税收竞争的兴起及其反对者》，黄凯平、李得源译，中国发展出版社 2015 年版，第 20 页。

② 克里斯·爱德华兹、丹尼尔·米切尔：《全球税收革命——税收竞争的兴起及其反对者》，黄凯平、李得源译，第 166 页。

③ 王海明：《新伦理学》，商务印书馆 2008 年版，第 546 页。

④ 王海明：《新伦理学》，第 546 页。

税人"受意识支配的后天习得的活动"——学习——的影响，是对国际征纳行为主体之目的与手段的影响，是对国际征纳税行为主体"有意识地为了达到的结果"与"有意识地用来达到行为结果的行为过程"之影响。直言之，由此可推知国际税收行为（国际征纳行为）的类型，进而推知国际税收竞争与冲突的形态。

行为类型见下表所示：

目的 手段	利他	利己	害他	害己
利他	1	2	3	4
利己	5	6	7	8
害他	9	10	11	12
害己	13	14	15	16

这意味着，全球化对国际税收行为的影响，或者说对国际征纳税行为的影响，不过是对这16种征纳税行为及其数量规律之影响。具体说，是对四大类国际征纳税行为的影响：第一，目的利他、手段利他，目的利己、手段利他，目的害他、手段利他，目的害己、手段利他；第二，目的利他、手段利己；目的利己、手段利己，目的害他、手段利己，目的害己、手段利己；第三，目的利他、手段害他，目的利己、手段害他，目的害他、手段害他，目的害己、手段害他；第四，目的利他、手段害己，目的利己、手段害己，目的害他、手段害己，目的害己、手段害己。

也就是说，尽管全球化背景下的税收竞争与冲突多种多样，但基本的竞争与冲突，从行为视野观之，不过16种。而且，不论是竞争还是冲突，就行为的结构而言，无非利害己他。直言之，从行为视角看，国际税收竞争与冲突的形态也不过：（1）"目的利他、手段利他；目的利己、手段利他；目的害他、手段利他；目的害己、手段利他"。（2）"目的利他、手段利己；目的利己、手段利己；目的害他、手段利己；目的害己、手段利己"。（3）"目的利他、手段害他，目的利己、手段害他，目的害他、手段害他，目的害己、手段害他"。（4）"目的利他、手段害己，目的利己、手段害己，目的害他、手段害己，目的害己、手段害己" 16 种类型。

进而言之，由于现代行为心理学的最新研究成果显示，"每个人都具有利己、利他、害己、害他四种行为目的，并且必定恒久利己而只能偶尔利他、害他、害己"。以及"每个人都具有利己、利他、害己、害他四种行为手段，并且必定恒久利他或害他，而只能偶尔利己与害己"。因此，"每个人的行为，必定恒久为己利他或损人利己；而只能偶尔无私利他、单纯利己、纯粹害人、纯粹害己"。[①] 这岂不是说，这些竞争与冲突的国际税收形态，唯有"为己利他"与"损人利己"是恒久的，而其他一切的形态，诸如"无私利他、单纯利己、纯粹害人、纯粹害己"等，都只是偶尔的。而且，唯有"为己利他"的竞争是符合道德基本原则，也是冲突最小的。舍此一切，都可能制造或加剧国际税收冲突，背离税收道德增进全社会和各个民族国家每一个社会成员福祉总量的终极目的。

同理可知，从行为视角观之，征纳税行为也存在 16 种类型，国际税收竞争与冲突，也无非 16 种形态。既有目的领域的竞争与冲突，也有手段领域的竞争与冲突，以及目的与手段交织的竞争与冲突。但无论如何，唯有符合伦理行为目的相对数量规律、伦理行为手段相对数量非统计性规律、伦理行为手段相对数量统计性规律、伦理行为类型相对数量非统计性规律，以及伦理行为类型统计性规律的竞争是合乎国际税收道德的，是可持续的。相反，凡是违背伦理行为目的相对数量规律、伦理行为手段相对数量非统计性规律、伦理行为手段相对数量统计性规律、伦理行为类型相对数量非统计性规律，以及伦理行为类型统计性规律的冲突，都是有悖国际税收道德，不可持续的。[②] 事实上，行为视野的国际税收竞争与冲突形态分析的价值和意义在于，它是在为国际税制构建寻找坚实的人性基础。

[①]　王海明：《新伦理学》，第 596 页。
[②]　王海明：《新伦理学》，第 628 页。

二、结构视野的国际税收竞争与冲突形态分析

结构是指把一个事物作为整体分解为若干部分而成，被划分的事物与所分成的事物是整体与部分的关系。从结构视野分析国际税收竞争与冲突形态，也是探讨国际税收竞争与冲突本质的常规选择。而且，严格说来，国际税收的结构性竞争与冲突更为重要。因为，国际税收的竞争与冲突，就是不同国家之间税制的竞争与冲突。

毋庸置疑，税制是一组征纳行为主体"应该且必须"如何参与国内外税收竞争的规范体系。而这个规范体系，既有"应该且必须"如何的权力性规范，也有"应该"如何的非权力性规范。"应该且必须"如何的权力性规范即是指"税法"，"应该"如何的非权力性规范即是指"税德"。因此，结构视野的国际税收竞争与冲突形态，通常首先表现在税制规范的表层结构层面。既有"应该的"国际税收道德规范层面——国际"税德"，也有"应该且必须"的国际税法规范层面——国际税法，从而便形成不同的国际税收竞争与冲突形态。在全球化背景下，一定会加剧国际税收价值与冲突的复杂性与不确定性。而且，国际税收竞争与冲突，最先可能发生在主体、客体、原则、罚则等要素方面，比如征税人、纳税人、税率、税目、征税环节、减免税规定，及其处罚等技术性要素方面。其中，不同国家"税率"的高低与征收方式一直是国际税收合作与竞争的热点和焦点。

其次，由于税制具有内容与形式的基本结构，国际税收竞争与冲突也会因此形成新形态。即是说，内容与形式既可能一致，也可能背离。毋庸置疑，内容即价值，形式即税制规范。因此，税制既可能与税收价值一致，也可能与税收价值背离。自然，国际税收竞争与冲突，既可能发生在内容与内容国际税收机制之间，也可能发生在形式与形式国际税制规范之间，还可能发生在形式规范与内容价值之间，从而具有四种形态，即内容与形式一致或背离、形式与内容一致或背离、内容与内容一致或背离、形式与形式一致或背离。见下表：

乙国＼甲国	内容	形式
内容	1	2
形式	3	4

可见，就具体的两个发生税收竞争与冲突的国家而言，除过表层要素的竞争与冲突外，基本结构方面的竞争与冲突也是一种常态。就是说，国际税收竞争与冲突既可能发生在甲国的内容与乙国的内容和形式之间，也可能发生在乙国的内容与甲国的内容和形式之间。还可能发生在甲国的形式与乙国的内容和形式之间，也可能发生在乙国的形式与甲国的内容和形式之间。但就国际税收竞争与冲突的根本而言，唯有税制的内容——税收价值——是优良税制（"税德"与税法）制定的根据。而且，由于作为规范范畴的税制，是人为制定的，具有一定的主观性与随意性。因此，各个国家的税制也就有了一个优劣差异的问题。

问题或在于，税制的优劣评价标准是什么？毋庸置疑，税制的"应该"如何与"应该且必须"如何的非权力与权力性规范，只能根据国家（或政府）公共资金征收行为事实的某种效用，即就是税收行为事实对于税制目的的效用来制定。比如，税收应该"法治"，不应该"人治"，应该"平等"，不应该"歧视"，等等，就是根据税收法治与人治、平等与歧视的效用——是否有助于保障社会存在发展、最终满足每个国民的福祉来制定的。反之，税收人治与歧视，之所以不应该，就是因为它背离了税制道德与税法"保障社会存在发展、最终满足每个人的福祉"之目的，具有负效应。质言之，税收道德规范与税法规范是根据税收道德价值、税法价值来制定或认可的。税制规范，不过是税制价值的表现形式。反之，税制价值则是税制规范的或者税制规范所表现的内容。

这意味着，税制规范虽然都是由人们制定或约定的，但存在一个优劣差异。或者说，税制规范的价值是优良税制（"税德"与税法）制定的根据，税制之优劣，取决于是否与税制价值相符。与税制价值相符的税制就是优良的，不相符的税制则是恶劣落后的。因此，真正讲来，国家税收竞争与冲突，其中注定遭遇税制优劣的较量。无疑，越是内容与形式相统一，与税制价值相符的税制，越是可能在国家税收竞争中占据优势，赢得先机。相反，越是内容与形式背离，与税制价值不相符的税制，越是可能在国家税收竞争中处于劣势，被动失败。因此，真正讲来，参与国际税收竞争的根本和关键在于，寻找并发现优良的国际税制价值，并据此制定优良的国际税制规范。

再次，由于国际税制具有"税制价值、税制价值判断和税制规范"的完整结构，因此，国际税收竞争与冲突，也就可能在此三者之间展开。这是因为，税制与税制规范的结合需要一个中介，否则，二者是无法结合在一起的。这个中介就是税制价值判断。也就是说，税制价值要飞跃与转化，必须有一个中间环节，即税制价值判断。而在这一结构中，税制规范，就是"税制价值"经过"税制价值判断"这个中介制定的。税制规范是税制价值的规范形式。税制价值判断即税制价值的思想形式。即税制价值判断的真假，也就直接决定国际税收规范形式体系的优劣。因此，税制价值判断之真理，乃是达成制定优良税制规范目的之手段，是制定优良税制规范的充分且必要条件。当且仅当税制价值判断是真理时，才能够制定出与国际税收价值相符的优良国际税制规范，从而避免制定与国际税收价值不符的恶劣税制规范。

毋庸讳言，税制完整结构视野的国际税收竞争与冲突形态更为复杂和多元。具体情况见下表：

甲国 乙国	价值	价值判断	规范
价值	1	2	3
价值判断	4	5	6
规范	7	8	9

这意味着，甲乙两国之间一旦发生实质性的税收竞争与冲突，从税制完整结构而言，理论上，至少存在9种形态。具体而言，甲乙两国之间的税收竞争与冲突，尽管表现在税制规范，特别是税率大小高低、征收方式等方面，但就税制的完整结构而言，则是比较复杂，可能发生价值与价值、价值判断与价值判断、税制规范与税制规范层面的竞争与冲突，也可能发生价值、价值判断、税制规范之间相互交叉式的竞争与冲突，从而加剧国际税制交流与互动的复杂性与不确定性。

因此，要参与国际税收竞争，并在竞争中获得可持续性的比较优势，就必须拥有一个相对优良的国际税制体系。为此，不仅国际税收价值要是真理，而且，国际税制价值判断也必须是符合税制价值。唯有此，才能够制定出与国际税收价值相符的优良税制，从而避免恶劣税制规范的宿命，消减系统性的税收冲突。质言之，一个国家的企业要在国际税收竞争中获得比较优势，拥有一个相对优良的国际税制是必要的前提。

最后，由于税制具有"事实、目的、价值、价值判断、规范"的深层结构，因此，国际税收竞争与冲突便会更为复杂，理论上有25种之多。见下表：

甲国 乙国	事实	目的	价值	价值判断	规范
事实	1	2	3	4	5
目的	6	7	8	9	10
价值	11	12	13	14	15
价值判断	16	17	18	19	20
规范	21	22	23	24	25

就是说，一旦甲乙两国发生国际税收竞争，可能的基本形态就有25种之多。不仅甲国税制蕴含的税收"行为观、目的观、价值观、价值判断、税制"可能与乙国的发生竞争与冲突。而且，甲乙两国的税收"行为观、目的观、价值观、价值判断、税制"之间，同样可能发生交叉性的竞争与

冲突，从而加剧两国之间的税收摩擦与冲突。

这是因为，税制价值或行为应该如何，不过是行为事实如何对于税制目的相符或违背之效用。符合税制目的的行为之事实，就是行为之应该，就具有正税制价值；违背税制目的的行为之事实，就是行为之不应该，就具有负税制价值。同理，国际税收价值或行为"应该且必须"如何，也就是国际税制行为事实如何对于国际税制目的相符或违背之效用。现代价值哲学的研究表明，"行为事实如何"是行为不依赖主体目的而独自具有的属性，是行为无论与主体目的发生关系还是不发生关系都同样具有的属性，因而是行为的固有属性，是行为价值、行为应该如何所由以产生和推导出来的源泉、依据、实体。"税制目的"则是行为应该如何从行为事实如何中产生和推导出来的条件，是衡量行为事实应该不应该的标准，叫作"价值标准"。行为事实如何与税制目的相结合便构成"行为应该如何"：它是行为独自不具有的属性，是行为事实如何与税制目的发生关系时所产生的属性，是行为事实如何对于税制目的的效用，是行为的关系属性，叫作"税制价值"。

这岂不意味着，国际税收行为"应该且必须"如何的优良税制规范及其评价标准，原是通过国际税制目的，从税制行为事实如何的客观本性中推导出来的？或者说，人们所制定的国际税收行为"应该且必须"如何的税制规范之优劣，直接取决于国际税制价值判断的真假。优良国际税制及其标准的制定过程，"应该且必须"通过国际税制目的，从国际税收行为事实如何的客观本性中推导出来。因此，尽管甲乙两国之间的国际税收竞争与冲突不可避免，而且呈现极为复杂的形态，但要在国际税收竞争中获得优势，关键在于如何获得一个优良的国际税制体系。而其根本在于对国际税制制定的终极目的的认识是否为"真"，即对国际税制终极目的认识之真假，以及对国际税收行为"事实如何"规律认识之真假。唯有二者同"真"，才可能获得最贴近真理的国际税制价值，从而经由国际税制价值判断，制定出优良的国际税制规范。就国际税制制定的终极目的而言，通常以为是为了本国的财政收入，或者为了本国国民的福祉总量增进，或者为了保护本国企业，助力本国企业在全球经济竞争中获胜。其实，正如一切制度的终极目的在于增进全社会和每个国民的福祉总量一样，国际社会创建国际税制的终极目的，也是为了增进各个国家每个国民的福祉总量。因此，唯有能够增进各个国家国民福祉总量的国际税制，才是最优良的。否则，增进各个国家国民福祉总量越少的国际税制，距离优良税制越远，距离恶劣税制越近。是否增进各个国家每个国民福祉总量，即成为判定一个国家国际税制优劣的终极标准。当然，在国家之间的利益尚未发生根本性冲突、可以两全的境遇下，应用帕累托最优原则评价其优劣。在国家之间的利益发生根本性冲突、不可以两全的境遇下，则应用"最大净余额"原则，或"最大多数人的最大利益原则"评价其优劣。

由此可见，全球化背景下的国际税收竞争与冲突，绝非简单的税率高低等技术要素之争，更多涉及国际税制的道德价值基础等深层次的问题。

三、类型视野的国际税收竞争与冲突形态分析

与结构不同，类型是指对事物外部的一种分类。因此，分类标准不一样，类型也就不一样。如果以税种划分，就有企业所得税类的国际税收竞争与冲突、个人所得税类的国际税收竞争与冲突、增值税类的国际税收竞争与冲突、环保税类的国际税收竞争与冲突，等等。如果以国际税制最高权力的归属划分，就有民主类国际税收竞争与冲突、非民主类的国际税收竞争与冲突等。如果以税负高低划分，就有税负高低类国际税收竞争与冲突的不同类型。当然，也可以根据直接税与间接税来划分，就有直接税类国际税收竞争与冲突、间接税类国际税收与冲突，等等。

同样，如果以事物的性质 —— "普遍性与特殊性，绝对性与相对性，客观性与主观性"为根据划分的话，国际税收竞争与冲突就有如下类型：共同国际税收竞争与冲突、特定国际税收竞争与冲突；绝对国际税收竞争与冲突、相对国际税收竞争与冲突；客观国际税收竞争与冲突、主观国际税收竞争与冲突。

共同国际税收竞争与冲突是指任何国家任何涉税主体的任何涉税行为都可能遭遇的竞争与冲突，属于同质的国际税收竞争与冲突，竞争与冲突的焦点集中在对国际税制终极目的的认识与遵从方面，以及如何兼顾各个国家的国际税制具体目的，诸如人道自由、公正平等。特定国际税收竞争与冲突是指一些国家的一些涉税行为主体可能遭遇的竞争与冲突，也属于同质竞争与冲突，主要集中在各个国家具体的国际税制目的与诉求。

绝对国际税收竞争与冲突是指任何国家、任何国际涉税主体、任何国际涉税行为都可能遭遇的税收竞争与冲突，也属于同质竞争与冲突，主要集中在对国际税制终极目的的认同与遵从方面。相对国际税收竞争与冲突是指在绝对国际税收竞争与冲突之外的一切国际税收竞争与冲突，也属同质竞争与冲突，主要集中在各个民族国家各自对国际税制终极目的的认识，以及与具体目的协调方面。

客观国际税收竞争与冲突是指不以人们的意志为转移的国际税收竞争与冲突，也属于同质竞争，主要集中在对"国际税收行为事实、目的和价值"这三个方面认识的真假，以及遵从程度方面；主观国际税收竞争与冲突是指因为人们主观意志的变化而变化的税收竞争与冲突，主要集中在国际税制表层的技术要素方面，诸如税率的高低、征税的方式等方面。就客观国际税收竞争与冲突内容而言，"国际税收行为事实、目的和价值"这三者是客观的，是不依人的意志为转移的。

换句话说，国家之间的税收竞争与冲突，首先要看属于哪一种类型的竞争与冲突：是同质的共同国际税制、绝对国际税制、客观国际税制之间的，还是特定国际税制、相对国际税制、主观国际税制之间的？还是异质的共同国际税制与特定国际税制、绝对国际税制与相对国际税制、客观国际税制与主观国际税制之间的？如果是同质之间的国际税收竞争与冲突，最终的赢家，无疑取决于这一同质类型税制在文明"位阶"中的高低，及其技术要素的完备程度。如果是异质类型之间的竞争与冲突，最终的赢家，无疑取决于其自身具有的普遍性、绝对性与客观性。道理在于，越是具有普遍性、绝对性与客观性的国际税制，越是接近国际税制的终极目的，越是有助于增进各个国家每个国民的福祉总量。

其实，具有实践意义的国际税收竞争与冲突类型分析，应是优劣或完备状态的划分与分析。毋庸置疑，由于国际税制有优劣与完备与否的差异，因此，当不同国家的国际税制相遇时，其竞争与冲突的方式、结果等将存在较大的差异。如果我们将国际税制分为最优（最完备）、次优（次完备）、次差（次不完备）、最差（极不完备）四类的话，国际税收竞争与冲突将有下列16种类型。见下表：

甲国 乙国	最优（最完备）	次优（次完备）	次差（次不完备）	最差（极不完备）
最优（最完备）	1	2	3	4
次优（次完备）	5	6	7	8
次差（次不完备）	9	10	11	12
最差（极不完备）	13	14	15	16

毋庸置疑，当优劣、位阶高低不同的国际税制遭遇竞争与冲突时，长期看，或者说经过多次博弈之后，最终的赢家一定是那些拥有相对优良或完备国际税制国家的企业家或纳税人。反之，失败者一定是顽固保有相对恶劣或不完备国际税制国家的企业家或纳税人。

最优（最完备）的国际税制，无疑是指能够最大限度地增进各个国家和每个国民福祉总量的；次优（次完备）的国际税制是指能够增进各个国家大多数国民福祉总量的；次差（次不完备）的国际税制是指能够增进各个国家少数国民福祉总量的；最差（极不完备）的国际税制是指仅仅只能增进民族国家内极少数人福祉总量的。或者说，优良国际税制一定是奉行"己他两利"道德原则的，也就是既不放弃对"无私利他"道德至善峰峦追寻的热忱，又能大力倡导"为己利他"基本道德原则，同时还能坚守"不损人"道德底线的。因为"无私利他"原则，会使国际税制充满仁爱的号召力，"为己利他"原则会使国际税制拥有坚实的人性基础与动力，"不损人"原则会使国际税制不至于堕落至"无底洞"。

而且，优良、完备的国际税制意味着，在两个国家之间的利益尚未发生根本性冲突、可以两全的情况下，最符合帕累托最优原则的要求，能遵从"不伤一人地增进所有人利益"的原则。在两个国家之间的利益发生了根本性冲突、不可以两全的情况下，则能遵从"最大多数人最大利益"原则，同时能对利益受损一方，在自愿的前提下，给予相对满意的补偿。直言之，最优（最完备）的国际税制，一定是把增进各个国家、各个社会和每个国民福祉总量作为税收治理终极原则和标准，以人道自由作为税收治理最高原则与标准，以公正平等作为税收治理根本原则和标准的税制。唯有优良的税制，包括优良的国际税制，才是保护企业自由参与全球化税收竞争的核心竞争力，才可能在竞争中最终取得相对优势。毋庸置疑，唯有真心致力于优化本国的国际税制，才是支持企业积极参与全球税收竞争，并在竞争中获得比较优势的关键，同时也是减少和化解国际税收冲突的根本途径。

四、契约视野的国际税收竞争与冲突形态分析

"契约即允诺"——这是关于"契约"最普泛和流行的定义。其权威表述出自 1932 年的美国《契约法重述》，认为："契约是一个或一系列允诺，违背这种允诺，法律将给予救济，履行这种允诺，法律将以某种方式确认这种履行是一种义务。"而《英国大不列颠百科全书》也持同一观点："按照最简单定义，契约是可依法执行的诺言。这个诺言可以是作为，也可以是不作为。"科宾也赞成这个定义，认为："契约是能够由法律直接或间接强制执行的允诺。这个定义具有简明的优点，而它的实际价值也许不逊于迄今为止所提出的任何一个契约定义。"[①] 问题在于，这一定义是值得商榷的。因为"契约即允诺"既包括双务契约，也包括单务契约，关键是包括

---

① Arthur Linton Corbin, *Corbin on Contracts,* one volume edition, West Publishing Co., 1952, p. 5.

那些"不需要受约人的同意和对价而依立约人单方行为便能够成立"的单务契约。"因为立约人的允诺既可能得到受约人的同意，也可能得不到受约人的同意。只有得到受约人的同意，亦即按照立约人的意思而履行一定行为或不为一定行为，立约人的允诺之为契约才能成立；否则，如果得不到受约人的同意，受约人并不按照立约人的意思而履行一定行为或不为一定行为，那么，立约人的允诺便仅仅是　种允诺而并不构成契约。"① 对此，麦克尼尔也已发现："这个定义不过是像'一个承诺就是一个承诺'一样的同义语反复。"② 因此，本文采信王海明先生的定义，"契约是两个以上的人就某种利益交换关系所达成的同意"③。而且，"无双不成约，立约的'双方'、'同意'和'约因'，乃是一切契约 —— 不论双务契约还是单务契约 —— 构成三要素：任何契约都是两个以上的人就某种利益（约因或对价）交换关系所达成的同意或协议"④。事实上，"双方、约因和同意三者分别是构成契约的必要条件，合起来则是构成契约的充分且必要条件：契约就是两个以上的人就某种利益交换关系所达成的同意或协议"⑤。

因此，契约视野的国际税收竞争与冲突形态分析，也就依此"定义"展开。国际税收契约是指立约的两国之间，就税收利益交换关系（诸如税率、征收对象、征收方式等）达成"同意"的法定，或者"德定"的权利与义务规范体系。问题在于，仅有两国的"同意"还不够，还必须"己他两利"，符合公正平等的原则。具体说，两国之间就税收利益交换的权利与义务约定与分配，还必须遵从基本权利与义务完全平等原则和非基本权利与义务比例平等原则。否则，两国缔结的这个国际税收契约就是不公正、不平等的，也是无助于两国各自每个纳税人和每个国民福祉总量增进的。

质言之，国际税收契约的优劣，取决于是否符合契约的三个必要条件：

---

① 王海明：《理想国家》，商务印书馆 2014 年版，第 70 页。
② 麦克尼尔：《新社会契约论》，雷喜宁、潘勤译，中国政法大学出版社 1994 年版，第 5 页。
③ 王海明：《理想国家》，第 71 页。
④ 王海明：《理想国家》，第 69 页。
⑤ 王海明：《理想国家》，第 65 页。

双方、约因与同意。这是决定国际税收竞争与冲突的核心要素。这意味着，国际税收竞争与冲突至少可划分为单务契约类的国际税收竞争与冲突形态、双务契约类的国际税收竞争与冲突形态。"单务契约与双务契约的根本区别只在于立约人：单务契约是立约人为单方的契约；双务契约是立约人为双方的契约。"① 以及有"约因"或"对价"的国际税收竞争与冲突形态，无"约因"或"对价"类的国际税收竞争与冲突形态。因为，"一个有价值的约因是指一方为换取另一方允诺，而给予或许诺对方的有价值的东西……任何一个有效的契约都可以简化为这样一种交易：如果我为你做一些事，你就得为我做一些事"②。以及基于自由、平等前提下两国或多国同意的国际税收竞争与冲突形态，基于不自由、不平等前提下两国或多国"同意"的国际税收竞争与冲突形态。

当然，从税收契约的"三大机制"（签订机制、履约机制、监督机制）③看，国际税收竞争与冲突也可分为：签订机制类的国际税收竞争与冲突、履约机制类的国际税收竞争与冲突，以及监督机制类的国际税收竞争与冲突。同样，以国际契约中是否有明确的契约条款以及是否有书面文本表达为标准，也可将国际税收竞争与冲突划分为显性的与隐性的；以国际契约对未来各种情况的适应能力为根据，也可将国际税收竞争与冲突划分为完全的与不完全的④；同样，也可根据国际税收契约履行所凭借的力量，将国际税收竞争与冲突划分为权力型（法定）与非权力型（德定）的。

五、全球税收竞争与冲突形态分析的价值

毋庸置疑，全球税收竞争与冲突形态分析不是本文的最终目的。形态分析的最终目的是为了给参与国际税收竞争的各个国家提供"双赢"的理

① 王海明：《理想国家》，第 65 页。
② 迈克尔·莱斯诺夫：《社会契约论》，刘训练等译，江苏人民出版社 2005 年版，第 11 页。
③ 蔡昌：《税收信用论：基于产权与税收契约视觉》，清华大学出版社 2014 年版，前言。
④ 蔡昌：《税收信用论：基于产权与税收契约视觉》，第 4—5 页。

论指导与智力支持，或者为化解系统性的国际税收冲突与风险提供理论指导和智力支持。

具体说，全球税收竞争与冲突形态分析的价值与意义在于：

第一，有助于为最大限度消减系统性的国际税收冲突与风险提供理论指导和智力支持。

伴随全球化浪潮的迅猛发展，全球税收竞争与冲突是必然的，而且频率会越来越高，层次会越来越深，范围会越来越广。正因此，美国税收学者克里斯·爱德华兹与丹尼尔·米切尔认为："一场没有硝烟的战争已经展开，企图使税收收入最大化的决策者与相信竞争会带来优良税制的人开始短兵相接了。"[①] 可见，全球税收竞争与冲突不仅是国际税收研究的紧迫课题，也是国际政治研究的重大课题。而且，民族国家之间的税收竞争，不仅关涉本国政治、经济、文化的繁荣与进步，也关涉国际政治、经济、文化的秩序与人类文明的进程。毋庸置疑，全球税收竞争与冲突形态分析的价值与意义就在于全面认识和了解竞争与冲突的实质，以便做出前瞻性的安排与应对，最大限度地消减系统性的国际税收冲突与风险。

第二，提醒各个国家必须遵从国际税收行为的基本规律，坚决走"己他两利"的竞争与合作之道。

行为视野的国际税收竞争与冲突形态分析告诉我们，国际税收竞争与冲突，将首先表现为目的的利己、利他、害己、害他与手段的利己、利他、害己、害他 16 种类型方面。如前所述，唯有符合国际税收伦理行为目的相对数量规律、行为手段相对数量非统计性规律、行为手段相对数量统计性规律、行为类型相对数量非统计性规律，以及行为类型统计性规律的竞争才是合乎国际税收道德的，也是冲突最少，最有助于增进参与竞争各国每个国民的福祉总量，而且是可持续的。否则就有悖国际税收道德，无助于增进参与竞争各国每个国民的福祉总量，也是冲突最

---

① 克里斯·爱德华兹、丹尼尔·米切尔：《全球税收革命——税收竞争的兴起及其反对者》，黄凯平、李得源译，第 2 页。

多，不可持续的。

具体说，凡欲在国际税收竞争中取得双赢的国家，都应该遵从三层次的国际税收道德原则：最高的国际税收道德原则——无私利他（主要在非经济领域，也是一种规范国际税收偶尔行为的原则），以便鼓励和肯定国际税收参与者追求至善道德峰峦的热忱；基本的国际税收道德原则——为己利他（重在规范国际税收征纳恒久的行为，防止堕落到"损人利己"的境地），这也是国际税收契约缔结的人性根据，旨在调节国际之间最基本的涉税竞争行为，促进国际之间的经济交往；最低国际税收道德原则——"纯粹为己"、"不损人"，目的在于守住各个国家税收权利与义务交换的"底线"，阻止突破"不损人"底线的国际税收竞争行为。

质言之，唯有奉行国际税收最高、基本、最低道德原则参与的全球化税收竞争者，长期看，其税收冲突与风险才可能最小，进而可能给参与竞争各个国家的国民带来最大的福祉总量。否则，最终伤害的将是各个国家每个国民的福祉总量。

第三，警示各国认清国际税收竞争与冲突的复杂性与不确定性特征，防止主观意志的失控。

结构视野的国际税收竞争与冲突形态分析告诉我们，国际税收竞争与冲突呈现结构的复杂性与不确定性，必须认真对待，潜心研究。具体说：

首先，国际税收竞争与冲突最先将在主体、客体、原则、罚则等表层要素方面发生，比如征税人、纳税人、税率、税目、征税环节、减免税规定，及其处罚等技术性要素方面。其中，最敏感的竞争与冲突，可能聚焦在"税率"的高低方面。道理在于，"避税天堂的关键特征包括所得税的低税率或零税率，以及限制与他国共享纳税人信息的隐私法"[①]。而2000年经合组织发布的一个新报告《走向全球税收合作：认识与消除有害税收竞争的新进展》，其实就是为了遏制国际税收竞争中低税率或者零税率倾向。这

---

① 克里斯·爱德华兹、丹尼尔·米切尔：《全球税收革命——税收竞争的兴起及其反对者》，黄凯平、李得源译，第168—169页。

是因为，在报告主持者看来，"税收天堂"和"有害税制"造成的危害有："扭曲财政和真实投资的流动"，"重新设定了税收与支出的理想规模"，"损害了税制结构的公平与正直"，"妨碍了所有纳税人的税收遵从"，"增加了税收部门的行政成本和纳税人的遵从成本"，"导致部分税负转向流动性较少的税基，如劳动力、财产和消费，这种税负转移并不是人们期望的方向"。[①] 当然，对此观点，美国税收学者克里斯·爱德华兹与丹尼尔·米切尔以《全球税收革命 —— 税收竞争的兴起及其反对者》一书进行了全面反驳和申辩。但无论如何，基于现实世界的复杂性以及未来国际税收竞争与冲突的不确定性，还是应该首先做好这一层面当下国际税收竞争与冲突的对策研究与实践工作。

其次，国际税收竞争与冲突有真假之别。因此，既要重视形式层面的国际税收竞争与冲突，也要重视内容层面的国际税收竞争与冲突。即是说，必须充分重视国家税收价值基础层面的竞争与冲突。形式层面的竞争与冲突固然紧迫，但长远看，内容层面的竞争与冲突却更为关键。这是因为，国家税收竞争的最终目的是为了"谁"的"什么"，这才是根本的根本。如果这个问题不解决，国际税收竞争就会迷失方向，甚至南辕北辙。可以说，国际税收竞争与冲突研究的根本和关键在于，优良国际税制制定的方法、过程及其实现途径是什么？

再次，重要的国际税收竞争与冲突将发生在价值判断层面。如前所述，价值判断是将税制与税制规范结合在一起的中介，如果价值判断缺席或偏失，二者将无法结合在一起，或者出现错位。或者说，国际税制的思想形式 —— 价值判断的真假，会直接决定国际税制的优劣。国际税收价值判断之真理与否，是达成制定优良国际税制目的之手段，是制定优良国际税制的充分且必要条件。就是说，任何国家如果想要在参与国际税收竞争中获得双赢，减少税收冲突，必须拥有国际税收价值判断是真理这一前提。其

---

① 克里斯·爱德华兹、丹尼尔·米切尔：《全球税收革命 —— 税收竞争的兴起及其反对者》，黄凯平、李得源译，第182页。

次，则是拥有一个优良的国际税制体系。换句话说，唯有国际税收价值是真理，国际税制价值判断正确，才能够制定出与国际税收价值相符的优良国际税制，从而展开积极的税收竞争，减少更大的税收冲突。

最后，国际税收的深层竞争与冲突将会全面发生在"事实、目的、价值、价值判断、规范"五个方面。事实上，国际税收竞争与冲突的理论与现实形态极为复杂，理论上有 25 种之多。而且，一旦竞争与冲突发生交叉，便会加剧国际税收的摩擦与冲突。既有对国际税收目的、国际税收行为"事实"认识方面的竞争与冲突，也有对国际税收价值、价值判断，以及税制优劣认识方面的竞争与冲突。无疑，认识上的分歧与冲突，将会加剧实践中的摩擦与矛盾。

可以说，任何国家要在国际税收竞争中获得比较优势，关键在于如何获得一部优良的国际税制体系，根本则在于对国际税制制定终极目的的认识是否为"真"，即对国际税制终极目的认识之真假，以及对国际税收行为"事实如何"规律之认识是否为"真"，唯有二者同真，才可能获得最接近真理的国际税制价值，从而经由国际税制价值判断，制定出优良的国际税制规范。就国际税制制定的终极目的而言，流行观点认为是为了本国的财政收入，或者为了本国国民的福祉总量增进，或者为了保护本国企业，助力本国企业在全球经济竞争中获胜。但笔者认为，如果能从促进缔约国或者各个国家每个国民福祉总量的增进角度认识国际税收终极目的的话，就有可能建立全球一体化的"己他两利"国际税制体系。质言之，全球化背景下的国际税收竞争与冲突，绝非简单的税率高低等技术要素能解决，更多期待国际税制的道德价值基础等深层要素问题的解决。

第四，促进缔结一个科学优良的国际税收契约，增进各个国家每个国民的福祉总量。

契约视野的国际税收竞争与冲突形态分析告诉我们，一个国家要在长期的国际税收竞争中获得比较优势，根本在于如何通过人道自由的最高原则和公正平等的根本原则，同时紧扣国际税制的终极目的——增进各个国家每一个国民的福祉总量 —— 缔结一个科学优良的国际税收契约。具体说，首先在于缔约各国能否遵从人道自由、公正平等的国际税收道德原则，从而缔结一个优良（已他两利）的国际税收契约 —— 国际税制权利与义务体系。

其次，各个国家要在长期的国际税收竞争中获得比较优势，还必须建立健全国际税收契约的签订机制、履约机制、监督机制"三大机制"，进而处理好显性与隐性、完全与不完全、权力型（法定）与非权力型（德定）国际税收契约之间的关系。

就是说，国际税收竞争与冲突不仅是必然要发生的，而且，竞争与冲突必将呈现深与浅、远与近、明与暗、一元与多元、优与劣、共同与特定、绝对与相对、客观与主观、"德定"与法定、权力与非权力、利与害、己与他、内容与形式、结构与类型，以及自由与平等、民主与非民主等类型或结构的竞争与冲突，其复杂性、多元性、不确定性将始终伴随左右，从而促进或者加剧国际税收的竞争与冲突。由此可见，国际税收竞争与冲突问题研究的重要性、必要性与紧迫性。

六、中国参与国际税收竞争的战略与策略构想

坦率地说，本文对全球税收竞争与冲突形态及其价值的分析与探讨，既在于探索优良国际税制体系制定的过程与方法，更在于为中国及其企业和纳税人参与国际税收竞争者提供理论与方法上的启示与参考，从而全面提高国际税制与国家治理的总体水平。

中国及其企业和纳税人参与国际税收竞争的战略与策略构想要点如下：

战略构想　战略是一种思想，一种定位，一种策略，一种意图，一种匹配，一种模式，简而言之，战略＝目标＋手段。因此，中国及其企业和纳税人参与国际税收竞争的战略意味着，参与国际税收竞争的目标是什么？以及实现这些目标的关键路径与方法是什么？毋庸置疑，中国及其企业和纳税人在长期参与国际税收竞争中，如何规避风险、健康成长、获得

资源，这是国际税收竞争"三大主要"战略目标。因此，为了实现这三大主要战略目标：

第一，要尊道崇德，用"善"抵御和化解未来国际税收竞争与冲突中的不确定性与系统性风险。

面对国际税收竞争与冲突的现实复杂性、实践的可操作性，特别是未来的不确定性，唯有尊道崇德，追求和奉行"善"的总原则，奠定坚实的国际税收道德价值基础，明确科学的国际税收道德价值导向系统，才可能在纷繁复杂、波谲云诡的国际税收竞争与冲突中，淡定应对各种不确定性，防范各种风险，特别是系统性风险。为此，首先应该认同"无私利他"的国际税收道德最高原则，追求国际税收道德的至善峰峦。确立"无私利他"的国际税收道德最高原则，重在鼓励那些高尚的国际税收道德追求行为，或者用以处理中国与国际利益发生冲突、不可两全时的国际税收行为，以及那些偶尔可为的至善行为，特别是那些属于非经济领域的竞争与冲突问题。

其次应该且必须坚持"为己利他"的国际税收道德基本原则。"为己利他"意味着，在国际税收竞争中，"目的利己、手段利他"与"目的利己、手段害他"的国际税收行为都将是恒久的，也是各个国家参与国际税收竞争的人性基础。毋庸置疑，坚持"为己利他"的国际税收道德基本原则，重在消减"目的为己、手段害人"（损人利己以及损人不利己的行为）的国际税收竞争行为。事实上，在全球化的政治、经济、文化交流与竞争中，民族国家各自为己是一种常态，符合人性规律，因此"为己"并不可耻，难在如何"手段利他"，结果"己他两利"。换句话说，唯有"为己利他"，才可能自由平等地缔结国际税收契约，把对方看成是具有平等权利主体的国家，从而为公正平等国际税收契约的签订，提供必要的前提与条件。

最后，应该且必须坚守"纯粹为己"或"不损人"的国际税收道德最低原则。因为长期看，不论哪种"损人害人"的税收行为，最终损害的都将是所有国家的利益。因此，中国在国际税收竞争中，必须坚守"不损人"

的道德底线，特别是不应为了短期的利益、眼前的利益，损害未来的利益，更不能以"损人害人"作为国际税收契约签订的动机。

第二，要遵从自由平等原则，用优良税收契约预防未来国际税收的矛盾与冲突。

国际税收竞争与冲突的核心在于"利益"，在于与契约各方利益交换的公正性。因此，作为税收竞争各国之间的权利与义务的规范体系——国际税收契约，其本身的优良性，便从总体上决定着缔约各国之间税收矛盾与冲突的可能性。即是说，国际税收契约越优良，各国之间发生税收矛盾与冲突的概率就越小。反之，国际税收契约越恶劣，各国之间发生税收矛盾与冲突的概率就越大。

具体说，在与他国缔结国际税收契约时，首先要把对方看成是独立自主、有尊严的主权国家，不论大小、发达还是不发达，都应该本着人道自由的原则去缔结契约，既不以势欺人压人，也不要惧怕强国、大国的压力。即是说，国际税收契约要在完全自由、没有外在强力干扰的情况下自由缔结。

其次，国际税收契约的缔结，既要坚持公正的利害相交换的公正原则，更要坚持平等的利害相交换的根本原则。即国际税收基本权利与义务的分配，要遵从完全平等原则，国际税收非基本权利与义务的分配，则要遵从比例平等原则。换句话说，国际税收竞争的底线是不要伤害两国国民或纳税人的基本权利——一个国家纳税人生存和发展所需要的基本的、起码的、最低的利益。凡是突破这一底线的国际税收竞争，因为最终会伤害到国际社会各个国家中每一个成员的利益，都是有害的税收竞争，也是必须尽量避免和消减的竞争与冲突。

最后，理想情况下，一切国际税收竞争，都应该有助于全球每一个国家、每一个国民和纳税人福祉总量的增进，并以此作为国际税制或契约优劣评价的终极评价标准。而且，中国更应高举税收自由竞争的道义大旗，在与强国进行正面博弈的同时，坚决捍卫中国及其纳税人的基本权利，力争中国及其企业和纳税人的非基本权利。

第三，要认清国情，制定理想与现实相结合的国际税收竞争战略。

首先，认清国情是制定战略规划的主要前提之一。因为"认清国情"意味着，要对本国目前国际税收制度的性质、优劣、位阶、特点等，以及政治、经济、文化背景有清醒的认识。唯有此，才可能符合中国国情，制定出具有可操作性的战略规划，才能将国际税收冲突与矛盾降到最低水平，从而在全球化经济竞争中，为本土企业争取到更多的比较优势。

其次，就契约是一种权利与义务的规范体系，权利是权力保障下的利益索取，义务是权力保障下的利益奉献，以及权力的合法性取决于国民的"同意"，即民意的广泛性而言。政治、经济、文化尚处于发展"初级阶段"的中国，其国际税收体系，无疑也会打上"初级阶段"的诸多烙印。因此，在缔结国际税收契约时，完全可能自觉不自觉地降低国际税收契约的优良性，从而为国际税收冲突预埋下不少"陷阱"。问题或在于，落后并不可怕，可怕的是不能正视落后，失去自我，丧失理性，常犯低级的错误。比如，在面对强国时的一味妥协，底线不守；在面对弱国时的居高临下，盛气凌人，等等，都会自觉不自觉地影响国际税收契约的自由性，从而影响国际税收契约的公正性与平等性。

直言之，在此阶段与历史背景下，中国在参与国际税收竞争时，很容易因为"初级阶段"的特殊性，致使出台的国际税制处于"较不完备"、"次差"的位阶。因此参与制定的国际税制也就难以避免特定性、相对性与主观性。因此，一方面，当中国与"完备的"、"较完备的"以及"最优的"、"次优的"发达国家发生税收竞争之际，发生冲突的可能性就大，容易处于劣势，获得比较优势的机会就小。而且，那些看似表层的税制技术要素，诸如征税人、纳税人、税率、税目、征税环节、减免税规定，及其处罚等要素的竞争与冲突，其实有着更深层次的原因。另一方面，当中国与那些"较不完备的"、"极不完备的"以及"最差的"、"次差的"国家发生税收竞争之际，不仅竞争与冲突的性质会发生变化，冲突发生的可能性与概率也会变化。自然，其应对策略也就不同于与发达国家和税制的竞争。而获得比较优势机会的概率也充满不确定性。这是因为，比中国还差的欠发达国家，他们的国际税制更落后，此类冲突会呈现更加无序、大风险的态势。因此，税收竞争的战略与谋略自然有所区别，不可能不发生变化。

具体说，中国在与比中国完备、优良的国家缔结国际税收契约时，应该重在捍卫完全平等的基本权利这个底线，同时力争为中国及其企业和纳税人争取比例平等的非基本权利。但中国在与同中国处于同位阶的国家缔结国际税收契约时，则既要捍卫中国及其企业和纳税人完全平等的基本权利，也要保证中国及其企业和纳税人比例平等的非基本权利。而中国在与比中国还不完备、欠优良的国家缔结国际税收契约时，则既要尊重对方的基本权利，也要保证中国及其企业和纳税人的非基本权利。唯有此，方能从总体上消减国际税收冲突，尽可能多地在国际税收竞争中，赢得更多的比较优势。

最后，应坚持不懈地消减国内外税制中特定性、相对性、主观性的因素，逐步向共同性、绝对性与客观性的目标努力。具体说，在制定中国的国际税收竞争战略规划时，要重点消减结构性冲突的因子，诸如国际税收目的、国际税收行为事实、国际税收价值、国际税收价值判断、国际税制规范五个方面的冲突因素。至少应该全力支持"己他两利"、"不损人"的自由平等的国际税收竞争。事实上，这应该成为中国参与国际税收竞争的核心价值观之一。直言之，任何悖逆这一国际税收竞争核心价值观的主张和做法，都应该逐步消减或抛弃。

策略构想 与战略不同，策略是指可以实现战略目标的方案集合。毋庸置疑，与以往国家出台的经济战略规划最大的不同在于，"一带一路"经济战略不仅是一个旨在促进国内区域经济可持续发展的战略规划，更是一个积极参与全球化经济竞争，旨在促进国际间经济可持续发展的战略安排。因此，由于战略目标和任务的切换，"一带一路"背景下的国际税收竞争战略与策略自然也会发生相应的变化。

第一，必须明确中国税制的"初级阶段"特征，不要超越现实的国情实际。

中国税制的"初级阶段"特征意味着，中国税制总体的优良水平并不高。以税收法治为例，"低位阶"的现状不应讳言。具体说，中国税收法治的目的不明确，目标模糊、税权"合法性"与"合意性"堪忧、税收法律体系不健全，法律位阶较低（主要特征：高位阶"缺"，中位阶"胀"，低位阶"乱"）。而且，"以人为本"的核心价值尚未实现税收法治的内在"嵌入"、公正平等原则尚未成为税收法治的核心价值取向。比如，征纳税人之间权利与义务的公正分配问题长期被忽视，仅仅注意了纳税者之间权利与义务的公正分配问题。直言之，关注比例平等问题比较多，关注完全平等问题比较少，甚至有意无意地忽视了纳税者基本权利的制度性保障问题。同时也忽视了中央政府与地方政府之间，以及地方政府之间权利与义务分配的不公问题。事实上，对程序公正、代际公正、生态公正等问题的重视也不够，等等。当然还有一些其他的薄弱环节。比如，仅仅重视税收执法环节的法治，忽视税收立法、司法环节的法治；重视技术装备等物质层面的税收法治，忽视精神层面与规范层面的税收法治；重视表层税收法治要素的优化，忽视深层的税收法治要素的优化，等等。①

第二，必须彻底搞清"走出去"企业参与国际税收竞争的国家之税制性质及其位阶的优劣高低。

如前所述，面对国内外税制相对完备、优良的国家，在缔结国际税收契约时，我们应该把重点放在如何捍卫中国及其企业和纳税人的基本权利"底线"方面，特别是机会平等的基本权利。同时还应积极争取中国及其企业和纳税人比例平等的非基本权利。面对国内外税制同位阶优良或完备的国家，在缔结国际税收契约时，我们则既要捍卫中国及其企业和纳税人完全平等的基本权利，诸如机会平等，也要保证中国及其企业和纳税人比例平等的非基本权利。面对国外税制优良与完备程度不如我们的国家，在缔

---

① 姚轩鸽：《中国税收法治现代化面临的现实挑战与未来使命》（未刊稿）。

结国际税收契约时，则既要尊重对方的基本权利，包括机会平等权利，也要保证中国及其企业和纳税人的非基本权利。

具体而言，中国"走出去"企业要想在参与国际经济竞争中赢得先机与比较优势，国家层面的国际税收支持与合作固然不可或缺，这是消减国际税收竞争中可能冲突的重要因素。但根本说来，面对强国时要不卑不亢，据理相争，坚决捍卫中国及其企业和纳税人的税收基本权利，拒绝现有的一些歧视性国际税收规则，也要真心奉行自由平等的最高国际税收原则与根本的国际税收公正与平等原则，尊重各个国家的税收主权地位，同时站在保护弱小国家及其所有国家和企业基本权利的价值立场上，坚定不移地倡导和守护国际税收竞争的基本道德原则。质言之，既要一以贯之地遵从增进各个国家和每个国民福祉总量的税收终极原则，也要坚决奉行人道自由的税收最高原则，还要坚持公正平等的税收根本原则，及其一些具体的国际税收规则，诸如诚信、节俭、便利等道德准则。

具体说，中国"走出去"企业要想在参与国际经济竞争中赢得先机与比较优势，必须上好"三炷香"：戒、定、慧。"戒香"意味着，中国在与其他国家缔结国际税收协议时，不应有任何"损人利己"或者"损人不利己"的动机。这是戒律，也是底线，更是消减未来国际税收竞争与冲突中诸多不确定性的基本策略。"定香"意味着，必须坚持以"为己利他"的道德原则参与国际税收竞争。或者说，在与他国缔结国际税收协议时，一定要立足中国及其企业和纳税人的利益进行考量。同时也要充分估量双方国家及其企业和纳税人的利害得失。利之中求"大"，害之中求"小"。毋庸讳言，唯有利益才是国际税收竞争的关键与核心。因此，如何争取国际的利益平衡与公正，才是国际税收竞争的真正焦点与热点。而体现国际利益平衡与公正最显现的指标莫过于"税率"及其国际税收的具体征管方式。

"慧香"意味着，中国企业在"走出去"参与国际税收竞争时，一定要站在高处，看在远处，想在深处，立足用"善"的核心原则——人道自由、公正平等，去化解未来国际税收竞争中可能出现的系统性风险与不确定性。

即是说，必须择善固执，对现行国家支持"走出去"企业的国际税收政策与举措进行实质性的完善与修订。

质言之，中国在参与国际税收竞争中，必须知己知彼。既要包括全面掌握和了解参与国际税收竞争与合作国家的政治、经济、文化信息，特别是税收等相关信息，也包括对国内税制、意欲"走出去"企业的相关重要信息。可以说，不少先期"走出去"中国企业所遭遇的税收损失与尴尬，大多与其掌握的税收等相关政治、经济、文化信息的不对称有关。

第三，必须对现行国家支持"走出去"企业的国际税收政策与举措进行实质性的完善与修订。

客观地说，多年来中国在支持"走出去"企业的税收政策与举措方面也做了不少努力。比如，在优化国内税收制度方面提供税收激励和保障。在完善国际税收协定方面，截至 2012 年 3 月，已经签署了 97 个双边税收协定，包括与中国香港、澳门的两个税收安排。可以说，这些协定已基本覆盖了我国主要的投资来源地和对外投资目的地。同时也加强了税收机关的服务职能，为"走出去"企业提供更具体细致的指导和帮助。[①]2015 年 4 月 21 日，国家税务总局又从"谈签协定维权益、改善服务促发展、加强合

---

① 龚祖英：《国家税务总局三举措支持中国企业走出去》，《中国税务报》2012 年 4 月 18 日。2009 年，明确了对企业境外分支机构取得的各项所得，以及企业来源于境外的股息、红利、租金等所得的应纳税额抵免限额等有关问题，并对间接抵免的规定进行了进一步的细化；2010 年进一步明确了境外税收抵免计算具体的操作规定，同时根据企业所得税款的规定，部分境内企业为了实现境外上市或者境外从事生产经营活动，产需在境外多层次注册公司的组织架构。同时，对高新技术企业的境外所得目前国家规定可以适用 15% 的优惠税率，在计算境外抵免限额时，可按照 15% 的税率计算境内外应纳税总额。在增值税方面，对企业境外投资给予的支持主要是企业以实物投资促进的零部件实现出口退免税的政策。此外，在营业税方面，明确了对我国境内单位和个人在境外提供建筑业、文化体育业劳务暂免征收营业税。对注册在北京等 21 个中国服务外包示范城市的企业从事离岸服务外包获得的收入可以至 2013 年 12 月 31 日，免征营业税。明确了包括走出去企业在内的企业在资产重组中有关营业税的有些项目可以免税。在税制完善方面为建立健全有利于开发发展的税收制度，促进结构调整。同时，加强税收政策的宣传，为"走出去"企业提供信息和政策辅导。简化相关工作程序，为企业享受税收协定优惠提供便利。运用双边促进机制，为"走出去"企业境外税务争端提供维权服务。同时，做好重点企业的服务工作。国家税务总局 2008 年成立了大企业税收管理司，定点联系 45 户大企业，为大企业提供个性化的税收服务。而各省市也都有相应的大企业管理部门，有利于增强税收服务的针对性和时效性。

作谋共赢"三个方面制定出台了服务"一带一路"发展战略的 10 项税收措施。①

　　问题在于，这些促进中国企业"走出去"的税收举措，尚存在诸多不完善的地方。具体表现在：

　　一是这些国际税收举措的道德价值观不是十分清晰，尚未明确区分参与国际经济竞争的最高、基本、最低国际税收道德原则的含义与功用。因此，在对外参与国际税收契约缔结时就缺乏足够的道义自信与清晰的指导思想和思路。一方面，对外容易用最高道德原则进行评价和要求，仅仅满足于"面子"上的光鲜与好看，忽视国家及其企业和纳税人的实际利益。对内则容易忽视基本税收道德原则，不能自觉坚守基本道德原则与最低道德原则。因此，在与强国竞争中，往往不能理直气壮地捍卫国家及其企业和纳税人的基本权利与非基本权利，从而争取"双赢"的比较优势，奠定中国企业与他国企业可持续竞争与合作的共识与基础。结果，大多时候只能被动地按照强国的税收意志进行游戏和博弈，不得不接受既有规则不适应症的尴尬。同时在与弱国竞争时，又不能换位思考，尊重弱国的基本权利与非基本权利，同样也容易失去弱国的信任与道义支持，无助于搭建自由平等的国际税制框架。

　　二是由于对中国企业在全球经济竞争中的优、劣势缺乏客观、理性、清晰的认知与梳理，也就导致现行一些促进企业"走出去"的税收政策目标太过狭窄和短视，方法缺少可操作性，缺乏战略考量。众所周知，所有的竞争与博弈，根本说来，并不是为了争取绝对的竞争优势，只要能争取

---

① 《税务总局 10 项新措施服务"一带一路"》，中国经济网（北京），2015 年 4 月 21 日。在谈签协定，维护权益方面，重在进一步加大税收协定的谈签和修订力度，加紧修订完善，积极稳妥进行谈签。同时加强涉税争议双边磋商，开通税务纠纷受理专门通道，为跨境纳税人避免双重征税或税收损失尽力服务。在改善服务促进发展方面，要建立"一带一路"税收服务网页；举办"走出去"企业培训班；设立 12366 纳税服务热线专席；更好发挥中介机构作用；开展面对面宣讲。在加强合作求共赢方面，着力建立"一带一路"沿线国家税收沟通机制，提高税收透明度，为企业构建公平的税收环境；开设税收论坛；尽力对外提供援助，为"一带一路"沿线的发展中国家和低收入国家提供培训等方面的援助。

到相对的比较优势。直言之，全面客观地弄清楚中国意欲"走出去"企业在全球化经济竞争中的相对优势，原本就是国际税收战略及其政策目标、途径、方法制定的基础性根据。毋庸置疑，国家及其企业和纳税人的相对竞争优势，多与企业国际化经济竞争行为本身规律性的契合度紧密相关。即，越是符合企业国际化经济竞争行为规律的竞争策略，包括国际税收竞争策略，越是具有竞争性，越容易在竞争中取得"双赢"的比较优势。相反，越是背离企业国际化经济竞争行为规律的竞争策略，包括国际税收竞争策略，越是缺乏竞争性，越容易在竞争中陷于被动境地。

以西安意欲"走出去"企业为例，在"一带一路"战略背景下，西安参与国际经济竞争的比较优势在于，西安与中亚（包括新疆等内陆省区）之间的产业呈梯度分布，存在很强的产业互补性。就是说，西安作为"装备部"，可为中亚国家提供能源装备、化工装备、冶金装备、交通运输装备及轻工纺织装备等。① 因此，在"一带一路"国家经济战略背景下，也就希望国内外层面的税收政策创新与制定，能够有的放矢，突出重点，精确"制导"。自然，国家应该加快与"一带一路"战略区域内已经、正在或将要涉税国家之间税收协定的谈签和修订力度，加强与这一区域内国家的涉税争议双边磋商、开通税务纠纷受理专门通道，为"走出去"企业避免双重征税或税收损失主动服务也是国家及其税务机关应尽之责。

三是对竞争与合作对象的近期、中期与长期的有效需求缺乏有力有效的调研与运思，致使参与国际税收竞争的目标不明确，方法缺乏可操作性。"一带一路"尽管是国家经济战略，但究竟能否最终实现这个战略目的，关键取决于参与全球经济竞争与合作的国家和地区的意愿与需求是否被激活与满足。或者说，主要取决于"一带一路"战略区域内国家和地区的有效需求与动力大小，及其与中国合作的成败。毋庸讳言，历史上开通和维护"丝绸之路"的动力是来自外界，而不是来自中国内部。这条路主要不是由

---

① 西安市国家税务局课题组：《促进丝绸之路经济带建设的税收措施——以西安为例》，《税务研究》2015年第6期。

汉朝人，而是中亚、西亚、甚至欧洲人建立的，动力来自他们。就是说，回顾历史不是说中国要去重新控制中亚，而是必须承认，历史上的"丝绸之路"畅通是以中国对中亚的畅通为保障的。[①] 因此，今天中国主动提出的"一带一路"战略要全面实施，面临的障碍与困难显然不可低估。但无论如何，对"走出去"企业进行税收支持与扶持必不可少。质言之，从长远看，必须始终遵从高、中、低的国际税收三层次道德原则。也唯有从善如流，才是抵御未来全球经济、政治、文化竞争不确定性的最好战略与策略。

四是由于对各个国家国际税制的性质与完备程度缺乏全面、科学、理性的研究与评价，致使中国的税收竞争战略与策略容易脱离实际，目标不准，思路不清。因此，加强对"一带一路"战略区域内涉税国家过去、现在国际政治经济文化，以及税收法规、政策的研究尤显重要。而且，这是主动参与全球化经济竞争，赢得比较优势的基本要求和逻辑前提。当然，也必须加强与国际税收研究机构、税务筹划组织的联系与合作。

事实上，由于国际税收信息的不对称问题，目前国内外已经出台的一些国际税收政策与举措，大多缺乏针对性和目的性，无助于大面积消减国际税收竞争中的冲突与摩擦。甚至很多国际税收政策是违背国际税收最高道德原则——人道自由原则的，没有看到税收自由竞争的真正价值。毋庸讳言，经合组织就反对税收自由竞争，而且目前各种国际反避税的行动，根本说来，都是违背税收自由竞争最高原则的。对此，克里斯·爱德华兹和丹尼尔·米切尔说："税收竞争不仅是一个经济问题，它同时也应该从隐私与人权的角度来考虑。"[②] "税收竞争的一个长远的好处就是会把政府竞争的冲动引导到减税竞争中来，并避免出现竞争财政补贴这样的有害竞争。"[③] 而且坚信："税收竞争在全球掀起了一股有利于经济增长的税制改革

① 葛剑雄：《被误读的一带一路》，澎湃新闻，2015年4月20日。
② 克里斯·爱德华兹、丹尼尔·米切尔：《全球税收革命——税收竞争的兴起及其反对者》，黄凯平、李得源译，第212页。
③ 克里斯·爱德华兹、丹尼尔·米切尔：《全球税收革命——税收竞争的兴起及其反对者》，黄凯平、李得源译，第177页。

浪潮。"① 一句话，税收竞争是税制改革的最大原动力。

深究其因，全在于漠视国际税收最高道德原则 —— 人道自由原则，也无视公正平等的国际税收道德根本原则。事实上，凡"大政府的支持者们都知道税收竞争将来必定会损害庞大的国家福利，这是他们为什么要费尽心思竭力阻止税收竞争的原因"②。或者说，"税收竞争的反对者们的一个重大错误在于将税收竞争视为一个非输即赢的零和游戏"③。关键是，"税收竞争的反对者们看到的不是税收竞争给个人带来的实实在在的好处，他们更多的是关注政府的损失，而这所谓损失其实是想象的，事实上并不存在。我们认为税收竞争与贸易自由一样值得尊重，毕竟它们的目标是相同的：扩大经济自由、减轻政府负担、提高居民的平均生活水平"④。

五是中国参与国际税收竞争的理念缺乏创新性、科学性和预见性。直言之，当下国际税收竞争理念几乎完全忘记了国际税收竞争的核心道德价值导向系统。既忘记了国际税收最高道德原则 —— 无私利他，也忘记了国际税收基本道德原则 —— 为己利他，也忘记了国际税收最低道德原则 —— "不损人"。具体说，既忘记了国际税收最高道德原则 —— 人道自由，也忘记了国际税收根本道德原则 —— 公正平等，更忘记了国际税收终极道德原则 —— 增进各个国家每个国民的福祉总量。其结果，在国际税收竞争中，从一开始就丧失了强大的道义资源与道德高地，即使有理，也是"茶壶里煮饺子 —— 有口倒不出来"，只能接受任人"宰割"的命运。

如前所述，目前主流的"反对自由税收竞争"的理论，就是明显违背了国际税收竞争的最高原则 —— 自由人道。但是，一些发达国家和组织，

---

① 克里斯·爱德华兹、丹尼尔·米切尔：《全球税收革命 —— 税收竞争的兴起及其反对者》，黄凯平、李得源译，第 62 页。
② 克里斯·爱德华兹、丹尼尔·米切尔：《全球税收革命 —— 税收竞争的兴起及其反对者》，黄凯平、李得源译，第 10 页。
③ 克里斯·爱德华兹、丹尼尔·米切尔：《全球税收革命 —— 税收竞争的兴起及其反对者》，黄凯平、李得源译，第 11 页。
④ 克里斯·爱德华兹、丹尼尔·米切尔：《全球税收革命 —— 税收竞争的兴起及其反对者》，黄凯平、李得源译，第 11 页。

却以此为借口反对自由税收竞争，以便保护他们的既得利益，结果却是不断加剧国际税收竞争的不公正，继续恶化国际税收竞争的秩序。固然，国家综合实力的强弱都是相对的。直言之，运用现行税收规则，中国在与比中国弱小的国家竞争中也可能获得一些利益优势或补偿，但根本说来，由于无视自由税收竞争道德原则，最终损害的是各个国家所有成员的福祉总量。因此，也应该彻底放弃这种急功近利的选择 —— 屈从于既定的国际税收规则。

六是仅仅满足于国际税收技术性要素的完善与优化，缺乏对国际税收竞争与冲突深层次问题的探究。就是说，中国目前只是跟着由强国主导的国际税收竞争规则进行博弈。结果，既无力捍卫本国企业和纳税人的基本权利，更无力争取本国企业和纳税人的非基本权利，总是不得不接受被剥削、被主导的宿命。而要改变这种局面，根本出路在于国际税收竞争理论的创新与突破，因此，必须全方位反思现有国际税收规则体系，从深处、远处、高处着力，为构建人道自由、公正平等的国际税收新制度而努力。

七、结语

总而言之，国际税收治理是国内税收治理的重要组成部分，也是国家治理的重要系统。因此，国际税收治理水平的高低，直接关涉国家税收治理以及国家治理总体水平的高低。自然，国际税制的优化，也就成为提升国家治理总体水平的重要途径。毋庸置疑，"全球化是一个范围广阔的进程，它受到政治与经济两种影响的合力推动……它不仅仅作为当前政策的背景：从总体上讲，全球化正在使我们所生活的社会组织发生巨变"[1]。而"全球化另一个令人兴奋的后果是逐渐兴起的税收竞争。全球经济正在变得日益密切，人才与资本进行跨国流动已经非常容易了，这使得各国政府

---

[1]　昝涛：《试论"文化全球化"问题 —— 兼评亨廷顿的"文明冲突"》，学术交流网，2005 年 4 月 15 日。

不得不限制税收水平并加快税收改革以保持经济增长。对于普遍公民来说，税收竞争使政府的财政政策受到限制，并减轻了来自政府的负担"。可见，全球化的税收竞争不可避免，既是一个重大的战略性课题，也是一个历史赋予的重要使命。唯有构建自由、平等竞争的全球税收竞争新机制，才是消减国际税收竞争系统性风险的真正出路。中国作为全球化体系中的重要一员，对此显然应该且必须做出积极的反应与应有的贡献。

作者简介

姚轩鸽，男，1962年4月生，汉族，陕西扶风人。现就职于西安市国家税务局，任西安市税务学会副秘书长、《西安税务研究》杂志副主编。同时兼任中国伦理学会、中国财税法研究会理事，中国税务学会学术委员，陕西省伦理研究会副会长、秘书长等职，并被广东财经大学、西安财经学院等高校和科研机构聘为客座教授和研究员。

主要研究财税伦理学、伦理学及经济社会协调发展战略问题。已出版《困惑与观照：伦理文化的现代解读》（30万字）、《拒绝堕落：中国道德问题现场批判》（60万字）、三卷本税收伦理学文集《税道苍黄：中国税收治理系统误差现场报告》（106万字）、合著《经济伦理学》（承担6万字）。在《税务研究》《现代财经》《宁夏社会科学》《道德与文明》等学术刊物发表论文70余篇，有多篇文章被《人大复印资料》《新华月报》等报刊转载。在《学习时报》《炎黄春秋》《南风窗》《改革内参》《深圳特区报》《华商报》等国内有影响力的报刊上发表专栏时评、随笔200余篇。初步构建了"税收伦理学"体系，研究成果多次获国家税务总局、陕西省国税局优秀税收科研成果奖，并获西安市社会科学优秀成果奖。《分税制改革：反思与抉择》一文入选2014年度经济文论。曾入选《南风窗》2010年度人物。

中国南海博弈趋势研究

张俊现　田言付　魏增光*

内容提要：随着南海问题的发展，在中国南海区域形成了以中美两国为主的大国博弈局势，南海博弈对走向强国的中国而言无疑是一场考验，南海博弈的结果直接关系到中国战略目标的实现及其进程。要取得博弈的成功，就要了解南海博弈的发展趋势，因此，本文在对南海博弈历史回顾及现状分析的基础上，提出了以中美两国为主的南海博弈具有复杂化、长期化、曲折化三大特征，以及和中国海洋战略密切结合、和中国崛起战略密切关联、和中美大国地位的变迁密切相关的三大发展趋势。

关键词：南海　博弈　趋势　研究

中美关系随着特朗普就任美国总统而出现了很大的不确定性，从特朗普当选前后的言行和内阁构成来看，总统特朗普和国务卿雷克斯·蒂勒森、国家贸易委员会主任彼得·纳瓦罗、国防部长詹姆斯·马蒂斯等都是有名

---

* 张俊现系三亚学院管理学院讲师；田言付系三亚学院管理学院院长、副教授；魏增光系三亚学院体育学院院长、教授。

的对华政策的鹰派人物。据观察者网消息，美国侯任国务卿在 2017 年 1 月
11 日的国会提名听证会上发言，暗示"美国对中国在南海修建人工岛礁态
度将转为相当强硬"，并把中国在南海修建人工岛礁的行为与俄罗斯非法吞
并克里米亚相提并论，强调"中国不得进入这些岛礁"，并且该报道认为强
硬的特朗普政府与相对强硬的中国"在南海有发生冲突的危险"，中美两国
之间的关系只会是更加紧张。[1] 中国在南海地区的主权诉求将要面临比奥巴
马在任期间更大的困难。中国也将面临来自南海博弈的更大压力和挑战。面
对以美国为首的大国博弈集团对中国南海主权实现设置的重重障碍，中国该
怎样做？这需要我们探寻南海博弈的历史、现状和发展趋势。

一、南海博弈的历史回顾

南海诸岛的主权及管辖　中国在南海的活动有两千多年历史，东汉时
期，人们就发现了南海诸岛，将南海命名为"涨海"，将南海诸岛命名为
"涨海崎头"；三国时期吴国交州的康泰在其编著的《扶南传》中对南海岛
礁的构成在实践认识的基础上进行了分析，认为其是由珊瑚礁构成；唐宋
以后，随着我国先民对南海及其岛礁认识的加深，开始使用东沙群岛、西
沙群岛、中沙群岛和南沙群岛等专属名称，并记载于历代文献中；南宋时
期，中国政府对南海实行了有效的管辖，"把南沙群岛划归琼州府管辖"[2]。
明代《元史·地理志》及清代魏源《增广海国图志》之《元代疆域图叙》
则记载了元代疆域已包括南沙群岛，说明自元代开始，我国政府已将南海
诸岛完整纳入中国版图；明清两代，我国政府明确把南海诸岛列入广东省
琼州府万州（今海南岛万宁、陵水县境）管辖，并翔实记录在地方志中；
清代，我国政府对南海诸岛的行政管辖表现在将南海四个群岛详细标绘在
大清国的行政区域地图上，如 1767 年《大清万年一统天下全图》等，把南

---

① 《英媒：美中在太平洋上有冲突风险》（2017-01-18），观察者网（2017-01-18）http://www.guancha.
cn/strategy/2017_01_18_389914.shtml。
② 张军社：《中国历代对南海诸岛的有效管辖》，《文史知识》2015 年第 9 期，第 43—52 页。

海四大群岛划归广东省管辖，为府级行政单位；1911 年，广东省政府宣布将西沙群岛划归海南岛崖县管辖；1947 年 12 月 1 日，国民政府内政部对外公布了重新审定的南海诸岛名称，同时再次宣布将东沙、西沙、中沙和南沙四个群岛划归广东省政府管辖。中华人民共和国成立后，1959 年 3 月，海南特别行政区在西沙永兴岛设立"西、南、中沙群岛办事处"，加强对西、南、中沙群岛的行政管理工作。1969 年 3 月，将办事处改称为"广东省西沙、中沙、南沙群岛革命委员会"，1979 年又把行政单位改称为"广东省西沙、南沙、中沙群岛工作委员会"。1988 年海南省成立，将该工作委员会改为"海南省西沙、南沙、中沙群岛工作委员会"，归海南省管辖①；2012 年 6 月 21 日，国务院决定设立地级三沙市，管理西沙、中沙及南沙三大群岛及其海域，归海南省领导。② 中国对南海及岛礁的主权管理不但体现在对其命名、管辖、列图等，还体现在对南海及相关海域的巡海和防卫上。

南海问题的形成　中华民国以前基本上不存在"南海问题"③。1947 年中华民国政府出版的《南海诸岛位置图》把南海标识成十一段线包围的区域，不但没有受到周边国家的抗议，还获得了英美法等国家的认可，中华人民共和国成立后，中越两国和平解决了北部湾划界，十一段线演变为现在的九段线，这些资料既是我国在南海行使主权的历史证据，也是主张南海区域是中国固有领土的依据。

中国南海问题的国际法理渊源是 1951 年的《旧金山对日和约》，在该和约草案中"美英就故意不提西沙群岛和南沙群岛的主权归还问题，为以

---

① 《民政部新闻发言人就国务院批准设三沙市答问》（2012-06-21），搜狐新闻网（2017-01-12）http://news.sohu.com/20120621/n346244850.shtml。

② 南海区域问题研究编委会：《区域外大国介入与南海争议发展趋势》，载李金明编：《南海区域问题研究》，北京：中国经济出版社 2012 年版，第 2 页。

③ 南海争议区域不仅包括南沙群岛及相关海域，还包括中越之间西沙群岛及相关海域、中菲之间黄岩岛及相关海域这两大区域，现在这两大区域虽然都由中国完全控制，但是越南和菲律宾并没有放弃对这些地区的主权声索，而也有部分国家不承认中国对这些区域拥有主权，在国际上尚属于争议地区，比如 2012 年，中菲之间黄岩岛争夺战和 2016 年美国巡航西沙中建岛十二海里内海域就是其典型表现。但由于现阶段争端的区域主要在南沙，因此一般认为南海争端主要是指南沙群岛及相关海域的争端，本文也是以南沙群岛及其附近海域为主，适当兼顾其他区域。

后的南海领土争端埋下了祸根"①。"和约仅写日本放弃对西沙和南沙群岛的一切权利,而没有明确指出将其归还中国。"② 这就为周边各国争夺南海埋下了伏笔。从 20 世纪 50 年代以来,越南(包括越南共和国)、菲律宾、印度尼西亚、马来西亚、文莱等国家相继侵占中国南海岛礁③,提出大陆架划界和200 海里经济专属区的要求,由于种种原因,中国对南海各争夺方没能实行有效制止并夺回被占区域。现在博弈各方对南沙岛礁及权利主张情况见表1。

表1 争议各方岛礁控制及主张情况

国别	时间	控制岛礁	数目	主张区域(平方千米)	主要事件
中国	战后接管	华阳礁、永暑礁、渚碧礁、郑和礁、南薰礁、赤瓜礁、东门礁、美济礁 太平岛(台军驻守)	14	包括南沙在内的220多万的南海区域	人工造岛、美济礁试飞等
	近期	仁爱礁、仙宾礁、半月礁、仙娥礁、信义礁			
越南	1956	南威岛、鸿庥岛、景宏岛、南子岛	29	西沙群岛及其海域50多万、南沙群岛及其海域约80万	3.14海战、981钻井平台事件等
	1973	敦谦沙洲、安波沙洲			
	1978	毕生礁、柏礁			
	1980	南薇滩、广雅滩、人骏滩			
	1988	奈罗礁、染青沙洲、舶兰礁、安达礁、大现礁、小现礁、琼礁、鬼喊礁、无乜礁、南华礁、日积礁、东礁、西礁、六门礁、中礁			
	1989	李准滩、西卫滩、万安滩			

① 《解析中国南海九段线的前世今生》(2014-02-09),网易新闻网(2016-12-21)http://news.163.com/14/0209/10/9KKRNHFH0001124J.html。

② 《解析中国南海九段线的前世今生》(2014-02-09),网易新闻网(2016-12-21)http://news.163.com/14/0209/10/9KKRNHFH0001124J.html。

③ 《中国外交部披露被菲律宾侵占的8个南海岛礁》(2013-04-27),凤凰网(2016-12-20)http://v.ifeng.com/mil/arms/201304/dd5e941d-0428-48b9-a7b6-f5dcb9033a00.shtml;《越南非法侵占南沙群岛29个岛礁简介》(2010-01-16),新浪网(2016-12-25)http://blog.sina.com.cn/s/blog_018c1f6b0100gf02.html。

续表

国别	时间	控制岛礁	数目	主张区域（平方千米）	主要事件
菲律宾	1971	中业岛、北子岛、马欢岛、费信岛、南钥岛、西月岛、双黄沙洲、舰长礁和司令礁	9	九段线内的大约40万海域	黄岩岛事件、仁爱礁事件
马来西亚	1979	弹丸礁、南海礁、南通礁和光星仔礁	6	南海27万海域	
	1999	榆亚暗沙和簸箕礁			
印尼				5万海域	
文莱	1981	南通礁（对该礁主张所有权）		3万海域	
6国7方			58	争议区域约170万	

表1说明：（1）本表参考网上相关信息绘制而成；（2）一些国家实际占据岛礁的时间有出入，甚至找不到相关的具体时间，本文采用普遍认同的观点；（3）不同的文本对一些国家占据的岛礁数目有出入，本文结合近期的事件进行了整理；（4）印尼和文莱两国虽不实际占有岛礁，但对中国主张的九段线内的海域有利益主张；（5）主要事件：有的国家没有发生大事件就没写。

南海博弈的形成及发展　南海博弈最早应该开始于美国为帮助蒋介石政府而阻碍新中国解放南海部分领土，而后是以美国为主导的战胜国于1951年签订的《旧金山对日和约》，该和约是美国基于冷战和资社两大阵营对抗的需要而制定的，只对日本应放弃"南海岛礁的所有权利"[1]进行了规定，而对这些岛礁的归属却没有明确的规定，这就为临近国家对南海岛礁提出主权要求埋下了伏笔。其后美国忙于包围中国及与苏联的冷战并发动了两场战争[2]，对南海事务没有较多的行动，这时的南海博弈则是从属于冷战需要的。美国对这些地区的驻军包括菲律宾军事基地、支持帮助越南共和国对南海部分岛礁的占领也主要是服务于对抗社会主义阵营的冷战需要，很少有直接针对南海博弈的事件。20世纪七八十年代，美国为了孤立

---

[1]　《解析中国南海九段线的前世今生》（2014-02-09），网易新闻网（2016-12-21）http://news.163.com/14/0209/10/9KKRNHFH0001124J.html。

[2]　主要是指20世纪50年代初到70年代中期的美国入侵朝鲜和越南的战争。

苏联积极改善同中国的关系，这个时期，美国对中国南海问题的态度"转为中立和不介入"①。苏联解体后冷战对抗结束，中国在美国战略上的地位有所下降，再加上中国快速发展，美国国内出现了利用经贸、台湾、南海等问题遏制中国的声音，但"9·11事件"后，反恐成为美国的主要战略，美国对中国南海问题保持了克制态度。随着美国在中东的反恐步入后期，美国把战略重点又转回了亚太地区，2009年时任美国国务卿希拉里·克林顿在访问泰国时，高调宣称"重返亚太"，此后在希拉里的大力推进下，美国积极介入南海的趋势越来越明显，对中国施加的压力也越来越大，2011年时任美国总统奥巴马在亚太经合组织夏威夷年会上高调宣布"转向亚洲"；2012年香格里拉年会闭幕时，时任美国国防部长帕内塔提出了美国"亚太再平衡战略"。在这些战略的指导下，美国拉拢其盟友日本、菲律宾、澳大利亚等介入南海博弈，改变新加坡、越南、印度等国的态度，并使之成为美"亚太再平衡战略"的支持者，以美国为首、域外大国参加、直接争端国不断挑衅、干扰中国南海诸岛及相关海域主权实现和遏制中国发展为主要战略目的的南海博弈逐步形成。

二、南海博弈的现状分析

近期博弈事件　据环球网2016年5月10日消息，"美国国防部于当日再次派遣一艘军舰驶过南海海域。此次派出的军舰为威廉·劳伦斯号导弹驱逐舰，据一名美国国防部高官透露，威廉·劳伦斯号在永暑礁12海里内航行"②；此前，在2015年10月"美军曾派拉森号军舰非法闯入南海岛礁12海里航行"③；2016年4月美国又在中国南海进行了空中巡逻。在不到一年的

---

① 夏立平，聂正楠：《21世纪美国南海政策与中美南海博弈》，《社会科学》2016年第10期。
② 《美军舰驶入永暑礁12海里 一年内第三次逼近挑衅》（2016-05-10），环球网（2016-12-15）http://mil.huanqiu.com/observation/2016-05/8912275.html。
③ 《美军舰驶入永暑礁12海里 一年内第三次逼近挑衅》（2016-05-10），环球网（2016-12-15）http://mil.huanqiu.com/observation/2016-05/8912275.html。

时间内，美国三次在巡航南海，一次次挑战中国在南海岛屿及相关海域主权，美国介入中国南海问题的趋势明显加强。

2016 年 7 月 12 日，南海仲裁案在荷兰海牙公布，虽然中国早在公布之前就一再强调对南海仲裁坚持"不参与、不接受、不承认"的三不政策。但随着菲律宾总统阿基诺三世卸任，杜特尔特接任总统，杜特尔特和其外交部长都强调不执行仲裁案的结果。2017 年 1 月 12 日，日本首相安倍晋三访问菲律宾游说杜特尔特在南海问题上坚持反华立场。

日本积极回应美国邀请其巡防南海的行动，安倍政府积极配合美国搅局南海。以美国为首，由与中国在南海有领土领海直接争端的菲律宾、越南、马来西亚、印尼、文莱等国参加，南海域外大国日本、印度、澳大利亚等积极配合的博弈局势日渐浮出水面，在南海与中国展开博弈，已迅速成为影响当前世界的最大的跨国博弈力量。该博弈结果不但对中国南海主权的实现与否有重大影响，而且关系到中国和平崛起的进程及其结果，同时会对未来大国地位的变迁有着极其重要的影响。

南海博弈的双方分析　随着中国的崛起和国家实力持续增强，中国政府对南海局势关注度明显增强，这让已经习惯了中国以往态度的南海领土占有方感到不适应，以越南和菲律宾为代表的博弈方大肆活动，积极引进域外势力，而美国、日本、印度等也抱着不同的目的参与进来，从而使本来只是中国和越南、菲律宾、马来西亚、文莱等国之间的双边领土争端变得越来越复杂，参与方博弈力量也越来越大，南海博弈越来越具有国际性的特征。博弈各方情况见表 2。

中国是南海博弈的双方之一。中国强调南海诸岛是其固有领土，并且从历史、法律、管辖等角度找到了大量证据以证明其拥有主权的合法性、合理性。面对南海博弈的局势，中国一方面要防止其他国家和地区进一步争夺南海，另一方面虽然强调这些地区是中国的，但并没有表示要立即全部收回，以此减少阻力并希望各方承认中国对南海诸岛拥有主权。

南海博弈的另一方虽然参加国较多，但根据这些国家与南海博弈的利益关联程度，可以把它们分为三个层次。

第一个层次：南海博弈中与中国在南海区域有直接领土争端的国家。这些国家面对中国和平崛起和实力增强，感到以自身力量不能抗衡中国并从中牟取利益，但面对国内外各方力量，又不能放弃，否则就会导致"政府合法性"危机；这些国家也想利用中国现在还不够强大的时机，积极拉域外力量介入，以平衡中国实力增长导致的失衡，保有并进一步捞取更大利益。包括越南、菲律宾、马来西亚、印尼、文莱等与中国有直接的领土争端的国家一方面根据自身情况不断制造热点，另一方面又以积极态度欢迎美国回归、支持美国的重返亚太计划。①

表 2　南海博弈各方博弈情况

博弈方	性质	主要目的	主要事件
中国	保卫领土主权、是国家核心利益	保卫中国主权、实现和平崛起	人工造岛、美济礁试飞等
越南	固化所占领土、海域；强调核心利益	把从中国占有的领土、领海合法化	率先改变南海岛礁现状、981 钻井平台事件
菲律宾			黄岩岛争夺战、提出领海声索、与美国进行联合军演、接受开放基地驻扎美军、通过法律保卫占领区域
印尼			积极开发所占区域的资源，近期纳土纳群岛附近海域摩擦频发
马来西亚			
文莱			
印度	搅局、捞取利益、强化南海争夺力度	转移和中国的领土争端矛盾、化解竞争压力、弱化中国实力	支持并参与美国的重返亚太计划、支持越南与中国争夺、帮助越南增强军事实力
日本			全面介入南海争端、支持并参与美国重返亚太计划
美国	再平衡战略、世界霸权卫冕战	体现大国实力、孤立中国、抑制中国崛起、强化对盟国的控制、获取经济及政治利益	重返亚太，支持菲律宾、越南、日本等针对中国的行为，增加驻军，联合军演，加强南海巡航

表 2 内容主要来自于网络，由作者加工、整理制成。

———————————

① 陈邦瑜：《美菲同盟关系的强化及中国的对策解读》，《领导科学论坛》2015 年第 3 期。

东盟及其与中国没有南海主权争端的成员国。东盟及其与中国没有直接领土、领海争端的成员国对南海博弈心态是矛盾的，一方面这些国家得益于中国经济的发展和崛起，他们和中国已紧密联系在一起，他们想为本国经济发展创造有利条件，中国作为世界大国、亚洲地区最大经济体，是亚洲甚至世界经济发展的引擎之一，这些国家不想卷入越南等国与中国的领土争端，危及到自身利益，所以东盟前些年的年会文件中是拒绝提及南海问题的。但由于一些国家不断地推动，要东盟表态。为避免内部分裂，东盟对这些国家的要求做出积极回应，这也是近期东盟会议文件中为何有了相应声音。在对待美国回归亚太，日本、印度介入的态度方面，东盟及这些成员国也是一种矛盾心态，虽然东盟有较大影响力，但从单个成员国来看，实力和国际影响力都很有限，对美、日、印介入南海博弈一方面迎合他们的需求希望能为自己博得一些利益，另一方面也不想站在这些国家背后充当他们的帮凶，为他们摇旗、呐喊、助威，以避免刺激中国，与中国交恶影响自身利益。

博弈的第二个层次：日本、印度。这些参加者虽与中国在南海区域没有领土争端，但与中国在其他地区有领土争端。比如中日之间的钓鱼岛争端、东海划界问题；中印之间的中国藏南地区归属问题、中国阿克赛钦和喀喇昆仑走廊归属问题等。近年来，中国经济总量增加使中国超过了日本成为世界第二大经济体，日本对钓鱼岛归属等问题也变得更加敏感。中日近代以来形成的两国关系导致两国纷争不断，近年来中国加大了对钓鱼岛管控的力度。70 年代美国将钓鱼岛交由日本控制，现中国把到钓鱼岛巡航、执法变成了常态，甚至与日本在钓鱼岛附近海域发生正面对峙，日本明显感到了来自中国的压力。为转移矛盾、减少中国对钓鱼岛的压力，日本非常乐意参加由美国主导的南海巡航计划，趁机展现日本实力、扩大日本军事影响力、借助美国实现本国政治目的。随着日本与美国安保同盟合作的加深，联合军演、强化美国在西太平洋军力部署的计划也正在付诸实施。

印度与中国有着相似的近代历史，近些年来又都是"发展中的大国"、都属于"金砖成员国"，但是印度对西藏独立和达赖集团的支持令中国不满，再加上历史上形成的两国领土争端，也都让双方难以产生信任。印度不希望中国强大，因为中国越强大，印度越难以在领土争端中获取更多利益，因此两国的较量不只是表现在南海博弈中。印度的目的就是要借力于南海博弈、积极介入南海博弈抑制甚至搞垮中国，以减少中国实力增长对中印争端地区的争夺压力。

博弈的第三个层次：美国。其实从第二次世界大战结束后，美国就逐步介入亚太地区，形成了以之为首的"世界秩序"。为维护其地位，美国不惜发动战争来达到战略目的，朝鲜战争、越南战争虽然都以失败告终，但还是逐步形成了以日本、韩国、菲律宾、澳大利亚甚至包括中国台湾在内的同盟体系，并且通过《安全防卫条约》等条约和在这些国家或地区驻军来保证其战略利益和霸权地位。直到冷战结束，资社两大阵营对抗消失，美国亚太战略才有所松动，尤其是"9·11事件"爆发后，美国把更多的注意力转移到了中东地区，阿富汗战争、伊拉克战争、利比亚战争、叙利亚战争，甚至其他一些中东国家的"颜色革命"都能看到美国身影。这虽在一定程度上减缓了中国和平崛起的压力，但是当美国再次审视其对亚太地区的外交政策时，发现不但中东地区没有按照自己的目标塑造成功，甚至连自己在"老根据地"亚太地区的地位也要被中国取代了。在前国务卿希拉里的强力推动下，美国提出了"亚太再平衡战略"并迅速介入亚太地区事务，因此就有了一系列对华强硬表现。美国在亚太地区再平衡政策上主要涉及到这样几个目的：一是要重拾在亚太地区的影响力，以保有在全球的霸权地位；二是拉拢并修复亚太地区的盟国关系，对亚太地区一些国家呼吁美国为其主持公道的行为做出相应的积极的回应，避免这些国家倒向"中国的怀抱"，危及美国的全球战略部署及利益。

三、南海博弈的发展特点

南海博弈有日益复杂化的特点　中国主张在《南海各方行为宣言》和《南海行为准则》框架下，通过双边谈判解决南海领土纠纷，主张用和平方式解决问题，现在虽不排除仍有望通过和平方式解决问题，但几率正在降低。虽然中国强调愿意通过主权争议双方间的和平谈判方式解决领土、领海争端，但中方也一再强调主权问题不容谈判，即便是参与和谈，也不会有太大的让步，包括菲律宾、越南等与中国有领土、领海争议的国家应该也是一样的心态，都不愿让步，其结果自然是即便有和平谈判的机会也会陷入僵局。

按照中国对南海政策的安排，即使谈判也是双方之间进行，避免一对多、让对方抱团谈判而增加中方谈判难度，避免更多的让步和代价。这样做无疑对中国是有利的。但是在相关国家的大力推动，域外大国的积极参与并日渐主导局势的情况下，南海博弈的局势正在形成并快速发展，对南海问题正产生着越来越大的影响，这种"南海问题"的国际化无疑会增加南海问题解决的难度，从而让南海博弈变得越来越复杂化。

博弈中不但中国与以美国为主的大国间形成了制约平衡关系，美国与自己阵营的成员国之间也形成了相互博弈关系，所以南海博弈不但是博弈双方力量的较量，也是多层次、多重力量的较量。美国、日本、印度的积极介入，都是奔着各自的目的来的。比如在菲律宾的积极邀请下，原先已经关闭的美军驻菲律宾军事基地又重新对美军开放，撤走的美军又重返菲律宾，美、日、菲三国联合军演也已经常规化，相关利益集团正逐步形成既得利益，一旦问题和平解决了，就会损害到这些相关者的利益，因此这些相关方就会成为南海博弈和平解决的障碍，阻碍南海问题的解决。

南海博弈日渐表现出长期化特点　南海博弈不可能短期内顺利解决，需要较长时间，因此中国作为博弈的重要一方要有心理准备，避免因急于解决而付出更大代价。随着美国在南海的博弈力量增加，南海博弈已经成为以中国为一方要保卫中国南海主权和以美国为另一方阻碍中国南海主权实现的较量，南海博弈也已成为以美国为首的西方国家遏制中国崛起、防止其地位被取代的中美全面博弈的重要组成部分。虽然以美国为首的域外力量未必会竭尽全力，但中国还是应该在博弈中尽量避免过分刺激美国等势力，在双方都在试探对方底线、最大化收益成本关系的过程中等待时机。

因此，就现在的形势来看，南海博弈既不会短期内结束，也不会明显地分出高下，应该会在未来较长一段时间内处于胶着状态。美国的"中国威胁论"极力宣传者、对华"核心鹰派人物"战略家白邦瑞（Michael Pillsbury）认为中国取代美国地位的进程从新中国建立就开始了，但"到新中国建国100周年才能完成"[①]。因此，中美之间全面博弈（包括南海博弈）才刚刚起步，远远没有到战略决战的时候，只能是随着中国崛起和军事实力的进一步增强、力量出现明显对比优势时，才有利于南海博弈的解决。

南海博弈表现出曲折化特点　从目前双方实力对比来看，中国暂时处于弱势，但中国经济发展和国家实力都处在上升时期，增长很快，而国际博弈本身就是一个分化组合的过程，在博弈的过程中，可能会出现一些有利于中国的时机，比如菲律宾新总统杜特尔特上台后，努力改善中菲关系，两国关系出现了缓和，南海博弈形势朝着有利于中国的方向发展，这在很大程度上减轻了中国与美国的博弈压力。中国要善于抓住机会、争取取得阶段性胜利；也可能会有不利于中国的时候，要善于积蓄力量、巩固成果，看到希望。相信随着中国实力的进一步增强，南海博弈会朝着中国期望的结果发展。

由于南海博弈的参与国家较多，博弈双方又处在不同利益层次上，使得这些国家对待南海博弈的态度会在不同的时期有所差别。另外由于大多数国家都实行了政党制度，不同的政党或派别对南海博弈的关注程度有着较大的区别，这些政党之间的轮替也会影响到南海博弈的激烈程度、地区局势的紧张程度等，因此在今后长期的南海博弈中会随着这些参与国的关注度不同而或出现紧张期或出现缓和期，在紧张期斗争为主要表现，合作、共同开发就会受到影响；在缓和期就会出现合作、开发占主导的局面。中国应尽量发挥自身影响力，避免紧张期的出现，尽量延长缓和期，争取博弈的局势向着对中国主权博弈有利的方向发展。在这种斗争与合作并存的

[①] 《鹰派"中国通"白邦瑞访华 亮出特朗普对华底牌》（2017-01-16），中华网（2017-01-18）http://military.china.com/news/568/ 20170116/ 30179141_1.html。

局势下，有利时就要加强南海的建设，增加在南海区域的存在感及影响力，造成有利的事实。因为涉及到领土、领海等主权方面的问题，这些国家也不可能主动放弃这些区域，中方的主权不可能自动实现，并且因为有大国参与其中并发挥主导作用，没有相应的军事设施和武力的威慑只会让对方更嚣张，反而不利于南海博弈的解决。因此中国应该做好战争与和平的两手准备。

四、南海博弈的发展趋势

南海博弈与中国海洋战略紧密结合的趋势　中国虽拥有较大的海洋领土，但中国自古以来都没能成为海洋大国，纵观近代以来崛起的大国，无一不是依托海洋发展起来的，这些国家的崛起与衰落都与海洋密切相关。近代以来中国在西方大国的崛起中慢慢变得落后，沦为西方的半殖民地。魏源在其著作《海国图志》中提出了"师夷长技以制夷"的思想，是中国近代"海洋思想第一人"，随着西方学者马汉的《海权论》思想的传播，以严复为首形成了中国第一批具有海洋思想意识的学者，但是生逢乱世，革命变革压倒一切，早期的海洋思想并未得到实施。

后来以毛泽东为首的中国共产党人在对前人批判继承的基础上形成了深具中国特色的海洋思想，但由于特定的时代背景和中国国情，中国始终没有成为海洋大国，"从客观实力地位来看，中国本应为海洋大国，事实上却是一个海权小国，对海洋问题的发言权很小，这与中国的大国地位严重不相称"[1]。海权小国的现实不但没有给中国的发展增砖添瓦，反而使"中国海洋权益争端频发，任何国家似乎都敢挑衅中国、欺负中国，中国似乎总处于被动应付、消极防御的状态"[2]。为改变中国现在的局面，中国必须要走向海洋大国，但是中国能否实现海洋大国的"中国梦"，在很大程度上取决

---

[1]　林宏宇：《中国海洋战略困境：成因与对策》，《现代国际关系》2012 年第 8 期。
[2]　林宏宇：《中国海洋战略困境：成因与对策》，《现代国际关系》2012 年第 8 期。

于中国南海博弈的结果；另一方面中国南海博弈的结局又是依赖于中国海洋大国强大的程度。二者是互为因果、相互促进的关系，所有中国南海博弈的过程既是和博弈对手相抗争实现国家海洋主权的过程，又是通过抗争实现"海洋大国"地位的过程。

南海博弈与中国崛起进程密切关联的趋势　南海博弈是中国大国崛起进程中必然要经历的事件。虽然中国主张海域达 300 多万平方千米，但除作为内海的渤海不存在争议外，黄海、东海、南海都与邻国存有争议，尤其是面积最大的南海区域，争议区域达到 150 多万平方千米，几乎占到了中国领海的一半，占到了九段线范围内南海面积 220 万平方千米的 68%。随着南海博弈局面的形成，南海已成为大国间博弈的主战场之一，南海博弈的成败直接影响到中国和平崛起的进程及其目标的实现。因此，在中国由世界大国向世界强国转变的进程中，南海博弈是一个分水岭，博弈的成功有助于中国增强凝聚力和信心，而这又有助于化解崛起进程中的内外矛盾，博弈的经验也有助于中国战胜在崛起进程中遇到的其他挑战，加速崛起进程，加速现代化目标和"中国梦"的实现。所以南海博弈进程就是中国和平崛起的基础条件，博弈逐步获得胜利的进程就是中国一步步实现崛起的过程。相反，中国如果博弈失败，由此引发的"多米诺骨牌"效应会让中国崛起的进程中断，进而丧失崛起的条件和机会。而中国的崛起和实力的增强，也能有效增加中国博弈的力量，增大博弈成功几率。二者是紧密结合在一起的。

南海博弈伴随大国地位的变迁的趋势　大国之间的竞争博弈是近代以来世界发展的主要特征。中国经过改革开放以来近四十年的快速发展，已于 2010 年超越日本成为世界第二大经济体，当中国实力相对弱小时，还没有进入大国博弈的视野之中，但当中国连续超过一些西方大国逐步占据了世界第二经济大国的地位后，以美国为首的世界大国不希望中国进一步发展威胁到美国的地位。美国的亚太再平衡战略就是针对中国的，其目的无非是通过破坏中国发展的外部良好环境，破坏中国发展的条件，制造事端以便拖垮中国，让中国步前苏联解体和日本 20 年低速发展的后尘。

虽然继承苏联衣钵的俄罗斯仍然是当今世界可以和美国叫板的国家，但相对于苏联时期世界第二、欧洲第一的经济地位，2015年俄罗斯经济已经滑到世界"第13名"①的位置，无法继续以往风采。在20世纪70年代中期，苏联的经济总量最强时，占到了美国GDP的37.74%，美国人认为其在全球范围内对美国的地位构成了威胁，积极发起星球大战计划，最后导致苏联解体。虽然苏联解体的主要原因是国内矛盾，但是不可否认，因积极回应与美国的军备竞赛而拖垮自身经济是一个非常重要的原因，苏联解体后，俄罗斯因经济原因一落千丈，再也没有能力与美国在世界范围内角逐，美国遏制并搞垮苏联的目的达到了。

20世纪90年代中期，日本经济经过几十年的发展后，经济总量快速增长，再加上日本经济技术被包括美国在内的世界很多国家的消费者所接受，美日经济在全球角逐，这引起了美国的强烈不满，美国利用经济手段加速日本经济泡沫的破灭，于是日本经济拐点迅速出现，日本与美国经济总量快速拉近的趋势得到了遏制，并从1996年总量对比开始下降，从1995年最高约70%一路下滑到2015年的22.90%，日本对美国地位的威胁已经解除。中国经济经过改革开放后近四十年的快速发展，占比也达到了美国GDP的63.36%，甚至有国际机构按照货币的购买力来算，中国的GDP已超越美国，再加上中国经济的发展速度远高于美国，按照现有的速度相信不用几年就能达到日本当年近70%的比重，中国的发展已经严重威胁到美国的世界第一大国地位，已经到了美国必须做点什么的时候了。因此，美国积极干预中国事务，挑起以中美双方为首的南海博弈，其目的就是要"发起卫冕战"，南海已成为双方博弈的主战场，围绕南海问题美国一定会与中国博弈到底。双方力量积累、斗争到一定程度的时候，中美之间会经过一系列博弈后出现拐点，要么中国成功上位，要么美国继续保持现有地位。相关情况见表3。

---

① 《2015世界经济GDP排名》（2016-04-12），搜狐网（2016-12-25）http://mt.sohu.com/20160412/n443971744.shtml。

表3 苏（俄）、日、中和美国 GDP 的比较（单位：亿美元）

美、苏（俄）之间				美日之间				美中之间			
年份	美国	苏（俄）	苏（俄）/美比率	年份	美国	日本	日/美比率	年份	美国	中国	中/美比率
1976	18246	6885.3	37.74%	1993	68787	43546	63.30%	2009	144187.25	50597.16	35.09%
1977	20301	7384.17	36.37%	1994	73087	48516	66.38%	2010	149644	60395.47	40.36%
1978	22938	8401.39	36.63%	1995	76640	53394	69.67%	2011	155179.25	74925.29	48.28%
1979	25622	9016.16	35.19%	1996	81002	47061	58.10%	2012	161552.5	84615.11	52.38%
1990	59796	15329.92	25,59%	2005	130937	45763	34.95%	2013	166631.5	94908.45	56.96%
2000	102847.5	2597.02	2.53%	2010	146241.84	54987.19	37.60%	2014	173480.75	103565.08	59.70%
2015	179681.95	12358.58	6.88%	2015	179681.95	41162.42	22.90%	2015	179681.95	113847.63	63.36%

说明：该表由作者整理而成，数据来源于以下三家网站。网易博客网：1990—2014年世界主要经济体历年 GDP 排名，http://luzongalu.blog.163.com/blog/static/186846320201111505621718/；百度文库：1970—1990 年中国和苏联 GDP 变化情况，http://wenku.baidu.com/view/ 5477898271 fe910ef12df825.html；世界经济信息网：http://www.8pu.com/。

五、南海博弈趋势的结论

南海博弈是一个过程，有其发展的历史、现状和未来，只有更好地了解其历史和现状，才能更好地把握南海博弈的发展趋势，更好地调动资源进行博弈。作为博弈主要参与方的中国和美国之间所进行的既是一场利益的博弈，更是一场世界格局之争，中国崛起不仅是中国政府和人民自己的事情，还是参与全球治理的过程，哪怕是中国政府一再强调中国要实现和平崛起，不与其他大国争权夺利，但是随着国家的崛起，中国一定会对大国制定的游戏规则有看法①，而尝试对规则制定和修改提出相应的看法② 本身就已经触动了既有大国的利益。今天在经济总量上已是第二大国的中国必然要受到第一大国美国的猜疑、防范、压制、拆台，甚至战争威胁，南海博弈不过是中美之间大国博弈的集中体现。

---

① 按照我国相关文件是指建立在政治强权和经济霸权基础上的"世界政治、经济旧秩序"。
② 此处是指中国积极推进的建立世界政治、经济新秩序的主张。

附录一

三亚学院国家治理研究院章程

第一章　性质·定位·宗旨

第一条　性质

（一）本研究院全称为"三亚学院国家治理研究院"（The Institute State Governance, Sanya University），是三亚学院下设的一个以国家治理研究为主要工作内容的独立的专职研究机构。

（二）本研究院必须在遵守国家法规和相关政策、恪守学术道德的基础上，以三亚学院的制度规章为运作准则。

第二条　定位

（一）根据党的十八届三中全会关于"完善和发展中国特色社会主义制度，推进国家治理体系和治理能力现代化"的要求，从理论研究和实践研究两个方面落实习近平总书记以实现"人民对美好生活的向往"和"中国梦"为目标、以"依法治国"和"从严治党"为根本出发点，以"四个大国形象"（文明大国、东方大国、社会主义大国、负责任大国）为评价标准的国家治理理论。

（二）以党的十八大、十八届三中全会精神和五中全会"五个创新发展"为指南，贯彻习近平总书记关于"加强中国特色新型智库建设"的重要批示，落实教育部"中国特色新型高校智库建设推进计划"。整合国内外一流学术资源，精心打造高端智库人才队伍，创建国家治理高端智库，为完善和发展中国特色社会主义制度，实现国家治理体系和治理能力现代化提供正确的理论支撑和有力的决策参考做出应有的贡献。

第三条　宗旨

（一）为全面促进国家治理体系和治理能力现代化服务。

（二）为中央政府、海南省政府和三亚市政府全面贯彻落实党的十八大报告、十八届三中全会精神和五中全会"五个创新发展"服务。

（三）为海南省和三亚市繁荣海洋文化、发展海洋经济、进行海洋治理服务。

（四）为学校的学科建设和复合型创新人才培养服务。

第二章　目标·重心·任务

第四条　整体目标

立足现实国情和走向世界的双重需要，以"国家急需、制度先进、贡献重大"为基本要求，致力于国家治理和中国未来发展中的重大实践问题和理论问题展开全方位研究，努力把三亚学院国家治理研究院建成具有鲜明中国特色和全球性前瞻视野的有影响力的国家治理思想智慧库、信息方法库、产品库和人才库。

第五条　工作重心

本研究院的工作重心在如下三个方面：

（一）根据国家治理必以"制度先进"之根本需要，以习近平总书记的"全面建成小康社会、全面深化改革、全面依法治国、全面从严治党"为指南，集中中国特色社会主义的制度创新、完善、发展研究，为国家治理的中国自信、中国话语提供中国理论和中国方法。

（二）根据国家治理的实际国情和世界背景，围绕"政治—经济"治理转型发展展开全方位、前瞻性、系统化研究，为以国家治理为动力而实现"中华民族永续发展"提供政治—经济学依据。

（三）根据国家治理的巨大环境困境和可持续发展问题，展开全方位的环境治理研究。环境治理展开为两个方面：一是自然环境治理；二是社会环境治理，包括环境政治治理、环境经济治理、环境社会治理、环境法律治理、环境科技治理、环境教育治理等多方位研究，为以国家治理为动力实现环境友好型生活和生态文明社会提供急需的智识和开放性、前瞻性的对策与方法。

第六条　基本任务

（一）围绕制度先进、政治—经济转型发展和环境治理展开国家治理的基础性理论研究和应用性实践研究，创建体现时代特色和中国特点的国家治理理论体系和实践方法体系，全面建设具有世界影响力的中国政治科学。

（二）整合校内外跨学科跨专业的研究资源，集中投入到对国家治理的制度创新设计和经济转型发展、环境治理的具体对策、政策的研究。

（三）积极承担中央及地方党委和政府委托的课题任务，主动与三亚市有关部门、地方、企业共建国家治理创新示范基地，并系统进行理论和方法的总结，为全面深化国家治理提供有价值、有影响力的决策咨询成果、理论依据和实践方法。

（四）依据海南省和三亚市的地理优势及其因海洋开发和旅游开发所面临的现实的和潜在的社会问题和环境问题，整合各种优势资源，探讨海陆综合环境治理对策、机制和方法，以为整个国家的海陆综合治理提供系统资源、成熟的治理运行、经验和实践方案。

（五）建立三亚学院"国家治理学术论坛"网站，加强与世界各国以及国内从事国家治理研究的学术机构的合作交流。

（六）建立"海南—三亚治理—发展智库"。

（七）建立"三亚智汇研究院学术创新文库"。

（八）组织、策划、出版"国家治理丛书"及相关学术成果。

第七条　年度任务

（一）召开一次国内或国际学术会议。

（二）组织一个主题化的系列学术讲座。

（三）提交一份高水平的咨询研究成果要报。

第三章 机构设置

第八条 研究院院长、副院长、秘书长由三亚学院校长提名，经研究院会议表决通过，由校长聘任。

第九条 研究院根据发展需要和进展设立相应研究机构。

第十条 学术委员会

（一）学术委员会是国家治理研究院学术机构，其成员由国内外著名跨学科专家和资深学者组成。

（二）学术委员会委员由研究院提名，经研究院会议表决通过；学术委员会主任、副主任由研究院院长提名，由学术委员会选举产生。

（三）学术委员会主任、副主任、委员任期为3年，可连选连任。

第四章 岗位职责及管理

第十一条 院长及职责

（一）研究院院长实行聘期制，每期任期3年，可续聘。

（二）院长工作职责

1. 负责组织讨论学校校长办公会和学校学术委员会有关本研究院的工作建议，包括工作经费、工作目标等。

2. 负责提交年度工作报告，周知研究院全体研究员并报送学校校务委员会和学术委员会。

3. 根据国家要求，学校及院学术委员会建议，确定三年及年度工作计划，确定科研方向和选题并组织实施。

4. 拟订研究院内部管理规章制度。

5. 任命研究院各部门主要负责人。

6. 拟定研究院年度预算，报学校校长办公会审定。

7. 处理研究院日常工作，保障研究院的正常运行。

第十二条 学术委员职责：履行审议研究院的科研方向、研究计划和成果评审等职责，并为研究院重大决策提供咨询。

第十三条 研究工作人员

（一）为保证院研究工作正常运转，研究院设立领衔研究员制度，研究院下设的若干个研究中心，每个研究中心设立固定的领衔研究岗位1—2个。

（二）采取开放性招聘研究员的方式，组建梯队型研究队伍。

（三）研究员的聘期视研究课题和本人工作表现而定，一般为1年至3年，可续聘。

（四）研究院可以根据课题研究需要自主聘请兼职研究员，聘请和解聘需向学校（科研处）备案。

第五章 知识产权的归属与分享

第十四条 由本研究院资助发表的论文、研究报告及其他研究成果，第一署名单位必须为本研究院（三亚学院国家治理研究院研究员）。

第十五条 由本研究院资助出版的著作，必须署"三亚智汇国家治理研究院学术创新文库"。

第十六条 其他与本研究院合作研究的论文、著作、研究报告或其他成果，本研究院必须为署名单位。

第十七条 由本研究院资助发表的论文、著作、研究报告及其他研究成果，可参照三亚学院"科研奖励办法"给予报酬。

第六章 附则

第十八条 本章程及其修改，须经研究院研究员会议审议通过方可生效，并报学校备案。

第十九条 本章程的解释权属于三亚学院国家治理研究院。

二〇一五年十二月一日

附录二

三亚学院国家治理研究院首届"国家治理国际研讨会"集萃

杨爱华 *

为落实党的十八届三中全会关于"完善和发展中国特色社会主义制度，推进国家治理体系和治理能力现代化"的要求，三亚学院建立国家治理研究院，并于 2015 年 12 月 2 日召开国家治理国际研讨会暨三亚学院国家治理研究院成立大会。

陆丹（三亚学院校长，国家治理研究院院长）：

"今天是三亚学院一个喜庆的日子，同时今天也是在国家治理方面的一个值得纪念的日子。中国进行改革开放这么多年，取得了很多的成就，也累积了不少的问题，作为学者，我们有责任为中国的国家治理现代化贡献智慧。因为文彰先生的一个动议，因为海明教授的特殊的热情，因为大家在一个朋友圈里边，所以我们今天由此幸会，成立三亚学院国家治理研究院，秉持中国读书人传承已久的家国情怀，进行严谨的严肃的学术研究，期待于国于民有所贡献。

---

* 杨爱华系闽南师范大学马克思主义学院研究生。

　　"在昨天晚上开的筹备会上，我们已经确定了这个研究院的行政架构和学术组织架构，未来期待在研究院院长何包钢教授和学术委员会主任周文彰教授的带领下，研究院的工作能做得扎扎实实、卓有成效。

　　"因为校本的原因，我本人也参加了研究院的具体工作。我本不在这个研究圈子里面，读书的时候老师没有布置这个作业，我也没有自学，所以，国家治理学说对我是个空白。但是身在国中，我们每个中国公民都应该有这样的责任和义务去思考这个问题。我个人认为，公平问题已经成为当下中国普遍的、无所不在的突出社会问题，许多事务与之有强关系，有的与之有弱关系，有的甚至与之没有什么关系，但许多人也乐于归因于此。对于解决'不平等'问题的方法、路径，在座各位教授相信当有各自成熟的想法，见仁见智，而其中，法治和民主应是不可或缺的互为表里的两个轮子。法治问题，大家做了不少卓有成效的研究，虽然问题也还不少，对于民主问题，看起来大家有更多话要说。对于民主，按学界的话说这'是个好东西'，但是要把好东西做好，并一直好下去，是有不少难题的。我本人一直在此门外向里张望。我有一个案例想跟大家分享一下。有一伙朋友想在一起做一个游戏，那么关于游戏规则的制定就比较艰难，民主的方法肯定是一个，能溢出一个好东西，但是可能成本比较大，可能存在着怎么玩下去、怎么玩得好、怎么有效率、怎样监督大家的问题。如果说有一种方法，使我们能照顾彼此的关切，这个彼此可以是上下，可以是左右、周边，只要存在相互关系，无论是处于哪一种方位的都是彼此；这种能照顾彼此关切的方法，我们可以把它称为'东方式的协商'，可以算是一种协商式的民主。换一种方法呢？如果我们其中有人一定坚信、坚持有一个不言而喻的、普遍通用的规则放在那儿，然后直接要价，然后坦坦荡荡地来争论，这也是一种民主方式，我们可以把它称为'西方式的讨论'。硬把两种似乎不同质的民主方式共时地装到一起，看起来是很简单的，但是真的要在哈贝马斯所说的'沟通交往'的平台或吉登斯所说的有效率的平台上来解决这些问题，可能确实我们面临着'文化基底'这个不可忽视的要素。照顾彼此关切的协商式民主，可能是我们中国的照顾方式和婉转文化，而直接要价的方式、坦坦荡荡的文化，那可能是西式习俗之后的政商习惯。把这两种方式、文化放一起考量，有人觉得可以拉平了，都是人类，都为一个共同的目标嘛。看起来很简单，但是并不然。我昨天和一位教授在餐叙的时候说了这个问题，他研究少数民族，少数民族有少数民族的文化，那里边正面临朝向现代化方向或者陷入现代化框架的问题，会存在很多的竞争。其中有一种主导意见说，为了现代化的效率和共同目标，我们是不是可以把少数民族的文化做得简洁一点？不行，李伟先生坚持。他说：'和生物学家们一起讨论，会启示我们重视文化的多样性有多重要。生物学家提出要保护生物多样性，因为如果缺少了这种多样性，人类即会面临生存危局，而且危局不可逆。'我个人相信联合国之所以鼓励生物多样性、文化多样性以使人类共同生存下去的理由，后现代也持有此强烈主张。在民主这么大的话题面前，我想到了文化问题。文化是不可或缺的、必要站队的因素，如果要想把民主游戏玩下去并玩得好，玩得彼此和大家乐意，看来文化因素是中国走向现代性各种面相时不得不考量周全的要素。

"我的专业是社会学，我会考虑到一个问题解决所需的时间过程积淀、所需的空间适配等，会考虑到社会学经典所说的利益、位置以及权力之间的相互交换关系，这种关系不是静态的而是动态的，存在各个位置在关系中的位势，不只是位置有位势变化，连带的相互关系也有位势变化。让我想象一下中国未来民主如何利于各方，尤其是可持续照顾大众关切的民主是个什么样子，我无法在这里做出一句话的解读。在座的各位学者在我看来都是才华洋溢的专家，相信大家能讨论出良好策略，我只是自己有时惴惴不安。"

多么独特的大学校长致辞啊！真诚自然生动，没有官话套话，如话家常，却蕴含深刻哲理，话虽简单，却包藏复杂，还没听够，就结束了，话虽结束，却余味无穷。早就听说陆丹讲话从来不用秘书写，也从来不拿一片纸。今日一见，果然如此。他面对30多位代表和500多位师生，娓娓道来，如行云流水。若没有深厚的学术功底，若非大学者校长，岂能如此？我不由想起蔡元培。接下来发言的是几位中国顶级学者，如只有本科学历的吴思，更使我想起了陈独秀和梁漱溟；而哈佛大学博士丁学良，则使我想起了胡适和冯友兰。

丁学良（三亚学院国家治理研究院学术委员，香港科技大学社科部终身教授）：

"我想讲的问题就是，国家治理的衡量标准，还有就是国家治理的评价标准：加法或者减法。我讲的这些不是什么报告而是我自己读书或者教书的一些体会。从 2005 年起，我被浙江大学的公共管理学院聘请为他们的资深顾问。跟他们在一起共同工作了十年。经常遇到今天我下面讲的这些问题，你们在座的假如以后也打算研究国家治理的相关问题，我非常希望在这些令我本人很苦恼的问题上，能看到你们的心得研究成果，国际上的洋人、观察家、评论家，最近这些年来对中国政府的治理有很多的评论。

"其中有一个比较中性的评论是，中国政府很习惯以一种指标系统来治国，老外们印象比较深刻的集中在两点：第一点就是中国中央政府对下面各级政府，国内生产总值（GDP）的增长要求这么高这么严，全世界现在还找不到哪个国家像中国政府这样。把 GDP 增长的指标作为这么严的考核。然后他们就讨论美国能不能这么做。英国可不可以，印度可不可以，非洲的一些国家可不可以。第二就是中国各级政府把维稳也是作为非常重要的考核指标。一炮否决或者是一票否决。当然在这之前，还有一胎政策，如果下面的指标没有遵守上面的指标的话，有时候也会造成一票否决的情况。

"那么老外们这么评价，对我们这些从中国大陆出去留学在外面工作的做研究的人来讲，我们尤其我本人，经常做这样的对比思考，即将 1949 年以来中国共产党领导的社会主义政权与苏联做比较，将社会主义政体同瑞士的政体做比较，然后把这两类政体的国家同世界上第一批第二批实现工业化的老牌的发达国家做比较。通过这三者的比较我们看到一个普遍性的规律，就是一个政权，它越是稳定越是持续很长时间，为了更长时间的执政它越是要在国家治理指标单子上添加新的项目，做加法，越来越有点像年长的父母生孩子。越是年长的父母生出来的孩子考虑的指标越是周到，越是细致。西欧的那些政府对于这个是最古老的案例，我们都知道马克思描述原始积累碰撞的残酷的现象，第一批第二批实现工业化的国家里面，也恰恰是原始积累最可怕的发源地。现在也是我们在全球看到的最完备的福利国家制度，然而现在这个福利制度负担太重了，越来越像年长的父母对子女的承诺，对子女所负的无限责任。

"但是，我们从国际上比较看起来，这种过程从长期看来是一种加法，但是也不是没有迂回，没有反复，甚至是没有往后退的现象，这些现象也有，所以有些政权政府，在位子上坐长时间以后，他发现加法不好做了，就开始做减法，把国家治理指标上有些项目减掉。有一点感受特别深，就是国家治理的单子在做加法的时候它很容易获得选民的选票，也很容易使得政府在国际上和国内获得良好的形象。但是一旦政府、国家治理的单子做减法的时候就麻烦了，越来越容易遭到选民的反对以及抗议，如果这个政权中间，甚至体制中间有多党竞争的话，若是有反对党的话在大选中很容易造成翻盘。

"所以做加法是比较容易的，但加到一定程度后，世界上很少有政府，能够把加法一笔一笔蔓延下去，我们现在看到的西欧的这些可怕的事，很大一部分程度上也是美国大选中间很大的问题，就是在国家治理的效果和表现单子上哪些项目上要加哪些项目要减是大选中间极其核心的问题。这些对我们这种后发展的国家有很深刻的教育，当然在做减法的趋势中间，有些减法在我看来是合理的，简单的例子，去年到今年欧洲，希腊、西班牙、意大利这些因福利国家的过度的负担承受不下去的政府，有些单子上的减在我看来是合理的，要是再不减就会造成整个公共系统的破产。但是它们有一个不敢减就是退休最低保障金。这些减法中间有一些非常合理的因素，但是在过去的这些年里，大概15年左右，把眼光放到我们自己的国家里。

"中国关于国家治理的这个单子，无论做加法做减法，我们看到另外一种非常值得我们关注的现象，这个现象就是在极个别的系统，在极个别的领导班子中，他们能够把国家治理这么复杂的单子做减法做到只有那么一两项。这是极其可怕的现象。周永康管理中国政法系统的时候，他和他的那一帮人很幸运，他们力图把国家治理的单子减到最后一点，就是稳定压倒一切，压倒宪法，压倒党章，压倒党的纪律，压倒社会主义的法制的方方面面，压倒社会主义文明的很多的重要的领域，压倒社会主义传统的原理。

"所以呢，我们在看比较治理的时候，看国家治理的单子在做加法减法的时候，对于这种单子一步一步往下减，减到一个目标来压倒一切，我们要有非常高的警惕性。因为这样以后我们就会面临哪怕他最后保留下来的一到两个项目一开始有很大的合理性，执行的时间越长，执行的力度越强，执行涉及的范围越广，在这种情况下，会导致当时完全合理的目标产生完全相反的社会效果，这是我们必须要高度警惕的。那么我们可以举另外的一个例子，我们刚刚废除了一胎政策，所有研究过中国人口问题的人，都知道关于一胎政策，在其他国家的情况，其他地区的情况，这个研究是汗牛充栋。来自复旦大学经济系的魏教授，我们也看到研讨了多少次，就是随着一个社会，从农业社会向着一个工业社会的慢慢进步，那么一定会带来大部分人口教育水平的大大进步，而在这个进步的过程中，最重要的两个指标，同生育的意愿息息相关，就是妇女受教育的程度和广度，第二个就是妇女走出家门参与工作的指标。这两个指标，在全球不论东方西方，具有普遍的降低生育的效果。换句话说，在我们中国大陆周边的那么多的国家和社会，包括我们中国自己的社会，像香港、台湾，现在都是属于全世界自然生育率最低的地方，低到无法延续下去，如果不持续的移民进来的话。我们在内部的学术讨论会上，不知道多少次和中国政府建议，用推进教育，促进妇女教育的方法来降低生育率的自然的发展方式，为什么不能在中国大陆实行？其中有一位，当时担任民政部的副部长，在提出建议的时候，就被人告状告上去了，说他攻击国家的基本国策。那么就是在国家治理中间，以是不是违反一胎政策的一票否决，造成那么多的惨剧，违反中国法律，违反中国宪法，违反中国治理的方方面面，违反人们的道德，违反和谐社会，违反政府和民间之间的和谐关系。所以一开始是要降低生育率的很合理的目标，就是由于有了非常不合理的指标系统，导致了原来应该有的正面效果造成了反面效果。

"GDP 的增长也是啊，如果把 GDP 的增长变成是压倒一切，可以压倒环保，可以压倒劳工权益，压倒生态系统，压倒同工同酬，压倒妇女的权益，压倒儿童的权益，还有基本人权这些方面。那么即使 GDP 上升了，这个社会的幸福指数会上升吗？社会的和谐程度会上升吗？社会可持续发展的要素上升了吗？人和自然的和谐条件上升了吗？所以我非常希望我们可以做一些非常好的经验研究，如果其他国家和地区的材料不好收集，我们搜集我们周边的，比如三亚研究院收集海南省的，把海南省的情况和广东省的比较，同广西比较，同云南、台湾和周围的省份比较，来看看在过去的二十五年、三十年的中国大陆的实际过程中，我们能不能找几个地方，比如一个县、一个地区、一个市来看看他们那边在过去二十五年或者三十年间考核各届政府，特别是考核各届政府的主要官员那些指标，是怎么制定的，制定了那么长时间以后造成了什么样的正面后果，造成了什么样的负面后果。

"特别要看到两点，这个正面后果付出了什么代价，带给后面要好几届政府要花很大力气去纠正的负面后果。如果有人对我的这个建议不能接受，我们能提出一个反论点，假如在过去二十五年、三十年、三十几年的时间里，如果我们全中国大陆国家治理的指标系统，基本上或者大体上都是正确的，为什么从 2012 年习近平总书记接班以来，他的领导班子要花那么大的力气来纠偏，花那么大的力度来铲除那么多可怕的事情，而且到现在也没有完全完成这个任务。为什么王岐山到哪里去，能引起全中国乃至全世界的关注，假如我们过去二十五年到三十五年的指标系统是不需要检讨、反省、独立考核的话，我们无法解释这些现象。

"最后，我想强调的一点就是，如果我们对中国过去的指标系统做到一个实事求是的、客观的、经得住考验的反省，总结经验以后，那么对中国未来的十年二十年的指标系统我们应该怎么做，加法和减法应该怎么样做，哪些要加，哪些要减，而且我们特别要在乎的是，在正式的国家治理的指标系统，加法和减法做出正式的决定和颁布之前，除了那些坐在办公室里的各级领导以外，是不是也得问问你所管理的区域的居民，不管是不是常住户，有没有户口。你是不是要问问他，是不是要发问卷问问他们，你希望未来的五年到十年，国家治理在所居住的地区的落实，哪些方面要做加法，哪些领域要做减法，所以我最后一句话就是，国家治理的衡量标准，绝对不能把效益和效率，有效不有效，看作唯一的标准，必须要容纳进去其他的非常重要的价值标准。"

吴思（三亚学院国家治理研究院学术委员，原《炎黄春秋》杂志主编）：

"这里主要介绍两个模型，中共中央决议的形成模型和落实模型。在介绍之前，我先说说这两个模型与国家治理问题有什么关系。中共中央十八届三中全会决定：'推进国家治理体系和治理能力的现代化。'换个角度说，现行体制还不够现代。于是就出现三个问题：第一，这个还不够现代的体制是什么体制？第二，在这个体制下，执政党如何治理国家？第三，用不够现代化的治理方式，推动治理体系现代化，将会出现什么问题？

"现在回答第一个问题。不够现代化的体制是什么体制？我介绍一下西方政治学界的观点。我的观点出自中国历史，和他们不同，这里只介绍人家的。按照西方在冷战时期发展出来的政治学理论，左端叫极权社会，高度一元化。右端是民主自由社会，高度多元化。1964 年，美国政治学教授胡安·林茨在研究西班牙时意识到，佛朗哥统治下的西班牙，既不是一元化社会，也不是多元化社会。政治、经济、社会、思想观念，都处于左右两端之间。林茨把这种有限多元化的社会命名为威权社会。转型前的中国台湾地区，韩国，拉美各国，都是威权社会。

"在这个坐标系里，当代中国属于什么社会？目前国内外有各种叫法。有叫极权社会的，也有叫威权社会的，还有叫后极权的，新极权的，等等。在标准定义里，斯大林时期的苏联，属于极权社会。斯大林去世后，领导人的魅力和权威下降了，意识形态也不那么让人心悦诚服了，极权社会就退化为后极权社会。中国比后极权社会又多了三十多年的改革开放和市场经济，意识形态也从阶级斗争为纲软化为'三个代表'和科学发展观。所以，中国不是极权社会，也不是后极权社会。但是，比起转型前的韩国、中国台湾地区来，比起西班牙和拉美军人政权来，中国的有限多元化，又没达到威权社会的水平——市场经济纯度，司法独立程度，民主水平，公民社会发育水平，意识形态淡化程度，都有一段距离。在这套概念体系的坐标中，当代中国处于后极权社会与威权社会之间。对这种社会，国内外尚无公认的命名。一种过渡性的社会形态，来不及形成命名的共识，也是很自然的。套用半殖民地半封建的命名方式，我姑且称之为半极权半威权社会。

"第二个问题，在这种体制下，执政党如何治理国家？当年毛泽东主席说过，'那么多法律记不住。我参加了宪法起草，就记不住。我们还是每年开几个会'。每年开几个会，发几个文件，这是毛泽东时代开创的、延续至今的治理方式。改革开放以后，人大立法成就巨大，很多领域有法可依了，但还没有达到有法必依的水平，所以四中全会强调独立审判。目前，党权和行政权力，往往比法律更重要。文件和批示，往往高于法律。于是，研究文件是如何起草的，决议是怎么形成的，又是如何执行的，就成了研究当代中国治理问题的一部分。

"第三个问题。用文件治国或会议治国的方式，推动治理体系现代化，将会出现什么问题？在我看来，十八届三中全会的重点，用一句话表达，就是提高市场经济的纯度。十八届四中全会的重点，用一句话表达，就是提高审判的独立性。这当然符合历史进步的方向。问题在于，决议到底体现了谁的意志？能够落实多少？如何理解那些不时出现的反向动作？例如政府强化对市场的干预，做大做强国有企业。同时，加强对媒体和律师的行政控制，不那么讲究法律法规。做这两个模型，就要回答这些问题。

"这两个模型，一个是决议形成的领袖主推模型，一个是决议实施的领导偏好模型。我试图用'领导偏好与中央决定的一致与偏离'解释各种反向动作，理解各种利益的互动关系。十八届三中和四中全会决定做出的承诺，未来能兑现多少，这是涉及中国前途的大悬念。回顾历史，考察现实，建立一个可讨论可证伪的决定形成和实施模型，有助于我们澄清困惑，把握相关因素，进而预测未来。"

何包钢（三亚学院国家治理研究院院长，新加坡南洋理工大学公共政策和全球事务系主任，澳大利亚迪肯大学国际与政治学院讲座教授）：

"协商民主涉及各种不同的真实利益。不同的人会有不同的看法。有的坚决反对，因为协商民主的真正实现会削弱其权力；有的不屑一顾，因为协商民主不符合其选举民主的理念；更有的却感到协商民主不过瘾，大乱大破的'革命'才是最佳的选择。不能认为所有反对协商民主的想法都是不对的，其中也不乏真知灼见，但也混入了不少偏见。我不能自称为掌握了真理，但是至少我将呈现各种事实、证据、理由，来说明协商民主是目前中国民主化的最佳选择，是发展和提升中国政治的一种道路、方法，也是建立和完善国家治理体系的一个良策。出于中国的根本利益，协商民主是中国的一个明智选择，一种获得自由、尊严和幸福的制度和方法，也是一种为万世开太平的方法和程序。

"中国需要在权威体制下建立一个民主的协商制度，使之在国家治理中发挥建构作用，并促使中国历史文明中的协商传统向民主协商方向发展。协商民主承载着历史性的使命，它可以被视作一种现代版的'训政'，即通过协商民主的实践，使中国学会如何使用民主来解决日常事务中的问题，避免仓促引入选举民主所可能导致的乱局。我们在思考中国民主化问题的时候，不应该简单地以欧美成熟民主国家的经验为参照，对民主化的前景持有过于乐观的态度。对中国来说，亚洲国家民主化的经验和教训可能更具参考意义，中国需要避免因民主化而陷入整体动乱。协商民主应该成为推动中国民主化进程的建构性力量，既为中国的全面依法治国奠定更坚实的基础，又在自身发展过程中实质性地推进民主发展。

"协商民主与国家治理存在着有机的联系。协商民主本身就是一种体系化的理论、方法和程序。我们认为协商民主是国家治理体系的一种理论、方法、途径、程序和平台，发展协商民主应注重发展和完善协商治理机制、过程、形式和程序。协商民主原则应贯穿于国家治理的各个领域及其全部过程，协商民主可以用来选人、管事、管钱，进行公共治理，提高国家治理能力。

"中国古代的政治实践中具有丰富的协商传统。在当代社会条件下，王道可以被理解为一种民主协商的原则和理念，而协商民主则是实现王道治理的一种较佳的制度形式和方法。我们试图通过协商民主的引入，来发展一种新的王道——民主之道，从普通公民的视角来阐述国家治理的新原则和规律。

"中国的权威性协商与西方的民主协商都面临着各自的问题。关键在于如何实现权威与民主之间的平衡。这也意味着在中国试图学习民主协商、推动权威性协商向民主协商这一转变的同时，中国的谏诤传统也能为西方民主提供借鉴。并且，中国历史实践中一些积极的、有价值的做法也能够弥补当代国家治理中的不足，例如，当代中国可以恢复古代的谏议制度，发展出一种没有反对党的'反对政治'。

"应该重视中国传统政治资源在现代语境下的应用，特别是不妨围绕'诤友'这一概念，扩展国家治理的内涵。'诤友'是一种古代政治实践，它强调平等、真诚的沟通与协商。使'诤友'成为国际关系中的一个新的外交原则和实践，就是要倡导一种真诚、平等的国际关系，强调通过平等对话和协商来解决分歧。并且与谏诤制度紧密联系的'诤友'实践，也有可能成为国内政治的一股建设性力量，发展出一种超越西方式的两党派系斗争的'诤友政治'。

"因为世界各国都具有着自己独具特色的社会结构，所以协商民主实际上存在着许多有效的形式和策略。在自由主义国家中，协商民主通常是对选举民主的补充和深化。而在像中国一样的社会主义国家中，协商民主化可以促使权力体系更具有民主性、协商性。中国的实例体现出选举民主与协商民主是可以并存的，将它们结合在一起将深化民主的内涵。

"当今中国自由主义在政治领域的声音很微弱，它是一股批评性的力量，却未能成为推动民主化进程的建构性力量。中国的自由主义者一直对协商民主不感兴趣，倾向于只把民主理解为一种选举政治。但是，边界与国家认同问题导致了中国自由主义的困境，而单纯依靠选举政治却无力解决这一问题。我们强调拓宽对民主内涵的理解，协商民主在国家认同方面能够发挥建设性的作用，它可以成为修补与支持自由主义发展的一股力量。

"另一方面，中国需要破解暴力革命的怪圈，避免在民主化的过程中出现乱局，这就需要从理论层面对暴力革命观进行分析和超越。我们反对以暴力革命的方式来推动民主化进程，重视利用协商民主控制和降低暴力发生的可能性，及其在处理社会冲突方面的作用。

"法治建设是实现现代国家治理的又一关键问题。法治的建构必须是一个高度审议的政治过程，只有通过理性的对话和协商才有可能探索出更适合中国的法治模式。在此基础上，我们以政协改革为例讨论制度层面的法治建设，指出应该以'两会制'的框架设定政协的角色和地位。它是发展协商民主的重要机构，应该作为国家权力机构的重要组成部分，作为一个约束机构而存在。最后则是基于基层治理实践的考察，发掘出其中的法治意义。地方的参与式预算实践主要是以制度化的方式"管钱"，其实质是对权力的约束，这是法治的根本意涵。但是，目前有关法治的讨论往往忽视了基层实践的法治意义。

"协商民主有助于奠定一个坚实的法治基础，为法治的建构提供合法性；并且法治的讨论必须基于经验基础，应该重视提炼地方协商民主实验中的本土经验，把它提升到国家层面的法治建设当中。政协改革是政治改革的关键问题之一。我们强调协商民主理论在政协改革中的指导意义，建议用真正带有民主意义、审议性质的理论，来为政协改革提供一条思路。政协不等于协商民主，但也不是排斥协商民主；政协的发展有其自身规律和特征，政协可以成为协商民主发展的一个新的基础。"

韦森（三亚学院国家治理研究院学术委员会副主任，复旦大学经济学院教授，经济思想与经济史研究所所长）：

"自 1994 年到 2012 年这差不多 20 年间，中国政府财政收支增长率一直远高于 GDP 增长率。中国政府连续多年财政收入超高速增长的一个结果是：政府财政收入占国民收入的份额不断增加，相比较而言，城乡居民尤其是农村居民的收入占国民收入的比例不断下降。把政府财政收入数据和居民收入数据对比来看，就可以看到政府财政收入在1994年以后的增速是多么惊人，与居民收入之间的差距也越来越大。自1994年之后，政府财政收入的规模增加了19倍多，而城镇居民的收入只增加了7倍左右，农村居民的收入则只增加了6倍左右。中国政府财政收入的超高速增长，已经导致国民收入三大组成部分即工资收入、政府收入和企业收入的比例严重失衡。这种国民收入比例的严重失衡，一方面表现为在中国经济高速增长时期居民消费增速相对较慢，另一方面又表现为政府基础设施投资高速增长，政府官员腐败寻租大面积地发生而屡治不果，还有就是政府和机关存款的不断攀高。

"2001年，中国各级政府存款还只有不到5000亿，但是到2013年时，中国各级政府财政存款已经超过了4万亿。随着政府存款金额不断攀高，政府部门年底突击花钱的现象则年年发生。2008年以来，每年12月份政府突击花钱的现象愈演愈烈。2010年后，每年的12月份政府年底突击花钱都超过了2万亿元。这本身就说明我们的财政体制有着很大的问题。这无疑也与近些年来中国政府财政收入超高速增长密切相关。

"这些年中国财政收入超高速增长，主要原因在于我们国家的现行制度安排对政府征税和增加其他财政收入根本没有任何约束和制衡机制。这是当今中国社会中许多社会与经济问题产生的根源。因此，这些年来，我们一再呼吁，未来中国现代国家制度建设，要从预算民主建设入手，把预算民主作为中国政治体制改革的逻辑起点。

"要理解预算民主，首先要了解'税收法定原则'。近几年中央提出'政府预算要公开、透明'，十八大报告中也提出'加强人大对政府全口径预算监督'是政治体制改革主要任务之一。'税收法定原则'实际上正是这两项改革的理论基础。

"在法学和政治学的基本原理中，一个君主或政府任何时候的征税实质上看都是国家政权对私人产权的一种强制剥夺和攫取，因而说到底是政府公权力对个人私权利的某种"侵犯"。用税法学家的专业话语来说，税收是国家为实现其公共职能而凭借政治权力依法强制、无偿地从私人和企业那里获取财政收入的一种活动和手段，因而，对纳税人来说，税收完全是纳税人对政府的一种无对价的给付。

"正因为税收说到底是一种公权力对纳税人私权利的一种干预和侵犯，是纳税人一种无对价的给付，保护纳税人不受君主和政府公权力的任意攫掠，就成了现代宪政民主的一种核心理念。即使从政治学中的'社会契约论'以及税法学中的'利益交换说'来看待国家征税，从而把税收视作人民为向国家求得对其产权等的保护而支付的一种'必要的价格'，纳税人也有权知道自己支付的税金到底被如何地使用了。纳税人通过自己所选出的代表，通过一定法定程序对政府的财政行为进行监控和审理，以确保其使用的得当，就成了现代宪政民主政治的一种基本政治安排。通过一定税收立法和一定的法律程序来保护纳税人的权益，也就成了现代宪政民主政治的最基本和最核心的问题。

"回顾人类近现代史，整个英国的宪政进程都是围绕着限制国王的征税权而展开的。不仅如此，荷兰的建国、法国大革命以及美国的独立也都是由政府征税问题引发。也就是说，沿着'税收法定'（Statutory Taxation）这一核心政治理念，发端了近代以来宪政民主政制的构建。按照税收（宪）法定主义，为防止政府部门财政税收权的滥用，必须以权力制约权力。由此各国的政治安排大多是政府征税的决定权力必须要由议会来行使，这样才能使人民相信自己的私有产权不会被政府恣意侵犯。这也就构成'税收法定原则'的基本内容和根本要求。

"根据现代税收法定原则的基本精神，在现代大多数西方发达国家，以及发展中国家如马来西亚、菲律宾、印度尼西亚、斯里兰卡、约旦等国的宪法中均有类似'非经法律规定，不得征税'的明确条款，因而，可以认为税收（宪）法定已经成了现代民主政治中的一条普世原则。根据这一原则，在世界上许多国家，要新增一个税种，或提高一种既有税种的税率，往往是件非常麻烦和困难的事。这往往要经过议会多轮激烈辩论，并常常会引起纳税人的各种抵制、抗议甚至游行示威。因此，在加拿大、新西兰、澳大利亚和世界上许多其他国家，常常有经过几届政府激烈争论争吵，一种新税仍不能开始征收或一种既有税种无法被提高的情形。借鉴这些历史和国际经验，明确税收立法权，使国家的税收收入和财政支出的规模和基本用途均由人大通过法定程序加以规范，从而使纳税人的基本权利得到充分的尊重和保护，同样也是我国现代国家制度建构的一项基本内容。一个更为深层的考虑是，随着个人收入和企业所得税的征收和增加，随着人们纳税人意识的增加，要让'无代表不纳税'这一宪政民主政治的基本口号变成每一个纳税人都知晓的道理。

"预算民主（budgeting democracy），即国家立法机关对政府财政预算进行监督、审议、制衡和审计，是现代民主政治的一个重要或核心组成部分。从某种程度上来说，这是衡量一个国家是否已经走向现代化国家的重要标识之一。从西方议会的发展史来看，议会之所以产生，很大程度上是为了监督和制衡政府如何征税、如何花钱，而这一制度沿革到当代，西方民主国家议会的一项主要功能就是监督和控制政府预算。有研究发现，西方国家立法机关（包括参议院和众议院）一般都将超过 60%的时间用在审核和讨论政府的各种预算上。

"然而'预算民主'与'政府内部权力制衡'的理念目前在中国还亟待'新启蒙'：尽管政府预算监督是现代民主国家政治与经济运作的一项基本内容和最重要组成部分，但是，西方各国政府的财政预算是如何制定出来，又是如何执行和实施的，立法机关是如何监督、制衡、控制和审计政府预算的，在立法机构对政府预算监督方面到底有哪些制度安排，在各国立法机构中又有哪些实际运作的机构设置，以及各国政府的预算监督体制又有何异同，对于这些问题，除了一些财政学和政治学的少数专家外，国内其他学界、政府决策层乃至社会各界人士大都知之甚少。

"预算民主实际上不仅仅是个预算法修订问题。预算民主，意味着政府征收任何税种和花钱都要得到实质性的制衡。与预算民主强调权力的制衡相反，全权政府的主要表现为政府征税和政府花钱得不到实质性的制约，政府拥有对财税的无约束的征收和支配权。政府的财税权得不到实质性的制衡和约束，政府官员大面积的贪腐就会不断发生且屡治不果，与政府财权相关联的种种社会问题也无法从制度上加以根本解决。

"由此看来，落实中共十八大报告关于政治体制改革的第一条，加强各级人大对政府全口径预算的审查和监督，应该是当下中国政治体制改革的一项重要任务。只有管住政府预算收支，实现国家治理体系的现代化，才能建立起根治政府官员腐败的制度机制。因此，国家预算制度的改革和建设，实为中国国家制度现代化根本大计。这本身是超越《预算法》修改问题的。

"我们的共和国成立至今仅65年，加上过去经济发展水平较落后，缺乏管理国家预算，约束和制衡政府如何征税、如何花钱的经验。但是随着经济的高速发展，中国的GDP已经跻身世界第二，宽口径的政府财政收入也直逼美国，在这样的现实背景下，借助这次修改《预算法》的契机，真正建立起完备的现代国家预算管理制度，推进中国国家制度和国家治理体系的现代化建设俨然成为未来中国政治、经济与社会改革的一条根本之道。"

周文彰（三亚学院国家治理研究院学术委员会主任，原海南省委常委、宣传部长）：

"我们已经进入大数据时代。了解大数据，运用大数据，落实国家大数据战略顶层设计，以大数据促进国家治理现代化，已经成为我们必须考虑的重大课题。今年6月17日，国务院常务会议通过了《关于运用大数据加强对市场主体服务与监管的若干意见》；6月24日国务院常务会议通过了《关于积极推进"互联网＋"行动指导意见》；8月19日国务院通过了《促进大数据发展行动纲要》。这几份重磅文件密集出台，标志着我国大数据战略部署和顶层设计正式确立。实施国家战略部署和顶层设计，需要我们实现'四个结合'：第一，把政府数据开放和市场基于数据的创新结合起来。政府拥有80%的数据资源，如果不开放，大数据战略就会成为无源之水；同样，市场主体如果不积极利用数据资源进行商业创新，数据开放的价值就无从释放。所以，两个轮子要一起转才行。第二，把大数据与国家治理创新结合起来。国务院的部署明确提出，'将大数据作为提升政府治理能力的重要手段'，'提高社会治理的精准性和有效性'，用大数据'助力简政放权，支持从事前审批向事中事后监管转变'，'借助大数据实现政府负面清单、权力清单和责任清单的透明化管理，完善大数据监督和技术反腐体系'，并具体部署了四个重大工程：政府数据资源共享开放工程、国家大数据资源统筹发展工程、政府治理大数据工程、公共服务大数据工程。第三，把大数据与现代产业体系结合起来。这里涉及农业大数据、工业大数据、新兴产业大数据等，我国的产业结构优化升级迎来难得的历史机遇。第四，把大数据与大众创业、万众创新结合起来。国务院专门安排了'万众创新大数据工程'，数据将成为大众创业、万众创新的肥沃土壤，数据密集型产业将成为发展最快的产业，拥有数据优势的公司将迅速崛起为这个时代的领军公司、明星公司。"

李伟（三亚学院国家治理研究院学术委员会副主任，原宁夏大学副校长）：

"我想谈的第一个问题：我们国家古代的，或者说传统的国家治理，虽说不是我们现在所说的国家治理，但是与之有相同的地方，我们有许多的中国经验，比如说家国天下，这个我们今天和昨天都有提到，讲我们的家国情怀，讲我们的国家治理。这是中国独有的，国外没有。在中国古代的家国天下里面，家不是家庭的家而是家族的家，国不是现在我们讲的国家的国，而是我们诸侯国部落政权的国。天下才是讲的中央集权，这和国外不一样，但是我们形成了至秦汉以后的一个封建制。郡县，士大夫，我们讲到的包括科举，等等等等。中国几千年的历史中间，国家的制度体系远远复杂得多。再比如我们讲的德治，法制，仁制，这是中国的一个经验。但是我们现在所讲的仁制和中国古代所讲的仁制不是我们现在在西方体制里面所讲的法制和仁制。再比如说，我们讲到的国家专治和地方乡绅治理，再比如说我们讲的大一统，这些中国经验中间的东西应当给我们现在国家治理很多的启发。那么我们现在在全球化背景下来讲这个治理，其实我们现有的民族国家的框架，面临着许多的挑战，全球化的发展使民族国家的主权领土人民这样概念这样重要的要素，开始越来越淡化。中国的新疆问题西藏问题，我们所讲的边疆问题，包括我们所讲的澳门台湾这些问题，都是和这样的制度连在一起的。那么我最后所要讲的结论是什么呢，我们对于中国现在的边疆治理应该纳入国家治理的框架底下，然后纳入全球治理的大框架底下，我们再回过头来看中国的民族问题，中国的边疆问题，中国的这些地方的治理和国家治理问题，也许就会更加地清晰一些。"

樊浩（三亚学院国家治理研究院学术委员会副主任，教育部长江学者特聘教授）：

"我运用历时八年不同时间、不同方法、不同对象、不同地区三次调查的海量数据中的共同信息，探讨伦理道德现代转型的文化轨迹。发现，经过近现转型，尤其是近三十年多来改革开放的激荡，沉积于现代中国社会深层的依然是伦理型文化的精神密码，具体表现为'不宗教，有伦理'的精神生活方式和人际关系的调节方式；以对伦理道德状况基本满意但高度忧患的悖论方式呈现的终极价值与终极忧患；家庭本位但文化超载的文化基础和伦理道德根基。以'新五伦'和'新五常'为坐标的伦理道德现代转型的文化轨迹呈现为反向运动——伦理上守望传统，道德上走向现代，生成伦理与道德"同行异行"的精神图像。现代中国文化与伦理道德呈现'后伦理型文化'形态。全球化与市场经济背景下传统情结的不断增长，伦理道德之于中国文明的历史必然性与现实合理性，为'后伦理型文化'提供了主观条件和客观基础。"

李德顺（三亚学院国家治理研究院学术委员，中国政法大学终身教授）：

"依法治国是坚持人民主体地位的必然结论和必要政治形态。但由于对'人民主体'概念理解的缺失，现实中却产生了种种疑问和歧义。我们要从哲学、历史和文化的角度恢复'人民'概念的本义，明确人民作为社会生活的实际承担者和现代文明的最高价值主体的意义，着重分析在我国社会主义政治文明建设中，人民既是民主的主体，也是法治的主体。'法治中国'的建设，人民不能缺席，不能被分解和虚化。"

任平（三亚学院国家治理研究院学术委员会副主任，原江苏师范大学校长）：

"郑重提出国家治理体系现代化的重大课题，是中国改革创新、社会转型进入全面目标规制新阶段的主要标志。中国现代化建设在资源配置方式、开放状况、发展阶段、发展方式、城乡结构、社会类型、民主政治、文化治理方式、环境治理、党的建设等方面发生十大转变并进入全面目标规制阶段，呼唤从单一、局部、碎片化、盲目的治理走向系统全面、整体协调、良性有序的现代国家治理体系。构建这一体系必然需要有高度的理论自觉、实践自觉和体系自觉，体现高度的国家意志、国家能力和国家实力，通过持续的国家建设和国家工程来逐步实现。"

甘绍平（三亚学院国家治理研究院学术委员，中国社会科学院哲学所研究员）：

"维护稳定的关键在于维护公民权利，公民权利的集中体现便是自由与民主，而自由和民主的坚实保障则是法治。于是，自由、民主和法治就构成了国家治理中的核心价值。从自由经民主到法治，这样一条清晰的脉络凸显了能够使所有社会成员凝聚在一起的社会价值基准，构成了当代人类社会制度与政治生活建构的规范性基石，呈示了现代文明的精髓，也是改革开放以来，当代中国社会价值观念发生重大历史变迁的鲜明体现。"

周建波（三亚学院国家治理研究院研究员，北京大学经济学院教授）：

"范蠡是中国封建社会提出政府宏观调控物价的第一人，他的平粜思想奠定了我国封建社会国家宏观调控经济的理论基础。此后战国初期的李悝变法、西汉中叶桑弘羊的盐铁国营政策，则进一步发展了范蠡的平粜思想，充实了封建国家干预经济的理论，指出了国营经济的合理性、局限性以及支持条件等，对当前社会主义市场经济建设过程中如何处理国有经济、民营经济的关系以及国营经济如何定位等问题有启发作用。"

田海平（三亚学院国家治理研究院研究员，北京师范大学哲学学院教授）：

"'伦理治理'有三义，一曰'以伦理治理'，二曰'伦理即治理'，三曰'对伦理进行治理'。在现代性条件中，'伦理治理'的歧义性使之易于失去合法性辩护。与对其'似是而非'之判定不同，我想指认其有'似非而是'的一面。通过问及'伦理如何进入治理'，我们可以澄清其内涵之

'似非而是'。'以伦理治理'和'伦理即治理'属于传统治理范畴,'对伦理进行治理'是现代条件下伦理进入治理的题中应有之义。'伦理治理'的'似非而是',关键是立足于'问题治理'或'难题治理'。核心内容是对五种相互冲突的伦理问题或难题进行治理。如此才不会错失'伦理治理'面向难题、求解问题的现代性本义。"

朱德米(三亚学院国家治理研究院研究员,同济大学文科办公室主任):

"当代中国政治体系具有的弹性或自我更新的能力,不仅仅来源于相机而动的游击政策风格,还需要发现更多的变量来解释。这些变量包括:(1)变革和创新本身就包含着意识形态的合法性,'与时俱进'具有正当性。价值观念上鼓励去尝试或突破各类教条。以'用'而非'体'为取向的价值变革机制。(2)政治与政策的周期初步形成。每一个周期的变革幅度往往很大,突破既定政策框架。(3)上下任的竞争机制。他们不是同台竞争,或两个对手之间的政策辩论;而是上下任之间,新官上任三把火,政绩与烙印形成了激励机制。(4)在实现战略目标方面,执行层之间形成了较为完善的学习机制和创新扩散网络。(5)通过大规模的干部培训机制,干部队伍的知识体系纳入到全球知识网络,为相机而动的政策选择储备了政策工具箱。"

袁祖社(三亚学院国家治理研究院研究员,陕西师范大学经济学院院长):

"现代治理理论从最初的为应对'治理危机'所产生的'新公共管理'理论,中经'新公共服务'理论,到'多中心治理'理论,其内在演进历程,秉承现代公共服务型政府之'善治'的理想目标和现实期许,昭示出现代社会基于普遍'人道'和'公义'的公共价值信念,致力于一种'有机的公共生活'场域中,现代政治国家与公民社会之良性制衡关系状态之深刻的人文关切与严肃的理性探索。这其中,基于对'经济增长性政府'之全面反思,'生态善治'目标下的'生态性政府'有效构建与实践性探索,不失为一条切实可行的明智选择。"

唐代兴(三亚学院国家治理研究院学术委员,四川师范大学伦理学研

究所教授）：

"国家治理的根本前提是重新审查国家的性质定位与存在取向：首先讨论'国家何以产生'和'谁有权定位国家'，然后考察国家治理的实质，明确'谁有权治理国家'和'国家治理什么'。在此基础上检讨国家治理的基本规则，分别从'谁有权制定国家治理的规则'和'制定国家治理规则的依据何在'入手追问国家治理规则构建的合法性，确立国家治理的政治学公理。以此为指南重新审查国家治理的基本条件：法权政体构成国家治理的政治土壤，共同人性、人权民主和自由主义精神此三者构成国家治理的精神结构基石，以权责对等和公私分明为原则的群己权界构成国家治理的社会方式，以人权制度和法权律法为双重护卫力量的权利博弈权力则构成国家治理的运作机制。"

姚轩鸽（三亚学院国家治理研究院研究员，陕西省伦理学会副会长）：

"全球化的税收竞争不可避免，而且呈现多元性、复杂性与不确定性等形态，其分析价值在于为最大限度地消减系统性的国际税收冲突与风险提供理论指导和智力支持，提醒各个国家必须遵从国际税收行为的基本规律，坚决走'己他两利'的竞争与合作之道，认清国际税收竞争与冲突的复杂性与不确定性特征，防止主观意志的失控，最终促进缔结一个科学优良的国际税收契约，增进各个国家每个国民的福祉总量。而中国作为全球化竞争体系中的重要一员，对此必须做出积极的反应与应有的贡献，把理想与现实紧密结合起来。"

总而言之，此次研讨会，真可谓"群贤毕至，少长咸集"，是一场别开生面的思想盛宴。上午陆丹和周文彰致辞，丁学良、何包钢、吴思、韦森和任平等大会发言，妙趣横生，博得500名左右听众阵阵掌声。下午30多位学者小会发言辩论，针锋相对，唇枪舌剑，大有百家争鸣之势，更显大学者本色。周文彰教授次日赋诗《国家治理研讨》，诗曰："书生满志聚天涯，治国心声撼物华。你语他言唯恐后，面红耳赤日西斜。"

附录三

推进国家治理体系现代化与国家治理
能力提高

——首届国家治理国际学术研讨会综述

吴　然*

2015 年 12 月 2 日，首届国家治理国际学术研讨会在三亚学院书山馆报告厅举行。这次研讨会旨在探索有中国特色的国家现代化进程中"国家治理"的观念创新、道路创新、制度创新、方法创新，为实现习近平总书记"四个全面"目标从国家治理的角度做出有效的制度安排，总结中外国家治理的经验、艺术和规律，在此基础上发展和提升中国政治科学，特别是建立以治理为基础、富有中国特色的政治科学；旨在实证基础上验证和发展国家治理理论，让世界了解中国学者的声音，了解中国治理的丰富经验；旨在为推进系统全面、整体协调、良性有序的现代国家治理体系的建立和国家治理能力的提高而献计献策。会上，三亚学院国家治理研究院正式揭牌成立。来自包括新加坡南洋理工大学、香港科技大学、中国社会科学院、

---

*　吴然系三亚学院国家治理研究院研究员。

国家行政学院、北京大学、复旦大学、厦门大学、中国政法大学等高校和科研院所以及商务印书馆、《学术研究》、《三联周刊》、超星视频等传媒出版单位的海内外专家学者 30 余人与会，共同见证三亚学院国家治理研究院的成立。

三亚学院党委书记、校长兼三亚学院国家治理研究院院长陆丹教授在致辞中表示，今天对三亚学院来说是一个喜庆的日子，同时也是在国家治理研究方面值得纪念的一个日子。中国改革开放以来，我们收获了很多的成就，积累了很多的经验，在国家治理研究层面，作为学者应有志于中国国家治理的现代化。期待诸位学者既看到现代化的同质性，也不要忽视文化多样性这一人类社会发展繁荣所不可或缺的要素对国家治理现代化的影响。三亚学院未来的建设发展中，将一如既往地与政府、学界、企业多方协同，积极开展良好合作，搭建好平台，守护好平台。同时，在研究院研究的执行和服务上，将借鉴已有成熟经验，协同运作。在国家和地区治理的研究上，要坚持社会主义核心价值观，遵循社会主义法治框架，坚信中国法治的未来前途，客观考察诸多社会要素和社会发展不同阶段的具体背景，耐心做事，寻求合理化的办法和路径，为"中国梦"的实现做出应有贡献。

一、三亚学院国家治理研究院的成立开辟了新的学术研究领域

国家行政学院原副院长、三亚学院国家治理研究院学术委员会主任周文彰教授代表与会学者对三亚学院国家治理研究院的成立表示祝贺。他表示，研究院的成立恰逢其时，是一件于国于民的大好事，也意味着三亚学院在学术研究上开辟了一个新的研究领域。希望研究院贴近中心、服务大局，为国家实行治理体系和治理能力现代化提供智力支持。他指出，回顾国家和人类社会的发展历史，我们经历了一个由统治而管理、由管理而治理的发展进程，这个发展进程既反映了人类国家观念的变化，又反映了我们管理理念的进步。今天的中国，正处在追求国家治理现代化的新时期。

这个治理现代化，包括治理体系的现代化和治理能力的现代化。所谓现代化，就是我们要追求国家治理体系的制度化、科学化、规范化、程序化，追求国家治理者善于运用法治思维和法治方式解决各种问题，提高国家治理的效能。这几年，党中央、国务院组织和推动了一场声势浩大的简政放权改革，提出了"创新、协调、绿色、开放、共享"的发展新理念。在这种情况下，国家治理现代化既是中央高层的关注热点，也是社会百姓的期望，更是我们专家学者义不容辞的责任。国家治理的现代化，既是一个实践课题，也是一个理论课题。研究院要积极发挥主观能动性，重点突破、协同共进，开展好研究工作，为国家发展贡献力量。周文彰指出，国家治理这个话题是许多学科共同研究的课题，比如政治学、管理学、社会学、经济学、哲学、伦理学等，至少我们要研究以下领域：一是要研究国家治理体系的构成及各自职能，二是要研究国家治理的领域，三是要研究国家治理主体，四是要研究国家治理的目标，五是要研究国家治理的手段，六是要研究国家治理能力的提高。此外，国家治理本身既是一个重大的理论问题，又是一个重大的历史问题。我们要研究国家治理的理论，也要研究国家治理的历史。从人类国家治理的历史进程中，从经典著作当中，吸取对我们今天国家治理有价值的东西。他提出，要把国家治理作为一门学科来研究，作为一门学科来建设，研究成果可以是理论著述，也可以是咨询报告，还可以写成通俗读物，因为国家治理主体包括我们老百姓，需要普及性的读物。我们发表成果的地方，既可以是学术刊物，也可以是大众传媒。

在首届国家治理国际学术讨论会上，新加坡南洋理工大学何包钢教授、香港科技大学丁学良教授、复旦大学韦森教授、江苏师范大学任平教授和著名学者吴思先生等就"国家治理的评价标准"、"转型期现代国家治理"、"国家治理的历史回顾与经验"、"党的决议的生成与落实模型"等进行了主题发言。

二、提出国家治理体系现代化是中国社会发生历史性转型的重要标志

与会学者认为，我们的研究与中国现在正发生的重大历史性社会转型有关。江苏师范大学原校长任平教授指出，党的十八届三中全会在"全面深化改革总目标"中划时代地提出"推进国家治理体系和治理能力现代化"的重大任务，充分体现了新一届中央领导全面掌控现代化体系创新的高度自觉和实现大国治理与整体规治的宏伟政治抱负，标志着改革开放方式从原初"摸着石头过河"向凸显国家顶层设计、科学发展主导地位的重大转换，标志着中国特色社会主义建设的国家治理水平进入到一个新阶段。郑重提出国家治理体系现代化的重大课题，是中国改革创新、社会转型进入全面目标规制新阶段的主要标志。具体来说，提出建立国家现代化治理体系，主要需求来自于以下几个方面：第一，资源配置方式发生了重大转换，新的中国特色社会主义市场经济体系的建构正在全面深化改革中走向完善，迫切需要建立与之相适应的国家经济治理体系。第二，现代化发展阶段的重大转变，人民群众的期盼从过去的单一因素向综合因素转变，发展的综合性、有机性、整体性关联大大增强，迫切需要对发展的目标和过程做总体性科学把握。第三，发展方式的重大转变：重写现代性，需要中国重新建构与"中国新现代性"相适应的国家治理体系。第四，从封闭走向开放，从"世界走向中国"到"中国走向世界"，开放环境也发生了从旧全球化到新全球化时代的重大变化，迫切需要中国重构与世界的关系。第五，空间关系与人居环境的重大转变，走出一条新型城镇化和城乡一体化道路，迫切需要执政党全面提升总体治理水平。第六，从同质性社会向差异性社会的转变，必须要重新思考社会和谐治理的方式。第七，从同质性社会同质性政治向差异性社会的民主政治模式转变，需要总体设计和规划在中国共产党领导下依法治国的新型民主政治体系。第八，差异性社会的文化表达，出现了中国特色社会主义的文化矛盾，需要国家在思想文化领域形成新的治理方式。第九，从工业文明向生态文明时代的转变，人民群众对于生态

文明的期盼和生态权益的维护的要求越来越强烈，迫切要求国家科学审慎对待生态与文明的矛盾关系，大力推进生态文明建设，切实维护好人民的生态权益、生态安全，走绿色发展道路，为此必须要大力提升国家生态建设和生态治理的能力。第十，执政党面对的环境发生重大改变：从封闭到开放、从革命到执政、从计划到市场，面临"四大危险"和"四大挑战"，迫切需要纯洁党性、反腐倡廉、提升境界、强化能力建设，推进政党现代化建设。为此，他特别强调中国共产党是中国特色社会主义事业的领导核心，党的肌体出现任何微小失误，必然在全局造成严重问题。因此，全面分析党内存在的问题，全面规划党的现代化建设的总体目标和道路，是国家治理体系现代化的核心。总之，中国的现代化社会变革和转型走到今天，已经进入全面自觉设计、规划、实践和掌控国家改革与发展目标进程的新阶段，适应国家治理体系现代化的新要求，建设国家现代化治理体系，成为时代的重大课题。

三、国家治理的衡量评价标准应将普遍幸福与公正仁爱联系起来

对国家治理衡量评价标准的单一化倾向，香港科技大学丁学良教授提出了强烈的质疑，例如很长一段时间把 GDP 的增长作为考核地方官员政绩的标准，如果把 GDP 的增长变成是压倒一切，可以压倒环保，可以压倒劳工权益，压倒生态系统，压倒同工同酬，压倒妇女的权益，压倒儿童的权益，还有基本人权，那么即使 GDP 上升了，这个社会的幸福指数会上升吗？社会的和谐程度会上升吗？社会可持续发展的要素上升了吗？人和自然的和谐度上升了吗？他认为，由于有了非常不合理的指标系统，导致了原来应该有的正面效果反而变成了反面效果。所以应该对中国过去的指标系统做一个实事求是的、经得住考验的反省。如果其他国家和地区的材料不好收集，就搜集我们周边的，比如三亚研究院收集海南省的，把海南省的情况同广东、广西、云南、台湾和周围的省份比较，拿一个县、一个地

区、一个市来看看他们在过去二十五年或者三十年间考核各届政府，特别是考核各届政府的主要官员的那些指标，是怎么制定的，制定以后造成了什么样的正面后果和负面后果？特别要关注两点，这个正面后果付出了什么代价，带给后面好几届政府要花很大力气去纠正的负面后果是什么？

与会学者对三亚学院国家治理研究院副院长、北京大学王海明教授在国家治理研究方面的突出贡献给予了充分肯定。有学者指出，王海明在《国家学》中提出的"国家亦即阶级压迫工具"的定义，是将"国家与最高权力及其管理组织"等同起来的现代西方主流定义在阶级社会的推演。柏拉图和亚里士多德误将民主（所有公民执掌最高权力）与民主的实现途径（按照多数公民的意志进行统治）等同起来，进而误以为民主是多数人执掌最高权力。协商民主是为解决民主最深刻的本性（民主是所有公民平等执掌最高权力的政体）与民主唯一实现途径（多数裁定原则）之间的矛盾而被提出，是多数派与少数派平等协商从而共同执掌最高权力的民主，如此等等。这些观点读者不一定都会同意，但确是作者多年潜心思考和研究的结果，也是不可多得的创新之作。石家庄铁道大学吴然教授认为，在党和国家领导人近一时期的一系列讲话中，不论是胡锦涛总书记提出的"坚持和维护社会公平正义"，"更加注重保障和改善民生"，还是习近平总书记提出的"实现国家富强、民族振兴、人民幸福"，"共享发展"，其实质都是在强调社会发展的共建共享，我们要坚持走共同富裕之路，这些也都体现了党和政府十分重视发扬社会主义的普遍幸福与公正仁爱精神。与此同时，"幸福度"近年来也开始取代 GDP 成为人们关注的热点。对此，王海明在《理想国家》中指出了国家制度的终极标准是"增减每个人利益总量"，国家制度根本价值标准是"公正与平等"。[①]"增减每个人利益总量"其实就是一种"普遍幸福"观。"普遍幸福"这一概念的提出很有创意。因为，社会主义运动从空想到科学一直都是使用"共同富裕"这一概念。"共同富裕"虽然与"普遍幸福"在本质上是一致的，富裕当然也包括精神上的富

---

① 王海明：《理想国家》，商务印书馆 2014 年版，第 187 页。

有，是物质文明与精神文明的统一，但拥有财富与拥有幸福还是不能画等号的，"普遍幸福"这一概念比"共同富裕"更能全面地反映社会主义的价值追求，应该成为社会主义发展的终极价值追求。一个健康的现代社会应当是一个富裕、文明的社会，同时也是一个公平仁爱的社会。"共同富裕"和"普遍幸福"的重点是"共同"与"普遍"，而"共同"与"普遍"强调的则是公正的制度与仁爱的风尚。所谓普遍幸福，就是在公正基础上发扬仁爱精神达至共同富裕的大家好。我们在社会主义的实践中，不仅要关注共同富裕，更应关注普遍幸福，通过公正仁爱达致社会主义的普遍幸福。将普遍幸福与公正仁爱联系起来考虑，并且进而认识到"普遍幸福与公正仁爱"有着紧密的内在联系，这对我们正确把握社会主义国家的本质是有重要意义的。

四、实现依法治国要将国家治理纳入法治与协商的轨道

实现依法治国的宏伟目标，将国家治理纳入法治的轨道，这是与会代表热议的话题之一。复旦大学韦森教授结合推进税制改革的经历说明了我们面临的任务还很艰巨。他指出，党的十八大报告关于经济体制改革和政治体制改革两个第一条均把财政体制改革和国家预算管理制度的改革列在首位，这充分说明了当前中国政府已经开始意识到财税体制改革和国家预算管理制度建设的重要性。继十八大报告之后，十八届三中全会《中共中央关于全面深化改革若干重大问题的决定》第 27 条也提出："健全'一府两院'由人大产生、对人大负责、受人大监督制度。健全人大讨论、决定重大事项制度，各级政府重大决策出台前向本级人大报告。加强人大预算决算审查监督、国有资产监督职能。落实税收法定原则。""落实税收法定原则"写入中共十八届三中全会决议，是中国改革的一项重大理论突破，也是预示着中国国家治理体系现代化建设的一项重要改革。他还介绍了目前我国预算法修改的进程和进步意义，谈了对未来中国国家治理体系建设的愿景和实现从"税收法定"走向"预算法定"的具体改革设想。他认为，

这些年中国财政收入超高速增长，主要原因在于我们国家的现行制度安排对政府征税和增加其他财政收入根本没有任何约束和制衡机制。这是当今中国社会中许多社会与经济问题产生的根源。因此，未来中国现代国家制度建设，要从预算民主建设入手，把预算民主作为中国政治体制改革的逻辑起点。因为税收说到底是一种公权力对纳税人私权利的一种干预和侵犯，是纳税人一种无对价的给付，保护纳税人不受君主和政府公权力的任意攫掠，就成了现代宪政民主的一种核心理念。即使从政治学中的"社会契约论"以及税法学中的"利益交换说"来看待国家征税，从而把税收视作人民为向国家求得对其产权等的保护而支付的一种"必要的价格"，纳税人也有权知道自己支付的税金到底被如何地使用了。纳税人通过自己所选出的代表，通过一定法定程序对政府的财政行为进行监控和审理，以确保其使用的得当，就成了现代宪政民主政治的一种基本政治安排。通过一定税收立法和一定的法律程序来保护纳税人的权益，也就成了现代宪政民主政治的最基本和最核心的问题。借鉴这些历史和国际经验，明确税收立法权，使国家的税收收入和财政支出的规模和基本用途均由人大通过法定程序加以规范，从而使纳税人的基本权利得到充分的尊重和保护，同样也是我国现代国家制度建构的一项基本内容。预算民主（budgeting democracy），即国家立法机关对政府财政预算进行监督、审议、制衡和审计，是现代民主政治的一个重要或核心组成部分。从某种程度上来说，这是衡量一个国家是否已经走向现代化国家的重要标识之一。从西方议会的发展史来看，议会之所以产生，很大程度上是为了监督和制衡政府如何征税、如何花钱，而这一制度沿革到当代，西方民主国家议会的一项主要功能就是监督和控制政府预算。然而"预算民主"与"政府内部权力制衡"的理念目前在中国还亟待"新启蒙"。落实中共十八大报告关于政治体制改革的第一条，加强各级人大对政府全口径预算的审查和监督，应该是当下中国政治体制改革的一项重要任务。只有管住政府预算收支，实现国家治理体系的现代化，才能建立起根治政府官员腐败的制度机制。因此，国家预算制度的改革和建设，实为中国国家制度现代化根本大计。未来的政治体制改革要以立法机构与政府的"权力制衡"为基本精神，以改善中国共产党的执政能力和建设中国共产党领导下的"现代国家治理体系"为最终目标，以"预算民主"建设为轴心，落实"税收法定原则"，并逐渐从"税收法定"走向"预算法定"。

来自新加坡南洋理工大学的何包钢教授指出，我们在思考中国民主化问题的时候，不应该简单地以欧美成熟民主国家的经验为参照，对民主化的前景持有过于乐观的态度。对中国来说，亚洲国家民主化的经验和教训可能更具参考意义，中国需要避免因民主化而陷入整体动乱。他认为，协商民主是目前中国民主化的最佳选择，是发展和提升中国政治的一种道路、方法，也是建立和完善国家治理体系的一个良策，是一种为万世开太平的方法和程序。协商民主应该成为推动中国民主化进程的建构性力量，既为中国的全面依法治国奠定更坚实的基础，又在自身发展过程中实质性地推进民主发展。何包钢以他自己的亲历谈了对中国政治改革的看法，19年前他在温州调查了一个叫温桥的村庄，当时那个村子村书记没有通过村代表大会就卖了一栋房子，结果引起了这个村子不断上访。后来吸取了教训以后，为了避免再上访，半年开了十几次的会议。到了今年只开了三次会议，都是重大问题：股权改制、补贴、房子分配问题。看来他们基层的协商民主已经常规化了，按照村组织法来办事在运作了。实际上中国很多的基层协商民主和协商选举已经开始常规化，这是一个很良性的运作，当然不同地方会不一样。他表示，中华民族在经济改革中获得了成功，取得了宝贵的经验。中国也一定会有足够的智慧和勇气走向现代民主的道路。

五、提高国家治理能力的关键是加强执政党自身建设

实现国家治理体系的现代化、科学化和规范化，离不开执政党自身建设和治理能力的提高。《炎黄春秋》杂志原总编辑吴思认为，中共中央十八届三中全会决定要"推进国家治理体系和治理能力的现代化"，说明我们现行的体制还不够现代。于是他围绕三个问题发表自己的看法，第一，这个

还不够现代的体制是什么体制？第二，在这个体制下，执政党如何治理国家？第三，用不够现代化的治理方式，推动治理体系现代化，将会出现什么问题？他认为，当代中国处于后极权社会与威权社会之间，姑且称之为半极权半威权社会。改革开放以后，人大立法成就巨大，很多领域有法可依了，但还没有达到有法必依的水平，所以四中全会强调独立审判。目前，行政权力似乎比法律更重要，文件和批示往往高于法律。于是，研究文件是如何起草的，决议是怎么形成的，又是如何执行的，就成了研究当代中国治理问题的一部分。如果目标长期混乱，总体偏离过度，将使三中和四中全会的许多承诺落空。这两个决定所承诺的改革，从国际经验看，正是摆脱经济困境、处理社会危机的合理措施，承诺落空将加剧经济困难，导致社会危机。

中国政法大学李德顺教授提出，不要把"党的领导"和"人民当家作主"对立起来，因为这实际是把党当作了在人民之外的一个特殊主体。中国共产党的性质和宗旨已经表明，它并不是不食人间烟火的天兵天将，而是由人民中最忠诚、最有觉悟的人所组成的先锋队，是中国人民这支宏大队伍的先头部队。中国共产党领导建立的社会主义制度，意味着人民民主是国家的国体，法治是它的政体。民主其内、法治其外，民主法治是内在统一的。这一根本前提不可动摇。邓小平说："什么叫领导？领导就是服务。"[1] 党的领导，说到底就是为实现人民当家作主服务，因此党是全国人民、全体公民自己组织社会、管理生活的积极探索者和坚定实践者。因此党对社会主义法治建设的领导，不仅体现在党自觉地领导人民制定宪法和法律，主动积极地全面推进依法治国的全局战略之中，而且体现在严格要求全党的每一个党员和干部，都要坚决地以自己的实际行动遵守法律、维护法治，起模范带头作用之中。这正是中国共产党在新时代忠于人民服务人民的先进性之所在。如果剥离了党与人民的血肉联系，不仅是对中国共产党的性质和宗旨的歪曲或背叛，也是对人民主体的肢解。

---

[1] 《邓小平文选》第 3 卷，人民出版社 1993 年版，第 121 页。

六、热情期待共同关怀和呵护、培育新生研究院的发展

在分组讨论会上，与会学者还围绕"国家治理的调适机制"、"国家治理体系的现代化"等问题进行了讨论交流。此外，专家们还就三亚学院国家治理研究院的工作机制、研究方向进行了讨论。其中包括关于课题的确定大家提出了很多好的建议。例如，现在各级党委和政府都很重视督查工作，政府和党委都有督察机构，督查一项政策、一项措施、一项会议精神的落实情况，现在光听汇报不行，还要有督查，尤其是第三方评估。我们要找那些政府最关心落实情况的问题，比如贫困问题、环保工作、权力下放以后对接的问题，村民自治落实得怎么样，居委会怎么样。这些都值得我们去研究。如果我们参与这些工作，无论哪一级政府都是高兴的，欢迎的。还有是关注、研究老百姓关心的问题，比如办事难，比如看病难，比如市场乱，比如假冒伪劣这些东西。管住没有，问题在哪里？这些都是国家治理的内容。比如扶贫资金用得是否到位，精准扶贫有没有做到？十八届五中全会和中央扶贫工作会议，都提出了精准扶贫。五中全会最大的亮点，就是修改了全面小康的目标，把十八大提出的大幅度减少贫困人口改为全部脱贫。习近平总书记说得好："我们不能一方面宣布我们已经进入了全面小康，另外一方面还有几千万人口在贫困线以下。既影响老百姓对我们全面小康的感受，也影响国际社会对我们小康社会的认同。"这就抓到了点子上。如果我们跟踪中央的扶贫工作，是很有意义的。总之，第一，围绕政府的工作。第二，围绕群众的期盼。

与会学者建议，我们大家既然已经是国家治理研究院的骨干研究者，因此平时的研究工作就要和研究院的研究工作挂起钩来。例如，搞一个不定期的内部刊物不间断地发表我们的研究成果，诸如调查报告、研究论文，按次编，可以一期一篇，几期一篇。大家有了成果延期一个月公开发表，先送到这里来，然后再去正式投稿。还可以建立一个微信群，有事通过微信及时通告。这样大家在自己的岗位上有了新的成果，比如出版著作了，发表论文了，立刻挂到网上发到我们的微信里，包括出席了什么会议，发

表了什么见解，连照片带文章一起发过来，丰富我们这个专栏网站的内容。

会后，原海南省委常委、宣传部长、国家行政学院副院长，现任三亚学院国家治理研究院学术委员会主任周文彰教授赋诗赞曰："书生满志聚天涯，治国心声撼物华。你语他言唯恐后，面红耳赤日西斜。"总之，与会代表对这个新生的研究院怀着极大热情，希望在大家共同呵护下办出成效来，共同为国家治理的现代化出谋划策。

作者简介

吴然，男，1955 年生，江苏徐州人，石家庄铁道大学教授，硕士研究生导师，石家庄铁道大学四方学院人文社科系主任，主要从事伦理学、思想道德修养与法律基础课教学与研究。先后在北京师范大学哲学系就读伦理学助教进修班与北京大学哲学系做访问学者；参加了中国文化书院举办的"中外比较文化"研究班的学习；多次参加教育部举办的高校骨干教师研修班。2002 年参与主编的河北省高校统编教材《大学生思想道德修养》由高等教育出版社出版，并荣获河北省社会科学优秀成果三等奖。2007 年其研究新伦理学的专著《优良道德论》由人民出版社出版，并荣获河北省社会科学优秀成果三等奖。2006 年主持了河北省哲学社会科学规划项目课题"社会主义和谐社会的伦理基础"的研究，由其主编的《道德重建论》于 2009 年由吉林科学技术出版社出版。与他人合作主编《经济伦理学》（高等院校素质教育系列教材）2005 年由首都经济贸易大学出版社出版，其修订第二版于 2011 年出版。

附录四

大国治理现代化的善业之路

——"首届国家治理国际学术研讨会"综述

唐代兴

由三亚学院国家治理研究院举办的"首届国家治理国际学术研讨会"于 2015 年 12 月 1—3 日在三亚召开，来自东南亚、香港和国内政治学、经济学、法学、社会学、伦理学、哲学等领域近 40 位著名学者与会研讨。会议主要观点综述如下：

一、国家为何需要现代治理

国家在本质上是一种善业。国家和治理，是连体的：有国家，就有治理；因为治理，成就了国家的善业。"国家治理现代化"作为重大时代课题被提出来，意味着国家治理面对世界巨变和国家发展新形势而必须除旧布新。

三亚学院国家治理研究院学术委员会副主任、江苏师范大学原校长任平教授指出，改革发展将中国推向重大社会转型的进程中，这种既体现境遇性、更是历史性的社会转型主要体现在如下方面：（1）国家资源配置方式从国家控制一切转向了"计划和市场二元体系"，并"进一步向市场开放"，本质上展开一个新的现代化道路。（2）现代化发展由过去如何"做大蛋糕"转向怎样分配"蛋糕"，由如何解决"温饱"转向关注公平、环境、公共产品获得的均衡性和生活质量的安全性。（3）发展方式发生着重大转变本身要求国家治理必须具备整体考量能力。（4）改革发展从封闭走向开放，需要与全球治理同步。（5）空间关系与人居环境的重大转变，迫切需要国家治理提升整体水平。（6）在市场推动下，社会从同质性向差异性转变，既呼唤协商民主的入场，更需要新的治理道路的开辟。（7）工业文明向生态文明转变，环境问题成为国家治理的新内容。（8）面对如此错综复杂的社会巨变，"执政党面对四大危险、四大挑战，能不能经得起考验，党的治理是一个大问题"。三亚学院国家治理研究院学术委员会主任、原国家行政学院副院长周文彰教授认为，国家治理现代化，既源于社会转型发展要求，更有全球治理的激励。就前者论，"我们经历了一个由统治而管理，由管理而治理的发展进程，这既反映了国家观念的变化，又反映了国家管理理念的进步"。就后者讲，"中国正处在全球治理的国际背景之下，面对共同的问题、矛盾、难题，必须与各国坐在一起，谋求建立国际利益共同体，共同治理"。

原《炎黄春秋》杂志总编辑吴思指出，面对"'推进国家治理体系和治理能力的现代化'，换个角度说，现行体制还不够现代。于是就出现三个问题：第一，这个还不够现代的体制是什么体制？第二，在这个体制下，执政党如何治理国家？第三，用不够现代化的治理方式，推动治理体系现代化，将会出现什么问题？"香港科技大学终身教授丁学良先生以国家治理的"加减单子"为坐标，揭示现行体制非现代化的突出表现，就是采用指标简化和减化指标的方式来治理国家。"在极个别的系统，在极个别的领导班子中，他们能够把国家治理这么复杂的单子做减法做到只有那么一两项。这是极其可怕的现象。周永康管理中国政法系统的时候，他和他的那一帮人力图把国家治理的单子最后减到一点，就是稳定压倒一切，要压倒宪法，压倒社会主义的法制的方方面面"，这是极其可怕的现象。要杜绝这种现象，必需要国家治理现代化。三亚学院国家治理研究院学术委员会副主任、复旦大学经济学院院长、经济学家韦森教授从国家财政治理角度指出，"经过28年的计划经济，我们国家非常穷，到了1978年，整个国家的GDP才3756亿，但是我们现在GDP是70万亿了，将近10万亿美元，我们的财政收入光第一财政就17万亿，加上其他的，粗算下来大约是23万亿。我国的财政收入已经超过美国，在这种情况下，收税没有章法，支出没有章法，腐败的普遍化是一个必然的结果，所以要建立一个现代化国家，首先要管好自己的账"。

二、现代国家治理的逻辑起点

现代国家治理的目标是实现现代化。目标是指通过努力要达到的"理想状况"，但确定目标的起点却是需要改变的"现实状况"，这就是国家的"治理体系"和"治理能力"尚处于非现代状态。非现代即现代之前的农业文明时代；"现代化"意指对农业文明之社会结构、生产关系、思想基础、认知体系、价值观念、生存方式、治理模式的化解、瓦解，使之符合人类文明发展方向。要实现国家治理现代化，须充分认知农业文明国家治理的基本方式。三亚学院国家治理研究院副院长、北京大学王海明教授认为，中国古代社会从五帝时代始到鸦片战争，其生产资料及经济权力官有制，更准确地讲是王有制："普天之下，莫非王土，率土之滨，莫非王臣。"土地王有制和官有制，必然导致"不服从者不得食"的极权主义专制，形成"全权垄断"的国家治理模式。在这种治理模式下，国家治理体系是"帝—官"体系，国家治理能力是皇帝的意志能力：皇帝意志能力强，国家治理的"帝—官"体系强，国家治理能力则强；皇帝能自制、崇德、惜民，"帝—官"治理体系有约束力，社会清明，民则有相对自足的生存空间。反之，则剥夺、压迫无度，社会则民不聊生。四川师范大学唐代兴教授指出，中国国家诞生于夏，夏商周求"统一"，春秋战国则分裂，到秦汉实现"一统"，均因土地王有制。土地王有制铸造了"帝—官"权力结构、"帝—官"社会结构和"帝—官"治理结构，其本质是"财富—权力"结构，它具有最高的凝聚力并体现其超稳定性。辛亥革命推翻帝制建立民国，其主观努力是宪政共和，但因社会文化条件不具备，只能实施训政以求开辟宪政道路。然而，由于第三国际共产运动在中国兴起和日本侵华，为应付"内忧外患"，国民政府以宪政为目标的训政治理很快蜕变为党治，虽死未亡的"帝制"还魂为"党制"，其"帝—官"权力结构移置为"党—官"权力结构。由于这种"党—官"权力结构的本质依然是"财富—权力"，所以它获得了超出人们想象的固化、完善和超稳定性。辛亥革命之后的无产阶级革命，就是以此为起点。今天，推进国家治理现代化，仍然是其革命的继续。

吴思指出，以国际社会为坐标，当今中国是一个"半极权半威权社会"。在这种体制下，执政党采取了由毛泽东开创并延续至今的"文件治国或会议治国"方式，它由前后贯通的"领袖主推决策模型"和"领导偏好实施模型"构成。在"领袖主推决策模型"中，决定形成的基本程序是"最高领导设置议程→布置多方调研→相关部门参与起草→根据议题性质有针对性征求意见→最高领导人修订确认或裁决争议→中央全会讨论通过"。治国决定形成的全过程贯穿了两个东西：一是意志的决定性，"中共中央决定，在名义上体现了全党的意志，但在实际操作中，主要体现了最高领导的意志，其次体现了调研起草和讨论阶段各种参与者的意志，最后才体现了调研对象或基层民众的意志"。二是渗透了参与文件形成的各个层次、领域、部门的个人偏好和实际利益考量。同样，治理文件处理或实施同样贯穿领导意志、个人偏好和实际的利益考量。首先，"决定通过后，如果最高领导人改变看法，决定就会被束之高阁"；其次，"如果最高领导变更，新领导对决定不感兴趣，决定也会沦为一纸空文"；其三，"最高领导人不感兴趣的决议，最大的可能是束之高阁"。其四，"最高领导表现出的与决定指向相悖的个人偏好，与各个条条块块的领导的偏好，以及部门利益和个人利益，必定发生互动。对下级来说，最有利的做法是投上级所好，同时追求个人利益和部门利益"。总之，"党在法上，权在法上，各级一把手很少受到制约，党的决议和宪法、党章、法律及法规一样，并没有强大的政治实体监督捍卫——没有宪法法院，没有独立的司法，没有独立的纪委，没有起诉和独立裁决机制，这种体制是'领导偏好实施模型'的制度基础"。

三、国家治理的现代化目标

国家治理现代化，是指国家治理体系现代化和国家治理能力现代化。

国家治理体系现代化　国家治理体系现代化，就是国家治理理论、治理制度、治理结构、治理方式现代化。周文彰教授认为，国家治理体系现代化，就是国家治理体系的制度化、科学化、规范化、程序化。三亚学院校长、三亚学院国家治理研究院院长陆丹教授指出，国家治理面临的根本社会问题是公平，国家治理体系现代化，实际上是民主与法治的现代化。民主和法治是现代国家治理的两个轮子，没有民主，国家治理会沦为独裁和专制；没有法治，国家治理就丧失规范与边界。新加坡南洋理工大学何包钢教授认为，国家治理体系现代化，就是民主制度的现代化完善，这应从两个方面努力：一是可在现行体制内建立中国古代的谏官制度，以避免国家治理中最高决策的主观意志主义；二是探索协商民主治理方式，以弥补选举民主之被动、静态性局限。

国家治理体系现代化既要杜绝"摸着石头过河"的短视主义治理方式，更要超越"挖东墙补西墙"的实利主义治理方式，这需要治理理论的指导。任平教授认为，建设现代国家的治理理论，应该是继统治行政、管理行政之后的新公共管理理论，它强调政府和非政府组织社会共治。唐代兴教授认为，这种谋求共治的国家治理理论必须体现自由、平等、公正的政治学公理：自由，是国家治理的存在论公理，它揭示一个存在事实：每个人都是自由的；平等，是国家治理的生存论公理，它展示一个基本要求：社会必须是平等的；公正，是国家治理的实践论公理，它敞开一个基本愿望：分配必须是公正的。以这一政治学公理为指南，国家治理现代化必须遵守如下三个政治学原则：在国家治理领域中，第一，每个人都有可能是一个恶棍；第二，权利创造权力且权利限度权力；第三，贡献与索取必须人人对等。根据第一个政治学原则，国家治理体系现代化的首要任务是建立优良政体——这就是将恶棍变成好人的法权政体。根据第二个政治学原则，国家治理体系现代化的基本任务是建立优良的权力限度机制，这就是权利博弈权力的制度机制，即权力约束权力和权利监约权力的制度机制。根据第三个政治学原则，国家治理体系现代化的重要任务是建立优良的分配原则体系，这就是先贡献后索取，并且按贡献而索取的分配原则体系。

国家治理能力现代化 在国家治理目标结构中，治理体系现代化，是国家治理现代化的客观条件，它涉及两个核心问题：一是国家权力由谁来分配；二是国家资源分配及其所有权归属。这两个问题的制度性解决，就构建起国家治理的基本框架和根本方式。治理能力现代化，是国家治理现代化的主体条件，它也涉及两个核心问题：一是国家权力主体的实存性，即国民人权是否实际享有；二是国家权力实施主体的约束机制，即权力是否有限度。中国政法大学终身教授李德顺指出，要使权力主体实存和国家权力实施主体有约束，首先须以法规范权力和约束国家权力实施主体；其次应推动"人民主权"走向"人民主体"。国家治理现代化，人民主体不能缺席，不能被分解和虚化。只有当权利与责任统一的人民主体充分就位，国家治理能力现代化才变成现实。

严格说来，政府与非政府组织的共治，是国家治理体系现代化的基本框架；自由、平等、公正之政治学公理，构成国家治理体系现代化的指南，而民主和法治却构成国家治理体系现代化的价值诉求。中国社会科学院哲学所甘绍平研究员指出，计划经济时代是一个"以国为本"的时代，个人毫无保留地服从组织，个体利益毫无代价地服从整体利益；改革开放，"以国为本"的价值体系里注入了人本诉求，由此双重愿望推动形成双重机制的运作，自然生产出许多社会问题、矛盾，于是"维稳"构成了国家治理的基本策略。然而，维稳不仅不能解决问题和矛盾，反而扩大、深化和激化问题和矛盾。维稳的极端化，必然呼唤国家治理现代化。从维稳到国家治理现代化，所要解决的核心问题是如何全面维护公民权利。公民权利的集中体现便是自由与民主，自由和民主的坚实保障则是法治。自由、民主和法治，此三者构成了国家治理能力现代化的核心。

四、国家治理的基本内容

　　国家治理的基本内容　国家治理现代化，是指治理体制、治理结构、治理思想、治理理念、治理价值观等的现代化，就是通过人权治理、平等治理、民主治理、法律治理来实现全面公正和人人"不受伤害地"自由生存。任平教授指出，中国正在经历资源配置方式、开放状况、发展阶段、发展方式、城乡关系、社会类型、民主政治建设、文化治理方式、环境治理、党的建设前所未有、异常深刻的转变，呼唤着打破单一、局部、"走一步看一步"、碎片化、盲目的治理模式，构建经济治理、政治治理、社会治理、文化治理、生态治理、党的治理的六位一体的体系。为此而必须科学界定国家治理的内涵与外延，进一步规约国家治理的性质和范围，就是不能搞重税国家、官僚国家甚至集权国家；努力将中国特色融合全球视野；尤其要加强党的治理，这是国家治理现代化的大问题，是瓶颈问题。

　　何包钢教授认为，国家治理现代化离不开协商民主，尤其应该努力发展基层协商民主，这可以打通自下而上的治理通道，实现国家治理"自上而下"和"自下而上"的良性互动。周文彰教授认为，国家治理现代化所要解决的一切问题都必须融会贯通"创新、协调、绿色、开放、共享"，"创新、协调、绿色、开放、共享"既是国家治理现代化的平台，又是实现国家治理现代化的整合途径与方式。陕西师范大学袁祖社教授认为，国家治理现代化应该以"生态善治"为根本要求，将生态责任纳入政府的基本职责范围。同济大学朱德米教授指出，国家治理现代化必须正视并解决

"国家治理的游击政策风格",因为"它普遍缺乏国家政治责任,破坏法律的一致性、程序的稳定性和权威性",体现意志主义偏好和实利主义倾向。

人权民主与法治 国家治理始终在具体的制度框架下展开,国家治理现代化需要人权民主制度支撑。王海明教授指出,国家治理现代化之需要人权民主制度支撑,是要从根本上避免"王朝兴亡周期律"。吴思则从现实国家治理困境角度指出,只有人权民主制度才可为从根本上解决"领袖主推决策模型"和"领导偏好实施模型"治理模式提供体制基础。石家庄铁道大学吴然教授指出,现代国家治理的本质诉求是人民治理国家,国家治理能力现代化就是全民参与国家治理,就是人人成为国家的治理主体,只有这样,才可形成政府治理和人民治理的互动,形成政府自上而下和人民自下而上的治理互动。

人权民主必然要求法治。法治现代化,首先解决国家治理现代化的基础问题。内蒙古鄂尔多斯中级法院院长张民指出,国家治理的基础不是政治,而是法律。因为政治治理"可以是人治也可以是法治,如果政治主张符合法治精神,那就是法治;如果政治主张不符合法治精神,那就是人治"。甘绍平教授指出,"自由与民主是公民基本权利的体现,法治则是对这些基本权利的机制性保障。法治基于自由和民主而实现对人的自由的尊重,对民主的维护"。李德顺教授指出,法治现代化所要解决的根本问题有三:一是解决国家治理的依据问题:国家治理现代化必须以法为依据。二是解决国家治理的主体问题:国家治理的主体只能是人民,国家治理现代化,就是"人民主权"向"人民主体"的实现。三是要解决"权力约束权力"和"权利博弈权力"的保障问题:只有一切断于一法,权利才可保障,权力才可约束。

五、国家治理的重要领域

经济治理现代化 国家的基础是经济,经济治理构成国家治理现代化的基础内容。

　　国家经济由开源和节流两个环节构成。从开源方面讲，国家经济治理现代化涉及社会经济结构和市场治理两个主要方面。北京大学经济学院周建波教授以史为鉴，首先指出任何社会，其国营经济和民间经济的关系都应该是：民间经济是基础，国营经济是对民间经济的补充。其次揭示政府干预经济市场必须有限定，因为政府干预市场最容易产生垄断和强制。能否解决权力对市场的垄断和强制，构成国家经济治理能否现代化的试金石。

　　从节流方面讲，国家经济治理就是财政治理，怎样有限度地收钱和如何有节制地花钱，构成国家财政治理现代化的核心问题。

　　在财政治理中，收钱既涉及国家财政的来源、丰匮，更涉及民生的贫富。税收伦理学家、西安市国税局姚轩鸽研究员指出，我国目前税收所表现出来的根本问题是税种多税赋重，税收法治的目的不明确，税权"合法性"与"合意性"被忽视，表现为有意无意忽视纳税人基本权利的制度性保障问题。

　　怎样收钱涉及政府是侵犯民权还是维护民权，如何花钱却是国家财政治理是约束权力还是放纵权力。在花钱上，如果政府约束权力，其税收必然以维护和保障民权、提升民生为目标；如果政府放纵权力，其税收必然以"与民争利"为取向，以剥夺与抢劫人民经济剩余为实务。韦森教授指出，财政治理能力现代化，本质上是治理政府、治理公权的能力的现代化。韦森教授引用洛克之论指出"如果让任何人凭借着自己的权力，主张有权向人们征课赋税，而无须征得人们的同意，就破坏了有关财产权的基本规定，破坏了政府的目的"。征税要征得人民同意，这是建立现代化国家的起点。以此为起点，"治理国家财政必须抓住两个方面：一是建立一个好的预算制度，这是建立好的民主制度的基石。要建立一个好的预算制度，第一要'做实'人大，在各级人大常设实体化的'人大预算委员会'，全程参与预算的制定和实施过程。第二要强化财政部的财政收支的统筹权力，财政部门提交的预算案一旦在人大通过，即为'法定'，党政领导和其他部门不得干预财政部门按预算收支的全部财权。第三要升格'审计署'，建立独立的审计督察机构来监督'一府两院'的财政收支情况。第四要完善财政资金的国库集中支付制度"。韦森教授指出，"未来的政治体制改革要以立法机构与政府的'权力制衡'为基本精神，以改善'现代国家治理体系'为目标，以'预算民主'建设为轴心，落实'税收法定原则'，并逐渐从'税收法定'走向'预算法定'。从税收法定到预算法定方面推进中国的国家治理体系的现代化建设，是一项系统工程。从最高决策层通盘考虑，逐步建立起完备的国家预算管理制度，并同时进行财税体制改革，最终才能实现建设现代化国家的目标"。

伦理治理现代化　从宏观讲，法律治理、经济治理和伦理治理构成国家治理现代化的三驾马车：在国家现代化治理结构中，经济治理为其提供社会基础，法律治理为其提供规范与边界，伦理治理为其提供主体条件和社会心理动力。在国家治理现代化的大框架中，伦理治理必须面对道德沉沦和道德消隐这一双重社会状况，确立伦理治理的时代坐标、基本内容、治理范围与边界。江苏省社会科学院副院长、教育部长江学者特聘教授樊浩指出，伦理治理必须基于传统回归和现代发展之双重指向而构建"同行异情"的治理坐标，以培养"新五伦"和"新五常"为基本任务，以重建社会伦理信任及伦理信任精神为重心。

北京师范大学田海平教授指出，伦理治理的现代化，不是"以伦理治理国家"，如果这样的话，就会背离"现代治理"的大趋势，回复到以"人治"代"法治"的传统治理模式。伦理治理的现代化，只能是"对伦理进行治理"，对社会发展进程中出现的"伦理与法律的冲突、伦理与伦理的冲突、伦理与道德的冲突、道德与道德的冲突、道德与法律的冲突"展开伦理化解，医治伦理创伤，矫正社会心理，激活国家治理现代化的社会动力机制。

最后，周文彰教授全面总结本次学术研讨会所取得的成果，指出与会学者围绕主题展开多跨学科、多角度的深度思想碰撞，在更广阔的视野和更高的水准上"深刻地认识到了国家现代治理对中国发展的根本性，以及面对国内外巨变推进国家治理体系和治理能力现代化的紧迫性、艰巨性"。

东道主陆丹教授希望各学科学者以各种方式在三亚智汇国家治理研究院这个宽松、自由、和谐的平台上围绕"国家治理体系和治理能力现代化"展开更高水平的学术交流，出更多的成果，从理论到实践两个方面为推进大国治理的现代化做出更多的贡献。

附录五

三亚学院国家治理研究院成立，何包钢、丁学良谈国家治理 *

近日，三亚学院成立国家治理研究院。

新加坡南洋理工大学何包钢教授、三亚学院陆丹教授任研究院院长，中共中央党校韩庆祥教授、三亚学院王海明教授任研究院副院长；国家行政学院周文彰教授为学术委员会主任，三亚学院沈关宝教授与来自商务印书馆、中央党校、复旦大学等单位的 7 名专家学者为副主任，丁学良、王绍光等 38 人为学术委员会委员。

---

* 本文见于《三联生活周刊》微信公众号，2016 年 1 月 22 日。

三亚学院校长陆丹

三亚学院校长陆丹说："成立国家治理研究院，目标是为了推进国家治理体系和治理能力现代化。秉持中国读书人传承已久的家国情怀，进行严谨的严肃的学术研究，期待于国于民有所贡献。"

国家治理研究院成立后即举办了"首届国家治理国际学术研讨会"。多名学者在会上做学术发言，并进行了深入讨论。本文选编自丁学良、何包钢两位教授的发言。

何包钢：协商民主与国家治理

我们今天要讲的话题是国家治理。从古到今，家庭、学校、国家都会涉及治理的问题。国家的治理离不开讨论。至于怎么把这个事情做好，就要看领导者的智慧。古代中国的治理离不开两家，一个是法家，一个是儒家。我们现在要追求的是现代化条件下的国家治理，所以十八届三中全会提出了一个很重要的课题：国家治理体系和国家治理能力的现代化。国家的治理离不开协商民主。国家治理的能力，很重要的一点就是"维稳"，这一点的实现必须要靠商议。

何包钢

现在中国在经济上获得了很大的成功，是一个世界奇迹。但是在政治上，我们还有很多事情要做。其中一个重大的课题就是如何民主化的问题。把中国的政治文明发展放到人类政治文明发展的进程中来看，民主化的实现也是整个人类政治文明向前迈进的一步；协商民主如果失败，不仅是中国人的不幸，更是全人类的灾难。中华民族在经济改革中获得了成功，取得了宝贵的经验。我相信中国人也一定会有足够的智慧和勇气，走出一条现代化民主的道路。

我认为协商民主是中国现代化背景下的一个比较明智的选择，是发展提升中国政治的一种道路和方法，是建立完善国家治理体系比较好的良策。协商民主应该是中国获得自由、尊严和幸福的一种方法，一种为万世开太平的程序。

我们要发展协商民主，搞国家治理，一定要从政治文明发展的角度出发，不能简单化地照抄照搬西方的协商民主，而是要回到中国政治文明的悠久传统中去，继承发展中国古代政治文明中一些优秀的成果，使之成为现代政治体制中的有机部分。要搞商议、协商、审议，特别是审议制。比如，中国古代有谏官制度，中国现在政治的发展面临的是多党制的问题，我认为可以沿着中国的传统，发展出没有反对派的反对政治，在现有的体制内，在人大或者政协，发挥中国传统的谏官制度。中国古代的谏官制度有一套制度的保障，谏官、言官很可贵，他们有不怕死的精神，会直言怎样寻找一个更好的决策。因此，可以尝试在现在的条件下，把现有制度和古代制度结合起来，未必是走西方那条路。

要发展民主，走选举民主是一条路，而且是中国人绕不开的必须要面对的一条路。但是另一个方面，民主政治是多样化的，有各种各样的民主形式。协商民主也是发展民主的一种形式，一种方法和一种道路。我们不要把选举民主当作是评判民主的唯一标准。在中国的背景下，发展协商民主和选举民主的互补，是一个最好的选择。在这一点上，中国有很多学者学习西方协商民主的理论，对中国的协商民主提出来很多批评，比如，说西方的协商民主是在自由民主的基础上发展的，中国连自由民主都没有，不可能发展协商民主。这是一种很普遍的批评。但是我认为，每个国家国情不同。在一些西方国家，协商民主是一种对选举民主的补充，或者一种深化。在一种权威体系下，一种社会主义体系下，协商民主可以使权利的运作更加协商化、民主化、科学化，使权利的运作过程更加温和化。

中国现在面临一个很大的问题，就是左派和右派之争激化。左派普遍想通过回到马列主义领导的暴力革命来实现一个公平的世界。右派想通过自由民主式的突发事件引起政治的变动。在我看来，这两种观点都不对。而协商民主为中国的发展提供了一个超越左右的思路。2000 年中国废除农业税是一个很重大的突破。以前中国的政治，每隔几百年就是一个通过暴力革命的王朝的循环，未来中国政治的发展，暴力循环的政治正在消失，而瓦解这个暴力循环最主要的渠道就是协商民主。西方国家很重要的特征，一个是福利型国家，一个是发展协商民主，这就排除了任何暴力革命发生的可能性。中国目前也在朝这个方向发展。我们如果要彻底排除暴力革命的可能性，弱化左、右不必要的争议，最主要的方法就是发展协商民主。

中国要加强法制，法制建设的基础必须是一个高度审议的协商民主的过程。如何完善制度的框架，使两会成为高度的协商过程，是加强协商民主和完善国家治理体系的重大课题。

协商民主到底怎么做？我本人在基层做过一些实验，现在我每次到中国跑基层都能看到进步。比如我这次回来，回访了19年前在温州附近调查的一个村庄。19年前，村书记卖了一栋房子没有通过村代表大会，结果引起了不断的上访。为了避免再上访，半年开了十几次的会议。后来吸取了教训以后，就按照村组织法来办事。这次回访，我就想去看看这个制度有没有延续下来。让我感触很深的是，那里今年只开了三次会议，都是讨论重大问题：股权改制、补贴、房子分配。我发现他们基层的协商民主已经在运作，并且常规化了。我们现在总在寻求亮点，没有亮点就好像中国民主停下来了，我认为这是不对的。民主是一个很枯燥的事情，不可能老是去追求亮点。实际上中国很多的基层协商民主和协商选举已经开始常规化，虽然不同地方会有不一样，但这是一个很良性的运作。

协商民主怎么来解决各种各样的社会冲突，特别是上访问题？在这方面我也做过一些实验。要加强国家治理，不管是用什么手段，都离不开一个"议"字，肯定要议政。因此很重要的一个环节，就是在现代化的条件下，去发展一套建立在现代文明基础上的协商民主的制度和方法，把"议"字做好。国内基层实际上已经做了各种各样的实验，现在的问题就是怎样从基层往市、往省、往中央方向发展的问题。

（作者为新加坡南洋理工大学教授）

丁学良：国家治理中的加法和减法

近些年来，很多外国的观察家和评论家对中国政府的治理有一些评论。其中一个比较中性的评论是，中国政府很习惯以一种指标系统来治国。对此，外国人印象比较深刻的集中在两点。第一点，中国中央政府把GDP的增长指标作为一个很严格的考核，世界范围内找不到另外一个国家像中国这样。然后他们会讨论美国是不是能够这么做，英国、印度以及非洲的一些国家可不可以这么做。第二点，中国各级政府也把"维稳"作为非常重要的考核指标。对于违反这一指标的提议，一票否决。

丁学良

外国人的这些评价引起了我们这些从中国大陆出去留学、在国外工作、做研究的人的一些思考。尤其是对于我本人来讲，会让我想到一个问题。当我们把中国共产党领导的社会主义政权同苏联的政体做比较，再把这种政体同第三世界国家的共产党领导的社会主义整体做比较，然后把这两组同世界上第一批、第二批实现工业化的老牌的发达国家做比较的时候，我们会看到一个普遍的规律：一个政权越是稳定、越是持续很长时间，越是要在国家治理指标单子上添加新的项目，也就是做加法。就有点像年长的父母生孩子，越年长生出来的孩子照顾得越周到细致。

西欧政府是最古老的案例，前两批实现工业化的国家，也恰恰是原始积累最可怕的发源地。现在我们在全球范围内能看到最完备的福利制度也是在这里。然而现在这个福利制度负担太重了，越来越像年长的父母对子女所负的无限责任。

但是通过比较我们也可以发现，这种过程从长期看来是一种加法，但是也有迂回、反复甚至是往后退的现象。所以有些政府在位子上坐了较长的时间之后，发现加法不好做了，就开始做减法，把国家治理指标上有些项目减掉。有一点令人感触很深：在国家治理的单子上做加法的时候，很容易获得选民的选票，也很容易获得政府在国际和国内的良好形象。但是在国家治理的单子上做减法的时候，却很容易遭到选民的抗议。如果这个政权或者体制中存在多党竞争、有反对党的话，在大选中很容易造成翻盘。因此，做加法是比较容易的，但加到一定程度后，世界上很少有政府能够将其一笔一笔蔓延下去。美国大选中存在的一个极其核心的问题，就是从国家治理的效果和表现的单子上，哪些要做加法，哪些要做减法。这些对我们发展中国家有很深刻的教育意义。

当然，有些减法在我看来是合理的。例如欧洲的希腊、西班牙、意大利等一些国家的政府机构减少了福利供应。如果再不做减法就会造成整个公共系统的破产。但是有一个项目不敢减，就是退休最低保障金。把目光放到我们自己的国家，在过去的 15 年左右，我们看到一种非常值得关注的现象：在极个别的系统和极个别的领导班子中，中国的国家治理这么复杂的局面，被做减法做到只有那么一两项指标。周永康在管理中国政法系统的时候，力图把国家治理的单子减到一点，就是稳定压倒一切，压倒宪法、压倒党章、压倒党的纪律、压倒社会主义的法制的方方面面、压倒社会主义文明的很多重要领域。所以在看国家治理的项目单时，对于这种一步一步往下减，减到一个目标来压倒一切的现象，我们要有非常高的警惕性。哪怕最后保留下来的一到两个项目在初期有很大的合理性，我们也会面临这样一些问题无法回避。即执行的时间越长，执行的力度越强，执行涉及的范围越广，越可能会导致当时完全合理的目标产生完全相反的社会效果。

再举一个例子。关于中国刚刚废除了一胎政策，我们也研讨了很多次。农业社会向工业社会的进步，一定会带来大部分人口教育水平的提升。在这个进步中，有两个影响生育率的重要指标，一是妇女受教育的程度和广度，二是走出家门参与工作的妇女人数的增量。这两个指标同生育的意愿息息相关。无论在东方还是西方，都具有普遍的降低生育率的效果。换言之，中国大陆周边的香港、台湾，现在都是属于全世界自然生育率很低的地方，低到如果没有持续的移民进来都无法延续下去的程度。我们在内部的学术讨论会上，多次和政府建议，在大陆实行推进妇女教育的方法来降低生育率。然而，在这一过程中曾被指为攻击国家的基本国策。在国家治理中，违反"一胎政策"的一票否决，造成了很多的惨剧。所以，一开始要降低生育率的目标很合理，但由于有了非常不合理的指标系统，导致了正面效果成为了反面效果。

GDP 增长的道理也是如此。如果让 GDP 的增长压倒一切，压倒环保、压倒劳工权益、压倒生态系统、压倒同工同酬、压倒妇女的权益、压倒儿童的权益甚至基本人权，那么即使 GDP 上升了，这个社会的幸福指数会上升吗？社会的和谐程度会上升吗？社会可持续发展的要素上升了吗？人和自然的和谐条件上升了吗？

所以我非常希望我们可以做一些非常好的经验研究。如果其他国家和地区的材料不好收集，我们可以搜集我们周边的一些样本区域，看看在过去二十五年或者三十几年间，考核各届政府主要官员的那些指标是怎么制定的，制定之后造成了哪些正面后果和负面后果。特别要看到两点：这个正面后果付出了什么代价？让后面的政府花了多大的力气去纠正其负面效果？

最后我想强调一点。如果我们对中国过去的指标系统做一个实事求是的反省，那么这些经验总结，会让我们对中国未来指标系统以及国家治理中的加法、减法有一个更合理的思考。值得关注的是，在正式国家治理的指标系统颁布之前，除了那些坐在办公室里的各级领导外，是不是也得问问你所管区域的居民（不管是不是常住户，有没有户口），他们希望未来的五年到十年，国家治理在他们居住地区的落实，哪些做加法，哪些做减法？

因此，国家治理的衡量标准，绝对不能把效益和效率看作唯一的标准，必须要容纳进其他的非常重要的价值标准。

（作者为香港科技大学教授）

三亚学院国家治理研究院首批研究员名单（按姓氏笔画排序）：

丁学良（香港科技大学社会科学部终身教授）、丁波（商务印书馆文津公司总编辑、编审）、卜有祺（Philippe Bruopzzi，卡塞尔大学哲学系教授）、丰子义（北京大学哲学系教授，中国人学学会会长）、王东（北京大学哲学系教授）、王绍光（香港中文大学政治与公共行政系主任、讲座教授，清华大学公共管理学院长江讲座教授）、王广禄（中国社会科学院江苏记者站副站长）、王春光（中国社会科学院社会学所研究员），王春梅（北京大学历史学系教授，当代企业文化研究所所长）、王海明（三亚学院国家治理研究院特聘教授）、王曙光（北京大学经济学院副院长、教授）、韦森（复旦大学经济学院教授，经济思想与经济史研究所所长）、车怡（三亚学院副校长）、甘绍平（中国社会科学院哲学所研究员，伦理学研究室主任）、田海平（北京师范大学哲学学院教授）、朱沁夫（三亚学院科研处处长、教授）、朱德米（同济大学经济管理学院教授）、任平（原江苏师范大学校长）、刘万庆（三亚学院管理学院教授）、刘伟（三亚学院人文学院教授、院长）、刘继（国浩律师事务所合伙人）、刘剑文（北京大学法学院教授）、刘晓鹰（三亚学院副校长、教授）、刘敬鲁（中国人民大学哲学院教授，管理哲学研究中心执行主任）、江畅（湖北大学高等人文研究院院长，教育部长江学者特聘教授）、安启念（中国人民大学哲学学院教授，中国俄罗斯哲学研究会会长）、安斯寿（贵州省德育研究中心主任）、孙正聿（吉林大学哲学社会科学资深教授）、孙英（中央民族大学马克思主义学院教授、院长，中国民族理论研究院院长）、杜振吉（《齐鲁学刊》主编）、沈关宝（三亚学院社会发展学院教授，学术委员会主任）、李伟（宁夏大学原副校长，中国伦理学会副会长）、李炜光（天津财大首席教授，科研处处长）、李萍（中国人民大学哲学学院管理哲学教授）、李强（北京大学政府管理学院教授）、李伟（《三联生活周刊》副主编）、李德顺（中国政法大学终身教授）、李继兴（北京大学中国平衡论研究中心主任、研究员）、李德栓（闽南师大马克思主义学院教授）、杨义芹（《道德与文明》杂志主编）、杨河（原北京大学党委副书记）、吴开松（中南民族大学公共管理学院教授、院长）、吴思（原《炎黄春秋》杂志总编辑）、吴然（石家庄铁道大学人文学院教授）、何包钢（新加坡南洋理工大学政治学系主任，澳大利亚迪肯大学国际关系学院首席教授）、何建宇（清华大学人文社会科学院政治学系副教授）、张民（内蒙古鄂尔多斯市中级法院党委书记、院长）、张光（厦门大学公共事务学院教授）、张帆（北京大学历史学系主任）、张蓬（陕西省社会科学院编审，西安电子科技大学华山学者特聘教授）、陆丹（三亚学院教授、校长）、陈家琪（同济大学政治学与法哲学研究所教授、所长）、周文彰（国家行政学院教授，原国家行政学院副院长和海南省委常委、宣传部长）、周建波（北京大学经济学院教授）、郑也夫（北京大学社会学系教授）、赵汀阳（中国社会科学院哲学所研究员）、赵树凯（国务院发展研究中心研究员）、赵敦华（北京大学哲学系教授，学术委员会主任）、赵涛（哲学博士，《江海学刊》副主编）、赵家祥（北京大学哲学系教授）、郝立新（中国人民大学校长助理，马克思主义学院教授、院长）、胡军（北京大学哲学系教授）、柳学智（中国人事科学研究院研究员、副院长，中国人才研究会秘书长）、钟国兴（中央党校教授，《学习时报》总编辑）、姚轩鸽（陕西省伦理学会副会长兼秘书长，西安财经学院客座教授）、姚新中（中国人民大学哲学学院教授、院长，英国威尔士大学哲学和宗教学系主任）、袁祖社（陕西师大政治经济学院教授、院长）、顾肃（南京大学哲学系哲学与法学教授）、钱明星（北京大学法学院教授）、徐凯（北京大学历史学系教授）、徐嘉（东南大学人文学院教授）、高全喜（北航法学院教授、学术委员会主任）、高兆明（南京师范大学哲学系特聘教授）、高军（江苏理工学院思政部教授）、高奇琦（华东政法大学政治学研究院教授、院长）、郭湛（中国人民大学哲学院教授）、唐代兴（四川师范大学伦理学研究所教授）、谈火生（清华大学社会科学学院政治学系副主任，清华大学治理技术研究中心主任）、萧功秦（上海师范大学历史系教授）、常绍民（生活·读书·新知三联书店副总编辑）、韩庆祥（中央党校哲学部教授、哲学部主任）、焦国成（中国人民大学哲学系教授）、蔡金波（超星学术视频副主编）、熊伟（武汉大学财税法研究中心主任、教授）、樊浩（江苏省社会科学院副院长，东南大学学术委员会副主任，教育部长江学者特聘教授）、戴木才（中宣部政研所教授、副所长）、魏增光（三亚学院体育学院教授、院长）

附录六

《三联生活周刊》专访陆丹：三亚学院十二年创新民办大学之路

达 达

　　单纯把学生看作大学的产品，学生就很被动，我们更愿意把学生视为客户，重视他们的需求和思考，尊重他们的选择权。"以学生为中心"是在教育过程中，为学生提供有质量的教学产品，让他们获得客户体验的同时，引导其自主成长。这是我们过去想着、今天做着的事。

——陆丹

　　眼前这片毗邻人类古文化遗址落笔洞的成熟校区，原本是一片荒原。为了改善海南省的高校布局及三亚市的城市人口结构，省委省政府请来了吉利集团董事长李书福，而李书福选择了陆丹。2004年底到次年9月，三亚学院仅用九个月完成了设计、审批、筹建、招生。让陆丹校长来到三亚从零做起的，是植于他心中的办学情结。

　　"北上广地区，大家从公办大学体制中享受的好处很多，看不到或做不到革故鼎新，要按照新想法去办一所大学实在太难。选在哪个地方合适呢？"这是陆丹的考量。接受使命时，他还在上海读社会学博士，鲍德里亚的《消费社会》在很大程度上决定了其后来的选择。在消费社会，是消费决定了生产，人们的被设计、引导出的消费行为和趋势不断地拉动生产，最终实现资源的重新配置。这种油然滋生的"市场导向"考量，应该是杰出办学者随时可以迁移的敏锐甚至先知先觉吧。

从纬度经济学来看，人类工业化时期的那些经济发达的城市或区域，多是在北半球高纬度，而随着信息社会的出现，"人类活动中心往南迁移是大趋势。像美国，除了传统的发达城市如波士顿、纽约、芝加哥等之外，很多的新兴城市崛起于南方的加利福尼亚和佛罗里达。中国在学习欧美的先进技术的时候，也一定要了解其生活方式并研究其产业布局"。陆丹认为这可以预示三亚具有成为办学坐标的发展潜力。事实也确实如此，2012年中国的财富调查显示，中国高净值人群第一喜欢的运动是旅行，旅行第一目的地是三亚。那年，三亚人口比八年前翻了近一番，达到近八十万；GDP翻番，达到长三角平均水平；人才总量翻番，高于全国同级城市三个百分点；来旅行者数量翻番多次，达到一千五百万人次。

如今的三亚学院，校园占地面积3500亩，建筑总面积51.77万平方米。学校下设16个教学学院，开设63个本科专业（含方向），涉及法学、文学、经济学、管理学、工学、理学、农学、教育学、艺术学9个学科门类；拥有学术交流中心、艺术中心、实验中心、计算机中心、标准游泳馆、高尔夫训练场、配有24小时阅览室的高科技图书馆等。早在6年前，三亚学院就已形成在校生两万人的本科办学规模。

从创办之初起，陆丹就明白三亚学院是一所民办大学，不可能也不应当完全按照公办高校的常规机制去培养学生。来到这所学校的学生，也不希望毕业时只随众拿到一纸证书，而是期望获得更大的成长。这也是学校办学使命"走进校园是为了更好地走向社会"提出的根由。用陆校长的话说，"我们的学生虽然考试能力稍差，但并不意味着学习能力就差。他们把精力和兴趣用在想象、动手、交际上了，这些可是构成智商、情商的要素"。2006年9月，学校率先开设人格和礼仪课程，预防过于关注"自我"的学生们在离开学校后吃到社会的第一张"红牌"。

中国民办大学现有约 750 所，是中国高等教育体量的四分之一。过去，人们把民办教育作为公办教育的补充，但几十年实践下来，民办教育的在校生差不多有四五千万人，其中民办高等教育也有几百万，远不是补充那么简单了。更重要的是，这不是偶然的。"对高等教育的改革，一定要从重新认识资源起。市场是配置资源的决定性力量，无论是中国的实践还是全球的经验，都可以认定民办教育发展是不可逆的，多元与丰富起来的中国社会对民办教育存在持久需求。"

陆丹表示："从制度、财政、人力资源的安排上，政府和公办学校间有'旋转门'，但他们跟民办学校间却隔着一扇'玻璃门'，看得见，不互通。这样的结构容易形成对民办的'薄信'环境。因此，你要把民办教育办好，一定要先做到让党放心。当然，从一开始我们就经常受到海南省委在党建等方面的表彰。"他还说，三亚学院定位是为海南和南海区域服务，"当然也不单纯是为区域，还要为行业。各学科面对着几十个行业，相当一部分毕业生要面向国内甚至去海外发展"。学校因地制宜构建特色学科已经走在同行前面，如旅游和酒店管理、休闲体育、海洋与汽车等专业。围绕海南国际旅游岛发展的新业态，学校初步构建出"大商科"设置，连续 5 届毕业生一次性就业率均超过 96%。2015 年获得教育部就业五十强经验单位授牌。

随着办学影响力日益增强，学校不断搭建高等教育的全球化协同平台。学校先后与美国公立常春藤高校迈阿密大学、中央阿肯色州立大学缔结姊妹校；与丹麦尼尔斯布鲁克哥本哈根商学院共同举办的中外合作办学项目也于 2016 年正式启动招生。由于与国家发改委国际合作中心共建的全球首家丝路商学院的签约落地，三亚学院已被列入"大三亚旅游经济圈一体化发展规划"。2016 年，海南省人民政府、三亚市人民政府正式签约共建三亚大学，使三亚学院成为省市两级政府共建的民办大学。

陆校长有个习惯，一周当中必须要有几次用一个多小时把校园走一圈。不为欣赏，只为找出它的不足。用他的话说，校长对这个校园怎么去建设，理所应当要比别人看得更全面和细致。毕竟，陆丹第一次踏进这里的时候，"原生的大树也就七八十棵，每一棵我都能认得出来。近千株后来栽种的大树我也都能告诉你是在什么时候种的，为什么种这儿而不种那儿"。他解释得很简单，最先要考虑到防晒。在中国唯一的热带城市办学，既然一开始没那么多钱用连廊串起整个校园，那就要有足够的大树遮阴。

发端于照顾师生感受的种树随后发展成建设生态校园的实践，这件事就变得越来越复杂和系统了，并从户外推进到室内。比如，每一间接待室和会议室都经过悉心的布置，因为陆校长希望大家办完正事后能在里面多歇会，再想想。这种更私密、更人性化的考量同样体现在了教室和图书馆的设计中，书架"刻意"的陈列方式把开放式的阅读室分解成一块块相对独立的小空间。坐落在学校中轴线上的图书馆藏书 200 多万册，无论从正面还是侧面看都是三段对称的殿宇型设计。中间的天井承担了公共休闲空间的功能。哪怕不为看书，学生也要进入图书馆。为了这个目的，地下一层设了健身室和咖啡厅，二楼三楼设有讨论室，变着法让学生多呆一会儿，说不定就引起了看书的兴趣呢。如果说校园的设计和生态建设是从学生的体验和感受出发来考虑，那么对学科专业的设置和建设更是如此。

三联生活周刊：三亚学院在特色学科的设立上是如何考量的？

陆丹：首先还是考虑学生的需求，学校有责任让学生的四年光阴留下美好的痕迹，但校园生活还是要直面社会并为未来做好设计。设置专业，要考虑到它目前在市场上是不是受欢迎，受欢迎的我们才办。当然，这里还涉及有没有力量找到师资和设计合适的课程来形成专业。接下去我们还要跟踪社会是不是发生了新变化。花了这么多的精力、金钱、资源等来建一个专业，过几年市场消失它跟着衰退了怎么办？更何况学生兴致勃勃选择学习这个专业，毕业了就业艰难怎么办？所以你必须要不停地考虑，做趋势分析。任何一个专业都不应该是短暂存在的，而要十年二十年地存在下去，那么在设立之初，就要判断当下这种需求以后还会不会继续，这样才敢于去投入，并专注这一专业的建设，比如旅游专业。旅游业态随人们生活水平的提升，需求也在上升，但基本形态无非几种。一极是最传统的文化古迹，这是今天欧洲旅游市场和中国古城旅游的主打；另一极是极度的娱乐，像迪士尼、拉斯维加斯这样生造出来的；处于中间部分就是景区，包括街区，各种山川名胜和人文景观能带来赏心悦目的文化体验。旅游业依靠景区有大量的收入，依靠娱乐中心则收入更加集中，有没有历史文化不重要。由此，海南旅游产业必然发展，也必然带来对旅游人才的需求。

三亚学院身处海南，办学之初就设置了旅游专业和学科，而别的大学是在看到建设国际旅游岛的红头文件之后才开始陆续发展旅游专业。我们在旅游学科下面设了酒店、高尔夫、邮轮游艇、亲水运动，甚至体育竞赛等专业。我们预判旅游产业在未来会延伸出哪些分支，至少提前两年来布局。设置专业、学科时要对资源、市场、社会进行分析，尤其要对未来进行趋势性的探究。这一切在认知基础上的决策，可称之为办学者响应环境的基本能力。

三联生活周刊：为什么说大学难以平衡教学、科研和服务三个功能？

陆丹：不是所有的大学都难平衡，而是中国的公办大学在某一个阶段表现出难平衡。改革开放以来，公办大学的评价体系是重点大学要有重点学科、重点实验室和重点项目；支撑它们的则是那些有能力把这些事情做起来的名师或教授。那么，这些名教授的身份应该是什么样呢？他必须有个博导的身份，还要能在公认的高级别学术杂志上发表论文。单一地看，这一点也不错，因为国外大学也是这样。而在中国一个特定阶段的环境中整合起来看，情况就变了。就像一段时间里中国学绘画和音乐的学生，他们绝大多数不是靠天赋，更不是靠兴趣，几乎不考虑艺术同人生、同世界、同梦想的关系，仅为要走艺术的路径过高考这个关。中国大学里搞科研的也类似这样，很难说多数人是出于兴趣，出于对他们的科研成果能解决什么社会问题的考虑。本来设立大学科研，一是用科研来训练学生形成学术思维，二是用学术成果服务社会。而现实是，中国的名教授一度不进课堂，要让教育部多次发文督导。相信这些问题是可以做一些调整和改变的。而我们，同样把科研作为教师的本职，但更会反复强调教学，会通过学校的制度设计来引导教师把精力聚焦于教学，让学生直接分享教师的科研成果，感受获取知识的喜悦和辛苦。这样，平衡教学、科研、社会服务就成为我们办学题内应然和实然之事。

三联生活周刊：要把大学经营成品牌，就要考虑它的产品，学校的产品是什么？

陆丹：大学有多少功能就有多少产品，知识生产是产品，文化传播是产品，首要的产品是所培养的学生。但现在我们对产品的认识有了跟别人不一样的地方。我们把学生当作客户，提出以学生为中心。这个口号并没有一开始就提出，最初是提"让学生更好地走上社会"，虽然隐含了学生中心这个意趣，但还是以教学为中心。学校新、小、弱时期，有些基本规矩还是要与公办大学在认知上保持一致多些，不然会陷入难缠的局面。如今，回过头来我们要以学生为中心，培养他们的同时也服务好他们的需求。单纯把学生看作产品的话，学生就很被动，而作为客户，他们就有了相当的选择权，他们的需求和思考才会被学校从根本上重视，才能进入学校发展的整体考量之中。这是我们今天正在做的。

当然，科研成果也是产品。至于课程，对于很多培训机构和网络大学来说就是产品，因为他们在有限的时间、空间里，能让学生掌握技术就可以了。但大学不是这样，大学的科研成果和课程伴随学校的历史、朝夕相伴的师生、人文环境等，最终可以服务于学生的塑造。大学不仅要让他们掌握技术，还要塑造他们的人格，有善端就把它扩大，有恶习就把它纠正。

按照三亚学院"以学生为中心"的核心价值去解读，我们的产品就是提供给"客户"（学生）的教育教学资源和服务，是准备赋予学生的办学理念、专业设置、培养模式、知识、技能、情操、校园环境、学习生活设备设施、学业全程服务等的打包，日常每天具体受益于课程，集中受益于专业，知性激发的经常性认知在教师。大学在这个过程中实现其功能，学生则在获得、体验、评价和检验我们的产品。当然，如果产品的品质和服务两个要素都受欢迎，就会为我们赢得更大的市场份额，就会助力我们大学品牌的塑造、培育，并逐步形成更好的影响力和品牌扩散力。这，也应是每个具有教育情怀者的梦想，亲历这个培养出更多更好人才的"树人"过程，为社会的健康进步和创新创造输送源源不绝的活力。

——原载于《三联生活周刊》第 868 期，2015 年 12 月 28 日